HAIXIA WENCONG
海 峡 文 丛

方彦富　主编

U0744724

文明·发展·交流：

社会科学研究的多维视角

曲鸿亮　著

江苏大学出版社
JIANGSU UNIVERSITY PRESS

图书在版编目(CIP)数据

文明·发展·交流:社会科学研究的多维视角/曲鸿亮著.—镇江:江苏大学出版社,2011.5
(海峡文丛/方彦富主编)
ISBN 978-7-81130-220-2

Ⅰ.①文… Ⅱ.①曲… Ⅲ.①社会科学—文集
Ⅳ.①C53

中国版本图书馆 CIP 数据核字(2011)第 072253 号

文明·发展·交流:社会科学研究的多维视角

丛书策划/芮月英
丛书主编/方彦富
著　者/曲鸿亮
责任编辑/郭　杰　张　静
出版发行/江苏大学出版社
地　　址/江苏省镇江市梦溪园巷 30 号(邮编:212003)
电　　话/0511-84440890
传　　真/0511-84446464
排　　版/镇江文苑制版印刷有限责任公司
印　　刷/丹阳市兴华印刷厂
经　　销/江苏省新华书店
开　　本/890 mm×1 240 mm　1/32
印　　张/11.375
字　　数/331 千字
版　　次/2011 年 5 月第 1 版　2011 年 5 月第 1 次印刷
书　　号/ISBN 978-7-81130-220-2
定　　价/36.00 元

如有印装质量问题请与本社发行部联系(电话:0511-84440882)

目 录

前　言

　　1980 年 1 月,我大学毕业后进入福建社会科学院(当时称"福建省哲学社会科学研究所")工作,成为社会科学战线的一员新兵,迄今已过去了整整 31 年。在这期间,我先后任职于院部机关和研究所,从事科研工作的组织管理以及对外、对台学术交流活动管理工作。1998 年 9 月,因为新老交替的缘故,我的工作岗位调整到本院精神文明建设研究所(文明所),自此转入研究岗位,成为专业研究人员,多年夙愿得以了却。

　　我在院部机关时大抵以文字工作为主,虽然撰写论文也是文字工作,但是专业研究与我所从事的"文字工作"并非一码事。在机关时,日常工作之余,我对感兴趣的社会问题亦有所思考,并将这些思考形成文字,断断续续发表了一些文章。但这毕竟是碎片式的,与系统的研究迥然不同。到文明所任职后,有条件进行专业研究了,然而我发现,由于精神文明建设迄今为止尚未成为一个学科,还是"问题",加之精神文明建设的范围、涉及的领域十分广泛,因而这一方面的研究,不像文、史、哲、经等传统学科那样成熟、规范,而是比较繁杂,系统性不强。套用一句时髦的话语,精神文明建设的研究,在社会科学各学科林林总总的研究中,依然处于"弱势"的地位。所以,我的研究工作也就必然呈现出"杂"的现象。作为地方省级社会科学院,主要任务是为地方党委、政府的决策提供咨询服务。因此,福建社会科学院提出了"为地方经济社会发展服务、为党政领导决策服务、为祖国统一大业服务"的"三为"办院方针。研究实际问题,正是体现这种服务的最直接的途径和方式。社会问题是复杂多变的,涉及的学科领域也是多样的,研究课题和任务的多学科性和边缘性,既是客观现实的反映,也是社会科学研究的特性和发展的趋势,需要我们以多维的视角予以审视。如此一来,"杂"也就成为逻辑的必然,成为研究各种社会问题的共性。

由于上述原因,呈现在读者面前的《文明·发展·交流:社会科学研究的多维视角》一书,也同样表现出"杂"的特点。虽然"杂"了一些,可是作为这些年来就社会科学方面有关问题的部分研究成果,它在一定程度上能够反映出自己的兴趣所在,以及所涉及的学科领域和研究历程,可以看做是多年来在福建社会科学院工作、研究的回顾和小结。我想,这些文章所涉及的方方面面,应该可以从一个侧面反映出福建社科院"三为"办院方针的内涵。

本书共收入 30 篇文章,写作时间从 1992 年至 2010 年,跨度近 20 年。按照内容,这 30 篇文章可大致分为 7 组,其中包括精神文明建设研究 4 篇、政治文明建设研究 4 篇、政策研究 4 篇、科学发展观研究 3 篇、海洋文化研究 5 篇、文化建设研究 6 篇、学术交流 4 篇。这些文章大都公开发表过,唯《新阶层统战工作刍议》、《事业单位法人治理结构模式研究》、《公共财政投入与地方科技发展——以福建省"十一五"期间为例》、《加快海峡西岸公共文化服务体系建设研究》、《加强榕台农业科技合作的有效途径——关于海峡两岸农业合作实验区的理论思考》这 5 篇系首次公开发表。

编完书稿之际,不禁想起一件往事:2008 年,在讨论社科院精神时,我曾经提出以"追求真理,服务实践"作为社科院精神的表述语。我认为,"追求真理"是社会科学工作者的天赋使命,"服务实践"是社会科学赖以安身立命的不二法门。对真理的追求,是社会科学的终极价值,也是社会科学有别于其他行业的独特要求,又是对社会科学工作者的基本要求和最高要求——追求真理有时是需要付出生命代价的。

从认识论的角度看,"追求真理,服务实践"反映了真理与实践的关系。实践是检验真理的唯一标准,追求真理就必须尊重实践,在实践中验证真理。追求真理是永无止境的,因此实践也是永无止境的。

从方法论的角度看，为了实现"追求真理"的最终目标，"服务实践"是唯一的和终极的方法。只有服务实践，才能探索真理、发现真理、追求真理。

在当代中国建设社会主义，必须走有中国特色社会主义的道路。这是中国人民在中国共产党的领导下，经过半个多世纪的探索而发现的真理。建设中国特色社会主义是前无古人的伟大实践，伟大真理和伟大实践的紧密结合，产生了继毛泽东思想之后马克思主义中国化的又一重大成果——中国特色社会主义理论。在这一过程中，努力探索、追求建设中国特色社会主义的真理和全心全意服务于中国特色社会主义建设的实践，是历史赋予社会科学工作者的神圣使命和重任。

我将以此自勉。

曲鸿亮
2011 年 4 月 5 日

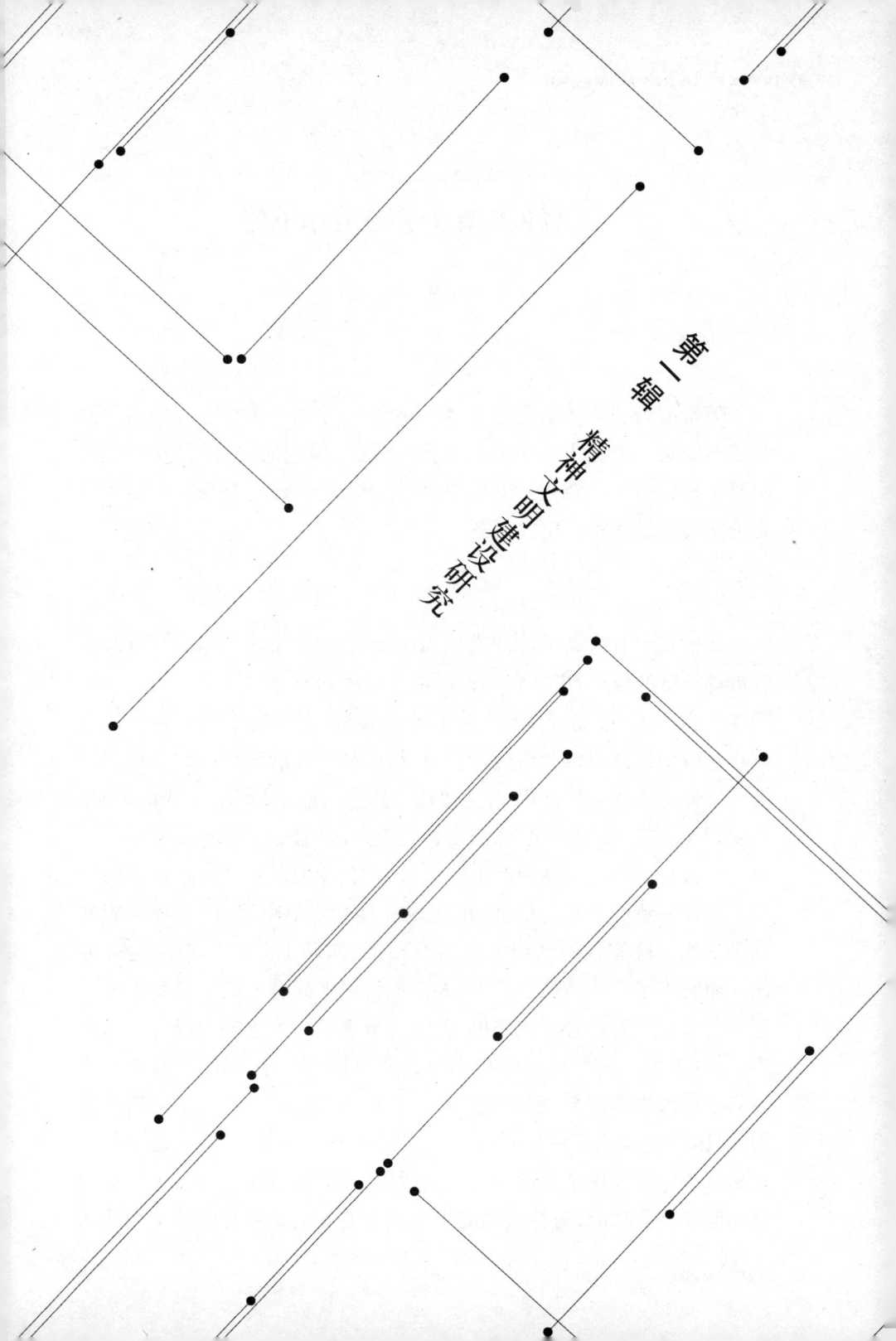

第一章

精神文明建设研究

市场经济条件下的道德重建

随着市场经济体制的建立，我国原先与计划经济相适应的道德体系已不能完全适应当今形势的需要。因此，构建适应市场经济发展，同时又充分体现社会主义道德准则的新的道德体系，是我国社会主义精神文明建设面临的重大任务。

一

如果我们对市场经济的发展做一番历史的考察，就不难发现，随着市场经济的发展，市场竞争也逐渐从无序向有序发展。在当今发达资本主义国家，市场经济已发育得十分成熟，而体现成熟的标志之一就是在市场经济的整个运行过程中，都有相配套的法律制约。现代市场经济就是法制经济。因此，我们在建立社会主义市场经济体制时，重视相关法律、法规的建立、健全和完善，自是题中应有之义。

经过十五年经济体制改革的风风雨雨，今天人们对市场经济已经有了比较一致的认识。然而，市场经济具有双重功能，即经济功能和社会功能。目前人们认识上较为一致的，实际上是经济功能这一方面。而对市场经济的社会功能，人们在认识上尚有分歧。有些人往往把当前社会上的种种不正之风、各种腐败现象归咎于搞市场经济。其实，一些丑恶现象与市场经济本身无关，只是和与市场经济发展相适应的法律法规不健全、不完善有关。在计划经济向市场经济转轨的过程中，由于法律法规的建设滞后于市场经济的发展，为不正之风的蔓延和沉渣泛起提供了方便和可能。所以，我们应当兼顾市场经济的经济功能和社会功能，对社会功能中的正功能和负功能有清醒全面的认识,扬正抑负,削弱、限制负功能的作用,发挥正功能的作用。

二

市场经济有其局限性,必须与道德建设互为补充,互相促进。因此,在社会主义市场经济新体制建立的过程中,应该充分重视建立适应社会主义市场经济发展的道德体系、道德观念。首先要转变观念,改变以往那种以道德观念评价一切事物的思维定式,不以道德上的好坏作为评价事物的唯一标准,而应以"三个有利于"来衡量和评判客观事物。例如,在"左"的思想影响下被扭曲的集体主义,被看成是排斥个人利益的道德原则。而实际上,社会主义道德所讲的集体主义,强调集体利益高于个人利益,但并不否定个人利益。

又如,中国历史上"不患寡而患不均"的思想流传深远。在计划经济时代,这种传统观念导致了平均主义,甚至绝对平均主义盛行,干多干少、干好干坏都一样的"大锅饭",严重妨碍了人们积极性的调动,严重妨碍了社会生产力的发展。因此,我们必须把效率观念引入道德重建之中,建立既讲效率又讲公平的新道德标准。

再如,以往我们对资本主义事物的评价,往往只看其是否符合我们的道德标准,而不是看其是否促进生产力的发展。社会主义分配原则是按劳分配,只有把"劳"理解为劳动效率和劳动贡献,才能体现这一原则的公允性。但长期以来,我们讲按劳分配,只把"劳"理解为直接的实践劳动,即体力劳动,并简单地以劳动时间的长短作为比较的尺度。这样一来,自然就把资本主义国家中对生产力发展起巨大作用的科学技术研究活动以及以不同方式对生产经营活动作出一定贡献、提供一定效益和服务的资本家管理活动都排除在劳动之外了。要建立社会主义市场新体制,要学习资本主义发展过程中对我们有用的东西,不摒弃前述这种观念是不行的。

市场经济条件下的道德重建,笔者认为应该遵循下述几点要求。

(1)必须适应、维护和推动社会主义市场经济体系的建立。当前,道德建设应当紧紧围绕经济建设这个中心,也就是围绕社会主义市场经济来进行。社会道德的建设,必须体现适应、维护和推动社会主义市场经济发展的总的特征和功能。

集体主义道德是社会主义制度的本质体现。然而,如何在社会主义市场经济条件下坚持集体主义,并注意防止"左"的眼光所肯定的那种排除个人利益的集体主义道德的重演,是道德建设的新课题。

(2)适应社会主义市场经济发展的道德原则,除了集体主义之外,还应包括下列基本原则:

民主原则。在市场经济条件下,企业自主经营,多种经济成分并存,必然产生与之相应的以自由选择为中心概念的道德特性。这与在计划经济条件下以单纯服从上级指令为核心的道德特性完全不同。因此,民主的精神、充分尊重他人的精神,应该成为当前社会道德的基本原则之一,即必须充分尊重社会各个不同利益团体、阶层以及个人自由民主(只要不违反法律)的权利。

功利原则。以往在谈论道德时,对功利唯恐避之不及。邓小平同志提出的"有利于发展社会主义社会的生产力,有利于增强社会主义国家的综合国力,有利于提高人民的生活水平",就是社会主义的功利原则,它必然是社会主义道德体系中的一个基本原则。

公正原则。市场的各个客体是天生的平等派。商品交换和流通遵循等价交换的一般法则。因此,它要求交换必须平等,竞争应该公平。社会主义市场经济更应该公平、公正和合理。因此,公正原则是社会主义市场经济运行的基本道德原则。

效率原则。市场经济讲求效率,没有效率就无法在竞争中求生存、求发展。在建立社会主义市场经济体制的过程中,各级政府机关要讲究办事效率,争取以最小投入获得最大产出。这就要求全社会都必须讲效率。因此,效率原则也应是道德的基本原则。

(3)注意市场经济条件下对腐败的制约,反腐倡廉是当前道德建设中的一个重要方面。腐败作为一种社会现象在许多国家都存在,但它往往只有在社会整合程度较高的东方传统社会的现代化过程中,才会表现出自己的极端形式。这种社会结构由于其高度整合的特点,几乎不为商品经济的发展留出任何相对独立的空间。因此,商品经济从一开始就不得不以腐蚀传统社会结构的方式开拓自己的生存空间。

也就是说,在封建传统社会中,商品经济必须以腐败为手段打开自己的求生之门,与此同时,商品经济本身也遭到了根本的扭曲。在这种情况下,商品经济的发展不能不突出地表现自己破坏性的方面,腐败便是这种破坏性的体现。

中国作为一个具有漫长封建历史的传统社会,在实现现代化的过程中必须认识到,腐败是当前我们面对的一个特殊挑战。能否抑制腐败,直接关系到社会主义市场经济体制建设的成败。无疑,只有在变革的同时致力于反腐败,才能在一个利益分化、节奏加快的转型社会中确立新的认同基础,才能改善权力的形象,才能稳定和维系处于变动过程中的社会秩序和人心,才能使商品经济的腐蚀作用受到控制。

(4)道德重建必须扬弃传统道德,汲取古今中外的道德精华。我们所说的道德重建,并不是割断历史,一切都另起炉灶。众所周知,历史唯物主义承认道德的继承性和相对稳定性。人类历史上的每个社会发展阶段,在道德问题上均具有一定的共性,社会主义、共产主义道德是继承人类历史上所有的道德精华所达到的一种最高境界的道德。因此,只有在扬弃前人传统道德的基础上,吸收古今中外的道德精华,我们才能构建一座完美的适应社会主义市场经济的道德大厦。

三

一旦提出重建道德的任务,如何实现对道德传统的超越,便成为一个无法回避的问题。道德传统与传统道德是不同的概念。传统道德指的是过去了的、已经属于历史形态的道德,如中国封建社会的道德标准。而道德传统指的是传统道德的遗留,它是通过历史的积淀,内在地生发于现实社会的道德。

所谓道德传统,其本质内容有以下两点:

第一,泛道德主义,其实际表现为政治道德化和道德政治化。政治道德化是将政治行为赋予道德意义,比如,在中国社会中,人们普遍存在的道德判断认为,政治清明可以靠人的道德内约和道德君子的表率作用得以贯彻。也就是说,要靠当权者的自律、自省去实现清官之治。海瑞、包拯的故事之所以在民间流传不绝,正是基于这种道德判断和精神需求。道德政治化是将人的道德生活赋予政治意义,使道德规范泛政治化,即要求人们的伦理顺从,从而为政治运作提供积极的合法性基础。如儒家礼教所宣扬的"君君、臣臣、父父、子子"以及"为尊者讳"等,莫不如此。

第二,道德相对主义。所谓道德相对主义,实际是家庭本位的价值系统与义务本位的规范系统的统一。中国人重视家庭,人们的道德感情基本上局限于以家庭为中心的人际圈子内。在这个圈子里,可以讲利他主义,可以自我牺牲。而在圈子外,则表现为道德情感的冷漠、社会公德的缺乏。这也是社会风气不正的文化根源之一。在道德泛化的层面,道德相对主义又走向国家本位的价值系统与义务本位的规范系统的统一。因此,国家的整体利益成为衡量人的行为价值大小的主要尺度。在规范系统上,也就必然强调义务本位,提倡理想的道德境界是一种无我境界。然而,一旦人们的利欲冲动打破外在的义务规范束缚时,便会走向另一极端,道德规范也将失去应有的约束力和凝聚力,造成道德失范现象。由此得知,在现阶段发展社会主义市场经济的同时,我们应充分强调道德规范的导向作用及其与道德良知的协调统一,才能产生深层次的社会稳定效应。

因此,在建立社会主义市场经济体制、建设社会主义精神文明的现代化过程中,我们的道德建设应以对中国道德传统的超越为主导。

论市场经济条件下法与道德的统一

在社会主义市场经济蓬勃发展的今天,市场经济是法制经济即市场经济具有法制性的特点之说,已得到社会的认同。然而,应该看到,随着社会主义市场经济体系的逐步建立,人们在普遍认识到市场经济是法制经济的同时,对市场经济也是道德经济,亦即市场经济具有道德性的特点,却存在着明显的认识上的不足。尤其是在从计划经济向市场经济过渡的转型期,随着经济成分和利益主体的多元化,原先适应于计划经济时代的一些行为规范、思维观念以及道德准则等,已逐渐失去存在的经济基础,其约束力也逐渐丧失。可是,适应社会主义市场经济新体制的一系列行为规范、思维观念,尤其是道德准则,还难以一下子完全建立起来,并在人们的头脑中巩固下来。这就容易导致在社会生活的各个方面,特别是在经济活动中,产生失范现象,诸如政府官员腐败、权钱交易、执法人员贪赃枉法、一些企业大量制造销售伪劣商品、无道德的恶性竞争、见利忘义,等等。这些丑恶的社会现象,有些是属于法律明令禁止的,可以纳入司法轨道予以处置;而有许多则是介于罪与非罪之间,其性质比较模糊,难以适用法律法规;更有一些是属于伦理道德的范畴,如见死不救、拜金主义、极端个人主义等。对这一类问题,法律往往是苍白无力的,只能通过加强道德建设,提高道德素质和修养水平,增强道德自律的途径加以解决。

我们认为,治理国家、发展经济,需要法制,同时也需要道德规范、道德戒律。道德与法,互为表里,二者不可偏废。法制是一种带有强制性的他律行为,而道德规范则是一种内省的自律行为。相对于法制他律而言,对于行为主体来说,道德自律是一种更深层次的自觉、自主意识的表现。在发展社会主义市场经济、建设精神文明的过程中,应该把二者有机地统一起来。

一、市场经济需要法制与道德的规范和保障

我国的法制原则是"有法可依,有法必依,执法必严,违法必究"。尤其是在以经济建设为中心,发展社会主义市场经济的现阶段,以法制的手段来规范市场经济的正常有序运行,维护社会稳定,保障公民和消费者以及生产者、经营者的合法权益,防止经济活动中的混乱无序现象的产生和蔓延,是我国社会主义法制建设的基本出发点。因此,加强法制建设,是社会主义市场经济的内在要求。

近几年,在市场经济浪潮的冲击下,人们的观念形态发生了重大变化,引起了个体觉醒和个人权利意识的迅速增强。主要表现为在个人择业、志向等问题上开始重视个人的价值和发展,选择多元化的趋向将愈来愈凸显出来。在这个过程中,经济利益往往被置于选择动机因素的首位,人们的竞争观念和追求成功的意识也愈来愈普遍。作为一种价值判断,我们应该承认这种个体觉醒是历史的进步,从市场经济发展的历史进程来看,由自然经济向市场经济的过渡,不难导致个体的觉醒。因为随着生产的发展,交换的扩大,个体必然愈来愈独立,才有可能产生独立的商品生产者和经营者。市场竞争迫使每一个商品生产者、经营者(企业)独立自主地解决自己所面临的问题。这种现象还带来一个新的问题,就是市场经济条件下个人应如何正当运用自己的权利,并履行他所必须承担的社会义务。必须充分认识到,除了法律的规范和限制外,个体行为更需要道德的自律。否则,市场经济条件下的社会,就不可能达到稳定与和谐。因此,市场经济要求相应的道德观念和道德行为的规范,以引导和保障其正常有序的运行。当前,用适应社会主义市场经济的道德准则、社会公德、企业伦理、职业道德等,来引导、监督、约束、规范市场经济的主体——企业和执法、司法、经济管理等政府行政部门,以及其他从事市场经济的活动者,以弥补法律的不足和缺陷,是发展社会主义市场经济所迫切需要的。

二、法与道德的统一是市场经济的必然要求

从市场经济的基本特征来看,追求利润的最大化,是市场竞争中的一种基本的经济行为。然而,为了使这种竞争个体的求利行为不至于给社会带来灾难性的后果,就需要有一定的行为规范来限制这种求利行为。因此,求利与行为规范是市场经济运行过程中不可缺少的两个方面。制定规范是为了协调社会各个分子的行为,而实质上这种协调是一种利益的协调。这种协调本身就是经济活动提出的客观要求。行为规范必然限制那些不正当的谋利行为,鼓励和保障正当的谋利行为,以确保社会经济的增长。应该清醒地认识到,市场机制是以利益为驱动力的,但若没有法制与道德的规范,则有可能陷于混乱。二者是双向互动、缺一不可的。

从法与道德的内涵来看,唯物史观认为,道德是调整人们之间以及个人和社会之间关系的行为规范的总和,它是靠人们的信念、习惯、传统和教育的力量来维持的。道德的特点是自律,而这种自律行为的产生,要通过教育、宣传、社会舆论等长期的熏陶来逐步形成,并非一蹴而就的。法制带有强制性,但它的建立必须以一定的伦理思想为指导,道德的自律也需要辅之以法的强制来配合。因此,一方面是法中有德,如在法律面前人人平等的法律原则,就贯彻了平等的道德观;反不正当竞争法,就贯彻了公平的道德观,等等。另一方面是德中有法,如道德观念的规范形成一定的道德戒律,实际上就是道德的法制化。提高人们的道德素质,可以增强法制观念,完善社会法治。所以,在市场经济条件下,道德与法的作用也是互补的。

从市场经济需要新的人格来看,市场经济对人格的要求主要有两个方面:一是人格要独立,商品交换必须在人格独立的基础上才能进行;二是讲信用,在规范化的市场和交易活动中,商业信誉是最重要的。但是,新的人格应如何处理个人利益、个人与社会的关系?我们认为,一般地说,社会主义市场经济不能建立在牺牲个人利益的悲剧基础上,但也不应提倡极端个人主义。要把获取个人利益与为国家、为集体建功立业结合起来。在与他人的竞争中,应采用正当手段并使

竞争目标指向更高的水平，从而产生更高的效率。在义利关系上，应强调个体获利要通过正当途径，勤劳致富，不做违法缺德的事。社会对个体的利益充分肯定，个体在获利之后又回报社会，做出有利于社会发展的各种义举，扶助贫困，共同富裕。对个体回报社会的行为应给予倡导，更要提供法律保障和税收优惠，做到互惠互利，从而使回报社会成为时尚。这样，既可理顺个人与社会的关系，又可从根本上改变不良的社会风气，提倡人人为社会作贡献。可见，培育适应市场经济的新型人格，需要法律对个体权利责任进行明确的规定，也为个体的尊严自由等精神因素提供强有力的保障，同时要依靠道德。参与市场竞争的人应遵守道德规范，自重自爱，守法守信，倡导尊重自己和尊重别人。

如上所述，法与道德的统一，可以产生相互补充、相互促进的良好效果，二者相辅相成。因此，完善法制，加强道德建设，把道德与法统一起来，是社会主义市场经济的内在的必然的要求。

三、法与道德的统一是市场经济条件下精神文明建设的重要内容

精神文明重在建设，在发展社会主义市场经济的今天，尤应重视法制建设和道德建设，并把二者的统一作为精神文明建设的重要内容。市场经济需要和自己相适应的道德规范，如敬业、互利、平等、守信等。长期以来，在"左"的思想指导下所提倡的那种以排斥、否定个人利益的集体主义为主的道德原则，已不适应时代发展的要求了。然而，单纯适应市场经济的道德准则，有着明显的功利性，其具体内容、适用范围、道德境界，与我们所倡导的社会主义道德理想、价值目标尚有一定距离，亦不能完全满足社会主义市场经济发展的需要。因而重建适应社会主义市场经济的道德体系，是精神文明建设的艰巨任务。

社会主义市场经济的发展，对我国的法制建设提出了新的更高的要求。中国是一个具有漫长封建历史的东方大国，其封建社会"人治"的传统影响长远，根深蒂固。即使在新中国成立之后，那种政府无所约束、行为无所规范的传统仍有遗存，政策之治代替了法制之治，政府

权力无所限制,在经济领域的表现尤为突出。以言代法、言出法随、法殉于情、法不敌权的现象仍然严重。利用特权、贪赃枉法之事时有所闻。这都说明在迈向现代化的过程中,我们背负着沉重的"人治"历史包袱,法制建设同样面临着艰巨的任务。全国范围内的普法行动正将进入第二个五年的尾声,然而其普法的目标仍停留在仅仅使人们"知法"的表层之上,未能深入到把法制的精神灌输到人们的思维中,使人们自觉掌握法的理念,按照法的准则行事这一深层次上。这是普法行动的不足之处。举例来说,在如何对待税收的问题上,可以有三种态度:第一种是千方百计偷漏税,并以此为能干,沾沾自喜;第二种是被动纳税,你来收,我就缴,你不来,我不缴;第三种是主动申报,及时纳税,并以此作为承担社会公共责任的表现,自觉认识到守法是义务,违法是犯罪。普法的目标,应该也必须是培养出具有第三种态度的公民。要做到这一点,需要辅之以道德自律,不仅要知法,还要懂法、守法,并使之成为每个公民的自觉行为,而这正是精神文明建设所要达到的目标之一。因此,法与道德的统一,是精神文明建设的应有之义。

综上所述,在市场经济条件下建设精神文明,必须特别注重法制建设和道德建设,充分发挥二者的互补作用,把它们有机地结合起来,统一起来,更好地促进社会主义市场经济的发展,这是当前精神文明建设的重要任务。

论 私 德

众所周知，社会公德对一个健康文明的社会来说，是不可须臾或缺的，人们对其给予关注和重视，亦是十分自然的。可是，当人们在关注社会公德之时却往往忽略乃至遗忘了另一个极其重要的问题——个体私德的培养。本文就私德及其在社会中的地位与关系作一简要论述。

一、私德与公德是对立统一的，私德是公德的基础

在道德的范畴里，"公"、"私"是相对而言，对立统一的，私德也是相对于公德而言的。正如一枚硬币总有其正反两面一样，没有私德，就无所谓公德，反之亦然。

那么，私德指的是什么呢？

人们通常把热爱祖国、廉洁奉公、见义勇为、大公无私、为社会努力奉献等称之为"公德"，也即所谓的"大节"。而把那些个人品性修养、情操陶冶，诸如克己勤劳、谦虚谨慎、尊敬师长、爱护老幼及节俭、信义、仁爱等称之为"私德"。由此可见，私德是指人们在个体的修养、品性等方面所表现的个人道德、个人品德，它在人们的日常生活中随处可见、极其平凡。正因为如此，它往往被人们所忽视，认为它所涉及的都是生活小节，无关宏旨，不如公德那样崇高、伟大。实际上，这是一种认识上的误区。

在中国的传统文化中，古人是十分重视私德培养的。许多古代先贤的家书、家训和治家格言，非常典型地反映出这一点。古人认为私德绝不是可有可无的，而是必不可少的，并将其称之为"修身"。"修

身、齐家、治国、平天下"是中国历代先贤终身追求的一种理想和最高的修养境界，"修身"位列其首，可见古人对私德的重视程度。

私德往往实践于平凡的生活之中，皆为默默奉行，并无惊天动地的壮举。然而，正是这些无数的平凡小事中的美德，形成了整个社会的良好风尚，并由此构成了日常生活中不可或缺的道德秩序。事实上未有私德不修而会有良好的公德的，试想一个行为举止十分粗鄙的人，怎么可能以礼待人呢？因此，可以说私德是构成人品人格的重要核心，是公德的基础。

长期以来，在"左"的思想影响下，尤其是在"十年浩劫"之中，中华民族的伦理道德遭到了空前的践踏，所造成的恶劣影响，至今还在。当前，在发展市场经济的过程中，在商品经济大潮的冲击下，社会道德的状况更是"雪上加霜"，道德的崇高作用遭到轻视，人文精神被普遍忽视，人们不谈道德修养，道德危机已经现实地挡在我们的面前，成为迈向现代化路途上的一个障碍。在市场经济的汪洋大海中，面对人欲横流、拜金主义、享乐至上等社会思潮，如果再不重视私德的培养，不加强道德建设，在发展经济的过程中，我们将要付出的很可能是巨大的道德牺牲的代价，并有可能最终导致经济建设成果毁于一旦。

二、市场经济中的市场关系公德和市场主体私德

如前所述，私德主要是指社会中个人的主体修养，那么在市场经济体制下，还必须进一步考察与个人主体相对应的市场经济关系中的市场主体——企业——应具备怎样的市场主体私德这个问题。

众所周知，社会主义市场经济体系能否建立，其关键就在于企业能否真正成为市场的主体。而企业一旦成为市场的主体，则不分所有制性质，不分规模大小，不分行政隶属关系，也不分地区与区域，凡是进入了市场，参与了市场的多种经济活动，都必须遵守"公平"、"平等"的原则。对市场主体——企业来说，这两大原则实质上就是它们应一律遵守的市场关系公德的伦理原则。

因此，在市场经济体制中，私德的主要载体应是市场的主体——企业，包括私有企业（个体的、私营的）和公有企业（集体的、国有的），

以及"三资"企业。只有市场主体具备了良好的道德素质,市场关系公德才能得到遵守,市场竞争才能有序,市场主体也才能兴旺发达,才能获得经济效益和社会效益。在这里,市场主体私德指的是参与市场关系的个人、企业法人及其代表等市场主体所应有的个性、特点、品德和行为规范,它们直接关系到企业及其经营者的经营状况和效益。

市场主体私德不是抽象的概念,而是具体的、实在的。确立良好的市场主体私德,归根到底,还必须落实到提高人(自然人)的道德素质之上。无论何种企业,总体的道德信念,都是通过其法人代表、经营者和生产者来体现的,都是由自然人作为其终极的道德载体的。因此,企业中人的主体修养决定了企业作为市场主体的私德。在市场经济关系中,塑造平等、公平、诚信的企业形象,倡导适应社会主义市场经济体制的兼及公平与效率的良好的职业道德,应是当前市场主体私德建设中亟须解决的问题。

三、私德与国民素质及公民意识

国民素质包含的内容较为广泛,道德素质作为国民素质构成中的一部分,随着市场经济体制的逐步建立,在经济发展中所起的作用也日益凸显出来。诚然,在国民素质构成中,道德因素虽然不如国民基本素质中的健康素质、智力素质等因素那样易于为人们所认识,从而引起社会各界的重视,但是,作为国民素质中的深层次因素,道德对国民性的影响,远比身体素质、智力素质要深远得多。对一个国家来说,相对于其他国民素质构成,道德素质的历史文化积淀层更深、更稳定、更难以解构,因而它更能决定特定文化背景下的国民性或民族性。

既然道德是深层次的国民素质,那么私德在其中的作用也就是显而易见的。它是决定个体的国民素质的深层次因素。因而从个体如何处理个人与国家和集体、个人与他人、个人与家庭等的关系,可以判断出一个社会的道德倾向;由个体所组成的社会群体对某种道德品质的选择、认同和接受的程度,可以说明一个社会的道德风气和道德行为。从这个意义上可以说,私德是现代化基石——国民素质的基石。

此外,还应该看到,一个国家公民意识普及程度如何,亦是衡量国民素质的一个重要标尺。

所谓公民意识,指的是公民依据国家宪法、法律自觉履行义务和行使权利的意识。我国宪法规定了中国公民必须履行的义务与在政治、经济、文化和社会各个方面所享有的广泛权利。然而,如果没有良好的私德来规范和约束自己,作为一个公民,他就不能正确地履行自己的义务、有效地行使自己的权利。我们常常看到毁坏路灯等破坏公共财产的现象,且大多数人已对此见怪不怪了。无疑,行为者并没有认识到自己的所作所为已违反了宪法规定的"爱护和保卫公共财产"的公民义务。此外,作为普通公民的每一个人,是否会从这个高度去看待这种现象、认识这个问题,显然,也是与个人的主体修养密切相关的。再如,当见到有人在排队乘车时"夹塞",或在禁止吸烟的公共场所吸烟时,对这种破坏公共秩序的现象,人们是否认识到对此不良行为提出抗议乃至进行制止,是宪法赋予每个公民的权利呢?又有多少人认识到,对不良行为提出抗议,不仅是一种权利,更是一种义务呢?当你出于维护自身健康不至于被动吸烟的考虑,对吸烟者提出抗议时,你是在正确行使自己的公民权利;而当你制止对方破坏禁止吸烟规定的不良行为时,你是在履行宪法规定的"遵守公共秩序、尊重社会公德"的公民义务。

于微细处见精神。笔者所列举的都是日常生活中常见的琐碎小事,然而它们一样可以说明问题的深刻性。试想,类似这样的基本要求都达不到的人,能指望他在需要付出鲜血和生命的代价去维护正义时,去见义勇为、挺身而出吗?由此可知,没有一种良好的主体修养作为基础,公民意识就难以培养和普及;没有良好的私德作为规范和约束,人们就难以正确履行公民义务和有效行使公民权利。

四、私德培养与精神文明建设

精神文明建设的主要目的,是培养千百万具有共产主义道德情操的"四有"新人。因此,普遍提高全体人民的道德水平,就是精神文明建设的重要任务。在此之中,私德所起的作用是不可替代的。私德的可贵之处,在于平凡之中见精神,它往往践行于日常生活之中,是一种默默的奉献,并无惊天动地之处。然而正是这些凡人小事中的美德,构成了社会的良好风尚。人们通常比较容易看到英雄人物身上的伟绩,而蕴藏在人民身上千千万万无名者的道德情操却往往被社会所忽视。如果说衡量一个国家的文化水平,不在于它拥有多少教授和博士,而在于国民的文化普及程度的话,那么一个社会的道德标准也同样如此,不在于它涌现出多少个英雄人物,而在于社会公众总体具有何种道德修养。无数个普通人在平凡岗位上躬行实践所形成的良好风尚,是社会精神文明的基础。没有这个基础,社会的健康发展和国泰民安是不可能的。

社会主义精神文明建设的另一项重要任务,是要建设民主与法制等制度文明。民主与法制是构成现代文明社会的基本要素,然而,不论是民主还是法制,对一个社会的有序运行来说,都仅仅是一种写在纸上的明文规定的正式游戏规则,诸如民主的程序、法律、法规、制度等。我们应当看到在人们的内心深处,还存在着一种非正式的游戏规则,即道德、时尚、习惯等。对人们的行为来说,正式的游戏规则是一种"外在约束",具有强制性;而非正式的游戏规则是一种"内在约束",主要靠主体自身的修养来规范自己的言行。究其实质,"外在约束"不过是"内在约束"的外在化,一项法律制度的建立,其基准往往是出于道德因素的考虑,把人们道德上的需要通过法律形式固定下来,所以,没有"内在约束"的需要,"外在约束"也就失去了建立的根基。再者,"外在约束"的效果不仅要靠奖惩制度来保证,而且也有赖于"内在约束"来维护。没有人们自觉地遵纪守法,缺乏法律的执行力量,再好的法规,再完备的制度,充其量也不过是一纸空文。正好比我国目前的法律法规已有不少,但未必都能执行、贯彻一样。此外,如果人们的"内在约束"与"外在约束"完全相左,也就是说一项法律法规或制度与人们的道德观念完全相反,在实践中就会根本无法执行,"法不责众"说的就是这个道理。因此,如果"内在约束"错位,"外在约束"多半将流于形式,要么被众人置之不理,要么被扭曲、腐蚀和消解。

关于如何处理道德与精神文明建设的关系，新加坡的做法值得我们学习和借鉴。新加坡政府的廉政建设是举世闻名的，他们除了制定种种防止公务员违法犯罪的法规、形成一套有效防止腐败的机制外，还坚持不懈地对全体人民，特别是公务员进行遵纪守法的品德教育，在对公务员实行严厉的反贪污纪律的同时，又提供优厚的生活待遇，通过高薪养廉的手段，为公务员的道德自律提供了物质保证。新加坡领导人十分重视强化社会的道德结构，一再强调要把注意力集中在道德和公民教育上，尤其强调要让儿童在健全的道德、价值的熏陶下成长。这些实质上就是立足于对个人道德素质，亦即私德的培养之上的措施。从新加坡的廉政建设可以看出，在"内在约束"和"外在约束"二者的关系上，他们做到了通过加强教育，使人不想贪污；改善待遇，使人不用贪污；从严查处，使人不敢贪污；健全法规，使人不易贪污。

由上可知，从精神文明建设的主要目的来讲，需要培养人们良好的私德作为其基础；从精神文明建设的重要任务来讲，需要提高人们的主体修养作为其保证。因此主体修养和良好私德与精神文明建设息息相关。

无数事实和经验告诉我们，在向市场经济转轨的过程中，遵守和重振一个约束过分私欲的道德是必要的，这也是每个人的利益得到切实保障的前提。对道德的轻蔑和麻木必将让社会付出惨重的代价，而忽视和弱化私德的作用，将使社会进一步陷入道德失范和无序的泥淖之中，从而加重因道德危机造成的损害。这种损害不仅将危及他人，最终也将危及每个人自己。提高主体修养水平，重视私德作用，将有助于从根本上缓解和走出当前所面临的道德危机困境。

观照人类文明的历史进程，我们可以发现，历史的进步不仅仅包含着生产方式和物质生活的发展，也包含着人们道德意识和精神生活向"善"的提高。人们在创造社会历史的同时也在创造自己的个人历史，因而在人类的道德演进中，主体修养——私德对整个社会的道德风尚、道德习惯和道德倾向是向善还是向恶所起的作用是至关重要的。主体修养的水平影响乃至决定着社会道德的善恶水平,仅从这点来说,就应充分认识到私德在道德重建及民族文化建设,尤其是精神价值重建中的重要地位和作用,应从民族精神的塑造这个高度来看待私德培养的问题。

诚信建设杂谈

　　市场经济是以信用为基础的经济,它的正常运行需要诚信道德来维系。当前,诚信的严重缺失,已经成为一种社会公害。它不仅妨碍了人们日常生活的正常进行,破坏了人际交往的社会秩序,而且阻碍了我国社会主义市场经济建设的步伐。因此,建立诚信道德成为上至政府、下至百姓的全社会的强烈呼声。中国是一个历史悠久的文明古国,自古以来中华民族就十分注重道德修养,诚信是我国传统道德中的重要规范,注重诚信是中国的道德传统,这是当前我们开展诚信建设的历史资源,也是诚信道德建设的人文背景。

诚信道德:传统社会与现代社会的差异

　　作为一种道德范畴,诚信这一概念主要包含诚实无欺、相互信任和信守诺言的意义。在中国传统的宗法社会里,传统道德中的诚信形成了自身的特点。首先,诚信这一道德传统往往具有超功利的性质。从中国历史上所提倡的那些诚信典范看,它更多是以提倡道义为主要价值取向的,因而它是中国主流传统道德价值取向在诚信上的反映。长期以来在思想领域占据统治地位的儒家思想,它所提倡的"修身、齐家、治国、平天下",就是要求人们以人伦道德作为安身立命的根本。修身的目的是为了齐家治国,应该以道义为先、为重,不能讲究谋利。中国传统社会以家国为本,个人只是家国关系中的一个构成因子,缺乏独立的地位,缺乏个人的权利。因此,家国利益至上,个人只能为家国尽义务,而不能要求自己的权利。在这种传统道德价值取向的背景下,人们作出承诺往往不以功利要求为前提,履行诺言也就往往成为没有功利目的的道义行为。我们看到,在传统社会中流传的诚信典范基本上都具有这种特点。此外,中国传统道德重义轻利,"君子言义不言利"。在自然经济占统治位置的情况下,中国历朝历代奉行的都是重农抑商的政策。所谓"士、农、工、商",商人在社会上的地位十分低下。因而商人在商品交换中追求利益的行为,往往为主流道德所不齿。这也导致了在社会上、朋友之间、熟人之间不能讲交易只能讲道义、尽义务的道德倾向,否则就会被大家视为小人,在社会上抬不起头。

其次,诚信道德的作用范围往往是熟人社会,它所依据的主要是情感而非契约。这是因为,传统道德中的诚信,不论是自己重承诺,还是信任他人,都是在一定的人际关系范围之内,根据人们的感性认识得出的主观结论。传统的中国社会就是熟人社会,君臣、父子、夫妇、长幼、朋友等,这些由血缘关系延伸出来的人际关系,构成了最基本的社会关系。在这种社会关系网中,能否做到诚信,往往凭借自己的道德感,即所谓的"一诺千金"。由于诚信行为缺少功利要求,外在因素难以影响这种行为,只能由自己的道德良心来决定。而是否信任他人又往往取决于对其道德人格的判断,即人们相信那些自己认为道德品质好的人。在传统的熟人社会里,由于各种原因,人们相互之间会发生各种利害关系,并影响着人们的道德情感。人们信任那些自己尊敬、爱戴的人,同时也愿意对这些人作出承诺。这种信任和承诺,完全是依靠主观判断而作出的。由此可见,在传统社会里,诚信不是建立在契约的基础之上,而是建立在熟人社会里人际关系的可靠性上。这种人际关系的可靠性是传统社会通行的一种潜规则。换言之,传统社会的诚信是建立在人际关系的潜规则之上的。

今天,诚信之所以成为社会关注的热点问题,是因为它关系着社会的基本秩序。我国正在建设的社会主义市场经济,是与世界经济接轨的、并要融入经济全球化浪潮的现代经济体系,是以信用为基础的经济。而信用必须以诚信为支撑,否则社会的信用体系就会崩溃,社会的经济秩序就会遭到破坏和瓦解。

从现代社会市场经济体制来看,诚信已经不是传统社会意义上的诚信了。首先,诚信已经从传统的熟人社会的小圈子放大到全社会,使诚信成为社会性的道德价值。在市场全球化和贸易国际化的经济体系中,商品交换等市场关系成为最基本的和最主要的社会联系形式。市场的细化、生产的日益专门化,导致了职业分工的日益深化和多样化,从而使人们之间的联系和相互依赖性越来越普遍,这种联系和依赖性已经远远超出传统的熟人社会的范围。传统社会是农业文明社会,相对低下的生产力和受制于自然环境的生活状况,迫使人们必须依靠血缘关系形成互助共存的生产和生活方式,血缘亲情是这种关系的重要纽带。而现代城市文明社会,是由现代"自由人"——市民构成的,人与人之间的社会关系,是契约关系,是理性的经济关系,亲情与社会生产无关。只要有利益上的需要,人们就有可能通过合同、契约的形式建立新的联系,形成新的依赖关系。因此,现代社会的诚信已经成为全社会范围内适用于每一个主体(不仅仅是个人,还包括行政主体和市场主体)的道德价值。

其次,现代市场经济的利益追求必须遵守诚信道德。与传统社会的诚信道德不讲功利的价值取向不同,现代社会里诚信不是与功利无关的道德原则。市场与利益追求有必然的联系,追求利益创造财富是作为社会历史活动主体的人的创造活动。但是,人们自发地追求利益的活动,如果没有合理地引导和法律、契约的制约,由于受到"经济人"追求利益最大化欲望的驱动,人们谋利的行为就会不择手段,从而破坏市场秩序,造成害人并最终害己的恶果。因此,市场本身就要求遵循道德,诚信就是这样的道德。有了诚信,市场的信用体制才能良性运行。市场是天生的平等派,在市场活动中,主体之间的关系是平等的、自由的,彼此之间的权利和义务是对等的。人们既要实现自己的权利,也要尊重他人的权利和履行自己的义务,使那种违约失信的行为受到惩罚,同时也因为自己的诚信行为使得自身的利益得到更大的实现。诚信与功利实现之间的这种良性循环,使人们进一步强化自己的诚信行为。

再次,与传统社会诚信以情感为依据不同,现代社会里诚信发生的根据是理性,是履行契约情况的信用记录。在现代经济活动中,面对素昧平生的生意对象,人们只能根据对对方信用事实的掌握、分析来决定是否信任对方。这种信任不是因为熟人,不是出自于主观的感觉和直觉,而是出自于对方的信用记录。因此,信用体系的建立和完善,是现代社会诚信赖以存在的基础。通过这样的信用体系,人们得以及时、准确地了解对方的情况,使得理性的诚信成为可行并简便易行。

诚信建设:当前尚存的认识误区

自从《公民道德建设实施纲要》颁布之后,作为道德基本范畴的诚信,越来越引起社会的关注和重视。从各级政府、机关、企事业单位到个人,大家无不希望诚信社会尽快到来,建设诚信社会已经成为社会的一个热点问题。然而,根据笔者的观察,在诚信建设方面,当前社会上还存在着一些认识上的误区。

误区之一:诚信是针对企业和个人的。现在有一种现象,人们都认为政府在不遗余力地提倡诚信建设,政府是诚信建设的倡导者,而那些企业(特别是商业企业)和公民个人,是诚信建设的对象。也就是说,诚信建设主要是针对企业经营和个人行为而言的。毫无疑问,企业和个人都需要实践诚信道德。然而,窃以为,政府是诚信建设的提倡者,此言固然不虚,但政府更应该是诚信建设的实践者。政府是为社会提供公共产品和公共服务的机构,它的主要职能是管理社会。正是从这个意义上马克思指出,政府是"社会的守夜人"。人民赋予政府管理社会的权力,政府就有责任、有义务把社会管理好,对"社会主人"尽到"社会公仆"的责任,否则,这样的政府对人民来说就失去了诚信,就难以说它是诚信的政府。例如,在市场经济条件下,对市场进行监管,保证市场按照经济规律正常运转,这是政府工作的重要内容。按常理,在买卖过程中,只要一手交钱一手交货(合格产品)即可,消费者无须再去学习识别伪劣产品的知识。但是,现在消费者在市场上经常遇到伪劣产品,所以不得不花时间去辨别产品的真假,从而增加了自己的消费成本。那么,是谁让人们增加了这笔消费成本?当然是不法厂商,但责任最终还应归于社会管理者,特别是政府的有关职能部门。

因为他们的不作为或渎职行为，使得伪劣产品进入市场，招摇过市，使消费者付出了不必要的成本。让消费者掌握最基本的识别假货的知识固然是需要的，但这绝不是政府及有关职能部门"打假"的重点。政府应该做的是防止假货进入市场，让人民群众在市场上放心地消费。只有这样，政府才能说自己在市场监管方面对人民是负责任的，是诚信的。所以，从媒体上和书本中看到消费者防止假冒伪劣产品的报道和文章，作为与之相关的政府职能部门的负责人和工作人员应该感到脸红、羞愧，应该感到这是一种罪过。如果连这样的负疚感都没有的话，诚信建设又从何谈起？另外，现在人们到政府部门办事，"三难"（门难进、脸难看、话难说）现象还不同程度地存在，这也是政府对人民在诚信方面的欠缺。因此，诚信建设首先要从政府自身做起。

误区之二：诚信建设是软任务，只能教育，别无他法。作为一个道德的基本范畴，诚信与其他道德范畴一样，主要是主体的一种自律行为。就是说，它主要是通过主体自己对自身加强约束来实现的一种规范。但是，在现代市场经济的条件下，作为关系到社会基本秩序的一种社会性道德价值，它必须受到契约的约束。合法的契约是受法律保护的。因此，诚信也受法律的约束和保护。人们在市场行为中，遵守契约的规定，通过履行自己的义务来实现自己的权利，并以此承担社会责任，使社会基本秩序不致失范。如果没有法律的约束和威慑，人们追求利益的欲望没有合理的引导，在资本追逐利润的原始本性的冲动下，为了谋取利益就会不择手段，破坏市场秩序，造成损害他人和社会、最终也损害自己的恶果。因此，在现代社会，诚信已经不仅仅是一种内在的自律的道德规范，在相当大的程度上，它也是一种外在的他律的社会规范。现代社会的诚信建设，已经不是单纯的个人修身养性行为，它还需要社会化的制度约束和鞭策。要通过建立社会化的诚信机制，使诚信建设不仅成为软任务，还要成为硬任务，具有硬指标。

误区之三：诚信只是做人做事的要求。不错，对个人而言，诚信是处理人际关系的准则；对机关和企事业单位而言，诚信是做事的基本要求。但仅仅认识到这一点还不够。所谓"市场经济是诚信经济"，就是说诚信是市场经济存在的基础，市场经济的本质是讲诚信的。其实,整个社会又何尝不是如此? 如果假冒伪劣产品总是充斥着我们的市场,如果下级政府对上级政府的政策总是采取"下有对策"的做法,如果人民法院的庄严判决总是成为难以执行的法律白条,如果企业总是不能从三角债的怪圈中解脱出来,如果人际关系总是笼罩在尔虞我诈的阴影之下,这样的社会还能称其为正常社会吗? 所以,往小里说,诚信是做人做事的根本要求;往大里说,诚信是社会基本秩序赖以维系、社会公平和正义得以存在、社会机器据以正常运转的基础和前提。尤其是当代中国正在由传统社会向现代社会转型、由计划经济向市场经济转轨,我们特别需要诚信道德的精神价值作为支撑,来建立和完善社会主义市场经济体制,实现全面建设小康社会的奋斗目标。

走出误区:建立真实的诚信社会

虽然现代社会对诚信的理解和要求与传统社会相比,发生了显著的变化,二者之间产生了明显的差异,然而,毋庸置疑,当前人们的诚信观念大多数还停留在传统的理解之上,一个完善的社会信用制度在我国还有待建立,中国特色的社会主义市场经济体制仍在建设过程之中。因此,现代诚信观念和社会信用制度的缺陷,将成为新体制建立和完善的巨大障碍。"十个公章不如一个老乡",在民间广泛流传的这句话是缺乏社会信用状况的生动写照。公章是政府机关权威和公信力的象征,但是在办事效率方面它居然不如一个老乡关系,说明我们的社会确实出现了诚信危机,建立社会信用体系已经迫在眉睫。

走出误区,转变对诚信观念的传统理解,是建设现代诚信社会的第一步。首先,要在全社会树立信用观念。我们并不反对超越功利、以道义为价值取向的诚信观念,即使在现代社会,如果在任何时候、任何事情上都以功利目的为唯一取向,也将为人们所不齿。一个充满了铜臭味的社会同样是一个残缺不全的社会。但是,仅仅这样还不够。人们在为亲朋好友尽义务、不谋利的同时,不应当与自己所承担的社会责任发生冲突。如果这样,就失去了道德上的正义性。因此,必须适应市场经济的要求,以信用为本。对一个陌生人,只要他的信用记录是良好的,就应该在信用上给予支持。反之,即使是熟人,是亲友,如果他有不良的信用记录，也不应该与他发生信用关系。否则，就破坏了市场的游戏规则，阻碍了经济活动的正常进行，就是对社会的不负责任。要把信用看成建设诚信社会的基石，开拓诚信的社会空间，使全社会都养成讲信用的良好习惯。

其次，加快建立社会信用制度。如前所述，诚信建设不仅需要个人的自律，还需要通过制度化建设，建立完善的社会信用制度，形成全社会的诚信运行机制，为诚信建设提供理性支持。信用，不仅要有对道德人格的评价，更要有对资信材料的掌握、分析和评估，要有实证的支持，以避免信用失之于滥用。因此，当前应该着力进行的是：其一，建立信息公开制度。任何时代、任何社会都存在着信息不对称现象，作为社会的管理者，政府有义务和责任建立信息公开制度，使社会公众能够便捷地获得自己应该得知的信息。信息的公开不仅可以保证信息的准确，避免由于信息不对称而产生的信用危机，同时也是对法律规定社会公众享有知情权的尊重和遵守。一般说来，和民众相比，政府与企业手中总是掌握着大量的信息，而垄断信息将影响交易的公平，使欺骗、失信、不讲信誉等非诚信行为有机可乘，并有可能在发生涉及社会公众的突发性危机事件时，造成社会的恐慌和动荡。此次非典型性肺炎袭来初期，由于没有及时披露相关信息，结果在我国局部地区造成了社会恐慌，加大了抗击"非典"的难度和成本。这一事例深刻说明了在我国建立信息公开制度的重要性和紧迫性。其二，加快和完善信用立法。法律制度是制度建设的最高层次，通过立法，可以用规范的制度使人们的诚信行为在相当程度上成为可以预期的，以降低风险。即使发生意外，也可以通过法律的保护，使损害降到最低程度。其三，大力发展信用中介机构，进行信息采集、整理和公布，培育信用市场，向社会提供信用产品。其四，加强政府对信用中介机构的管理，保证信息的可靠性和准确性。虚假信息的扩散一样会引起恐慌和动荡，造成社会的不稳定。

第三，尽快建立个人信用体系，完善企业信用体系。我国至今还未建立起在全国通用的个人信用体系，公民个人的消费能力（特别是大额消费如购房、购车及大件生活用品等）因此受到极大的限制，对经济发展产生了一定的消极影响。生产决定消费,但消费又反过来促进生产,拉动经济增长。社会的最终消费是人们的日常生活消费,个人消费是市场经济发展的基础。所以健全的个人信用体系是社会信用体系的重要基础。对企业而言,必须加快建立现代企业制度,为诚信建设提供内在动力。诚信是企业的无形资产,它往往决定企业价值的大小。企业口碑(信誉)的好坏,直接影响到交易成本,并决定其产品的市场份额和消费者的寡众,从而最终决定企业价值的实现程度。通过建立现代企业制度,明晰产权关系,确立劳动者的权利和利益主体地位,可以使人们获得关心企业诚信建设的动力,推动企业诚信建设向更高程度发展。

第四,完善市场秩序方面的立法,加大对破坏诚信的欺诈、制假、贩假等行为的打击和惩罚力度,让人民群众在市场上放心消费。迄今为止,我国在这方面的法律还不够完善、严密,打击力度尚不足以震慑不法分子。我们应该借鉴外国的经验,严厉处罚破坏诚信的行为,直至罚得它倾家荡产,才能对社会产生警戒作用。否则,治标不治本,整顿市场秩序就难以从根本上奏效。

建设诚信负责的政府、培育信用良好的诚信企业、培养千千万万诚实的公民,是诚信社会赖以鼎立的三根支柱,也是诚信建设的奋斗目标。只要克服诚信建设的认识误区,实现了这个目标,一个真实的诚信社会就将诞生在人们的努力之中。

第二章

政治文明建设研究

求真务实小论

　　求真务实是中国共产党一以贯之的思想路线和工作作风,特别是在全面建设小康社会的伟大历史实践过程中,如何把握重要的战略机遇期,推动经济社会的全面、协调和可持续发展,不断开创中国特色社会主义建设事业的新局面,实现全面建设小康社会的宏伟目标,很重要的就是要始终坚持求真务实,做到大力弘扬求真务实精神,大兴求真务实之风,全面科学地判断形势,抓住机遇,迎接挑战,克服困难,真抓实干,加快发展。

　　求真务实是辩证唯物主义和历史唯物主义的科学精神,是中国共产党长期坚持的思想路线的核心内容。早在 1941 年,毛泽东同志就在《改造我们的学习》一文中指出,"'实事',就是客观存在着的一切事物。'是'就是客观事物的内部联系,即规律性,'求'就是我们去研究。我们要从国内外、省内外、县内外、区内外的实际情况出发,从其中引出固有的而不是臆造的规律性,即找出周围事变的内部联系,作为我们行动的向导"。所谓求真务实,就是求中国国情的真,务客观实际的实。作为马克思主义认识论的基本点,实事求是与党中央提倡的求真务实有必然的逻辑联系,坚持实事求是也必然要求落到求真务实之上。1978 年党的十一届三中全会恢复了"解放思想、实事求是"的思想路线,使我们党在此之后,结合中国的国情,在建设社会主义现代化的过程中,探索出一条有中国特色社会主义的道路。正是在实事求是的科学态度指导下,我们发扬求真务实的精神,不断开创中国特色社会主义建设事业的新局面,在实现基本小康的目标后,又向全面建设小康社会的更高目标前进。因此,全党大力弘扬求真务实精神、大兴求真务实之风,就要像胡锦涛同志所强调的那样,"关键是要引导全党同志不断求中国社会主义初级阶段基本国情之真,务长期艰苦奋斗之实;求社会主义建设规律和人类社会发展规律之真,务抓好发展这个党执政兴国的第一要务之实;求人民群众的历史地位和作用之真,务发展最广大人民根本利益之实;求共产党执政规律之真,务全面加强和改进党的建设之实"。

求真务实是中国共产党坚持全心全意为人民服务的宗旨、发扬紧密联系群众的优良作风、保证贯彻"三个代表"重要思想的有力措施。全心全意为人民服务,正确认识与人民群众的关系,是坚持求真务实的根本准则。中国共产党始终代表中国最广大人民的根本利益,而代表人民群众根本利益是要落在实处的。要坚持立党为公,执政为民,要为人民群众办实事,谋实利,就必须求真务实。否则,不了解群众的真实想法和要求,不了解实际情况,怎么谈得上为人民谋利益?关心群众,代表人民利益,这不是一句空洞的口号,而必须付出艰苦的努力,扎扎实实地工作,具体地落实到解决群众生产和生活问题之上。因此,要贴近群众,贴近基层,贴近生活,紧密联系全面建设小康社会的实践,坚持讲实话,出实招,办实事,务实效,继承和发扬光大党的优良传统和工作作风,才能真正实现代表最广大人民根本利益的要求。

由此可见,求真务实对于我们的工作而言,既有认识论的指导意义,又有方法论的实践意义,它是共产党人所应该具备的政治品格。然而,在实际工作中,人们不时可以看到违背求真务实精神的现象,例如片面的政绩观所导致的工作作风浮躁,甚至浮夸,最典型的就是"干部出数字、数字出干部"的现象;官僚主义,高高在上,对群众的困难和疾苦不闻不问,甚至十分冷漠;不深入实际了解情况,把自己的主观意愿强加给群众,损害群众利益,造成干群关系紧张甚至严重对立;如此等等。这些都是与党所提倡的实事求是、求真务实精神格格不入的,与全心全意为人民服务的宗旨相违背的,与"三个代表"的要求相去甚远的。

当前,要贯彻落实好"三个代表"重要思想和十六大精神,抓好发展这一执政兴国的第一要务,落实全面、协调、可持续的发展观,实现经济持续、快速、协调、健康发展和社会全面进步；要坚持立党为公、执政为民，保持党与人民群众的血肉联系，切实把人民群众的根本利益维护好、实现好、发展好；要改进党的领导方式，提高党的执政水平，加强党的队伍建设等，都必须大力弘扬求真务实精神，大兴求真务实之风。

笔者认为，当前要切实做到求真务实，首先，应该提高中国共产党党员和国家机关公务员的思想认识水平和求真务实的自觉性。如前所述，作为思想路线的核心内容，人们的认识水平如果没有提高，就难以在各项工作中自觉贯彻它。扎实的作风来自于对求真务实认识的到位，而浮夸的作风则往往源自于求真务实的缺失。在我们的实际工作中，这方面的教训是不胜枚举和十分深刻的。其次，要在制度建设上下工夫，为求真务实提供制度保障。如有助于落实求真务实科学精神的联系群众制度、调查研究制度、民主决策制度、公开办事制度、干部选拔任用制度等各项制度，要尽快建立健全。通过制度建设，为求真务实保驾护航。第三，要真抓实干，狠抓落实。求真务实精神往往是通过具体的，甚至是细小的事情体现出来的，因而从我做起、从身边的小事做起，踏踏实实而不好高骛远，一步一个脚印，这样的态度，对于培养求真务实的作风是不可或缺的。第四，要加强社会监督和舆论监督的力度，使违背求真务实精神的行为及时曝光，使其成为人人喊打的"过街老鼠"；同时大力表彰求真务实的典型事例和人物，形成以求真务实为荣、以浮夸造假为耻的社会氛围。通过努力，使求真务实蔚成风气，成为各项工作和人们日常生活的行为准则，中国特色社会主义事业和全面建设小康社会就具备了坚实的思想基础。

政治文明刍议

自从提出建设政治文明,特别是中共十六大把建设政治文明列为建设全面小康社会的奋斗目标之一后,人们对政治文明的关注显著提高。本文就政治文明的有关问题,提出自己的粗浅认识,以就教于方家。

一、政治文明是一种制度文明

何谓"政治文明"?《中国大百科全书政治学卷》"政治文明"词条解释为:政治文明就是人类在社会发展过程中在政治领域所创造的政治成果的总和。这是一个十分抽象的解释,对普通人而言,还是难以理解。其实,这个问题的关键在于如何理解"政治"这个概念。政治指的是阶级、政党、社会集团和个人在国家生活和国际关系方面的活动,是经济的集中表现。在《家庭、私有制和国家的起源》中,恩格斯认为国家的出现是文明社会的总概括,国家的出现解决了人类政治生活的最为根本性的问题,即有效地将基于对生产资料占有上的差别而形成的阶级对立的社会,维持在一个秩序的范围内。当社会发展到一定阶段的时候,社会便分裂为矛盾和冲突不可调和的阶级。为了使这样的阶级不至于在无谓的矛盾和冲突中把自己和社会消灭,就需要一种"凌驾于"社会之上的力量,来把矛盾和冲突保持在秩序的范围内。这个力量就是国家,就是社会的公共权力。从恩格斯的论述中我们知道,通过国家公共权力的力量,来维系社会的秩序,使人类和社会能够在一种秩序的框架内生存下去,这个过程就是人类进行的政治活动,因此它是政治文明发端的一个重要标志。随着人类社会的不断发展,人们面临的政治难题和政治困境也不断增多，而解决这种政治难题和政治困境的制度设计和技术安排也愈益发展，从而使得政治文明得到持续的发展。可见，政治文明涉及的都是政治生活中的制度问题，如议会制度、选举制度、政党制度、责任内阁制度、文官制度，等等。而马克思在《关于现代国家的著作的计划草稿》这篇准备系统研究现代国家问题的大纲中，列举了现代国家问题研究可能涉及的基本问题，其中就有"集权制和政治文明"。由此可见，马克思是准备从国家制度的角度界定和研究政治文明。大纲还论及"国家和市民社会"、"个人自由和公共权力"、"民族和人民"以及工业化等范畴，这说明马克思是将政治文明放在广泛的社会文明背景中来认识和把握的，这就为我们今天科学地研究和理解政治文明以及社会主义政治文明，提供了重要的认识论和方法论依据。①

制度文明源起于制度的产生。人类在复杂的社会生活中，经常面临着由种种问题而带来的社会和生活秩序的混乱。为了解决群体内部诸多矛盾，人类寻找了许多方法：在婚姻方面，血亲之间不能通婚，本族人不能与外族人通婚，于是，人类形成了婚姻制度；在生产方面，男人外出狩猎、劳作，女人养育后代、操持家务，于是，人类产生了原始的分工关系；在分配方面，获得的食物按人口数量均衡配给，剩余部分记数结转到次日分配，于是，人类开始掌握了分配规则；在权力方面，以年长或前辈为尊，以女性（母系社会）或男性为尊，尊者为上，尊者为主，于是，人类的群体内部形成了权力等级结构；在宗教方面，由地位最高者（如族长等）主持，带领人们拜天地鬼神，祈祷消灾却病，于是，人类找到了统一群体行动的原始程序。

当以上这些规则、结构、程序的东西，逐渐演化成为家庭、家族、部落的行为规范，成为人类社会的统一制度，这就是文明。这是有别于物质文明和精神文明的另一类文明——制度文明；这是有别于物质产品和精神产品的另一类产品——制度产品。在现代社会中，制度文明无处不在，并且发展到高级形态。比如我们讲的经济体制、政治体制、

---

① 韩旭：《"政治文明"研究的新进展》，《政治学研究》，2003 年第 4 期。

法律法规等,都是制度文明。以交通为例,在公路、铁路、水运、航空等交通运输领域,各种交通工具和道路、桥梁、机场、码头等设施、设备,代表了物质文明的发展水平;人们的交通意识和观念,则是精神文明的体现;而与交通有关的法律、法规、规则、政策,以及交通管理活动和这种管理所运用的机制、方法,都是以制度的形式表现和存在着,并以制度规范着人们的行为,这就是制度文明。①

由此可见,政治文明的载体主要是国家制度、政党制度、民主制度、法律制度等,这些都属于制度文明的范畴。离开了制度文明,政治文明就无从谈起,就成为无源之水、无本之木。所以,我们说政治文明是一种制度文明,制度文明是政治文明的核心。

二、政治文明具有普遍性和特殊性

回顾历史,以民主政权为核心的现代政治文明,起源于 13 世纪的英国。英国是现代宪政制度发源地,也是现代政治文明的发源地。1215 年签署的英国"大宪章",在很大程度上限制了英王约翰的财权和人事权,开创了通过立法限制王权的政治先例,成为现代政治文明进程中平衡权力与权利关系的典范。对君主的绝对权力给予法律的限制,是人类政治文明的重大成果。正是这样的开端,决定了从此之后英国政治发展的走向。1688 年英国的"光荣革命",最终奠定了英国君主立宪制的基础。随后,又通过多年的政治实践,议会逐步将国王的权力限制到零,使国王成为一个纯粹的象征性的政治人物。由于国王退出实际政治舞台,一系列的政治制度和政治技术就成了政治实践的需要。于是,选举制度、政党制度、责任内阁制度、文官制度等制度安排应运而生,现代政治文明逐步发展起来。②

英国是最早产生现代政治文明的国家。英国政治文明包含的内容被其他西方国家接受和效仿,因此这些国家在政治文明的基本制度方面,与英国大同小异,从而使其具有普遍的意义。甚至在社会主义

---

① 刘波、许宏:《第三种文明》,作家出版社,2001 年,第 249—259 页。
② 桑玉成:《现代政治文明的源起及其演进》,《文汇报》,2003 年 12 月 28 日。

制度国家,政治文明的发展也必须借鉴资本主义国家有益的政治文明成果。从这个意义上,我们说政治文明具有其普遍性。

关于政治文明的普遍性,还可以从以下几个方面来理解。①

第一,政治文明的阶级性。政治文明发端于人类以国家公共权力的力量维系社会的秩序,而国家是阶级产生之后出现的,是阶级矛盾不可调和的产物和表现。所以,政治文明是阶级社会特有的现象。任何社会形态的政治文明都体现了统治阶级的意志,维护着统治阶级的利益。资本主义国家有资本主义的政治文明,社会主义国家有社会主义的政治文明,因此,阶级性是政治文明普遍性的表现之一。

第二,政治文明的结构性。政治主体、政治关系、政治意识、政治行为、政治制度等构成了政治文明的基本内涵,这些又由价值取向、制度设计、观念形态、治理技术等基本结构所反映。政治发展中的价值取向反映了人类对美好政治生活的期望和向往,资产阶级革命时期关于民主、自由、平等、法治等的政治价值观,迄今依然影响到人类的政治生活。可见,确立什么样的政治价值观,是政治文明的重要标志;制度设计是解决人类政治问题最有效的办法,通过科学合理的制度设计,把人类的政治活动规范在制度的框架内,才能实现政治的稳定;政治观念对一个国家的政治发展有着至关重要的作用,在信息时代,政治观念通过各种媒介的广泛传播,将直接或间接地对人们的政治行为产生影响;治理技术的目的在于有效地治理国家、治理社会、治理人民。政治领域的许多问题,既关乎价值取向,又关乎政治技术。例如治理腐败的问题,不论是防止腐败还是抑制腐败,其主导性的问题当属治理技术问题。由此可见,不论是哪个国家,政治文明的结构大同小异,因而它具有普遍性。

第三,政治文明的动态性。唯有不断发展,才能持续进步,人类社会如此,政治文明亦如此。发展和进步是一个动态的演进过程,发展也赋予了政治文明动态性特征。政治文明的发展可以从其演进一见端倪:首先,从暴力政治走向协商政治。尽管暴力是政治的最后手段,

---

① 韩旭:《"政治文明"研究的新进展》,《政治学研究》,2003 年第 4 期。

但是非暴力应该是现代政治文明的主要特征。一种持续稳定的统治秩序一定是基于权利与义务关系的秩序，而不是基于暴力的政治。现代政治文明注重以协商政治为导向，通过谈判、妥协、让步来获得政治问题上的共识和认同。其次，从权力政治走向权利政治。传统的政治以权力为中心，一切政治活动几乎都是围绕权力而展开的。而现代政治往往以权利为政治的核心，权力服从权利，权利制约权力，权利是权力的目的。所以说，政治文明的发展有一条平衡权力与权利关系的主线。再次，从无序政治走向有序政治。政治制度化、程序化的进程实际上就是政治文明的进程，权力的交替、政策的变革，都遵循一整套保证政治稳定的制度规则和行为规则。按程序进行，是现代政治文明极其重要的衡量标尺。最后，从垂直政治走向平面政治。传统政治的重要特征是垂直的权力关系，而现代政治文明条件下的权力关系是分散化、平面化。如美国、日本，地方政府皆为自治政府，非政府组织（NGO）和公民参与国家事务的治理，在西方被称之为"多中心治道"，是当代政治发展的趋势。政府与民间、官员与百姓协同治理，既注重了公民的权利，又注重了公民的责任，强调政府和公民对社会公共事务的共同责任和共同利益，这些都体现了现代政治文明的发展取向。从政治文明的动态性观之，它所具有的普遍性亦昭然若揭。

政治文明的特殊性在于国别不同，其国内的政治发展和政治文明的形态亦有所不同。一个国家的历史、文化、地理、风俗、宗教、生活方式，都会对本国的政治产生影响，从而导致该国的政治发展和政治文明与外国有别，带有鲜明的民族特性，这是十分自然的。这就形成了政治文明的特殊性。

试以国家模式为例说明之①。国家模式是指具有不同文化背景和不同历史传统的人们，为了解决公共事务管理面临的问题所分别创造的制度。在进行这种创造时，每个民族都展示了自己的聪明才智，都有自己的特殊经历，同时又都从别的民族汲取了有用的营养。因此，不同的国家模式，反映的正是政治文明的特殊性。

---

① 刘波、许宏：《第三种文明》，作家出版社，2001年，第249—259页。

国家模式按政治制度划分，有共和制和君主制。所谓共和制，是指国家权力机关和国家首脑由选举产生、有一定任期的政权组织形式。现代共和制国家的政府，从组织、职权、与其他机构的相互关系角度看，主要有内阁制和总统制两种存在形式。所谓君主制，是指国家元首由君主担任，而君主由世袭产生。君主制国家也分为两种，即东方集权型和西方分权型国家。由于东西方社会结构的不同，西方分权型君主制国家能够引入民主，发展出现代君主立宪制国家。而东方却始终没有引入民主，一直实行集权型君主制，直到革命废除了君主制，才在国家模式中引进了民主。

此外，按照国家整体与部分、中央与地方的相互关系，又可以把国家模式分为单一制国家和复合制（联邦制）国家。例如，法国是单一制国家，美国、德国是联邦制国家。

就选举而言，有的国家实行普选制（直接选举），有的国家实行代议制（间接选举）。这都凸显了政治文明的特殊性。

了解政治文明的普遍性，有助于我们提高认识，学习、借鉴外国政治文明的优秀成果。凡是人类优秀的政治文明成果，都应该拿来为我所用。了解政治文明的特殊性，则有助于我们坚持社会主义政治的发展方向，建设有中国特色社会主义的政治文明。

三、中国政治文明的主要特点

中国是一个具有五千年悠久历史的国家，自秦始皇统一六国，建立第一个中央集权的封建制国家以来，从"车同轨，书同文"到统一度量衡，秦朝在封建国家的治理方面，还是做了不少制度创新的，并为身后各朝各代留下了治国经验。由隋朝开创的科举制度，完全就是古代中国的文官制度，它比西方文官制度的诞生早了一千多年。还有清朝的任官回避制度等，都可以看做是古代中国的政治文明。然而，由于马克思所言的"亚细亚生产方式"导致的超稳定社会结构，使中国在进入封建社会后停滞不前。古代中国的政治原生态，使以民主政治为特征的现代政治文明很难在近代中国发展起来，致使近代以来到中国新民主主义革命成功之前的政治文明发展，乏善可陈。因此，中国现代政治文明的发展,应该从中华人民共和国诞生之后形成的政治体系算起。

回顾20世纪世界政治发展史,中国现代政治文明的形成和发展,可以说是20世纪人类政治文明的重大成果。党的领导和政治协商、人民代表大会制度、民族区域自治和基层群众自治以及"一国两制",是中国共产党在长期的革命和建设过程中,结合国情探索出来的具有中国特色的政治发展道路,可以说是当代中国政治文明最主要的特点。

（一）党的领导和政治协商

近代中国面临反帝反封建的双重历史任务,而中国革命的实践告诉我们,一党独裁或多党共治,既不符合历史发展的潮流,也背离中国社会的实际。1949年后形成的中国共产党领导的多党合作制度,则是中国共产党为解决当时中国政治发展难题给出的答案。中国共产党在国家治理和政治发展中的领导地位,是中国人民在长期的革命斗争中所作出的历史选择。人民之所以选择了中国共产党,是因为它代表了广大人民群众的根本利益,是为人民谋幸福的政党。中国共产党的领导,能够为国家提供强有力的领导核心。多党合作则能够扩大社会利益代表面,为社会各阶层参与政治提供组织保障、程序保障。

根据中国国情和马克思主义统一战线理论,中国共产党确立了多党合作和政治协商制度。这一制度在中国的政治发展过程中的主要功能有:第一,是中国共产党领导中国人民进行社会主义革命和建设的基本执政方略。第二,形成了以中国共产党为领导核心的各种社会政治力量团结统一的社会主义社会的基本政治结构,这种政治结构是中国政治制度与政治生活展开的重要基础。第三,是党和国家聚合社会各种先进力量广泛参与国家管理的基本政治制度。多党合作和政治协商制度是在中国长期的革命和建设的历史发展中自然形成的,它既不同于西方的两党制或多党制,又不同于一党制,具有中国特色。这一制度符合中国政治发展的规律,顺应了人民盼望政治稳定、加快经济社会发展的迫切要求。

（二）人民代表大会制度

这是我国国家最高政权的组织形式和地方各级政权的组织形式,

是在中国共产党领导下实行人民民主的集中体现,也是我国最基本的政治制度。由于历史、地理、人口等诸多因素,在中国这样的大国,代议制是实行人民民主的最合适的形式。由于人民代表的广泛性,除了传统意义上的工人、农民、解放军、知识分子等劳动者阶级和阶层的代表之外,还有全体守法公民(即包括了民营企业家、私营企业主等传统意义上的非劳动者阶级和阶层)的代表,特别是还包括了香港、澳门特别行政区以及台湾地区的各阶级和阶层的代表,这就使得作为政治主体的中国人民的范围得到极大的放大,国家政权的基础实现了多层化,从而使共产党领导下的人民民主政权更加巩固。人民代表大会这一政权的组织形式,保证了我国人民广泛参与国家事务的管理,这在当今世界上是任何一个国家都不可比拟的。

(三)民族区域自治和基层群众自治

民族区域自治是新中国成立后,为了解决多民族国家少数民族地区的经济社会发展,以及妥善处理中央政府与少数民族地区地方政府关系等问题,而进行的国家制度创新。我国宪法第四条规定:"各少数民族聚居的地方实行区域自治,设立自治机关,行使自治权。各民族自治地方都是中华人民共和国不可分离的部分。"根据宪法规定,第六届全国人大通过了《民族区域自治法》。按照宪法和法律,我国民族区域自治有4个特点:① 它是民族的自治;② 它是区域的自治;③ 自治地方是我国不可分割的一部分;④ 中央监督民族自治地方的自治。

基层群众自治是健全民主制度,丰富民主形式,扩大公民有序的政治参与,保证人民依法实行民主选举、民主决策、民主管理、民主监督,享有广泛的权利和自由,尊重和保障人权的制度保证。同时,它也是社会主义民主最广泛的实践。基层群众自治包括农村村民自治和城市居民自治,其自治行为由《村民委员会组织法》、《居民委员会组织法》予以规范。基层群众自治是实现人民群众当家做主的保证,是我国人民民主制度的主要实现形式之一。

(四)"一国两制"

从邓小平同志提出"一国两制"的科学构想到变成法律制度并付诸实践,这是当代中国政治文明发展的又一伟大成果。"一国两制"在国家主权、一国前提下的两制与两制(特别是主体部分的社会主义制度)都不能改变的关系、关于特别行政区高度自治与中央保留一定权力的关系、"港人治港"、"澳人治澳"和必须以爱国者为主体的关系等方面,都具有独特的政治制度创新意义。由于特别行政区政权组织形式与人民代表大会制度完全不同,使我国形成了多样化的地方政权组织形式。这是迄今为止其他政治文明所未曾有过的。各种政权形式既有区别,又有联系,在一个国家内共同存在和发展,这是人类共和制政体的新类型。"一国两制"使中国的政权组织形式多样化的同时,又使我国国家结构形式更加丰富多彩了。在一个统一的国家里,单一制的主体虽然没有改变,但却糅合了复合制的因素在其内,即港澳台地区一方面是单一制国家内的地方政府,另一方面又享有单一制国家一般地方政府所没有的广泛权利,有些甚至远远超出复合制国家内成员单位所享有的权利。这也是国家结构形式上的制度创新。

四、民主政治发展与政治文明建设

中国是具有漫长封建专制和宗法社会历史的国家,在人们的思想观念中,封建意识、专制主义的东西往往下意识地残留着,并经常影响着人们的行为。因此,民主政治在中国的发展,步履尤其艰难。自"五四"运动提出"民主"、"科学"的口号,迄今为止已80余年,但是这两大任务在我国至今没有很好地完成,今天我们建设社会主义政治文明,依然离不开民主与科学,民主与科学依然是我们在新世纪所需要完成的历史任务。因此,民主、科学也是政治文明建设的重要内容和目标。党的十六届四中全会提出,我们党要"始终成为立党为公、执政为民的执政党,成为科学执政、民主执政、依法执政的执政党,成为求真务实、开拓创新、勤政高效、清正廉洁的执政党"。加强党的执政能力建设,提高党的执政水平,一条重要的渠道就是发展民主政治,建设政治文明。而能否做到科学执政、民主执政、依法执政,则是衡量执政能力和水平的标尺。要真正做到科学执政、民主执政、依法执政,就必须强化社会主义政治文明建设,加快政治体制改革步伐。

当前,发展我国的民主政治、建设政治文明,应该首先做到政治民主化、政治公开化、政治规范化、政治科学化和政治清廉化。政治民主化,就是不断完善各项民主制度及其运行机制,按照法律的规定和要求,扩大公民的政治参与,在中国共产党的领导下,实现民主选举、民主决策、民主管理、民主监督,保证广大人民群众依法享有广泛的权利和自由,真正当家做主。政治公开化,就是增加政治生活的透明度,人民有权利知道国家的政治过程,除了国家秘密以外的政治活动,都应该公开,使人民群众对政治活动过程有充分的了解,最大限度地保障人民的知情权,这也是人民参与政治的前提。政治规范化,就是规范各种政治关系和政治行为,明确各政治主体的法律地位和法律关系,保障人权,强化法律意识。政治科学化,就是在国家治理中建立科学的决策机制,实行科学的发展观,避免主观性和随意性,准确把握机遇,实现经济、政治、社会、生态的均衡发展和可持续发展,以及人的全面发展。政治清廉化,就是建立、健全权力制约和监督机制,遏制权力异化和腐败现象。

我们说政治文明是一种制度文明,制度建设自然是建设社会主义政治文明的题中应有之义。一个社会政治文明的发展程度,主要取决于该社会政治制度的发展和完善的状况。也就是说,要实现社会主义民主政治的制度化、规范化和程序化,这是当前政治文明建设的首要任务。一是完善公共权力体系,尤其是完善各种权力监督形式,监督的重点是各级政府是否依法行政和公职人员勤政廉洁的情况,防止公共权力对公民权利的侵犯。从我国的现状来看,在日常的政治生活、经济生活和社会生活中,违法行政、侵犯公民权利的事件时有发生,造成了党群关系、干群关系的紧张,乃至严重对立,影响了社会的安定和稳定。由此可见,在社会利益日益多元化的背景下,完善公共权力体系和权力监督形式,是十分必要和紧迫的。二是完善公共政策和法律体系,为国家的政治、经济、社会、环境等方面的运作和发展提供规范。公共政策和法律是国家治理的工具和手段,良好的公共政策和严密的法律,是国家机器正常、顺畅运转和长治久安的保证。三是加快和加大政治体制改革的步伐,改革政治管理方式,对现行的组织结构进行改革,切实做到职能、权力和责任的相互统一,实现组织资源的最优化配置。从我国现行的政府组织结构看,我国的行政管理体系是按照中央政府(国务院)—省(直辖市、自治区)政府—副省级城市和地级市(设区市)政府—县政府(区政府)—乡(镇)政府这样的模式运行的。这种五级管理的模式,是中国唯一的、世界上管理层级最多的政府模式,它必然产生行政效率方面的问题,并加大了行政成本,浪费了组织资源,有必要进行改革。

　　在国民中进行现代公民意识教育,培养高素质的共和国公民,是开展民主政治、建设社会主义政治文明的基础。而公民具有良好的政治素质,是建设政治文明的必要条件。因此,除了制度建设之外,政治文明建设还应包括思想观念的建设,即政治理念、政治价值、政治品德的建设。从一般意义上说,政治理念包括民主、法治、公平、公正、平等、责任等内容,进行政治理念教育,有助于培养正确的民主观、法治观。政治价值和政治品德是人的精神文明在政治文明建设中的反映,政治价值由政治文明是人类文明的重要组成这一特点所决定,只有正确的政治价值观才能反映政治文明的深刻内涵,才能代表时代精神的发展方向。良好的政治品德规范着人们在政治生活中的道德操守,对从政者和公民的政治行为产生深刻的影响,是政治清明的道德基础和一个社会政治风气的风向标。因此,提高公民意识教育是提高公民政治素质的最重要和最主要的途径,是政治文明建设的重要内容。否则,虽然有美好的政治理想,却缺乏追求的动力;虽然有权利理念,却不知如何维护自己的权利;虽然有人民当家做主的政治制度,却不会自觉地践行;虽然有完备的法律体系和公正的司法制度,却不知道如何运行。民主政治的实现和发展,不仅需要人们的认同,还需要人们的积极参与。历史和现实昭示我们,只有提高人民的现代政治素质,中国特色的社会主义政治文明才有广阔的发展前景。

政治文明建设与人民群众利益

十六大报告提出:"建设社会主义政治文明,是全面建设小康社会的重要目标。"这是中国共产党第一次在党的重要文献中,如此明确地把社会主义政治文明建设同物质文明、精神文明联系在一起,确立为社会主义现代化建设"三位一体"的目标,具有重大而深远的理论意义和实践意义。现阶段,全面建设小康社会是全中国人民的最大的共同利益。那么,政治文明建设同人民群众利益之间有着什么样的关系呢?

一、政治文明是全面建设小康社会的重要指标

发展社会主义民主政治,建设社会主义政治文明,是党的十六大作为全面建设小康社会的重要目标而提出来的。十六大报告确定的全面建设小康社会的四项目标中,第二项论述的就是政治文明建设的具体目标,即"社会主义民主更加完善,社会主义法制更加完备,依法治国基本方略得到全面落实,人民的政治、经济和文化权益得到切实尊重和保障,基层民主制度健全,社会秩序良好,人民安居乐业"。与以往有关建设小康社会侧重于经济指标的提法相比,十六大提出了"发展社会主义市场经济、社会主义民主政治和社会主义先进文化,不断促进社会主义物质文明、政治文明和精神文明的协调发展"的总体要求,这是对中国特色社会主义和中国现代化认识的进一步深化。政治文明不仅是物质文明和精神文明建设顺利进行的保证,也是我国现代化追求的目标。也就是说,应该把全面建设小康社会的任务,看做

是经济、政治、文化、生态等方面互相协调的一个完整的系统,使得经济发展与社会进步有机统一起来。

努力促进人的全面发展,是一个社会全面进步根本的和最重要的表现。政治文明建设,为人的全面发展提供了良好的环境,使人们在其建设过程中不断地提高自身的政治素质,促进了人的全面发展。同时,人的全面发展,为政治文明建设提供了坚实的社会基础,促使政治文明在新的、更高层次上得到发展。这种相辅相成、良性互动的关系,是全面建设小康社会的强大动力。从这个意义上说,政治文明建设的成效如何,直接折射出全面建设小康社会的成效,是衡量全面建设小康社会的重要指标。

二、政治文明建设与人民利益息息相关

全面建设小康社会,在本世纪中叶基本实现现代化,把我国建成富强、民主、文明的社会主义国家,其终极目标和唯一指向就是实现人民群众的利益。作为全面建设小康社会的主要任务之一,政治文明也关乎人民群众的根本利益。与其他工作一样,政治文明建设也必须坚持以"三个代表"重要思想为指导,以人民群众利益为出发点和根本归宿。

笔者以为,人民群众利益是"三个代表"重要思想的核心和逻辑起点。唯物史观把人民群众看做是历史的创造者,是推动社会发展前进的决定性力量。人民群众的利益是社会主义产生和发展的基础因素、决定力量和最终目的,而社会主义是为人民群众谋利益的理论、制度和运动。共产党人为了实现社会主义、共产主义的目标而奋斗牺牲,归根到底是为了实现人民群众的利益,是为人民谋幸福。提出全面建设小康社会的目标也是如此。党的建设是政治文明建设中最重要的和第一位的任务。中国共产党来自于人民,植根于人民,服务于人民。党的全部任务和责任,就是为实现人民群众的根本利益而奋斗。因此,共产党在执政之后,应该而且必须将人民群众的需要和利益上升为自己全部社会活动的最高原则和普遍原则。一切为人民、人民群众的利益高于一切,是我们党的一贯思想和行为准则。这一准则要求共产党必须不断加强自身建设,并规定着党的建设的手段和目标。离开

了人民群众的利益，共产党人的一切奋斗和牺牲就失去了最高价值，发展先进生产力和先进文化就失去了最大意义。所以，在"七一"讲话中，江泽民同志指出："不断发展先进生产力和先进文化，归根到底都是为了满足人民群众日益增长的物质文化生活需要，不断实现最广大人民的根本利益。"人民群众利益实现的程度，决定着人心的向背；而人心的向背，决定着社会主义的命运和共产党的兴亡。"得民心者得天下，失民心者失天下"，这是被历史所反复证明了的。因此，人民群众利益的实现程度，是衡量社会主义政治文明建设成败的根本指标。

然而，在现实生活中，关心群众，代表群众利益，维护群众利益还远不尽如人意。一些地方干群关系紧张，干部漠视群众利益、侵犯群众利益的事件时有发生，这与党的宗旨，与建设中国特色社会主义的根本目的相去甚远。最近一段时间，新闻媒体连续披露了几起关于城市建设中由于粗暴拆迁、不依法办事引发恶性事件的报道，确实令人忧虑。其一是 2003 年 8 月 22 日南京市玄武区邓府巷同庆里居民翁彪因不满野蛮拆迁而自焚致死案；其二是 2003 年 9 月 15 日安徽省池州市青阳县蓉城镇城西村农民朱正亮对县里强制拆迁不满，在北京天安门前自焚致伤案；其三是江西省定南县陈秀连等人向《人民日报》反映有关部门违法行政、强行拆除城市私有房屋情况，刊登有关内容的 2003 年 8 月 28 日的《人民日报》被定南县领导下令全部扣压。

上述三起案件都由城市建设中的拆迁问题而引发。随着各地经济的发展与城市建设步伐的加快，城建过程中衍生的拆迁纠纷日益增加。据国家信访局研究室专家透露，近几年该局接到关于拆迁问题的群众来信逐年递增。2003 年至 8 月底为止，拆迁纠纷投诉信件共计 11 641 封，比 2007 年同期上升 50%；上访人数 5 360 人次，同比上升 47%。这说明由城建拆迁引发的社会矛盾呈现出日益上升的趋势，严重者甚至闹出人命关天的大案。究其原因，是因为虽然有关法规规定拆迁人与被拆迁人处于平等地位，应由双方协商同意补偿方案后才能进行拆迁，但实际上被拆迁人总是相对为弱者，往往没有商量的余地。上述案件中更令人发指的是，当新闻媒体开展舆论监督时，涉案的地方党委和政府竟然胆敢不惜违反宪法和法律，公然扣压正常行使舆论监督权的中共中央机关报——《人民日报》。这说明,在一些地方和某些领导人眼中,人民群众利益并未摆到高于一切的位置,执政为民不过是说说而已。2003 年 9 月 14 日,新华社发表了署名评论员文章,指出"拆迁不能拆掉群众利益"。该文认为,拆迁方不依法办事,甚至网罗一些社会闲杂人员,采取骚扰、要挟、恐吓的流氓手段驱赶拆迁户,对所谓的"钉子户"动辄辱骂乃至大打出手,严重侵害了被拆迁人的合法权益。当地政府则以城市发展为由助长拆迁方的霸道行为。文章说,衣食住行是群众的基本生活需求,安居才能乐业。住房拆迁绝不能只讲地方需要,不顾群众生活,简单化地一拆了之。进行城市建设,必须把维护好群众利益放在首位,让广大市民群众成为城市建设的受益者。绝不能因为困难群众人数较少、处于"弱势"而无视他们的基本利益。城市的发展绝不能以牺牲群众利益为代价。

城市建设中拆迁问题屡屡发生,反映出城建拆迁的法律法规在制定、完善和执行的过程中,对于怎样保障群众(被拆迁人)的基本利益,还没有形成完整严密的程序和规范,以至于拆迁扰民甚至害民的事件层出不穷。在日常生活中,这种"政策扰民"的现象也是时有所见。而下面的事例,反映出的是政治文明建设中存在的另一方面的问题:在重大事故责任追究方面缺乏引咎辞职的"问责"机制。

近年来我国不少地方频频发生各种矿难事故,给人民群众的生命财产造成了重大损失。然而,在一些矿难频繁发生的地区,却很少看到有官员出面为此承担责任,并引咎辞职。例如,根据新闻媒体的披露,从 2002 年 10 月至 2003 年 3 月,山西发生了 4 次特大煤矿事故,累计死亡 178 人。但是,在负有责任的数十名各级官员中,竟然没有一个人站出来引咎辞职。这就揭露了一个事实:在某些官员看来,人民群众的生命财产安全远不如自己的乌纱帽重要。此类事件给我们提出了一个警示:在政治文明建设中占有重要位置的干部制度建设中,我们缺乏一种"问责"机制——对危害人民群众生命财产安全的重大事故负有责任的各级责任人,必须引咎辞职,若他不主动辞职,就予以撤职。也就是说,各级干部的责任,必须与人民群众利益紧密相关。你不关心人民群众的利益,就得把位子让出来。

这些事例从反面证实,在维护群众利益方面,我们的政治(制度)文明建设还有许多缺陷,需要进一步完善。

三、发展政治文明必须把关心人民群众利益纳入制度建设轨道

马克思和恩格斯认为,政治是人类走向文明的产物,其标志是国家的产生,而其历史动力是私有制的出现。因而,从一定意义上说,政治是人类发展到一定阶段自觉创造的成果。在现代政治条件下,民主化发展对制度的强烈需求,使得现代政治文明的发展更多地表现为制度的建设和发展,表现为日益深化和扩展的政治制度化过程。党的十六大提出了我国当前政治文明建设的九项任务:① 坚持和完善社会主义民主制度;② 加强社会主义法制建设;③ 改革和完善党的领导方式和执政方式;④ 改革和完善决策机制;⑤ 深化行政管理体制改革;⑥ 推进司法体制改革;⑦ 深化干部人事制度改革;⑧ 加强对权力的制约和监督;⑨ 维护社会稳定。从这些任务来看,政治文明体现的是国家的治理之道,都与制度建设紧密相关。由此可见,政治文明是一种制度文明,政治文明建设属于制度文明建设的范畴。

唯物史观认为,人的需要即人的本性。从社会发展层次上看,需要构成一切社会活动观念上的内在动力,在现实生活中,需要表现为人的利益。马斯洛心理学的人类需求理论告诉我们,人的需求是有层次的,而不同层次的需求转化为人们的不同利益。人们对尊重的需求产生了人格尊严的观念,从而使得人格权成为人们的利益。这就说明,人民群众的利益是具体的而不是抽象的,作为执政党的中国共产党,作为人民政府,要落实"三个代表"重要思想,就应该坚持执政为民的本质,为人民群众办好事、办实事,通过自己的执政行为,把人民群众利益高于一切的理念,在政治文明建设过程中以制度化形式予以规范和规定,使关心人民群众的利益成为各项工作的圭臬,并以此观照全部的工作。

执政为民是保持党与人民群众血肉联系的本质要求,而与人民群众保持血肉联系的关键点,在于实现好、维护好、发展好群众利益,这

也是执政为民的出发点和落脚点。政治文明建设必须高扬人民群众利益的大旗，如果不以人民群众利益为根本指向，自身也难以得到发展。人民群众利益是一个在发展中不断变化的动态过程，是随着历史的发展而发展、而前进的。在新民主主义革命时期，人民群众的根本利益是翻身求解放，实现当家做主的愿望；在建立社会主义制度后，人民群众的根本利益在于进一步解放和发展生产力，不断提高人民群众物质文化生活的水平，并在政治上享有广泛的民主；在改革开放和社会主义建设新的历史时期，人民群众的根本利益是，在坚持"一个中心、两个基本点"，发展生产和繁荣社会主义文化的基础上，不断满足人民群众物质文化生活的要求，保障人民群众行使管理国家的权力，保证人民依法享有广泛的权利和自由，尊重和保障人权。因此，政治文明的发展，必须适应人民群众利益动态发展的要求，进行适时的调整、补充和完善。我国人民的根本利益维系于我们的共同理想、共同目标、共同事业，而这些又是由我们的共同制度——社会主义的根本政治制度和基本政治制度、社会主义的根本经济制度和基本经济制度决定的；是由中国共产党的基本理论、基本路线、基本纲领所决定的。所以，我国人民的根本利益还维系于我们的共同制度、共同纲领。上述共同制度、共同纲领都属于政治文明范畴。在涉及政治文明的一系列制度的建设过程中，必须时时刻刻牢记维护群众利益的原则，在进行制度设计时，仔细倾听群众的呼声，认真了解群众的愿望，以群众利益为核心，使维护群众利益进入政治文明发展的制度化建设轨道，切实做到"把群众呼声当做第一信号，把群众需要当做第一选择，把群众利益当做第一考虑，把群众满意当做第一标准"。只有这样，才符合人民群众的共同理想、共同目标、共同事业，符合党和国家的共同制度、共同纲领。

人民，只有人民，才是创造历史的真正动力。同样，人民，只有人民，才是我们工作价值的最高裁决者。党的任何工作，其根本的衡量标准，就是人民拥护不拥护，赞成不赞成，满意不满意，高兴不高兴，答应不答应。我们全部的工作和政策，都要以符合最广大人民群众的利益为最高衡量标准，政治文明建设也是如此。

增强民主意识,促进村民自治①

——关于莆田市农村基层民主建设的调研

福建社会科学院课题组于 2003 年 10 月 14 日—17 日,在莆田市进行农村基层民主建设的课题调研。表 1 为课题组在莆田市两区五镇(街道)六村(居)调查行程一览表。

表 1　调研行程表

日期	14 日下午	15 日上午	15 日下午	16 日上午	16 日下午	17 日上午
区	荔城区	荔城区	荔城区	涵江区	涵江区	涵江区
镇(街道)	镇海街道	西天尾镇	镇海街道	江口镇	白塘镇	梧塘镇
村	凤山居委会	渭阳村	古山村	五星村	显应村	沁后村

这次调研共召开了 6 场座谈会,参加座谈的有乡镇干部、村两委(党支部、村委会,下同)干部、村老人协会(以下简称"老协会")等村民代表约 150 人次。此外,还入户与村民进行了访谈。通过调研掌握的第一手资料以及参阅有关的材料,我们对莆田市村民自治和农村基层民主建设的情况,有了一个面上的、初步的了解。由于时间的限制,我们未能更进一步地了解有关情况。然而,"管中窥豹,略见一斑",调查中的所见所闻,仍然有助于我们对莆田市村民自治情况的基本掌握。

一、莆田市村民自治的基本情况

莆田市现辖 1 县 4 区,有 8 个街道、38 个镇、8 个乡、82 个居委会、

---

① 本课题负责人:黎昕;课题组成员:曲鸿亮、周道华;执笔人:曲鸿亮。

886 个村委会,总人口 300.2 万人。自 1984 年建立村委会以来,莆田市总共进行了 8 次(含今年的换届)村委会的民主选举,坚持实行以"四个民主"(民主选举、民主决策、民主管理、民主监督)为核心内容的村民自治。迄今为止,全市所有的村都参加了两轮村民自治示范活动,共有 756 个村达到省定的第二轮村民自治示范村标准,占总村数的 84.56%,超过省定达标村 70% 的要求,农村基层民主进程得到进一步推进。1998 年,仙游县获得"全国村民自治模范县"光荣称号(获此荣誉的县全国共 93 个,其中福建省 5 个)。目前,荔城区正在申报"全国村民自治模范区"。

莆田市是一个农村人口占大多数的设区市,市各级党政领导十分重视村民自治工作。1998 年《中华人民共和国村民委员会组织法》正式颁布实施后,他们充分认识到学习、宣传和贯彻《村委会组织法》,对加强村委会建设、推进村民自治、做好农村和农民工作的重要意义,并作出了具体安排:把《村委会组织法》编入《莆田市干部常用法律读本》,作为各级干部学习法律知识的教材,市人大经常检查《村委会组织法》的学习贯彻情况;民政部门历年都把学习、贯彻该法作为全市民政工作的重点;每次换届后,都组织新一届村委会成员参加专题培训班,学习《村委会组织法》。目前,莆田市围绕"四个民主"开展村民自治的基本情况是:

(一)民主选举的程序逐步规范

民主选举是村民自治的主要内容。自 1984 年建立村委会以来,莆田市实现了由任命方式向民主选举方式、由间接民主选举向直接民主选举的两次飞跃。直接民主选举一次比一次规范,在国内外产生了较大的影响。美国卡特中心考察团先后于 1998 年 6 月和 2000 年 8 月到莆田考察、观摩村委会的换届选举,并给予很高评价。我们这次调研,适逢新一届村委会的换届选举时期。从调研情况看,莆田的换届选举进程比较平稳、顺利。从 2003 年 6 月 18 日开始,各县区陆续进入选举日的投票选举阶段,到 10 月 10 日止,全市 886 个村委会,已经完成换届选举的有 866 个,占村委会总数的 97.74%。详情见表 2。

表2　莆田市村委会换届选举进度表(截至2003年10月10日)

县(区)	仙游县	城厢区	荔城区	涵江区	秀屿区	湄洲镇	小计
总村数	300	102	118	175	180	11	886
已换届	298	93	112	175	177	11	866
未换届	2	9	6	0	3	0	20
比率(%)	99.33	91.18	94.92	100	98.33	100	97.74

资料来源:莆田市民政局

　　之所以能够这样,是因为经过多年的实践,民主选举的程序逐步规范。今年的换届选举中,一是准备工作比较充分,在选举全面铺开之前的试点均圆满成功,为面上的选举打下良好基础;对选举中的重点难点估计得比较充分,工作有的放矢,方案制订齐全,通过培训提高了选举指导组成员的业务水平,从而使选举按程序运作。二是抓住了关键环节,严格依法推选村民选举委员会,强调直接选举村民代表,保证村民代表的广泛性和先进性。以村民小组为单位提名村委会成员候选人,确保选民的提名权利,严格按照标准进行候选人资格审查,把住村主任、副主任职位的差额选举关,保证选举时"一人一证一票制"和遵循秘密写票原则。三是加强指导力度,市里抽调力量分组包县区,实行班子成员和科级干部挂钩负责制,指导、检查、督促选举工作,及时协调解决问题,对选举中有疑问的程序统一解释,并及时处理来信来访。

　　由于选举工作程序比较规范,能够严格按照《中华人民共和国村民委员会组织法》和《福建省实施〈中华人民共和国村民委员会组织法〉办法》、《福建省村民委员会选举办法》的规定和要求进行操作,调动了广大村民参加民主选举的主动性、积极性,村民的参与意识高涨,参选率较高。在我们调查的村庄中,只有一个村的村民参选率为65.88%,其余村庄,村民参选率都在85%以上。详细情况如表3所示。

表3　村民参选率情况表

村庄名称	渭阳村	古山村	五星村	显应村	沁后村
参选率(%)	65.88	87.09	90.40	89.80	85.79

较高的村民参选率,反映出经过 20 年村民自治的实践和 8 次村委会选举,广大村民的民主意识和参与意识不断提高和增强,对于推动我国民主政治的发展,建设社会主义政治文明具有深远的历史意义。

（二）民主决策的机制比较健全

民主决策是依法实行村民自治的核心。村民直接参与民主决策,是保证村民行使民主权利的核心内容。只有坚持民主决策,人民群众当家做主的权利才能真正落实。村民能否直接参与民主决策,参与的程度如何,是检验村民自治情况的重要指标。莆田市的主要做法是:一是建立民主决策的机构和制度,明确民主决策的内容、程序、实施和监督,以实现民主决策的制度化、科学化。二是组织好村民代表的选举,既要保证村民代表具备相应的素质,又要充分体现村民代表的代表性、先进性和广泛性。三是紧紧抓住村民代表的培训和学习工作,努力提高村民代表的决策水平。迄今为止,全市所有的村委会都建立了村民代表会议制度,制定了议事规则。多数村委会都能较好地发挥村民代表会议的作用,民主决策村中大事,保证决策的民主性,有效调动了村民的积极性,促进农村经济和社会的发展。我们所调研的村庄,全部都做到了村里重大事项的决策均由党支部提议,村委会酝酿,征求老协会等群众组织的意见后,再经过村民代表会议和党支部会议（有的村采取村民代表扩大会议的形式,即由村民代表和党员共同参加会议）充分讨论,最终由村民代表会议表决通过。在决策过程中,充分发挥村里德高望重的老人,文化素质高、经验丰富的人和经济能人的作用,使村委会的决策与群众的意见基本吻合,得到村民的拥护。

（三）民主管理的内容逐步完善

民主管理是村民自治的重要内容。实行农村基层民主管理,就是要让广大村民群众充分发挥自己的聪明才智,用科学的方法和民主的手段,依据国家的法律法规和党的方针政策,管理好农村基层的公共事务和公益事业,有组织、有计划地开展各种经济活动和社会活动。通过民主管理,充分体现集体意志,防止个人独断专行,提高科学管理水平。民主管理的关键在于建章立制,制度建设是根本。莆田市在这方面主要抓了两项工作。一是通过村民代表会议的议事，让村民代表就村里的事务发表意见和看法，直接参与村务管理。二是结合本地实际，制定村规民约和《村民自治章程》，普遍开展村务管理规范化活动，通过完善村民大会或村民代表会议制度，实现村民参与村务管理；通过制定并逐步完善村民自治章程和村规民约，使村务管理有章可循，规范村干部和村民的行为。

我们在调研中了解到，五个村对重大事务都采取了制度化的措施，落实村民自治的要求。根据议事制度规则，定期召开村民代表会议，有重大事务时，随时召开村民代表会议，讨论、决定村务。村务公开是民主管理的重要手段，村务不公开，民主管理就是一句空话。我们调研所到之处，均可看到各村的村务公开栏，公开的内容包括财务、计划生育、土地使用、民政救济、党务、办实事好事、群众意见等 7 项，基本上能够做到每个季度公开一次。据了解，莆田市已经基本上实现了村务公开，村村都有公开栏。村务公开中村民最关心的是财务公开，这些村庄在财务上一般采取两种方式进行管理。一是"村账镇管"，即由镇里委派会计管理村的账目。这样做的好处是管理更加专业和规范，同时由于村委会干部不管账，透明度高，可以避免在村干部调整中可能产生的矛盾，也不必移交账目，简化了手续。二是"村账村管"，即由村里自聘会计，自行记账，镇里定期审计并张榜公布。这两种方法，应该说都是民主管理、民主理财的有益实践和成功探索。通过村务公开，能够做到"给村民一个明白，还干部一个清白"，因而在村干部中受到普遍欢迎，这样又有利于进一步推进村务公开。

（四）民主监督的力度不断加强

村委会对重大事务的决策和管理，是否真正符合和体现广大村民群众的利益，是否体现广大村民群众的意愿，村民有权对其进行民主监督，这是《村委会组织法》赋予广大村民的一项重要权利。为了防止村委会成员滥用权力，对他们进行民主监督是必要的和必须的。只有通过这种监督，才能使村委会成员时刻想着只能利用手中的权力为全体村民服务，而不能用手中的权力为自己谋取私利。村委会成员要依法自觉接受村民的监督，而民主监督也是对村干部的关心、爱护、帮助和支持,既有利于干部开展工作,又有利于干部的进步。

莆田市进行民主监督主要是通过村委会向村民会议报告工作制度、村民代表评议村委会干部制度和村务公开制度实现的。村务公开是民主监督的主要形式,贯穿于整个村民自治的过程之中。目前,大部分的村已经建立和完善了"四个一":即一个固定的村务公开栏、一个村民议事室、一个意见箱、一个村务监督小组;以及四项制度:即村务公开制度、村民代表会议制度、民主理财制度、任期审计制度。从民主监督的实践看,凡是村务真正公开的地方,难点不难了,热点不热了,疑点不疑了。村务公开改善了农村干群关系,提高了村干部在村民中的威信,促进了村民自治的发展。为此,莆田市总结了村务公开的经验,提出了村务公开、民主管理的"十规范"要求,即在公开组织、公开内容、公开时间、公开阵地、公开形式、公开程序、公开制度、公开监督、公开簿册、公开档案十个方面进行规范,使村务公开制度更加完善。

(五)村两委关系协调是顺利开展村民自治的组织保证

所谓村两委是指村党支部和经过民主选举产生的村委会。作为执政党在农村的基层组织,党支部是农村的领导核心,在各种组织中处于中心地位。党对农村基层组织的领导,既是历史的选择,也是现实的需要,它与村委会之间是领导与被领导的关系。与此同时,要保证村委会能够代表全体村民发挥自治功能。因此,村两委的关系是否协调,也是村民自治健康发展的重要因素。我们所调查的几个村庄,这方面的关系都处理得比较好。党支部确实起到了领导核心的作用,成为坚强的战斗堡垒。为了保证村两委关系协调,在民主选举时,莆田市还采取了交叉任职的做法,即由党支部委员和村委会成员互相兼职,有的村还实现了党支部书记和村委会主任由一人"双肩挑"。由于村两委的关系协调好了,在各村的发展问题上,都有明确一致的规划和实施步骤,形成发展合力,这几个村的经济社会发展状况都比较理想,获得广大村民较高的评价。

二、村民自治的个案分析

个案一:渭阳村

渭阳村隶属于莆田市荔城区西天尾镇,自然地理为丘陵地区,是一个半山区的行政村。下辖3个自然村,有10个村民小组,296户人家,人口1 276人。村中大姓有黄、陈、郑、钟(畲族)等,其中黄姓为第一大姓,有400多人,占总人口的1/3。少数民族的畲族人口也不少,钟姓有180多人,接近总人口的1/6。村民中有中共正式党员51人,预备党员1人。人均耕地三分,人均果园1.1亩,全村有山林近万亩。从事农业活动的村民,其收入主要靠种植水果(枇杷、龙眼、香蕉等)所得。年轻劳动力基本上在附近的"三资"企业打工,年工资约人均8 000元。2002年全村人均纯收入4 800元人民币。

本届村委会是今年4月换届选举产生的。现有村两委干部7人,其中党支部和村委会成员5人,选举产生;计划生育管理员和文书2人为聘任人员,不由村民选举产生。全村正式选民850人,参加投票的有560人,参选率为65.88%。全村共有村民代表39人,村民代表均由家庭户代表选举产生。村民小组长由各个自然村得票率最高的村民代表担任。在今年的党支部改选中,有80%以上的党员参加,而在村委会的换届选举中,候选人的当选率在95%以上。按照镇里的规定,重大事项的决定,如征用土地等,都必须遵循民主集中制的原则办理。在日常事务的管理中,凡是重大事情,都经过村两委研究,然后提交村民代表会议或村民代表扩大会议(由村民代表和党员参加)讨论通过。正常情况下,村民代表会议一季度召开一次,遇有重大事情,则随时召开。

账目管理专业化、规范化,担任会计的人都持有会计证。村会计由镇统一委派,村里聘用,工资在镇经联社领取。实行"村账镇管",这样有利于开展监督,提高办事的透明度。

近年来村里办了几件大事,主要有道路硬化,修建了5公里水泥路面的村内道路,其中村主道1.5公里,3米宽的水泥路入户率在90%以上。还有环境卫生工作,净化、绿化、美化了村民的居住环境。

村两委十分重视老协会、计划生育协会等群众组织在自治中的作用,特别是老协会,在公益事业建设中起到积极的牵头作用,协助村两委做了大量工作。计划生育协会也成为市里的一流协会。

村民群众对干部的评价:村两委为村民服务,群众有要求,村两委就组织大伙儿干。干部站在群众利益方面,办事公开公平,与村民的意愿一致,加上村干部的带头作用,村里的工作就好开展。老协会的代表对我们说,党支部起到战斗堡垒的核心作用,真正为民办实事,老协会当然要支持。村里修建道路,支书上任前有一个施政纲领,他做到了,老协会就帮忙筹资,挨家挨户去动员,在村干部的带动下,大家自愿捐款。从一条路开始试点,成功后再推广。路一建好,老协会就把资金使用情况张榜公布。这样把村内道路都修建起来了。道路建设好了,村民种植的水果外运就方便了,也提高了村民的收入。修路唤起了民心,鼓起了大家的热情,干部的工作自然就容易做了。

个案二:五星村

五星村位于涵江区江口镇东部,福厦路贯穿其中。辖 5 个自然村(五星村名即来源于此),13 个村民小组。总户数 559 户,人口 2 069人,总面积近 3 平方公里。旅外侨胞和港、澳、台同胞有 4 000 多人,是全国著名侨乡。由于地处交通要道,许多企业在村里落户,吸引了7 000 多名外来工居住在村里。同时,全村有 500 多名青壮年劳动力劳务出口到新加坡等国。2002 年全村社会总产值 11.38 亿元,农民人均收入 4 300 元,村财政收入 30 万元。村财收入主要来源于房屋出租、卫生费、外来人口管理费等。

五星村现任党支部、村委会干部共 7 人,其中有 5 人为交叉任职。村干部都是连任 3 届以上。村民代表有 35 人。村民代表以户为基准,以村民小组为单位选举产生,村民小组长均为村民代表。今年正式选民 1 261 人,参加选举投票 1 140 人,参选率为 90.40%。村里有陈、黄、林、吴、张五大姓,基本上是一个自然村一个大姓。由于大家的心思都用在经济发展方面,宗族、家族的观念不是太强,对村民自治没有产生什么影响。

村委会议事制度执行得比较好。重大事情都由村民代表会议和党员会议讨论,并征求老协会的意见。因此,重大事情的决策,都可以得到村民的支持。村民代表会议每季度召开一次。村务公开完全按照规定进行,尤其是村财公开,定期张榜公布。会计不由镇里统一委派,实行"村账村管",镇里一个季度审计一次。

村里群众组织主要有老协会和董事会。董事会基本上以家族为单位成立。这两会在自治中的作用,特别是在公益事业和招商引资方面的作用不断增强,但没有出现与村委会对立的状况,而是互相支持、互相配合,搞好村里工作。例如,五星小学就是一个家族建立起来的,村俱乐部是一位陈姓华侨和黄姓企业家赞助修建的。

五星村先后多次被评为省、市、县"先进党支部"、"精神文明建设先进单位",是福建省首批"省级明星村",2001 年再次被授予"省级文明村"称号。经过努力,在乡村建设方面已经做到了"六化",全面实现了宽裕型小康。这"六化"是:

(1)村建规划化。为了高起点、高标准地进行新村建设,五星村把规划作为新村建设的一项重要工作来抓,村里花了 2 万元请县建设局对全村作了完整的规划,使民房建设及各项配套设施布局合理,保证新村建设有序进行。现已建成 83 排整齐有序、具有莆田特色的民居 400 多套。

(2)道路水泥化。五星村充分发挥侨乡优势,采取海外侨胞与港澳台同胞出一点、群众出一点、村财拨一点的办法,筹集 200 多万元资金,修建了 6 条总长 4.4 公里、宽 5~6 米的通往各自然村的主道路。还投入 97 万元,修建了 67 条宽 3 米、总长 6.5 公里的门前水泥路,实现了家家通小车的愿望。

(3)夜间路灯化。各村道修建后,五星村又筹资 68 万元,架设路灯 270 盏,拉线 15 000 米,立电杆 232 根,实现了村道路灯化。

(4)环境优美化。新村建设重在管理,五星村专门成立两支各 6 人的卫生清洁队,负责打扫村道,清理沟道、公共厕所,清除河面污物等工作。定期用药品消灭苍蝇、蚊子。制定卫生公约,各家各户门前屋后严格实行三包,规范管理。村里还投资 11 万元,在村道两旁进行绿化,并在主要地段路口,设置了村碑路牌。现在已经实现了村牌醒目、路面清洁、环境幽雅、居家卫生。

（5）治安安全化。五星村2000年8月成立了由12名退伍军人组成的治安巡逻队。驻村企业、海外侨胞和港澳台同胞、全体村民慷慨解囊，筹集9.5万元见义勇为基金，专门用于治安开支。由于处在交通要道，来来往往的人流密度大，情况复杂，原来村里的治安状况不好，经常发生盗抢案件，村民没有安全感。现在每天24小时治安巡逻，治安状况有了根本好转。

（6）休闲公园化。五星村2002年投资30万元，修建农民休闲公园两处，总共占地8亩多。村民有了自己的休闲娱乐场所。群众对干部的评价是：村两委近年来在引进资金方面做得很好，对村的发展贡献很大。为企业的服务也做得很好，老板满意、安心，企业越办越好，也给村里带来了效益。7 000多名外来工住在村里，村民的收入也增加了。特别是卫生、治安和其他公益事业都搞上去了，老百姓安居乐业，家里人劳务出口到外国去，就没有后顾之忧了。村干部手直身正，村民就满意。

渭阳村和五星村的村民自治是比较成功的。之所以比较成功，有几点主要原因：

（1）有较强的经济实力。这两个村的人均收入都是比较高的，村财政状况也较好，有能力搞公益事业建设，促进农村发展。由此可见，发展问题也是村民自治的第一要务。只有发展了，村民自治才有稳固的基础。

（2）村民自治组织始终代表村民群众利益。坚持为广大村民谋取利益，实现村民当家做主的愿望，是开展村民自治的根本点、出发点和落脚点。这方面工作做好了，村民自治就比较容易实现。渭阳村和五星村的村两委在为民办事方面下足了功夫，符合村民意愿，又起到带头表率作用，自然得到村民的拥护。

（3）严格按照法律和规章制度办事。渭阳村和五星村都能够严格执行民主决策、民主管理和民主监督的有关规定，按照法定程序决定村里的大事，在决策和管理的过程中透明度高，接受村民的监督，从而赢得了村民的信任。

（4）村干部自身硬，获得了村民的信任和支持。这是开展村民自治的根本条件。从民主选举情况看，渭阳村村委会候选人的当选率达到95%，五星村村委会成员是连任3届以上，这说明两个村的干部在群众中的信任度和支持度都很高。群众的信任和支持，来自干部的手直身正。所以，自身过硬和群众支持，是村干部做好农村各项工作的前提条件。

（5）注重发挥老协会的重要作用。农村老协会成员有许多是退休的农村基层干部和在外工作告老回村居住的退休干部，在村里威望较高，有相当的影响力。渭阳村和五星村都十分尊重老协会，充分发挥他们在村民自治中的正面作用。可以说，没有老协会等农村群众组织的积极参与，村民自治是难以取得良好效果的。

三、村民自治中存在的主要问题

（一）基层组织对贯彻实施《村委会组织法》有畏难情绪，基层政府不依法行政的现象时有发生

一些基层组织和干部对推进基层民主、扩大党在农村执政基础的认识不足，认为在农村，农民的文化水平相对较低，对民主含义的理解比较肤浅和偏颇，搞村民自治太超前，不适合中国农村的实际，中国农民不懂自治，也不会自治。例如，我们在调研中就经常听到干部们这样议论，说村民自治是"把世界上最先进的民主制度拿到中国最落后的农村，在素质最差的农民中来搞"，而且持这种看法的基层干部还有一定数量。

按照《村委会组织法》的规定，乡镇政府与村委会是指导与被指导的关系，村民委员会的主要任务是办理公共事务和公益事业，调解民间纠纷，协助维护社会治安，向人民政府反映村民的意见、要求和提出建议，同时协助乡镇人民政府开展工作。但是，现在仍然存在变"指导"为"领导"、对村委会直接下达行政命令而不依法行政的现象，使得村民自治的法律法规打了折扣，阻碍了村民自治的顺利开展。

（二）落实"四个民主"过程中存在较为突出的问题

（1）在民主选举方面的问题有：① 在换届时村委会成员，特别是

村主干候选人的产生,有来自乡镇的干预,个别乡镇过于强调组织意图,引起村民不满。② 村财审计走过场。③ 候选人资格审查执行标准不一,甚至疏忽审查。南日镇云万村在今年的选举中,出现了涉嫌销赃被公安机关取保候审的人当选村支书、违反计划生育法规的人当选村主任的事件,就是因为对候选人审查把关不严造成的。④ 宗族派别势力、恶势力干预选举。⑤ 村干部与群众的对立情绪影响选举质量。⑥ 乡镇或乡镇包片干部对村委会成员随意停职或撤职。

(2)在民主决策方面的问题有:① 以村民代表会议代替村民会议、以村两委会议代替村民代表会议、以"村官自治"代替村民自治,一些地方村主干凭借宗族、房族势力把持村务,把村政变为"家政"。② 有些村干部不懂得通过法定程序进行决策,习惯于拍脑袋办事。③ 有的村干部以权谋私,处事不公。④ 有的村尚未形成民主决策的规章制度,重要事项的决定少数人说了算。

(3)在民主管理方面的问题有:① 管理内容不合法,管理办法"命令式",管理权限个人化。② 一些乡镇"村财镇管",违反村民自治规定。③ 民主理财走过场,财务开支由个人或少数人说了算。④ 有的村规民约和《自治章程》的内容有悖于法律法规。

(4)在民主监督方面的问题有:① 对村务公开认识不足,有的村干部不能正确对待村务公开,存在"为政不廉不敢公开、害怕繁琐不愿公开、怕难办事不想公开、认为身正不必公开"的"四不"现象。② 村务公开不规范,公开喜的不公开忧的,公开好的不公开坏的,公开虚的不公开实的,公开表的不公开里的,甚至半公开、假公开、不公开。③ 监督只停留在纸上,没有落实到行动上,对暴露出来的问题整改、查处力度不够,群众不满意。

四、思考与建议

发展社会主义民主政治,建设社会主义政治文明,是党的十六大提出全面建设小康社会的重要目标。扩大基层民主,是实现这个伟大目标的重要内容。村民自治是我国基层民主的基本形式。基层民主包括政治民主、经济民主和社会民主,这三个方面的民主是以"四个民主"的形式，通过人民群众自我管理、自我教育、自我服务的途径来实现的。为了进一步完善村民自治，我们认为：

首先，要从中国的国情出发，增强民主意识，逐步发展民主。我国正处于并将长期处于社会主义初级阶段，我国的村民自治只能在现有的经济基础、文化素质、历史传统、政治架构和社会发展的条件下进行。由于这些条件的制约，推进村民自治必须循序渐进，不然将欲速则不达。由于历史的原因，我们的干部和群众还比较缺乏民主意识，使我国的基层民主建设首先面临观念上的挑战。所以，在开展村民自治的过程中必须始终坚持开展社会主义民主教育，增强干部群众的民主意识。

其次，注重制度建设，健全法制，严格依法办事。推行村民自治的根本宗旨就是要保障和维护人民群众当家做主的权利，基层人民群众当家做主，需要村民自治制度这种民主的实现形式。因此，要不断加强村民自治组织的制度建设，完善村民自治的法律条文，构建完整的与村民自治相适应的法律规范体系。

第三，始终坚持尊重群众，依靠群众。村民自治是亿万农民当家做主的民主实践，离开了这个实践，村民自治就成了无源之水、无本之木。要坚持走群众路线，充分调动人民群众参与基层民主实践的积极性，激发人民群众的创造精神。要正确认识利益动机对基层民主的推进作用，广大村民对自己切身利益的关注和日益强化的维权意识，是我们推进基层民主政治建设的基本动力。

第四，加强和改进基层党组织的领导。中国共产党始终代表中国最广大人民的根本利益，加强党的领导的最终目的，在于维护人民群众的根本利益。强化村民自治，最重要的是处理好党支部与村委会的关系。要把实现党对农民的有效领导与村民自治这一形式有机融为一体，以此巩固党在农村的领导地位。

为了进一步强化村民自治，推进基层民主建设，结合调研情况，我们建议：

（1）进一步深化对村民自治伟大历史意义的认识，增强民主意识，克服干部队伍中的错误看法。经过多年的村民自治实践，广大农民参与自治的热情有了极大的提高,为基层民主建设奠定了坚实的基础,提供了良好的前提条件。但是,在调研中我们了解到,一些干部对村民自治的重要性、必要性,还存在模糊认识,必须通过进一步的实践和加强教育,转变他们的观念。要使各级干部,尤其是县(区)和乡镇干部充分认识到,没有基层民主的实现,全面建设小康社会的宏伟目标就难以实现。

(2)坚持发展,为村民自治搭建平台。发展是基础,要真正实现村民自治,从根本上说取决于农村的发展程度。只有坚持发展这一执政兴国的第一要务,村民自治才有稳固的平台和拓展的空间,村民群众才会有参与基层民主的热情和积极性。村民自治的实践告诉我们,农村经济的发展水平与村民自治的程度呈现正相关关系。经济愈是发展,村民愈是关注自己的权利,参与自治的热情就愈是高涨。这次调研中,村民在村委会换届选举中较高的参选率,从一个侧面说明了这一点。

(3)村民自治要处理好五种关系,并依靠各种制度予以落实。要保证村民自治的健康发展,必须处理好国家利益与村民利益的关系、村党支部与村委会的关系、村两委与村民群众的关系、村民与村民之间的关系和乡镇与村的关系,并通过制定相应的制度,规范这些关系。已经制定的制度,要抓好落实。在五种关系中尤其要处理好乡镇与村之间的关系,在村民自治过程中,发生最多也是最直接的问题,就是来自乡镇的行政干预。要改变干部的工作作风,使其从过去那种以行政命令为主的管理方式,转变为对村委会实行指导和协助解决问题的服务方式。这五种关系处理不好,农村的社会稳定就难以维持,村民自治就难以顺利和完全实现。

(4)加强村民自治组织建设,选好农村发展的带头人。搞好村民自治,要有一个好的带头人,要有一个真正实践"三个代表"重要思想的坚强班子。在奔小康的道路上,农民群众迫切需要思想好、作风正、懂经营、善管理,既有开拓精神,又能稳扎稳打的带头人,带领大家走富裕之路。这是建设基层民主,实现全面小康目标的组织保证。

(5)化消极因素为积极因素,注重引导农村群众组织发挥正面作用。在调研中我们了解到,农村老协会等群众组织在村民自治中发挥了良好作用,特别是在协助村两委搞好公益事业方面,做了大量工作,成为村两委的得力助手。因此,充分调动农村中各方面的力量,促进村民自治和农村发展,是基层民主建设必须关注的问题。要正面引导老协会、家族宗亲会、庙董会等组织,发挥他们在为家乡的建设和发展招商引资、开展公益事业等方面的积极作用,形成合力,稳步推进村民自治的进程。

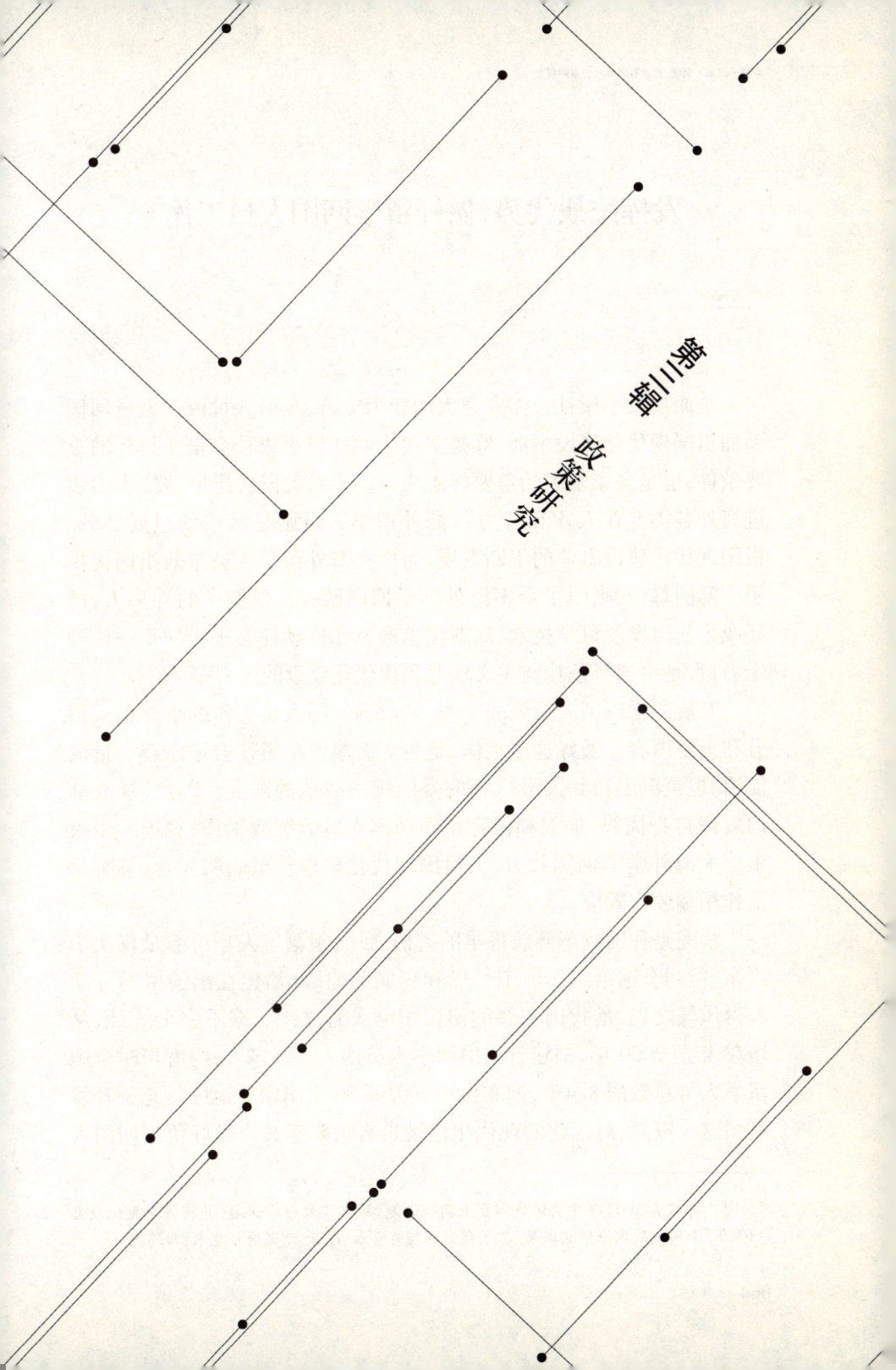

发挥统战优势,做好留学回国人员工作①

  全面建设小康社会需要强大的智力支持,吸引大批留学人员回国参加祖国现代化建设事业,既是实现全面建设小康社会奋斗目标的重要条件,也是国家发展的重要标志之一。十六大报告指出,要"大力引进海外各类专业人才和智力",海外留学人员则是其中的重要部分。祖国现代化建设事业的不断发展,为广大海外留学人员报效祖国提供了广阔的舞台,吸引了众多海外学子回国服务。他们中的许多人,已经成为我国发展科学技术、高新技术产业和推动社会进步的新一代骨干力量,是中国特色社会主义事业和现代化建设的生力军。

  开展留学回国人员统战工作,是留学回国人员工作的重要组成部分和重要内容。做好这项工作,是为全面建设小康社会增添新力量的需要,也是巩固和壮大最广泛的爱国统一战线的需要。因此,统战部门发挥自身优势,加强和做好留学回国人员的统战工作,对进一步吸引广大海外学子回国效力,为祖国现代化建设贡献聪明才智,具有示范作用和放大效应。

  福建是我国改革开放最早的省份之一,闽籍华人华侨数量仅次于广东,位列全国第二。由于历史和现实的原因,福建在出国留学方面亦得风气之先,是我国主要的出国留学大省之一。据不完全统计,从1978年至2000年,福建省出国留学人员达3.2万多人,约占当时全国留学人员总数的8.4%,遍布世界五大洲36个国家和地区。充分开发利用这一资源,对福建的现代化建设具有重要意义。做好留学回国人

---

  ① 本文系2003年中央统战部重点调研课题、福建省软科学课题,并获得中央统战部2003年"全国统战理论研究成果"二等奖。课题负责人:陈营官;课题执笔人:曲鸿亮。

员统战工作,吸引更多的留学人员回到祖国,建设家乡,是人才强省发展战略的重要环节,也是福建率先实现全面小康的重要条件。这是新世纪福建省统战工作面临的新问题、新挑战,也是新世纪发展统战工作的新机遇。

为了进一步做好留学回国人员统战工作,中共福建省委统战部、福建社会科学院联合组成了"加强留学回国人员统战工作"课题组,对这一问题进行调查研究。调研过程中召开了 11 场有留学回国人员代表参加的座谈会,112 人出席座谈会。此外,还与科技人员、律师和创业成功的留学回国人员进行了 3 次面对面的个人深入访谈。本次调研,在福州、厦门共对 353 人进行了调查,发出问卷 353 份,回收 353 份,均为有效问卷,回收率达 100%。此外,各高校、福建省农科院和福州、厦门、泉州 3 个设区市也开展了各自的调研活动。

一、留学回国人员的基本情况和主要作用

留学回国人员的基本情况如下:

(一)留学回国人员主要分布在高校、医院和科研单位

福建省 80% 以上的留学回国人员主要分布在高等院校、医疗卫生、科研院所。此外,企业和党政机关等部门也有少数留学回国人员,个别人员任职于社会中介机构(如律师事务所)。厦门市留学回国人员的职业分布状况为:在高校工作的占 67%,科研机构占 6%,公司、企业占 18%,医院占 3%,党政机关占 3%,自由职业者等占 3%。厦门是福建省留学回国人员最多的城市,其职业分布状况具有相当的代表性。

(二)留学回国人员以中青年为主体

调查对象的年龄为:45 岁以下青年有 142 人,占 40.23%;46 岁以上的有 211 人,占 59.77%。根据各单位的调查,有关的数据也支持这一结论。例如,45 岁以下的青年在省农科院占了 72.7%,在集美大学占 52%;厦门大学留学回国人员中,49 岁以下的占 60.2%,而在厦门市这一数据则为 66%;泉州市 40 岁以下的留学回国人员为总数的 56.36%(各地在调查中对年龄的分组界限不同)。这些数据充分说

明,中青年是留学回国人员的主体部分,留学回国人员的统战工作应该以他们为重点。

（三）学历学位分布比较平均

353 人中博士占 30.31%,硕士占 28.33%,本科学历的比例最高,占 40.79%,比最高学位博士的获得者还高出 10.48 个百分点。此外,有 2 人未说明学历学位,占 0.57%。虽然今后在国外获得硕士、博士学位的人数将日益增加,但至少在当前及一个相当长的时期内,在落实留学回国人员政策和加强其统战工作的过程中,不能忽视了本科学历这一批人而一味地向硕士、博士倾斜。

（四）出国方式以公派留学为主

在所调查的对象中,出国方式以公派为主,占调查总人数的84.99%。这说明公派出国的留学人员回国率大大高于自费出国的留学人员。

（五）收入居社会中上水平

根据 2002 年公布的统计数据,2001 年福州、厦门城镇居民人均可支配收入分别为 723 元/月和 947 元/月。从我们在福州市（229 人）以及厦门市（835 人）所做的调查看,留学回国人员在当地均属中等以上至高收入水平。详见表1、表2。

表1　福州地区留学回国人员收入水平

月收入（元）	1 000 ~ 2 000	2 001 ~ 3 000	3 001 ~ 4 000	4 001 ~ 5 000	5 001 ~ 10 000	10 000 以上
人数	69	94	60	4	2	0

表2　厦门地区留学回国人员收入水平

月收入（元）	1 000 ~ 2 000	2 001 ~ 3 000	3 001 ~ 4 000	4 001 ~ 5 000	5 001 ~ 10 000	10 000 以上
人数	248	462	63	44	1	17

留学回国人员的主要作用有 5 个方面。

在中国特色社会主义建设事业和改革开放新形势的吸引和留学人员政策的感召、鼓励下,迄今福建省从海外引进的留学人员约为

3 000人。他们在福建的经济建设和教学科研中成为骨干力量和学科带头人,发挥了重要作用。

(一)理论创新,形成新学科,带出新队伍

福州大学闽江学者计划首批特聘教授傅贤智博士,主要从事光催化理论研究和教学,1997年回国后创建了我国第一个光催化研究所和光催化技术工程研究中心,担任国家重点学科——物理化学学科带头人,取得了3项具有国际领先水平和国际先进水平的科研成果,为我国光催化高技术产业的形成和发展作出了突出贡献。

(二)科技创新,推动高新技术产业化进程

留学美国的徐中佑教授,1990年回国,在不到2年的时间内就完成了我国第一块通用32位计算机芯片的研制任务。1999年12月与厦门厦华电子和夏新电子两家企业联合组建厦门联创微电子股份有限公司,2002年领导数字高清电视专用控制芯片研究小组,研制成功拥有我国自主知识产权的显示主控CPU芯片,在厦华HDTV上试用成功,被列为国家高技术产业化示范工程专项。2003年又开发了第二代HDTV控制芯片,为我国在这一领域打破国际垄断作出突出贡献。

(三)制度创新,促进管理观念更新,提升管理水平

留学博士孙大海1997年回国后,在厦门火炬高新区负责创新孵化体系建设,主要承担留学人员创业园和高新技术创业中心的建设,特别是推进高科技成果的商品化和产业化工作,推动厦门市人大通过了全国唯一的吸引留学人员的地方性法规《厦门经济特区鼓励留学人员来厦创业工作的规定》。厦门留学人员创业园2001年被国家四部委确定为国家留学人员创业园,2002年10月成为全国第二家被人事部批准设立博士后工作站的创业园,2003年4月入选科技部确定的16家重点支持的国家级孵化器,5月孙大海又推动设立了全国第一家台湾学者创业园。在不到3年的时间里,他领导厦门留学人员创业园发展成为厦门市重要的技术创新、成果转化和企业孵化基地。

(四)自主创业取得成效

为了更好地吸引留学人员来闽创业,福州、厦门分别设立了福建留学人员创业园和厦门留学人员创业园,为留学人员提供创业平台。

1998 年 11 月迄今,65 家留学人员企业入驻福建留学人员创业园,从业人员近 500 人。引进资金 2 亿多元,2001 年产值 4 700 万元,上缴税收 116 万元。厦门留学人员创业园现有留学人员企业 129 家,吸引留学回国人员 200 多人,培育出 10 家年产值上千万元的企业,2002 年在孵企业年产值 2.26 亿元,上缴税收 1 163 万元,提供就业岗位 1 879 个,并诞生了第一家在海外上市的留学人员企业。

（五）加强国际国内交流,为地方经济、社会发展服务

为了充分发挥在国外所学的不同知识和专长的作用,留学回国人员成立了自己的社团——福建省留学生同学会,并在留学回国人员密集的各高校设立分会,把留学回国人员组织起来,为福建省经济和社会的发展建言献策。许多留学回国人员经常与国外同行联系,牵线搭桥,协助组织"海外博士访闽团"到福建考察,洽谈投资和引进项目。还有不少留学回国的博士参加了福建省博士创业促进会。厦门市的留学生联谊会经常组织留学回国人员参加市政府组织的座谈会,并就厦门海湾型城市建设、留学人员创业环境等方面的问题,向市政府提出了有价值的观点和建议。

上述事实充分表明,广大进步和优秀的留学回国人员为发展我国的先进生产力和先进文化,为实现中国最广大人民的根本利益发挥了独特的历史作用,是建设中国特色社会主义事业中不可忽视的重要力量。

二、留学回国人员政策落实状况及主要问题

在改革开放和社会主义现代化建设新的历史时期,党和国家十分重视出国留学和留学回国人员工作,根据国内外的实际情况制定了一系列鼓励出国留学和留学回国的方针政策,进一步明确了"支持留学,鼓励回国,来去自由"的指导方针,健全了政策体系,完善了管理机制,改善了留学回国人员的工作、生活条件。福建省也不例外,近年来制定和出台了一系列有关的政策和法规,探索出一些好的做法,为今后进一步做好留学回国工作积累了宝贵经验。

（一）政策落实情况

福建省在留学回国工作方面出台了许多新举措,各用人单位也十

分重视这项工作,各级统战部门积极发挥自身优势做好留学回国工作,这些努力都取得了明显成效。

1. 创造吸引、使用留学人员的宏观政策环境

1992 年 9 月,中共福建省委、省人民政府出台了《关于鼓励出国留学人员来闽工作的若干规定》,1994 年又制定了落实该规定的《实施办法》。这两份文件在留学人员来去自由、工作安排、职称评定、工资待遇、工作条件、成果奖励、住房、路费、安家费、家属子女工作安置和就学等方面,都作了具体而优惠的规定。2000 年 5 月,中共福建省委、省人民政府又出台了《关于引进高层次人才和青年专业人才的若干规定》,省人民政府出台了《关于加快福建留学人员创业园建设与发展的实施意见》,体现了用环境、用事业、用感情、用待遇、用市场法则吸引和留住人才的指导思想,明确了引进人才的主体、引进方式、工资待遇,鼓励资本、技术、管理等要素参与分配,提出可实行年薪制等做法。政府及各职能部门主要提供政策支持、经费资助和相关服务,建立人才引进专项资金和专业技术人才专项奖励资金,加大对引进高层次人才的科研启动经费资助和奖励力度;提高高层次人才生活津贴标准,加大了吸引留学人员来闽创业力度等。此后,由省委组织部、省人事厅、财政厅于 2001 年分别发布了《关于印发〈福建省引进高层次人才生活津贴发放管理办法〉的通知》和《关于贯彻执行〈中共福建省委福建省人民政府关于引进高层次人才和青年专业人才的若干规定〉的意见》两份文件。这些文件基本形成了福建省吸引和使用留学人员的政策体系。

厦门市也制定和出台了相关的政策文件,主要有《厦门市引进留学人员若干规定》、《厦门市留学人员进驻创业园的管理规定》、《厦门市留学人员创业扶持资金管理暂行办法》、《厦门市人民政府关于进一步优化留学人员在厦创业环境的通知》、《厦门市留学人员专项资金管理办法》。2002 年 3 月 27 日,厦门市人大审议通过了《厦门经济特区鼓励留学人员来厦创业工作规定》,并于 2002 年 6 月 1 日正式实施。这一《规定》开创了我国通过地方性立法鼓励留学人员回国创业的先河,为海外留学人员到厦门创业提供了法律保障。

上述一系列政策和法规的出台,使福建省从宏观上创造了落实留

学人员政策的大环境,提供了比较完整的、操作性强的制度体系,对福建省的吸引人才工作产生了积极影响。从吸引留学人员的实践看,这些政策和法规的确产生了积极作用。

2. 用人单位努力创造落实留学回国人员政策的小环境

在调研过程中,调查对象对自己所在单位在工作条件、生活条件和社会地位等方面落实留学回国人员政策的工作基本上表示认可。

在工作条件方面,回答"满意"和"比较满意"的有 119 人;占33.71%;在生活条件方面,回答"满意"和"比较满意"的有 115 人,占32.58%;在社会地位方面,回答"满意"和"比较满意"的有 124 人,占35.13%。这组数据说明有 1/3 左右的调查对象认同自己的工作环境、生活条件和社会地位。但是,选择"一般"答案的也不少,分别占了26.34%、26.34%和23.80%,约占 1/4 的人数。这也提醒我们,单位创造落实留学人员政策的小环境仍然需要进一步加大工作力度和付出艰苦的努力。

从专业技术职务分布情况看,留学回国人员大都成为所在单位的骨干力量,数据显示,被调查者中正高职称者占 47.88%,副高职称者占 39.09%,合计高级职称人数占了总数的 86.97%,占绝大多数。这组数据说明在评聘职称方面,留学回国人员政策落实得很好。

在回国后再次出国交流、来去自由这点上,在访谈中调查对象普遍反映较好,认为所在单位基本上都能支持再次出国。

之所以如此,是因为留学回国人员多为各单位的精英,有相当部分人员担任了单位各级领导或学科带头人。表 3 为部分高校留学回国人员担任各级行政领导职务的人数和比例一览表。

表 3　部分高校留学回国人员担任行政职务情况

行政职务 ＼ 院校	厦门大学	华侨大学	福建农林大学	福建中医学院
省级领导	—	—	1(1.3%)	—
学校领导	1(1.2%)	5(4.63%)	3(3.9%)	—
院系、处领导	30(20.5%)	25(23.15%)	13(16.88%)	7(33.33%)

此外,在福州大学,校级领导中有 60%、院系领导中有 34% 是由留学回国人员担任的。因此,在这些单位,对留学回国人员政策落实的情况,总的来说是比较好的。

3. 统战部门发挥优势,积极做好留学回国人员工作

在开展留学回国人员工作的过程中,统战部门通过发挥自身工作优势,起到了积极作用,在吸引留学人员方面获得了一些成功经验。首先,将留学人员中的代表性人物安排到各级人大、政协参政议政,为决策科学化、民主化服务。其次,以福建省留学生同学会、福建省博士创业促进会(留学人员占 20% 以上)等留学回国人员社团为载体开展工作,搭建留学回国人员与企业、特别是民营企业沟通的平台,促进科研成果转化,充分发挥他们在现代化建设中的作用。第三,定期召开座谈会,加强联系沟通,了解情况,并将这些情况和他们的建议反映给各级领导,提供决策参考。第四,举办读书班,加强思想政治教育和引导,使留学回国人员正确认识国情、省情。第五,建立联系交友制度,与留学回国人员加强感情联系,以情留人。实践证明,这些做法对做好留学回国人员工作起到了积极的作用。

(二) 存在的主要问题

在调研中我们了解到,当前在留学回国人员工作中存在的问题集中反映在政策落实方面,国家和省的留学回国政策在执行的过程中出现了自上而下的递减现象。由于政策落实不尽如人意,引发出相关的问题,影响了留学回国人员进一步发挥作用的积极性。

1. 政策优惠但落实不够

许多留学人员反映,福建省制定的政策相当吸引人,但回来后发现,吸引人才的优惠条件很难落实。例如,政策规定对于具有博士学位的留学回国人员给予 10 万科研启动费,在福州地区调查中大家普遍反映没有落实。政策不落实,使福州地区的留学回国人员产生了"引进前是人才,引进后就不是人才"的强烈失落感。

2. 越权承诺后无法兑现使政府诚信度受到质疑

为了吸引留学人员,一些地方政府在减免税方面随便开口子,制定了有关的政策条款。但在实际执行过程中无法兑现,使得一些留学

回国人员认为政府的诚信有问题,不能取信于民。有的留学人员拿到了居住国的绿卡,回来后进行身份认定时却被告知,"凡在外国定居的不能享受留学回国人员待遇",给留学人员的报国热情泼了冷水。

3. 有关部门协调不够使得政策落实困难重重

对留学回国人员的配偶工作安排和子女就读问题,政策规定得十分明确。然而,由于这个问题牵涉面很广,并非用人单位一家所能解决。而有关部门在此问题上协调不够,执行政策过于呆板,在具体落实的过程中往往互相推诿,造成重重困难,使政策打了折扣。

4. 政策系统性不强,个别条款不够公平

现有的留学回国政策多散见于各种吸引人才的规章制度中,缺乏系统性,留学人员了解起来很不方便。有的条款欠缺公平,如领取博士津贴,规定在某一年份之后回国的可以享受,在此之前回国的不能享受,使人感觉不公平。

5. 人际环境不够宽松,缺乏干事业的环境

不少留学回国人员反映,国内人际关系复杂,影响自己能力和作用的发挥。特别是由于人际关系影响了科研项目的资金支持力度,挑选研究助手没有自主权,开展科研工作缺乏团队力量支持。在调查中,认为影响自己能力发挥的主要因素是"人际关系复杂"的,占了39.33%。

6. 非市场因素对留学回国人员的创业干扰太大

大多数政府职能部门还存在计划经济的观念和工作模式,导致政府鼓励留学回国人员的政策难落实,使人感到创业环境不理想。

三、发挥统战优势,做好留学回国工作的对策

我们认为,留学回国工作中存在的主要问题,有思想观念问题,有政策落实的因素,有各部门协调不够的因素,也有留学人员自身的因素。中央〔2000〕19号文件把留学回国人员列为新时期统战工作对象,意义重大。统战部门是广大留学人员的"娘家"。因此,针对存在的问题,履行"反映情况、掌握政策、协调关系、安排人事"的职能,围绕中心,服务大局,充分发挥统一战线争取人心、凝聚力量、引智聚才、促

进发展的作用,做好留学回国人员的统战工作,是统战部门义不容辞的责任。

（一）增强政策的严肃性、系统性和科学性,树立诚信政府的形象,是发挥留学回国人员作用的首要条件

毛泽东同志教导我们:"政策和策略是党的生命,各级领导同志务必充分注意,千万不可粗心大意。"在调研中,大家反映十分强烈的、因优惠政策不落实导致对政府产生诚信危机的问题,使我们感到震撼。应该说,制定优惠政策的初衷是好的,问题出在制定政策时只考虑到如何凸显优惠,而没有注意与国家法律保持一致,忽略兑现能力,结果使有的优惠措施成为空头支票。产生问题的根源在于背离了实事求是的精神和依法行政的原则。因此,在留学回国工作中忽略了政策的严肃性、系统性和公平性。应该充分认识到,第一,政策出台是严肃的。在实行依法治国、建设社会主义法治国家治国方略的背景下,必须严格依法行政,地方出台政策规章要有严肃性,不能超越法律位阶。制定相关政策时,应根据国情和省情,协调好部门关系,明确各部门职责,经过论证确实可行后再出台,避免产生负面影响。要树立诚信政府形象、强化责任政府意识,吸引留学人员不应承诺过度或越权承诺,而应扎扎实实、多做实事。第二,政策应该是系统的。要减少地方、用人单位的土政策,与国家和省的政策保持一致性。要对现有的留学人员政策进行梳理,废止不符合现状的条款。政策的实施办法要细化,要防止出现政府职能部门在执行政策过程中自由裁量权过大,避免由于随意性发生执行过程中政策走样、歧义迭出的情况。吸引留学人员属于引进人才的一部分,留学人员政策大多散见于引进人才的文件中,查找、了解多有不便。应该将分散的政策条款集中汇总,使之系统化,制定完整、系统、简明扼要、可操作的留学人员政策文件,便于大家掌握。第三,政策的执行必须是公开、公平的。只有公开,才能有利于监督,有利于防止暗箱操作,保证政策的公平执行。政策面前人人平等。所以,类似于以某一年份划线,在此之前回国的博士不享受博士津贴,在此之后回国的则可享受博士津贴等做法是不可取的。

（二）培养一支高素质的留学回国人员代表人士队伍,以点带面,产生放大效应

对留学回国人员要在政治上予以信任,为其参政议政创造宽松环境。要发挥统战工作举荐人才、安排人事的职责和优势,注重留学回国人员代表人士(尤其是中青年代表人士)的培养,为其中的优秀分子进入各级党委(指留学回国人员中的中共党员)、人大、政府、政协班子提供条件。可考虑在各级政协委员中设立相应的界别,或在各级人大代表、政协委员中留出一定名额给留学回国人员,在人大、政协"两会"召开时,可组织留学人员的专题组会议。要使留学人员代表人士队伍成为开展留学回国工作的依托,同时成为新世纪开展海外统战工作,维护世界和平与促进共同发展、促进祖国完成统一大业的一支重要力量。

（三）协调各方关系,推动政策落实,创造能干事、干成事的环境

留学回国工作涉及许多党政机关和部门,统战部门应积极发挥协调关系的职能,加强与留学回国工作有关的各部门的联系与合作,主动配合,争取支持,形成工作合力。在掌握政策、更好地落实留学回国人员待遇方面,做好协调工作,帮助他们解决在工作、学习和生活中遇到的困难。统战部门还可发挥与民营企业界联系密切的优势,为留学回国人员创业牵线搭桥、搭建平台。努力为留学人员创造回国干事业的良好环境,真正做到用事业凝聚人才,用创业的环境吸引人才,用深厚的感情关心人才,用优质的服务团结人才。

（四）充分发挥留学回国人员社团组织的作用,积极参政议政,沟通留学回国人员与政府之间的联系

统战部门要利用主管留学回国人员社团和海外联谊会的优势,广泛开辟联系留学人员的渠道和途径,充分发挥留学人员社团在联系出国留学人员和"引智"工作中的桥梁作用。要通过留学生同学会、博士创业促进会等社团组织,有效地整合分散的人才资源,建立统战部门与留学回国人员之间的联系渠道。留学人员社团不能止步于联谊的层次,要着力于建立留学人员与政府之间的沟通管道,积极建言献策。

（五）加强调研,完善留学人员政策,为实施科教兴国战略服务

留学归国人员的层次不同,回国后的工作单位也不同,因此对工

作环境、生活条件和社会地位等方面的要求也不尽相同。要做到善于利用统战工作交友广泛的特点，了解留学回国人员的愿望和不同要求，不仅要了解留学回国人员队伍的基本情况，更要了解他们深层次的心理动态，从而有针对性地开展工作。因此，要深入开展调查研究，同时，围绕留学回国人员在工作、学习和生活中存在的普遍性问题，及时反映情况，提出有价值的政策建议，为党和政府完善留学人员政策、改进留学回国工作服务。

（六）准确把握留学回国人员思想脉络，开展有针对性的思想政治工作

留学人员远离祖国，在国外学习多年，有的人在观念和价值观等方面都会有很大变化，回国后有一个重新认识国情的过程。因此，做好他们的统战工作，需要正确引导，开展有针对性的思想政治工作。要鼓励、引导留学回国人员立足本职，建功立业，在为全面建设小康社会作贡献中实现人生价值。各级统战部门可采取读书班、培训班以及有针对性的考察、视察活动等形式，加强国情教育、多党合作历史教育，使留学回国人员尽快融入建设有中国特色社会主义事业的伟大实践中去。

（七）发挥老一代留学回国人员的示范作用，影响、教育新一代留学回国人员

要通过宣传老一代留学回国人员爱国爱乡、不为名利、报效祖国的感人事迹，鼓舞新一代留学回国人员。统战部门要定期举行报告会，请老一代留学回国人员中的党派成员以亲身经历，教育中青年留学回国人员政治上坚定地跟党走；以他们的业绩激励后来者努力工作、建功立业，吸引更多正在国外学习的海外学子以各种方式回来报效祖国。

新阶层统战工作刍议

30 年的改革开放中,中国社会产生的最深刻变化,莫过于中国社会的阶层结构所发生的结构性改变。自 1949 年以来,中国社会长期存在着的"两个阶级一个阶层"(工人阶级、农民阶级和知识分子阶层)的社会结构发生了显著的分化,逐渐形成了一些新的社会阶层。根据中国社会科学院"当代中国社会结构变迁研究"课题组的研究,当代中国以职业为基础的新的社会阶层分化机制逐渐取代过去的以政治身份、户口身份和行政身份为依据的分化机制,并以职业分类为基础,以组织资源、经济资源和文化资源的占有状况为标准,划分出十大社会阶层。这十大阶层分别是:① 国家与社会管理者阶层;② 经理人员阶层;③ 私营企业主阶层;④ 专业技术人员阶层;⑤ 办事人员阶层;⑥ 个体工商户阶层;⑦ 商业服务业员工阶层;⑧ 产业工人阶层;⑨ 农业劳动者阶层;⑩ 城乡无业、失业、半失业者阶层。由此可见,当前中国社会阶层结构已经不再是"两个阶级一个阶层",原来的阶层发生分化,新阶层已经形成和壮大,更重要的是出现了一个不断扩大的社会中间层和企业家阶层。这一变化,对新时期党的统战工作,提出了新的要求。各级党委必须适应形势的发展变化,与时俱进,注重和切实做好新时期新阶层的统战工作。

一、社会转型催生新阶层

党的十一届三中全会开启了改革开放的历史新时期,其中一个显著特征就是社会主义中国面貌发生了历史性的变化。最根本的,就是在党的十一届三中全会作出的彻底否定"以阶级斗争为纲"的错误理论和实践、科学评价毛泽东同志和毛泽东思想、把党和国家工作的中心转移到经济建设上来、实行改革开放的历史性决策引领下,我国实现了从"以阶级斗争为纲"到以经济建设为中心、从封闭半封闭到改革开放、从计划经济到市场经济的深刻转变,拥有十几亿人口的中国创造了并继续创造着充满活力的中国特色社会主义,社会主义中国以面向现代化、面向世界、面向未来的崭新面貌屹立在世界的东方。

具体地说,以建立社会主义市场经济为目标的经济体制改革,是对原有的计划经济体制进行的全方位的改革,它改变了中国社会中基本上单一的公有制格局,形成了以公有制为主体、多种所有制共同发展的基本经济制度,并由此引发出社会各个方面的变革,促成了中国社会向现代化社会的全面转型。这一转型,主要以经济体制由计划经济向市场经济转轨、社会发展由传统的宗法社会向现代的工商社会转型、人民生活由温饱向小康转变、社会成员由单位人向社会人转化、现代化社会阶层结构的基本构成成分已经具备为主要表征。

所谓现代化社会阶层结构的基本构成成分在中国已经具备,是指凡是现代化国家所具备的社会阶层,都已经在中国出现,有的已经具有相当的规模,只是各个阶层规模有大小的区别而已。当前,我国的专业技术人员阶层、私营企业主和经理人员、办事人员、商业服务业员工等属于中间层(即通常说的"中产阶级")的阶层规模过小,还没有达到美国 1950 年和日本 1975 年的规模,而农业劳动者阶层规模则过于庞大(详见表 1 所示)。尽管我国的中上阶层规模过小,但是已经占有一定比例。今后,中国的社会阶层结构在构成成分上不会有大的变化,可能变化的主要是各个阶层的规模,其中专业技术人员阶层、商业服务业员工阶层、经理人员阶层和私营企业主阶层会大大扩张,这是与现代化建设和市场经济发展相适应的变化趋势。[①] 这一变化趋势,对于我们分析新时期新阶层统战工作具有重要的参考意义。

---

① 陆学艺主编:《当代中国社会阶层研究报告》,社会科学文献出版社,2002 年,第 4、53 页。

由此可见,向现代化社会的全面转型,特别是由计划经济向市场经济的转轨,是一场触动社会基础、引发社会深刻变革的革命性的改革,最终导致1949年以来中国社会长期稳定的阶层结构的解体,催生出新时期中国社会新阶层,以及致使新阶层的成型。

表1 美国、日本与中国社会阶层构成比较表①

单位:%

美国(1950年)		日本(1975年)		中国(1999年)	
专业技术人员	8.6	专业技术人员	8.3	专业技术人员	5.1
经理、行政官员和店主	8.8	公司企业高级职员 高级公务员 个人企业主	5.4 0.2 0.2	经理人员 国家与社会管理者 私营企业主 个体工商户	1.5 2.1 0.6 4.2
公务员 商业服务人员 工人 农场主和农业工人	12.3 17.4 41.2 11.8	事务人员 商业服务人员 工人 农林渔业从业人员 失业者 军队、警官和保安人员	14.9 19.1 34.5 13.4 2.3 1.3	办事人员 商业服务业员工 产业工人 农业劳动者 无业、失业、半失业人员	4.8 12.0 22.6 44.0 3.1
合计	100		100		100

二、新阶层统战工作有利于社会和谐

党的十六届六中全会通过的《中共中央关于构建社会主义和谐社会若干重大问题的决定》指出:"社会主义和谐社会既是充满活力的社会,也是团结和睦的社会。必须最大限度地激发社会活力,促进政党关系、民族关系、宗教关系、阶层关系、海内外同胞关系的和谐,巩固全国各族人民的大团结,巩固海内外中华儿女的大团结。""高举爱国主义和社会主义伟大旗帜,发挥统一战线在促进社会和谐中的独特优势……发挥协调关系、汇集力量、建言献策、服务大局的作用,加强各

---

① 陆学艺主编:《当代中国社会阶层研究报告》,社会科学文献出版社,2002年,第54页。

党派、各团体、各民族、各阶层、各界人士的团结和谐。""坚持全心全意依靠工人阶级的方针,发挥包括知识分子在内的工人阶级、广大农民推动经济社会发展根本力量的作用,鼓励包括新的社会阶层在内的全体社会主义事业的建设者为经济社会发展贡献力量。"党的十七大报告在谈到统一战线工作时,再次指出:"促进政党关系、民族关系、宗教关系、阶层关系、海内外同胞关系的和谐,对于增进团结、凝聚力量具有不可替代的作用。""鼓励新的社会阶层人士积极投身中国特色社会主义建设。"这充分说明,中央高度重视做好社会新阶层的统战工作以及其对构建和谐社会的重大意义。

构建和谐社会,是包括各阶层在内的全社会的共同责任和义务。我们拥有中国特色社会主义的共同理想,也都为建设一个国家富强、民族强盛、文明和谐的社会主义现代化中国而共同奋斗着。但是,由于各阶层处于社会的不同位阶,在社会地位、经济利益、受教育程度、收入分配、生活质量、行为方式等方面,都存在着差异、甚至巨大的差距,因而对社会的认知、对社会问题的看法,都有着不同的观点和立场。差异就是矛盾。不同阶层就是不同的社会集团,不同的社会集团是不同的利益主体,因而有着不同的利益诉求。不同的利益诉求必然产生矛盾甚至冲突。这就给社会的稳定、和谐带来负面影响,乃至产生破坏性因素。因此,在构建社会主义和谐社会的过程中,做好不同社会阶层的工作,及时化解不同阶层之间的矛盾,是社会和谐稳定的重要基础,有利于构建和谐社会,自然也就成为各级党委和政府的重要任务。

自革命战争年代开始,统一战线就是我们党的三大法宝之一,统战工作历来是党的优良传统,新时期也不例外。所以,统战部门做好新阶层的工作,具有天然优势。在这一方面,作为党委的职能部门,统战部门必须坚决按照十六届六中全会《决议》的要求,发挥好自己的独特优势,主动、积极、认真、细致地做好新阶层的统战工作,协调关系,汇集力量,服务大局,把社会各阶层人士紧密团结在一起,积极投身于中国特色社会主义建设,为建设富强、民主、文明、和谐的现代化中国贡献自己的力量。

三、新阶层统战工作应该注意的主要问题

了解我国阶层分化的主要特征,是做好新阶层统战工作的充分条件。我国阶层分化的主要特征是:首先,与大多数工业化国家或正在实现工业化的国家一样,当今中国阶层的分化越来越趋向于表现为职业的分化。职业因素对社会阶层分化的影响主要表现在两个方面,一是体力与非体力劳动者之间的社会经济差异扩大,二是管理者与非管理者之间的社会经济差异扩大。其次,当前我国社会一些特殊的制度性安排,对社会阶层分化仍然有着显著影响,包括所有制、户籍制度、部门差异以及国家在资源配置中的强有力作用。第三,生产资料所有权仍然是导致社会阶层分化的重要因素之一。第四,在经济体制转轨过渡期的利益调整中,大部分人的收入和生活水平逐渐提高,但也有一部分人的收入和生活水平相对下降而落入社会底层,同时在这一过渡期还会出现阶层位置不确定的边缘性群体。了解这些特征,能够比较清楚地认识到各个阶层的区别和产生的社会条件,有助于我们有的放矢地做好这项工作。

那么,在开展新阶层统战工作时,当前应主要注意什么问题呢?

首先,新阶层是一个全称判断,中央的表述非常明确,其用语为"阶层关系"、"各阶层",这就十分清楚地告诉人们,它不是特指新阶层中的某一个阶层,例如私营企业主阶层,而应该包括当今中国社会阶层结构构成中新产生、与原先的"两个阶级一个阶层"不同的部分。当然,根据不同阶层的规模,以及阶层结构构成的发展变化趋势,可以并且应当有重点地做好某一阶层的工作,也可以在一定的发展阶段有针对性地相对集中精力做某些阶层的工作。比如,建设富强、民主、文明、和谐的现代化国家,专业技术人员的作用十分重要,是社会的精英力量,因此在相当长的历史时期,都必须把专业技术人员的统战工作摆在重要位置。又比如,当民营经济刚刚起步,其发展环境和条件都还有待改善时,私营企业主、个体工商户等则应该成为我们关注的对象,倾听他们的呼声,为民营经济发展创造宽松的环境,就应该摆上统战工作的议事日程。

其次,中国共产党必须始终代表最广大人民的根本利益,这是我们一切工作的出发点和归宿。党的全部理论和全部工作,要始终以最广大人民的支持和拥护为最高标准,始终体现人民的意志和利益,始终依靠人民的智慧和力量,始终为人民掌好权、用好权,始终与人民同呼吸、共命运、心连心。当代中国社会阶层结构中,工人、农民两个阶层规模占了总数的66.6%,虽然他们不属于新阶层,但他们是建设中国特色社会主义的主力军。因此,党的各项工作都必须以此为基本指向,新阶层统战工作也不例外,必须以保障工人农民的利益为基本点,防止发生"傍大款"现象。"三鹿奶粉"事件中,正是由于地方政府只考虑对企业的信任支持,而没有把人民群众的生命健康和安全放在首位,因而在国内外造成重大不良影响,损害了党和政府的形象,企业自身也因此遭受毁灭性打击。包括"三鹿奶粉"在内的类似重大事件,究其根底,皆因有关地方或部门没有把广大人民的根本利益作为一切工作的最高标准,只考虑一时一地的经济利益和政绩而导致的,这是一种放大了的"傍大款"现象。这类事件的发生及其严重后果,必须成为党和政府全部工作(包括新阶层工作)的警示。

再次,正确认识新阶层人员中共产党员的地位和作用。党的十六大提出,要不断增强党的阶级基础和扩大党的群众基础,增强党在全社会的影响力和凝聚力。中央多次强调,社会新阶层广大人员也是中国特色社会主义建设者,要求各级党委增强扩大党的群众基础的自觉性。因而新阶层统战工作面临着新的挑战。一是如何看待新阶层人员中的共产党员。这其中包含两部分人:根据阶层结构分析,部分新阶层人员(包括民营科技企业创业人员和技术人员、外资企业管理技术人员、私营企业主、个体户、中介组织从业人员、自由职业者等)原先是党政机关干部、事业单位工作人员、高校和科研院所研究人员、工业企业经营管理人员等,他们在进入新阶层之前就已经具备共产党员的身份,这是一部分。另一部分则是新阶层人员中的优秀分子被吸收入党,成为共产党员。对于新阶层人员中的党员,必须明确他们首先是共产党员,其次才是新阶层人员,必须按照党员的标准予以严格要求。二是新阶层中的共产党员,既是统战工作的对象,更是党对新阶层统战工作的具体执行人员。必须要求他们在新阶层人员中发挥先锋模范作用,当好表率,同时要牢记党的宗旨,代表最广大人民的根本利益,积极配合、协助党组织做好新阶层的各项工作。

最后,根据中国社会科学院的研究,考虑到我国社会阶层分化的特征和划分阶层的依据(对组织作用、经济资源、文化资源的占有状况),今后专业技术人员阶层、商业服务业员工阶层、经理人员阶层和私营企业主阶层可能会出现大大扩张的趋势。做好新阶层统战工作应该顺应这一发展趋势,针对这些阶层的不同情况和特点,认真开展调查研究,制定相应的政策措施和工作方案,包括新阶层代表性人物在人大、政府、政协中的职务安排,以及积极培养其中的优秀分子在条件成熟时吸收进共产党的组织,等等。

关于新阶层统战工作的重要问题有很多,以上四点只是笔者认识到的、并认为是当前需要关注的主要问题。相信随着新阶层统战工作的深入开展,在党中央的正确领导下,有各级统战部门同志的积极工作、努力奉献,我们党的这项工作一定能够取得更加成熟的经验,总结出新阶层统战工作的规律,"百尺竿头,更进一步",获得丰硕成果。

事业单位法人治理结构模式研究

事业单位在我国具有宪法和法律规定的地位。中华人民共和国成立后的第一部宪法就明确规定,国家举办群众卫生事业、设立各种学校。现行宪法对国家发展教育、科技、文化、卫生等各项事业作了更为详尽的规定。《中华人民共和国民法通则》规定了事业单位是与企业、国家机关和社会团体并列的四大机构法人之一。国务院1998年10月颁布的《事业单位登记管理暂行条例》指出:事业单位是"国家为了社会公益目的,由国家机关举办或者其他组织利用国有资产举办的,从事教育、科技、文化、卫生等活动的社会服务组织"。由此可知事业单位的定义,即它是依法设立的,面向全社会,直接从事教育、科技、文化、卫生等公益服务,不以营利为目的的社会组织。根据这一定义,我们可以得知,我国政府在教、科、文、卫等方面向社会提供的公共服务,主要是通过事业单位来实现的。中华人民共和国成立以来,我国的社会事业取得了举世瞩目的成就。然而,在公共服务指标方面与国际上有影响的发展中大国相比较,甚至与同等发展水平的中下国家相比较,我国政府的公共服务职能还十分薄弱,向社会提供的公共服务总量与社会需求的矛盾仍很突出。因此,有必要对事业单位进行改革,建立公益目标明确、投入机制合理、监管制度完善、治理结构规范、微观运行高效的事业单位管理体制和运行机制。

事业单位改革的实质是完善公共服务体系,从根本上理顺政府、事业单位和社会多元主体在提供公共服务方面的关系。自20世纪90年代中期以来,我国就开展了事业单位的改革。在此基础上,中共十六大报告进一步明确提出了事业单位改革的原则和基本方向,即"按照政事分开的原则,改革事业单位管理体制"。当前,我国事业单位存在的主要问题是缺乏发展自主权、管理缺位和偏离公益目标。为了解决这些问题,笔者认为我国事业单位的改革要引进法人治理结构,走法人治理的道路。在事业单位引入法人治理结构的管理体制和运行机制,并进行事业单位法人治理结构模式的研究,理应成为事业单位下一步改革的基础性工作。

所谓事业单位法人治理结构,是指从事公益活动的事业单位,以实现公益服务最大化为目标,实行所有权与管理权分离,由理事会、监事会、行政负责人三方组成的一种组织结构及其运行机制,是这三方及其他利益相关者之间的权利分配、利益分配及制衡关系的制度安排。实行事业单位法人治理,首先要对我国现有的事业单位进行分类。只有在准确分类的基础上,事业单位法人治理结构模式的研究才有现实意义和可操作性。

我国现有的事业单位,按照其性质可分为承担行政职能、从事生产经营活动和从事公益活动的单位三大类,其中又可将从事公益活动的事业单位分为三小类。

第一类:涉及国家安全、公共安全、公共卫生、经济社会秩序和国家长远利益的事业单位。一般情况下,这一类事业单位必须由国家举办。

第二类:从事公益服务、可部分实现由市场配置资源的事业单位。

第三类:业务活动具有公益属性、可以实现由市场配置资源的事业单位。

这三类事业单位,可按性质称其为公益一、二、三类事业单位。本文只对保留公益性质的事业单位,即如上所说的公益一类、公益二类和公益三类的事业单位,进行适用法人治理结构模式的研究。

一、事业单位适用法人治理结构的不同模式

(一)实行法人治理的主要目标对象

有关资料显示,我国现有的事业单位所有制结构单一,几乎全部为国有事业单位。福建、河南两省2004年的有关数据(详见表1、

表2)清楚地说明了这一点。

表1　福建省事业单位人员身份构成

项　目	财政全额拨款	财政差额拨款	自收自支	企业化管理	小计
人员数	510 891	116 098	75 605	16 542	719 136
比率(%)	71.04	16.15	10.51	2.3	100

表2　河南省事业单位经费来源构成

项　目	财政全额拨款	财政差额拨款	上级拨款	自收自支	小　计
单位数	288	104	130	192	714
比率(%)	40.34	14.57	18.21	26.88	100

资料来源:福建、河南两省机构编制委员会办公室有关材料

从表中可知,福建省事业单位由财政拨款供养的人员占事业单位总人数的87.19%,河南省需要财政拨款供养的事业单位占其总数的54.91%(这里不包括上级拨款单位。实际上,在上级拨款单位中还有相当大比例属于上一级财政拨款的,若以此计算,这一数据当超过60%)。据有关统计数据,从全国来看,我国事业单位有130多万个,其中独立核算事业单位95.2万个,纳入政府事业单位编制的人员近3 000万,国家每年用于事业单位的经费开支约2 500亿元,占整个财政开支的40%左右。福建省迄今为止已经登记的事业单位共25 392家,其中国家机关举办的24 906家,约占总数的98%。另外486家为其他组织利用国有资产(或部分国有资产)举办,仅占总数的2%。由此可见,国有事业单位是改革的重头和大头,也是事业单位法人治理结构模式研究的重点和主要对象。而在国有事业单位的改革中,对经过分类改革后保留公益性质的公益一类、公益二类和公益三类的事业单位,如何进行法人治理模式的研究,是当前事业单位进行宏观改革(全面推行法人治理结构)和微观改革(解决事业单位缺乏自主权、管理缺位和偏离公益目标的问题)的结合点。

（二）产权决定模式

随着社会的发展,社会事业改革的深化,国有事业单位一统天下

的局面必将被打破。事实上,当前事业单位的成分正在发生变化,混合所有制的和社会力量(民营的、个体的)举办的事业单位已经或者正在出现。促进社会力量举办事业单位和各项社会事业,鼓励和支持社会力量参与或直接创办教育、科学、文化、卫生等各类事业单位,是今后社会事业发展和改革的大方向、大趋势。这些事业单位怎样设立、如何管理?这些都从客观上反映出事业单位法人治理结构模式研究的必要性和重要意义。

事业单位设立法人治理结构的做法,来源于公司治理结构。

所谓公司治理结构,是基于与其他企业组织形式不同的产权结构而形成的独特的治理结构,这种治理结构是现代企业制度的核心和集中体现,是适应公司产权结构,以出资者与经营者分离、分立和整合为基础,连接并规范股东会、董事会、监事会、经理相互之间权利、利益、责任关系的制度安排。它包括公司的组织结构及其组织机构的运行规范两方面。组织结构指由公司的意思形成机构、业务执行机构和内部监督机构构成的完整的、有机的、科学的组织系统,即由股东会、董事会、监事会、经理等公司组织机构构成的治理系统。运行规范则指股东会、董事会、监事会、经理等公司组织机构在公司运营过程中的激励、监督和制衡机制。二者是公司治理结构不可分割的两个方面。公司治理结构不同于公司的组织机构,它不仅分析公司各个组织机构的组成、权利和运行机制,更强调和关注公司各个组织机构相互间的合作与制衡关系,把公司的组织机构作为整体来研究。这样就能够避免公司各组织机构权利配置上的顾此失彼,有利于各组织机构行为的有机整合,形成分离分立不分家,制约制衡不掣肘的治理结构。

根据上述公司治理结构的含义,由于公司的产权结构和基本理念趋于一致,在世界范围内,确立公司治理结构的原则大体趋同,表现为三大原则:第一,资本支配与资本平等;第二,权力分立与权力制衡;第三,效率优先与兼顾公平。同时,根据这些原则,在大陆法系和英美法系的国家,由于法律、哲学、历史传统、政治制度及其他条件的不同,适应外在环境的不同,又形成了不同的公司治理基本模式。这些模式可以归纳为以下三种(见图1、图2、图3):

董事会————总经理

股东会

监事会

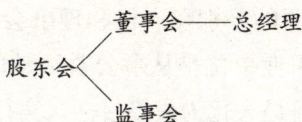

图1　大陆法系模式之一

注：《中华人民共和国公司法》的规定与此完全相同。

股东会————监事会————董事会————总经理

图2　大陆法系模式之二

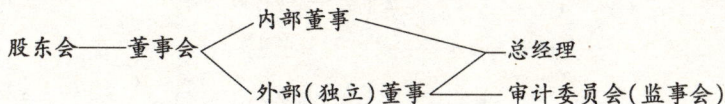

内部董事

股东会————董事会　　　　　　　　　　总经理

外部（独立）董事————审计委员会（监事会）

图3　英美法系模式

由此可知，产权的多元化决定了模式的多样化，所以产权是进行不同类型法人治理结构模式研究的根据和基础，同样也是研究事业单位法人治理的基础和出发点。

从客观现实看，目前在我国从事公益活动的事业单位，根据产权可以将其划分为以下几种类型（见图4）。

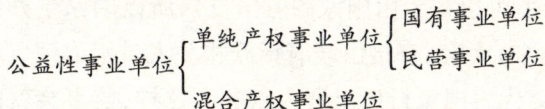

　　　　　　　　　　　　　　　国有事业单位
　　　　　　单纯产权事业单位
公益性事业单位　　　　　　　　民营事业单位

　　　　　　混合产权事业单位

图4　公益性事业单位产权划分

按照这些类型，事业单位的法人治理结构应该具有两大模式。

其一为单纯产权事业单位的法人治理模式，包括国有事业单位法人和民营事业单位法人。所谓国有事业单位法人，是指国家或国家授权的一个或多个部门（以下简称国家主办部门）为出资人的事业单位；所谓民营事业单位法人，是指完全由民间资本出资（单一出资人与合伙、股份等）的事业单位。从产权构成看，二者都属于单纯产权的范畴，因此它们的治理结构模式在本质上可以是相同的。

其二为混合产权事业单位的法人治理模式，它是指出资人既有国家主办部门又有集体和民间的事业单位。与前一模式相比，二者在形式上没有太大区别，主要的差别在产权和理事会的产生上。

根据我国的法律，事业单位是从事公益活动的社会组织，不以营利为目的，而是以社会利益最大化为最终目标。实行法人治理就是为了实现这一目标。而公司治理的目标是为了实现公司利润的最大化，这是事业单位法人治理与公司治理的本质区别。但是，这丝毫不影响我们在研究中借用和移植公司治理结构的模式。因此，若根据《中华人民共和国公司法》，从形式上看，事业单位法人治理结构应该如下所示（见图5）：

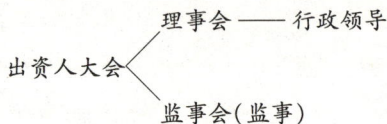

```
                      理事会 —— 行政领导
出资人大会〈
                      监事会（监事）
```

图5　模式一

上述模式，对于单纯产权事业单位和混合产权事业单位都是适用的，但是在二者之间还存在一些差别。这一差别主要体现在国有的公益一类事业单位上。

在单纯产权事业单位中，由国家主办部门出资举办的国有事业单位，由于出资人只有一个（由几个国家机关共同出资的，因为都是代表国家，在理论上可以视为由国家一方出资），所以国家主办部门可以取代出资人（股东）大会，直接由政府指派相关人员组成理事会、监事会，并授权理事会代表国家行使出资人权利。这样，监事会就向理事会负责。同样，行政领导由理事会决定聘任。因此，可以考虑采用英美法系国家公司治理结构的元素。如此一来，它的治理结构就由模式一变化为模式二（见图6）：

```
                      行政领导
国家主办部门——理事会〈
                      监事会（监事）
```

图6　模式二

而对于同样是单纯产权的民营事业单位，由于出资人可能不止一人，所以出资人大会的机构必须保留，亦即适用于模式一。同理，混合产权事业单位由于出资人既有国家的又有民间的,依然适用于模式一。

（三）模式的比较和展开

两个模式从形式上看没有太大变化,试比较如下：

首先,作为举办者的出资人,其概念的外延比国家主办部门大,并且可以包括后者。也就是说,在适用模式二的国有事业单位中,国家主办部门与出资人是完全相等的。所以,由于国家的授权,理事会起到了出资人大会的作用。而在模式一的场合,出资人既可以是单纯的社会力量,也可以是国家部门和社会力量的联合。这一区别是由产权决定的。

其次,理事会、监事会的产生方式不同。在模式二的场合,他们是由国家机关选任的(监事会中的职工代表由民主选举产生,模式一亦然)。在模式一的场合,则是由出资人推选产生的。

再次,监事会负责的对象不同。模式一的场合监事会向出资人大会负责,模式二的场合监事会向理事会负责。

如果我们将事业单位产权结构类型和实行法人治理结构的模式一、模式二结合起来,则可以得到下列事业单位法人治理模式的结构图(见图7)：

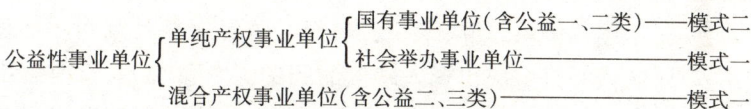

公益性事业单位 { 单纯产权事业单位 { 国有事业单位(含公益一、二类)——模式二 / 社会举办事业单位——模式一 } / 混合产权事业单位(含公益二、三类)——模式一 }

图7 事业单位法人治理模式结构图

如果舍弃产权的概念,上图的另一种表现方式则可简化为图8：

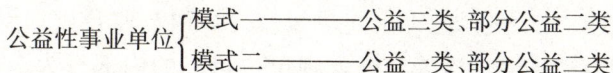

公益性事业单位 { 模式一——公益三类、部分公益二类 / 模式二——公益一类、部分公益二类 }

图8 事业单位法人治理模式结构简图

由图8得知,公益二类的事业单位适用于(横跨)不同的模式,这是由不同的产权结构造成的。如果是单纯产权的公益二类事业单位(国有的或虽然有社会力量参与但以国家为主举办的),适用于模式二;如果是混合产权的公益二类事业单位(国家与社会力量联合举办的),则适用于模式一。

这一结构将是研究全社会事业单位法人治理结构模式的基础。

通过上述模式的比较,可以得出这样的结论:事业单位法人治理结构的研究,模式是基础,是载体,但更应该侧重于运行规范,即事业单位在运行过程中的激励、监督和约束三大机制的研究上。通过这种比较和分析,我们得到的启示是:

任何一种治理结构模式都包含着两种基本关系:第一,建立委托—代理关系,即理事会接受所有者的委托行使决策权,由理事会选聘的执行层行使管理权(代理权),明确委托—代理关系;第二,形成有效的分权制衡关系,即所有者、决策者、执行者、监督者之间能够通过法人治理组织机构,建立相互独立、相互制约、相互配合的制衡机制。这正是科学有效的法人治理的本质内涵。由此可以将法人治理的具体内容理解为:

(1)一个治理核心,即包括权利、关系和责任以及决策者对管理者(行政领导,下同)的问责等内容的法人治理结构。

(2)两个层级主体,即决策监督层、经营管理层。通过这两个层级的互动,形成所有权与管理权分离,决策机构、监督机构、执行机构相互独立、相互制衡的基本格局。

(3)三个制衡关系,即决策权、执行权、监督权相互制衡。治理结构中决策权的核心是解决出资人缺位的问题;执行权的关键是解决充分调动执行层(理事会和行政领导)的工作积极性和发挥创造性能力、落实管理自主权的问题;监督权的本质是对执行层的监控,防止内部人控制。

(4)四个权力边界,即上述决策权、执行权、监督权加上管理权。管理权的内涵是管理层确定并实现单位目标的内部行为。在事业单位内部,只有明确划定"四权"的权力边界和重心所在,才能准确把握法人治理的要害和关键,从而作出既符合治理理论又能够付诸实施的方案设计和制度安排。

因此,围绕一个核心,确定两个主体,把握三个关系,厘清四个边界,是建立事业单位法人治理结构所必须把握的问题。

按照这种理解,可以将法人治理结构的模式一(适用于公益三类和部分公益二类事业单位)展开如图9所示:

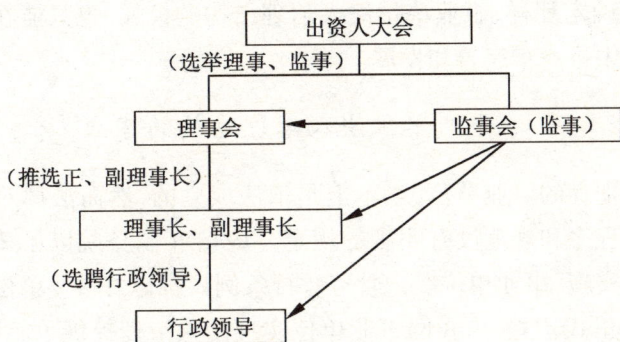

图9　模式一展开图

注:箭头所指为监督对象,下同。

同样,模式二(适用于公益一类和部分公益二类事业单位)亦可作如下展开,见图10。

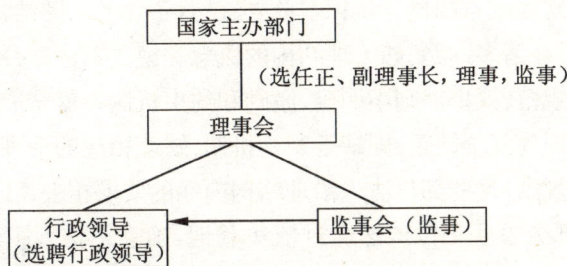

图10　模式二展开图

从模式的展开,可以看出事业单位法人治理结构的运行规范,使人们比较清楚地了解怎样开展事业单位的法人治理。

虽然我们在以上的研究中给出了事业单位法人治理结构的主要模式,但这只能是对模式的一种大致的、粗略的勾划,它只能确定一个基本框架,规范一些普遍性的问题。由于事业单位门类众多,功能复杂,规模不一,因而在模式方面不宜"一刀切",而应根据事业单位的类型、规模及功能等特点，设计不同的治理结构模式。正如公司治理结构的模式可以有几种基本形式，但是真正合适的、有效的治理结构模式，还要靠公司的各个组织机构在日常工作实践中，经过长期磨合才能形成和确定那样，事业单位法人治理结构的模式，也只能在今后的实践过程中进一步完善和发展。

二、事业单位法人治理结构的建立

我国现存的事业单位，基本上是依法成立的，然而法律对事业单位成立的程序和规范没有明确的规定。1998 年国务院以第 252 号总理令颁布实施《事业单位登记管理暂行条例》，标志着事业单位法人制度在我国正式建立，为我国事业单位实现法人治理提供了制度保证。但是，到目前为止事业单位的成立基本上有两条渠道：其一，经过各级机构编制机关批准（即行政审批）成立的国有事业单位；其二，通过民政部门批准成立的民办非企业单位（即民办事业单位）。这些事业单位中，除了少数民办高校具备法人治理结构的雏形外，其余的基本上都未建立法人治理结构。而且这些事业单位的领导普遍对事业单位法人治理结构缺乏基本的概念认识。此外，已具备法人治理结构雏形的事业单位，也存在诸多问题，如治理结构的概念和模式不清晰，决策机构的人员组成不规范，议事规则不明确，激励和约束机制不健全等。简言之，这些问题表现为三个缺乏，即缺乏制衡机制，缺乏相应的治理机制，缺乏必要的治理规则，这些都与法人治理结构内涵的要求相去甚远。

同时，部分事业单位虽然通过依法登记，确立了法人主体地位，但计划经济体制下形成的行政依附的惯性依然存在，政府越位、缺位现象较为突出，大部分事业单位虽有法人之名，却无法人之实。根据笔者的调查，目前事业单位的控制权大都集中在主管部门，事业单位既无用人自主权，也无管理自主权；法定代表人基本上有责无权或权责不对等。由于出资人缺位，没有建立法人治理结构，导致政府或主管部门直接代替事业单位行使控制权和管理权，由此产生的浓厚的行政本位和官本位意识、委托人缺席及内部人控制等问题，已经成为事业单位面临的体制性障碍，使其缺乏应有的生机和活力。

这种状况决定了在实行事业单位法人治理的过程中,首先必须解决的是实行法人治理的程序性问题,即如何建立事业单位的法人治理结构并规范之。要解决现行事业单位管理体制存在的弊端,就必须建立科学的法人治理结构,对事业单位进行有效的治理。而这也将有利于深化事业单位的改革和促进政府职能的转变。

事业单位实行法人治理的改革思路,既然是受到公司治理模式的启发,那么借鉴和移植公司治理的主要做法也是可行的,《中华人民共和国公司法》中的某些规范完全可供参考和学习,为此提出以下思路。

(一)建立事业单位法人治理结构的规则和应当注意的问题

建立事业单位法人治理结构应当遵循的规则有:

(1)做到政事分开、事企分开,规范、发展、搞活事业单位。按照事业单位的功能准确定位,解决当前事业单位偏离公益目标状况的问题,确保公益目标实现。

(2)规范事业单位的组织和行为,明确事业单位、出资人、行政领导和单位职员的责任和合法权益,确保公益目标的实现,促进社会公益事业和事业单位自身的健康发展,不断满足广大人民群众日益增长的公益服务需求。

(3)事业单位的出资人按照其出资份额,享有相应的决策和选择管理者的权利。事业单位享有出资人投资形成的全部法人财产权,享有民事权利,独立承担民事责任。事业单位中的国有资产所有权属于国家,要建立有效的监管制度,防止各种形式的国有资产流失。

(4)公益二、三类事业单位可采用有限责任和股份有限两种形式。有限责任事业单位,出资人以其出资额对事业单位承担责任,事业单位以其全部资产承担民事责任;股份有限事业单位,出资人(股东)以其所持股份对事业单位承担责任,事业单位以其全部资产承担民事责任。对属于公益一类的国有事业单位而言,一旦发生违背社会公共利益的重大事件,主要以对理事长或行政领导人采取问责的形式对社会承担相应的责任。其民事责任由单位按《民法通则》、《国家赔偿法》等有关法律的规定执行。

(5)建立决策权、执行权、监督权"三权"分立,出资人大会、理事会、监事会"三会"并存的法人治理结构基本框架。要强化监事会的监督作用,实行权责分明、管理科学、激励和约束相结合的内部管理体制。

建立事业单位法人治理结构应当注意的问题有:

(1)设立事业单位必须制定章程。章程对事业单位、出资人、理(董)事、监事、行政领导具有约束力。事业单位的工作范围由章程规定,其中属于法律、法规和规范性文件限制的项目,应当依法经过批准。

(2)事业单位要有规范的名称和必要的场所,应当在规定的地域范围(省、设区市、县)内开展活动。事业单位可以设分支机构,但分支机构不具有法人资格,其民事责任由事业单位法人承担。

(3)县及县以下事业单位,人数过少的,可以按系统(如乡镇的文化站和县文化馆)撤并为一个法人。

(4)社会力量举办(包括民办和混合产权)的大型事业单位,可以按照出资人的意愿和协商的结果,设置理事会或者董事会进行管理。

(5)凡是国有事业单位和以国家为主举办的事业单位,本单位党委(组)负责人必须进入理事会,并担任理事长或行政领导,以体现党的领导;理事和监事人员中必须要有职工代表,以体现民主管理。

(二)建立事业单位法人治理结构的程序

事业单位法人治理结构应当按照以下作业程序建立:

(1)制定章程。事业单位章程由发起人负责制定。

(2)成立组织机构。组织机构包括出资人大会、理事会、监事会和行政领导。

出资人大会:由全体出资人组成,首次会议由事业单位发起人负责召集。出资人大会的职权和功能作用相当于公司的股东大会。

理事会:要建立有效的事业单位理事会。根据不同类型事业单位的特点和条件,考虑各方利益,并保证理事会做到决策科学、行为规范。理事会由出资人大会选举理事会成员,并推举理事长1人,副理事长1~2人。可以在社会上招聘独立理事。理事长为法定代表人。

监事会:代表出资人的监事由出资人委派。职工代表的监事由全体职工民主选举产生,可连选连任。

行政领导:行政领导由理事会聘任或解聘,向理事会负责。

上述治理结构适用于模式一,其中按股份承担出资额的出资人,在出资人大会的选举和表决时,享有与出资额相对应的表决权。

(3) 验资和登记。出资人全部缴纳出资后,经过法定验资机构验资并出具证明,然后向事业单位登记管理机关申请设立登记。若法律、法规和规范性文件有规定需要经过有关部门审批的,应当事先办妥批准手续,并在申请登记时提交批准文件。

(三) 国有事业单位法人治理结构的设立

根据事业单位公益服务组织的特点和不同事业单位的具体条件,国有事业单位应逐步建立以理事会为主要架构的法人治理结构。考虑到有一些国有事业单位已经实行了董事会制度的因素,为了平稳过渡和顺利衔接,对一些高等院校、医院等大型国有事业单位,也可以设立董事会(性质与理事会相同)。其他国有事业单位设立理事会(以下统称理事会)。

由国家主办部门出资举办的国有事业单位,适用于模式二的治理结构,即国有事业单位不设出资人大会,由国家主办部门授权事业单位理事会行使出资人大会的部分职权,决定重大事项,但单位的合并、分立、终止等事项,必须由国家主办部门决定。

国有事业单位法人治理结构的建立与一般事业单位相比,虽然程序相同,但在操作上略有不同。其差别如下:

(1) 在制定章程方面,国有事业单位的章程由国家主办部门制定,或者由理事会制定,报国家主办部门批准。

(2) 在成立组织机构方面:① 理事会。理事长、副理事长和理事由国家主办部门按照任期委派或更换,并可在社会知名人士和专业人士中挑选独立理事候选人,作为社会公众利益的代表,经过公示后聘任。理事长为单位法定代表人。理事会成员中必须有单位职工代表。职工代表由单位工作人员民主选举产生。理事会向国家主办部门负责。② 监事会。由国家主办部门或授权的机构(如审计、监察、国资委等)委派人员组成,并有单位职工民主选举产生的职工代表参加。

职工代表的监事可连选连任。小型事业单位(如20人以下的)可不设监事会,由政府授权机构选派一人担任监事。③ 行政领导。可以由国家主办部门提名候选人,由理事会聘任。经国家主办部门同意,理事会成员可以兼任事业单位的行政领导。

国有事业单位理事会、监事会、行政领导的职权,与模式一相同。

三、实现事业单位法人治理的条件

实现事业单位的法人治理,从现实情况看,主要是针对国有事业单位的。如前所述,我国现有的事业单位绝大部分是国有的,此其一。其二,从理论上讲,目前非国有事业单位存在的问题,主要的不是建立法人治理结构,而是如何落实法人治理的问题。因此,本部分所涉及的条件,特指国有事业单位实现法人治理所需的条件。

事业单位法人治理结构模式建立之后,如何使现有的国有事业单位顺利地实现转轨,进入法人治理,虽然不是模式研究的主要内容,但它却是能否按照要求完成事业单位改革的重要环节,这是进行模式研究不能不考虑的问题。也就是说,我们应该努力创造良好的条件,推动事业单位法人治理的进程,使事业单位法人治理结构的运行机制能够减少阻力,顺畅运行。

(一) 具备法人资格是实现法人治理的充要条件

实行法人治理的前提是事业单位要有法人资格,否则无异于无源之水、无本之木。事业单位不具备法人资格,遑论实行法人治理。因此,取得法人资格是事业单位实现法人治理的充分条件和必要条件。

与此相关的是,必须建立一套完整的法人登记管理制度,这是实现法人治理的保障,也是政府改革和完善对事业单位监督管理的主要手段。要按照《行政许可法》和《事业单位登记管理暂行条例》的要求,规范事业单位的法人资质许可、年度报告、资产登记、宗旨和业务范围、组织章程的管理,以及对事业单位行为的监督。通过这种登记管理制度,保证事业单位的公益性质。

(二) 与现行事业单位体制改革衔接、实现平稳过渡

自《关于事业单位机构改革若干问题的意见》(中办发〔1996〕17

号)下发后,许多事业单位已经开始了改革的探索,特别是党的十六大以后,事业单位的改革进一步拓宽和深入。尤其是在举办主体、投入方式、用人机制、分配制度等方面,进行了积极、有益的探索,为当前开展事业单位法人治理的改革,打下了良好的基础。然而,由于历史的原因,事业单位的改革主要还是由部门和地方自主推进的,缺乏总体规划、统一推进和综合协调,在改革的内容、重点、方式、目标等方面并不完全相同。迄今为止事业单位的改革,基本上局限在单位内部的微观的改革之上,其主要做法有:其一,在用人机制上,实行全员聘任、向社会公开招聘和竞争上岗的方式;其二,在激励机制上,实行贯彻按劳取酬原则的同时,加上按绩取酬的分配制度;其三,在监管机制上,主要采取了加强内部审计和外部的财务检查的手段。

实行事业单位法人治理,就是要在改革已经取得的成果的基础上,进一步强化这三大机制,实现事业单位管理体制微观运行的高效率。因此,在用人机制上,要继续扩大事业单位的自主权;在激励机制上,要在保证最低工资标准的前提下,加大按绩取酬的比重,并逐步探索按能取酬的做法;在监管机制上,要扩大监管范围,着力根据事业单位的不同特点,分别建立责任制和绩效评价制度,健全监管的法律、法规。此外,要加强统筹兼顾,注重全国的总体规划和综合协调。只有做到了这些,才能使事业单位法人治理与现行的管理体制和改革成果互相衔接,实现平稳过渡。

(三) 提供完备的财政保障和社会保障

事业单位实行法人治理的本质,不在于减少或取消财政的投入,而在于把财政投入实实在在地用于社会公益事业的发展之上,取得良好的投入产出的社会效益。所以,对涉及国家安全、公共安全、公共卫生、基础科学和社会科学研究、经济社会秩序和国家长远利益,必须由国家举办的公益一类的事业单位,所需经费必须由国家财政予以保证。对这些事业单位而言,国家是唯一的出资人,如果财政不能保证经费,这类事业单位的性质就可能变化,或者背离社会公益的目标(正如当前有些事业单位名义上是公益性质的,实际上却在从事营利性经营活动,两头都占尽好处那样)。

从国际上看,即使是在西方市场经济十分发达的国家,社会公益和公共服务的机构,也大多由政府承担基本责任,发挥主导作用。如日本的公益法人,就是由政府确保经费投入,并纳入公共财政预算的。所以,保证国有事业单位的经费投入,就是落实党的执政为民宗旨、构建社会主义和谐社会的重要内容和基本表现。

社会保障是困扰事业单位改革的一大拦路虎。随着社会主义市场经济体系的建立,我国的社会保障制度也正在建立和逐步完善之中。但是,就目前情况看,与企业相比,事业单位的社会保障,尤其是养老保险和失业保险的办理情况极不平衡,绝大部分事业单位都没有纳入社会保障体系。这样,事业单位在分类改革和实行法人治理时,对那些改企转制事业单位的人员,以及进行法人治理后事业单位的分流人员而言,个人的切身利益往往难以得到有效保障。这既增加了改革的难度,又对社会的和谐稳定带来了负面影响,容易造成群体上访事件,引发社会动荡不安。同时,这也对改革后事业单位的人员分流产生极大的阻力,使得正常的人员流动难以进行。因此,为了改革的顺利进行,劳动与社会保障部门必须严格按照中央和省的有关文件精神,把事业单位工作人员纳入社保体系,根据"老人老办法,新人新办法"的要求,对改革之前的事业单位人员,将其工作年限认定为缴费年限,从改革的当月缴纳社保资金;对改革之后进入事业单位的人员,统一由单位自工作当月起为其办理社保手续。

如上所述,财政保障和社会保障是实行事业单位法人治理的十分重要的外部条件。若不具备,则改革将难以为继。

（四）正确处理党的领导与法人治理的关系

实现法人治理后的国有事业单位,如何处理党的领导与法人治理结构的关系,是一个回避不了的问题,也是许多事业单位在改革中所遇到的比较集中的问题。

在加强党的领导方面,我们长期以来存在一个认识上的误区,即认为事无巨细,都必须由党直接抓,具体管,亲力亲为,否则,就不足以显示党的领导,就是放弃了党的领导。这种观点把党的领导和具体事务的管理混为一谈。在党长期执政的历史条件下,党的领导主要体现在自己的执政能力上。中共十六届四中全会指出,加强党的领导,就是要加强党的执政能力的建设,提高党在提出和运用正确的理论、路线、方针、政策和策略,领导制定和实施宪法和法律,采取科学的领导制度和领导方式,动员和组织人民依法管理国家和社会事务、经济和文化事业,有效治党治国治军,建设社会主义现代化国家本领的水平上。具体地说,就是要坚持科学执政、民主执政、依法执政,不断完善党的领导方式和执政方式。这才是加强党的领导这一命题的精义所在。

因此,国有事业单位实行法人治理与改革之后事业单位加强党的领导,是不同层面的两个问题。把国有事业单位实行法人治理作为事业单位改革的路径选择,本身就是我们党提高治国理政水平的表现。笔者认为,在实行法人治理之后,事业单位党的领导应该主要通过两个方面来体现:第一,从理(董)事会的组成人员和执行长的聘任方面来体现。可以由理(董)事长担任事业单位的党委(组)书记,执行长参加党委(组),从而保证事业单位在决策和执行的过程中,都能体现党的领导。第二,从加强事业单位党的基层组织建设方面来体现。事业单位党的基层组织,要动员和组织党员努力工作,在实现社会公益目标、为公众提供优质的公共服务上起先锋表率作用。这样,就能够在宏观和微观两个方面比较好的解决党的领导与法人治理的关系问题。

(五)加强法律保障,尽快制定《事业单位法》

"他山之石,可以攻玉。"在加强法律保障方面,外国的有些做法可资借鉴。

日本在涉及社会公益事业发展、机构组织方式和行为规范等方面的法律体系详细而明确。除了《宪法》、《民法》等基本法律之外,对每一个特殊法人(医疗法人、学校法人、宗教法人、社会福利法人等)都有专门规范其组织和行为方式的个别法;对民间社会公益法人则按照所服务的行业有规范其行为的特别法;对有关机构的行为,特别是民间公益法人接受捐赠、从事经营性活动等则有详细的税法条款等予以规范。总体来看,日本在发展社会事业方面,非常重视以法律为基础的稳定的制度平台建设。

波兰的社会公益事业体制改革非常重视法律法规建设。除了在《宪法》、《民法》、《公共财政法》等基本法律中对社会公益事业的组织方式进行规范外,对不同领域以及不同模式的社会公益性机构,还分别由专门的法律进行规范。如对大学有《高等教育法》、对公立医院有《全民医疗保险法》等,明确规定了各种类型公益机构的法律地位和责任、义务。对特定行为如创收的税收减免、公民或社会机构向公益事业捐款的所得税抵扣等,在《税法》、《基金法》等法律中也都有明确而详细的规定。

日本、波兰的做法启示我们,为了保证事业单位改革的顺利进行和改革后新体制的平稳运行,必须建立完备的法律、法规与配套制度。不论是国家对事业单位的管理,还是事业单位自身的运行,都需要在法律的框架内进行。因此,必须结合中国国情,借鉴国际经验,建立并逐步完善涉及社会公益事业单位的法律、法规体系。就当前而言,要尽快将《事业单位法》(这是统管事业单位的母法)的制定纳入立法议程,随后再对不同类型的事业单位,分别制定个别法和特殊法,以适应发展社会公益性事业单位的需要。

公共财政投入与地方科技发展①

——以福建省"十一五"期间为例

　　科学技术是第一生产力。在当代社会,科技进步和经济社会发展之间的关系越来越密切,而在强调"大科学"观念的今天,政府关于科技的政策,对科技进步的影响日益举足轻重。也就是说,在科技发展的过程中,政府这只"看得见的手"所起的作用越来越重要。同样,从科技发展自身的要求来看,也越来越需要政府的政策支持、项目支持和资金支持。在这些支持中,来自公共财政方面的资金支持尤为重要。

　　现代政府是有限政府、公共政府。因此,现代政府不是万能的,在许多方面它的作用是有限而非无限的。即使对于社会公共事务,政府也有力所不逮之处。实施科教兴国战略,科技投入是公共财政支出的重点,但即使是重点,对于有限政府而言,用于这方面的财政支出同样是有限的。供给与需求是一对矛盾,供给的有限性决定了不可能无限地满足需求。因此,对无限的需求只能采取"有所为,有所不为"的方针,把有限的供给运用到最迫切的需求方面。公共财政投入与科技发展的关系,也受这一矛盾运动规律的支配。研究这一问题,有利于贯彻科学发展观,提高党的执政能力和构建社会主义和谐社会。

一、公共财政对地方科技投入的原则

　　公共财政研究的是政府的经济行为,描述和分析的是政府的经济

---

　　① 本文系福建省财政厅与福建社科院合作研究课题。课题负责人:林玉榜、曲鸿亮、蓝生;课题组成员:陈建华、唐向;执笔人:曲鸿亮。

活动。政府对科技的投入，是政府的一种经济活动，这种活动是通过政府的财政预算支出进行的。在经济学家眼中，现代政府也是一种经济主体，它也在进行着各种消费和投资活动，提供各种社会产品。从这个意义上可以把科技发展所带来的结果，理解为政府向社会提供的公共产品。

任何社会在生产的可用资源方面，不论是在质还是在量上都是有限的，例如土地、劳动力和资本，而这些资源要用来满足人类的需求是无限的。相对于地方科技发展而言，地方政府的预算支出就是资源，而且是稀缺资源。因此，政府在科技预算支出方面就产生了如何最优配置资源的问题。现代社会的资源配置主要区分为市场机制和政府机制，与以价格和竞争为主要特点的市场机制不同，政府机制主要是通过公共部门的预算活动来支配资源的。

随之而来的是在资源配置方面的效率问题。所谓效率，实际上是指生产资源的最适度配置。作为政府向社会提供公共产品，在效率方面应当追求"帕累托更优"的效果。① 需要特别强调的是，政府对科技的预算支出，自然应当追求投入产出的效率和效益，但所追求的是提供社会公共产品的效率和效益，而不是如资本那样地去追逐利润。

从上述的理论分析，可以得出三点结论：第一，公共财政对科技的投入，属于政府机制，即通常人们所说的计划调节手段。因此，公共财政的科技投入完全体现着政府的意志，是政府引导科技发展方向的强有力手段。充分利用这一手段，能够发挥社会主义制度集中力量办大

① 意大利经济学家帕累托(1848—1923年)在《政治经济学讲义》中，就生产资源最适度配置问题首先提出：经济学意义上的效率是指资源配置已经达到这样一种境地，无论作任何改变都不可能使一部分人受益而没有其他的人受损。也就是说，当经济运行达到了高效率时，一部分人处境的改善必须以另一部分人处境的恶化为代价。这种状态被称为"帕累托最优"或"帕累托有效"。从"帕累托最优"可以引申出"帕累托更优"和"帕累托改善"的概念。如果改变资源配置后与改变前相比，同时符合以下两个条件：(1)至少有一个人处境变好；(2)没有一个人处境变坏，那么，改变资源配置就可达到"帕累托更优"，这种资源配置的改变称为"帕累托改善"。当一种资源配置的状态不可能通过调整达到"帕累托更优"或不可能再进行"帕累托改善"时，就是一种"帕累托最优"的资源配置。(参阅胡庆康、杜莉主编《现代公共财政学》第10页，复旦大学出版社，2001年。)

事的优越性,从而在最短的时间内实现科技进步的超越,就像制造"两弹一星"那样。第二,在科技发展过程中,可以由市场机制解决配置资源的部分,应该以市场投入为主。明确这一点,有助于加强公共财政对科技投入的"有的放矢",促使政府机制和市场机制实现良性互补。第三,即使是政府机制适用的科技发展部分,政府在投入时也应该考虑效率、效益和公平,使之最大化并最大限度地节约资源。在确定公共财政对地方科技项目投入原则时,这是必须考虑的重要因素。

从公共政策的角度出发,还必须考虑地方科技发展中的迫切性、基础性、实用性以及优长性的相关因素。对于具备这些条件的科技项目,并且通过市场机制不易解决研发经费的,应该由地方公共财政预算予以安排、解决。企业是技术创新的主体,但对于企业能够通过市场配置资源的研发项目,应该鼓励企业自身投入,不应以公共财政预算投入为主要资金来源。需要特别说明的是,为了促进高新技术的发展,社会普遍看好风险投资这一行当,并认为应该由政府负担风险投资的资金。也有不少地方由政府出资设立了风险投资基金或公司(企业)。这是一种不正确的看法。我们应当厘清公共财政与风险投资机制二者之间的关系,走出那种认为风险投资应该由政府投入的认识误区。从公共财政的收入来源看,它是公共部门(政府)为供应财政支出的需要,向个人(家庭)、企业取得的货币收入。通俗地说,就是由纳税人提供的。而风险投资是一种纯粹的经济行为,具有高投入、高风险和高回报的特性,政府不应该拿纳税人的钱去追逐利润。《国务院办公厅转发科技部等部门关于建立风险投资机制若干意见的通知》(国办发〔1999〕105号)指出:"各地在推动建立风险投资机制时应注意防范风险,依法有序发展,避免一哄而起,避免出现单纯依靠或主要依靠出资建立风险投资机构的现象。应当鼓励以民间资本为主,政府以引导、扶持和有限参与为基本原则。"所以,风险投资的资金不应该纳入公共财政预算项目安排。

综上所述,我们认为"十一五"期间福建省公共财政对地方科技的投入,应该集中于对建设海峡西岸经济区和福建省经济社会发展有重要促进作用的科技领域和科技项目,特别是那些能够反映福建在科技发展方面的实力,适合省情以及福建省对科技事业发展有重要促进作用的项目和领域,应该成为公共财政投入的保障对象。所以,福建省公共财政对科技投入应遵循下列原则:

第一,有利于突破技术瓶颈,促进支柱产业和产业集群发展的技术领域,提高福建经济持续发展能力;

第二,有利于掌握关键技术和共性技术,特别是适应福建发展所需的应用技术,提高福建产业的核心竞争力;

第三,有利于解决重大公益性,特别是促进社会事业发展相关领域的科技问题,提高福建省的公共服务能力;

第四,有利于海峡西岸建设和祖国统一,提高福建在两岸交流中的经济、政治、科技、文化等方面的综合实力。

确定上述四项原则,其中心是围绕发展的第一要务,坚持以人为本的科学发展观,同时又能凸显福建的地域特色,充分体现公共财政的职能。

二、"十五"期间科技投入数据分析

(一) 全省公共财政科技投入情况

"十五"计划期间,福建省各级财政对科技的投入为52.19亿元,与"九五"计划期间相比,增加22.82亿元,增长幅度为77.70%。其中,福建省各级财政在2001—2005年的5年中,对科技的投入分别为8.5亿元、8.9亿元、10.2亿元、11.6亿元和12.99亿元,在全国各省、市、自治区中的排位逐年上升,分别为第12位、第11位,后三年稳定在第9位,基本位于全国前列(详见表1)。2004年福建省财政科技拨款占地方财政支出比重为2.29%,高于全国财政科技投入占全国财政支出比重2%的水平,同时这一指标在全国各省、市、自治区中排名第7位,高于福建经济总量和财力在全国的排列位置(数据来源:《中国科技统计年鉴》)。

表1 福建省"十五"期间财政对科技投入及全国排位情况(单位:亿元)

年 份	2001	2002	2003	2004	2005
投入金额	8.5	8.9	10.2	11.6	12.99
全国位次	12	11	9	9	9

"十五"期间,福建省经济、社会发展在"九五"的基础上又取得了重大成就。其中科学技术投入产出的效果更加显著,主要表现在:各级财政科技投入逐年增长,省级财政科技年投入总量由"九五"末期2000年的2.63亿元增加到2005年的4.24亿元。财政预算科技投入有效带动了以企业为主体的全社会多层次、多元化的科技投入体系的形成。2004年,全省科技经费内部支出达80.5亿元,比2000年增长了62%,占当年全省GDP的1.32%。省级财政在"十五"期间,按照法定要求每年年初预算安排的科技经费如表2所示:

表2 福建省级财政"十五"期间历年年初预算安排科技支出情况(单位:亿元)

年份	科技支出	其 中		年增长幅度	省级财力年增长幅度
		科学支出	科技三项费用		
2001	2.83	2.00	0.83	7.6%	—
2002	3.11	2.20	0.91	10%	7.4%
2003	3.51	2.50	1.01	12.86%	6.5%
2004	3.86	2.75	1.11	10%	5.1%
2005	4.24	3.02	1.22	9.8%	2.3%
合 计	17.55	12.47	5.08	—	

从表2看,福建省财政年初预算安排科技支出经费的增长幅度,除了2001年和2005年不足10个百分点之外,其余3年的增长幅度均达到10个百分点以上。其中2002—2005年4年的平均增长幅度为10.67个百分点,是财力增长幅度年均5.33个百分点的2倍(缺2001年财力增长数据,故以2002—2005年这4年的平均数进行比较)。这说明了两点事实:第一,财政预算对科技投入是逐年稳定(平均以10%的幅度)增长的;第二,财政预算对科技投入增加的幅度大大高于

财力增长的幅度。可见,福建省各级财政部门在贯彻、执行《科技进步法》和《福建省科学技术进步条例》方面,充分履行了职责要求和法定义务。

如果把"十五"期间省级财政预算科技经费和全省各级财政对科技的投入作一比较,可以得到下列一组新的数据,如表3所示:

表3　福建省"十五"期间科技经费省级财政预算和全省财政投入比较

（单位:亿元）

年　份	2001	2002	2003	2004	2005
全省财政投入	8.50	8.90	10.20	11.60	12.99
省级财政预算	2.83	3.11	3.51	3.86	4.24
地市财政投入	5.67	5.79	6.69	7.74	8.75
省级所占比率	33.29%	34.94%	34.41%	33.28%	32.64%

从这组数据看,"十五"期间在福建省财政对科技的投入中,省级财政预算基本上占据全省各级财政对科技投入的1/3,是科技投入的大头和重头。而2006年省级财政预算安排科技支出4.66亿元,比2005年增加0.42亿元,增长幅度为10%。此外,在法定增长的基础上,还另外安排科技专项经费2 000万元。这样,2006年实际安排科技支出4.86亿元,实际增长幅度为14.62%。这充分说明了省级财政科技预算在科技发展中的重要作用(数据来源:福建省财政厅)。

以上数据充分体现了福建省各级政府对公共财政科技投入的重视,从而有力保证了省委、省政府"科教兴省"战略的实施,促进了福建省科技事业的稳定、健康发展。"十五"期间,福建省在经济和社会发展急需解决的科技领域,集中力量开展攻关,取得了一些突破。科技发展环境不断完善,区域创新体系建设加快推进,科技事业取得了长足进步。

（二）全省研发投入强度情况

所谓研发投入强度,是指研究与试验发展(R&D)经费支出占国内生产总值(GDP)的比重,它反映出一个国家或地区对科技创新,特别是自主创新的重视程度,也从一个侧面反映出自主创新可持续发展能力的强弱。其中,政府投入必须达到一定比例,才能引导和带动全社会科技创新的健康和可持续发展。工业化国家中,政府投入资金比重的指标普遍在30%～50%之间,而福建省在研发投入强度方面尚有差距。表4反映了2000—2004年福建省研发投入的情况。

表4　福建省R&D经费内部支出主要情况(2000—2004年)

主要指标 ＼ 年份	2000	2001	2002	2003	2004
全省R&D经费内部支出(亿元)	21.19	22.62	24.40	37.50	45.50
企业资金(亿元)	15.79	16.24	16.71	27.51	—
政府资金(亿元)	3.09	3.12	3.25	3.73	—
企业资金所占比率(%)	74.5	71.8	68.5	73.4	
政府资金所占比率(%)	14.6	13.8	13.3	9.95	
R&D经费内部支出占全省GDP比率(%)	0.54	0.53	0.52	0.72	0.75

资料来源:*福建省中长期科技发展规划领导小组办公室编印《科技条件与科技保障问题研究专题报告》*

"十五"期间,我国研发投入强度逐年上升,全国平均水平数据分别为2000年1.00%、2001年1.09%、2002年1.23%、2003年1.31%、2004年1.35%,与发达国家普遍在2%以上的水平有很大差距。由表4可知,福建省相对应的数据为0.54%、0.53%、0.52%、0.72%、0.75%,即使在2004年达到0.75%,仍与发达国家当年1.35%的全国平均水平差距显著。

根据有关部门统计的2004年数据,近几年福建省R&D经费支出力度在全国排第13位,不仅和北京、广东、江苏、上海、山东、辽宁等发达省份相比差距较大,而且落后于四川、陕西、湖北等内地省份,与福建省经济总量居全国第11位、人均GDP居全国第7位的地位不相称。(数据来源:福建省中长期科技发展规划领导小组办公室编印《科技条件与科技保障问题研究专题报告》。)

(三)相关数据的思考与分析

上述福建省财政的科技投入和全省研发投入强度的有关数据,可以为我们提供下列的思考和分析：

1. 单纯的研发投入强度数据不能完整、全面地反映科技投入的结构是否合理的问题

由于时间和资料的限制，我们无法对研发投入的结构（研发经费支出包括用于基础研究、应用研究、试验发展以及科研的设备、固定资产购建等费用）进行分析，这是本课题研究中的遗憾。但是，就单纯的研发投入强度数据而言，福建省研发投入强度相对落后状况存在着两种可能性：第一，不但在总体上，而且在结构上都不尽如人意。第二，虽然在总体上不尽如人意，但在投入的结构上却未必如此。也就是说，在一些学科领域的研发投入强度，比如应用技术方面，还是达到一定水平且有较大增加的。否则，就难以说明福建省这些年来科技事业发展和高新技术产业发展的状况，及其对福建经济、社会发展的贡献。此外，由于统计口径和统计系统不同的关系，在福建省内的中央直属单位的研发投入，有可能未列入福建省研发投入的统计范围，就像厦门大学、华侨大学以及一些部属中专学校的投入不列入福建省的教育投入统计一样。因此，福建省实际的研发投入强度，应该比现有数据表现得更高一些。

2. 由于历史的客观原因，在基础薄弱的福建省，研发投入强度的纵向比较比横向比较更具现实意义

福建的科技发展与经济建设一样，长期以来很少得到中央的投入，而地方经济发展的不足，又限制了地方财政对科技事业的投入。对于财政科技投入和研发投入强度的数据，我们既应该从横向来看，承认自己尚存的差距，更应该从纵向来看，承认我省公共财政近年来在地方科技事业快速发展中所起的重要作用及其所带来的正面效应（财政科技拨款占地方财政支出比重在全国位列第 9 位）。而四川、陕西、湖北虽然属于内地省份，但自新中国成立以来，始终都是国家在经济、科技、国防等方面建设的重点投入地区，科技基础和实力即使在全国也属发达省份，把福建与之作比较，可比性不强。

3. 公共财政投入的主要作用在于带动社会加大研发投入强度，而不是承担全部或主要的研发投入

表4所列数据反映的是福建全省研发投入的强度，其中政府资金所占比率的确呈现逐年下降的情况。对这一现象必须具体分析：第一，比率下降是相对数的下降，而绝对数是逐年上升的，表4的数据已经印证了这一点。第二，公共财政和企业在研发投入方面的"此消彼长"反映了技术创新发展的规律，政府资金比率下降恰恰证明了福建省的企业作为技术创新主体的作用。如果承认企业是技术创新的主体，那么在研发投入强度方面它们所占比率的日益增加和政府投入比率的逐年下降，就是客观发展的必然趋势，它具有规律性并不以人的主观意志为转移，同时，这也是发达国家的普遍现象。第三，公共财政在研发方面的投入，重点应该放在支持企业创新平台的建设之上，即政府资金应该更多投放在企业创新平台建设的项目上，而不应过于侧重在企业具体的研发项目投入之上，从而促使企业加大自身的研发投入强度，起到财政的引领作用，只有这样，才能实现政府在竞争领域的退出和真正落实"有所为，有所不为"的方针。

4. 统计数据表明，福建省企业界在加大研发投入方面仍需努力，才能迎头赶上

福建省公共财政科技投入占财政总支出比重在全国位列前十名以内，而研发投入却排在后，这里除了前面所述的统计口径不同的因素之外，还存在着研发投入的社会结构问题。第一，在一个省内，政府研发投入即使较高，排在全国前列，如果企业研发投入没有达到一定程度，该省的研发投入强度必然不高，也会落在后头。第二，公共财政在预算安排中有一定比例的研发投入，而预算下达到各个单位后，在资金的具体安排过程中，没有用到研发投入的统计项目上。然而，由于在这方面没有一个权威、全面的统计机构，我们缺乏实证分析的支持。因此，统计专业机构应该依托涉及研发投入的社会各个方面（如科技管理、财政、发改委、经委、信息产业等机关），开展全面、详细的研发投入统计。

综上所述，通过纵向和横向的综合比较、分析，可以看到，在"十一

五"期间，福建省在提高研发投入强度方面面临艰巨的任务，需要公共财政明确自己的任务，准确定位，继续加大力度，在全社会增加研发投入方面进一步起好引领作用。同时，也应采取各种措施，鼓励社会各界、尤其是企业提高研发投入的强度。

三、"十五"期间福建的科技发展①

"十五"期间，在省委、省政府的正确领导下，福建省科技工作贯彻科教兴省和人才强省战略，充分发挥广大科技工作者的积极性、创造性，集中力量开展科技攻关，在一些领域取得突破。科技发展环境不断完善，区域创新体系建设加快推进，科技事业有了很大进步，初步具备了为海峡西岸经济区提供科技创新支持和服务的能力。

"十五"期间，福建省科技发展表现出如下特点：

（一）科技进步与创新水平稳步提高

2001—2005 年，全省共有 9 项成果获国家科技进步奖，951 项成果获省科学技术奖；全省专利申请受理量 34 832 件，专利授权量 22 090件；2005 年省专利申请量和受理量分别居全国第 11 位和第 8 位。全社会推动科技进步的格局进一步形成，2004 年，全省有 53 个市（县、区）通过科技进步考核，25 个被评为全国科技进步先进市（县、区），科技创新能力逐步加强。2004 年全省科技活动人员 7.53 万人，比上一年增长 5.3%。通过科技重大专项的组织实施，整合了科技资源，促进了学科交叉和人才聚集，培养了领军人物与科研骨干，提升了科技自主创新的能力和水平。

（二）高新技术及其产业发展迅速，高新技术产业的发展对经济增长的贡献增强

2004 年，工业高新技术产业产值达 2 099.1 亿元，比增32.2%，占工业总产值的 24.6%；实现利税 214.58 亿元，比增32.9%；高新技术产品出口总量 78.40 亿美元，占外贸出口比重的26.7%。至 2005 年底，全省经认定的高新技术企业 811 家，其中国家级重点高新技术企

① 参阅《福建省中长期(2006—2020 年)科学技术发展纲要》。

业64家。全省2个国家级和5个省级高新技术产业开发区建设步伐加快,培育了福州软件园、厦门软件园和泉州微波通信、莆田液晶显示等国家级产业基地。

高新技术研究取得一批重要成果。纳米技术及其应用、高电子信息功能材料、膜技术和精细化工材料、高速路由器、通用嵌入式操作系统、网络隐患扫描系统等拥有自主知识产权的核心技术及其产品的研发取得进展。网络交换机、网络终端机、高清晰度平板显示等项目列入国家863计划和国家火炬计划。遥感地理信息系统和全球卫星定位系统技术的应用研发,以及电子政务技术开发、集成与应用走在全国前列,为"数字福建"建设提供重要的科技支撑。制造业信息化工程实施成效显著,关键技术的开发应用,有力地推动了传统产业的技术升级。2004年高新技术改造传统产业的产值达730.70亿元,同比增加37.50%。

(三)部分学科和产业技术拥有优势

在化学、生物、经济学、环境与资源科学等学科,形成了以国家级重点学科和重点实验室为龙头、以省级重点学科建设为依托的优势学科群,海洋和水产科研力量居全国前列。在电子信息、新材料、农业和医药等产业,形成了产业技术特色。在这些领域拥有15位院士和一批高层次领军人物。在纳米技术、有机光电子复合材料、高效光催化、生物技术育种、抗肿瘤活性物质、艾滋病病毒以及化学发光理论与应用等多个学科前沿领域,取得了一批具有较高水平和应用价值的科技成果。超级稻、转基因水稻育种、甘蔗和黄红麻引育种研究,海水养殖育苗与养殖技术等方面居国内领先。胰岛细胞移植技术为亚洲首创;心脏、肾脏等器官移植技术研究居全国领先地位;女性尿失禁的流行病学调查和治疗研究达到国际先进水平,成功研制了我国第一个戊肝IgM抗体诊断试剂、人类T淋巴细胞白血病毒诊断试剂、新型强效免疫抑制剂——雷帕霉素及其口服液"瑞帕明"。蔬菜中农药、重金属残留快速低成本检测技术达到国内先进水平;食品主要污染物监测系统和预报研究、中尺度综合性天气预警系统研究达国内先进水平。

（四）农业科技成果转化促进农业增效、农民增收

至 2005 年底,申请水稻新品种(组合)、不育系、恢复系的品种权 60 件,已授权 17 件,居全国第 12 位。超级稻Ⅱ优航 1 号在尤溪示范头季平均亩产 928.30 公斤,再生稻平均亩产最高纪录为 543 公斤;晚熟龙眼新品种冬宝在闽东大规模种植;通过农产品标准化、无公害(绿色)生产技术示范,提高了芦柑、乌龙茶、蘑菇等福建特色产品的质量,增强了市场竞争力,开拓了国内外市场;大黄鱼、对虾和鳗鲡等病害检测及防治技术的推广应用,促进了水产养殖业的健康发展;依托林业科技攻关项目,林木良种基地建设取得突破性进展。建设星火技术产业带、星火技术密集区,启动实施"一县一业"科技富民工程,建立了福建(漳州)国家农业科技园区,以及各类农业成果核心熟化示范区 306 个,部级和省级科技示范场 49 个,省农副产品保鲜技术开发基地为全省 120 家农副产品加工龙头企业提供技术服务,加快了全省农业产业化进程。

（五）区域创新体系建设初见成效,企业正在成为技术创新的主体

2004 年全省工业企业开发新产品 22 611 项,已拥有中国驰名商标 25 个、中国名牌 36 个(居全国第 5 位)、省级名牌 506 个、国家免检产品 90 个。2004 年企业技术创新投入占全省科技活动经费 86.21 亿元的 77.23%;全省工矿企业专利申请 1 536 件,专利授权 1 170 件;企业科技投入逐年增加,成为科技投入的主体。全省有 4 519 家企业与大专院校科研单位建立技术合作关系。民营科技企业不断崛起,高科技民营企业在高新技术企业中占 80%,成为企业技术创新中的一支生力军。

知识创新体系进一步健全。2004 年全省 66 所高校共拥有一级学科博士点 29 个、二级学科博士点 252 个、硕士点 500 多个,覆盖 10 个学科门类。全省已建有国家、部级和省级重点实验室 35 个,工程(技术)研究中心 21 个,中试基地 13 个。全省县以上政府部门属自然科学领域的研究与开发机构 109 个。以产权制度改革为核心的省属开发类科研机构、社会公益类科研机构分类改革积极推进,科技体制和

机制逐步优化。初步形成覆盖工业、农业、社会科学等领域、门类比较齐全的科研体系。

产业技术支撑体系初步形成。建立国家级高新区 2 个、省级高新区 5 个。已建设食品保鲜、电机、模具、陶瓷、服装面料、塑胶管材等 6 个行业技术开发基地,已批准建立 6 个国家级企业技术中心和 100 个省级企业技术中心。

科技中介服务机构不断发展。全省已有各具特色的生产力促进中心 81 个,其中国家级示范中心 5 个;科技企业孵化器 18 个,孵化基地面积 40 多万平方米,在孵企业近 800 家;工程(技术)研究中心 21 个,技术咨询类中介机构 800 多个,各类技术贸易机构 1 300 多家,拥有省高新技术产权交易所、125 家技术检测机构和 10 个专利代理机构。

(六)科技基础条件与创新环境逐步改善

福建省自然科技资源、科技文献、科技基础数据、实验动物、科研仪器、网络建设、信息资源共享等方面的工作有了长足进步。2004 年,全省 R&D 投入 45.50 亿元,增长 21.3%,财政、税收、金融等部门对科技创新给予的扶持措施,为科技进步创造了条件,成为推动科技创新的有力杠杆。

(七)科技交流合作进一步拓展

福建省巩固和加强了与 56 个国家、地区和国家组织间的科技合作关系,形成了多层次、多形式的国际科技合作交流网络。科技兴贸计划的实施提升了我省出口产品的技术含量。"6·18"中国福建项目成果交易会围绕主导产业发展中的薄弱环节,开展项目成果和技术难题的双向推介,搭建科技招商引资平台。2005 年共对接项目 3 538 项,总投资 605.14 亿元,其中合同项目 1 435 个,总投资 256.54 亿元,对接境外项目 326 项。

闽台科技合作向纵深发展。在农业、水产、医学、气象、地震、海洋等 20 多个学科领域中已开展了双向交流与合作;引进了台湾农产品加工先进设备 1 500 多套和台湾水果、水产、蔬菜、花卉、畜禽、食用菌等优良品种 800 多种,筛选推广 130 多种,推广面积 5 万平方公里;在电子信息、汽车、石化等多个技术合作领域成效显著，目前台湾光电产业七成在大陆，其中三成在福建；启动了台湾学者创业园建设；国家级闽台农业合作试验区已在福建全境推开，闽台科技合作迈出了新的一步。

根据上述特点，可以得出福建科技发展的五大优势：

（1）高新技术及其产业的发展成为经济发展的加速器；

（2）农业科技成果转化成为农业产业化发展的助推器；

（3）海洋和水产科研居于全国前列；

（4）创新体系初步建成，为创建创新型省份打下良好基础；

（5）闽台科技交流合作开辟福建科技发展的新道路。

"十五"期间福建省科技事业发展所取得的成就，提高了全省的科技实力，也为海峡西岸经济区建设提供了比较坚实的科技基础。据科技部统计，在"十五"期间，福建省科技进步综合评价居全国第 10 位，2001—2004 年区域创新能力评价居第 9 位。如果没有公共财政的强有力的保障，要想取得这样的成就是难以想象的。

四、"十一五"期间省级财政科技投入重点

《国家中长期科学和技术发展规划纲要（2006—2020 年）》指出：今后 15 年，科技工作的指导方针是"自主创新，重点跨越，支撑发展，引领未来"。自主创新，就是从增强国家创新能力出发，加强原始创新、集成创新和引进消化吸收再创新。重点跨越，就是坚持有所为、有所不为，选择具有一定基础和优势、关系国计民生和国家安全的关键领域，集中力量，重点突破，实现跨越式发展。支撑发展，就是从现实的紧迫需求出发，着力突破重大关键、共性技术，支撑经济社会的持续协调发展。引领未来，就是着眼长远，超前部署前沿技术和基础研究，创造新的市场需求，培育新兴产业，引领未来经济社会的发展。

这一指导方针同样适用于福建的科技发展。"十一五"期间福建省公共财政对科技的投入，也应该按照这一方针，结合前述的四项原则和福建科技优势进行，为海峡西岸建设注入更多的科技因素。

根据科技工作的指导方针和公共财政科技投入的原则，我们认为

下列八个方面可以作为福建省"十一五"期间省级财政预算投入的重点方向(优先主题)。

（一）适应地方经济、社会发展的,有重大推广价值的应用研究(中间技术)项目

应用(中间)技术在经济发展中具有不可忽视的作用。技术的发展是一个渐进的过程(虽然这个过程越来越短、越来越快),昨天的(或经过普及的)基础研究和高新技术就是今天的实用或中间技术,它依然对经济、社会的发展具有巨大的推动作用。尤其在强调建设社会主义和谐社会的今天,努力扩大社会就业,是构建和谐社会的一项重要任务。所以,推广、应用那些有助于扩大就业的、发展劳动密集型产业的应用技术,仍然具有重大的现实意义。

（二）农业科技中的基础研究项目

农业(含林业)是国民经济和社会发展的基础,关系到国民的食物安全和产品供应。《中国的 21 世纪议程》指出:农业和农村的可持续发展是中国可持续发展的根本保证和优先领域。农业是现代生物技术应用最广泛、最活跃的领域,农业生物技术正在改变农业的传统概念,显示出无限的发展空间和潜力。农业科技又是社会主义新农村建设中的重要推进力量。福建的农业科技研究具有一定的优势,又是闽台产业对接和闽台科技合作、交流的重要领域,对建设海峡西岸、促进和平统一具有积极意义,是福建独具特色的领域。

（三）海洋开发和利用研究项目

福建是海洋大省,拥有 3 324 公里长的海岸线,海岸线长度居全国第 2 位;海域面积 13.6 万平方公里,占全国海域面积的 2.9%,而陆域面积只有 12.37 万平方公里,约占全国土地面积的 1.3%,居全国第 23 位。由此可见海洋之于福建的重要性。福建的海洋和水产科技力量位居全国前列,拥有较多的海洋和水产科研机构和高等院校,以及一大批从事海洋生产开发的集团企业,有一支较强的、学科专业基本齐全的海洋和水产科技人才队伍。省委、省政府已经确定了海洋产业为战略性产业、大力发展海洋经济实现由海洋大省向海洋强省转变的战略,海洋科技将直接推动福建经济和社会的发展,也是建设海峡西

岸的题中应有之义。

（四）资源、生态及环境保护领域项目

福建自然资源总体贫乏，重要的战略性矿产资源、耕地资源满足不了国民经济发展的需求。虽然福建森林覆盖率高、生物资源丰富，但人为干扰严重，开发利用程度不高。福建生态、环境质量总体良好，但随着经济的快速发展，同样面临着诸多生态和环境的问题，这些问题将对经济社会可持续发展和人民生活质量提高构成严重障碍。以人为本的科学发展观，要求的是可持续的发展，建设资源节约型和环境友好型社会。要围绕建设生态省的战略目标，密切关注和重视生态平衡和环境保护，并为之提供强大的科技支撑。

（五）人文社会科学和公共政策研究项目

社会科学在经济、社会发展中的重要作用是毋庸置疑的，它也越来越成为科学事业发展中不可或缺的重要部分。海峡西岸经济区的提出以及"海峡西岸"正式写入中央文件和国家规划，福建省"十一五"规划的制订，都凝聚着社会科学工作者的智慧和劳动。在台湾研究以及为中央和省委、省政府对台工作提供决策咨询方面，社会科学更有不可替代的重大作用。而构建社会主义和谐社会，同样离不开社会科学领域的探索和创新。

（六）提高社会事业公共服务质量的重大项目

在各级党政领导机关十分重视和谐社会建设的情况下，发展社会事业、提高公共服务水平已经受到越来越多的关注和重视。因此，与人民群众密切相关的公共卫生服务、城市和交通管理、社会治安、广播影视和新闻出版等方面的新技术的研究与开发，是公共财政体现其公共服务职能的重要领域。

（七）引导和扶持企业创新平台建设的重大项目

在分析有关数据时，我们提出了政府应该从竞争领域退出，公共财政投入应该重点服务企业创新平台建设的看法。创新是企业的灵魂。近百年来世界产业发展的历史表明，真正起作用的技术几乎都来自企业。因此，应该把企业自主创新能力的建设置于战略的高度，使企业真正成为技术创新的主体。但是，就我国当前情况来看，企业还没有真正成为创新的主体。近年来,我国企业的研发经费虽然占到总经费的 60% ,但实际上这些经费的绝大部分用在了购买技术,确切地说是购买生产线上,引进和消化之比为 1∶0.08,而韩国这一比例为 1∶5～1∶8。如大中型企业研发经费占销售收入的比例,多年来一直不到 1% ,拥有研发机构的只占 25% ,75% 的企业没有一个专职人员从事研发活动,35% 的企业没有研发活动。[①] 所以,引导、扶持企业建设技术创新平台是公共财政发挥服务职能的一个重要方面。

（八）重大科普项目

科学普及与科技创新是科技进步的两个基本方面。科技创新不仅依赖于社会的物质保障,而且需要广大国民具备良好的科学素质和激发创新的社会环境。因此,良好的国民科学文化素质和创新意识,是一个国家或地区综合实力的重要组成部分。科普工作的重要意义在于:第一,普及科学知识,提高国民的科学素质;第二,为科学研究队伍的建设发现人才和储备人才,培养科技队伍的后备军;第三,实现技术转化和技术扩散,搭建科技条件平台。它的直接作用是为各项事业的发展提供源源不断的合格劳动者,保证经济、社会发展所需的人力资源,提升经济和科技的竞争力。

---

① 　胡晓鹏:《中国学界关于自主创新问题的观点论争》,《新华文摘》,2006 年第 18 期。

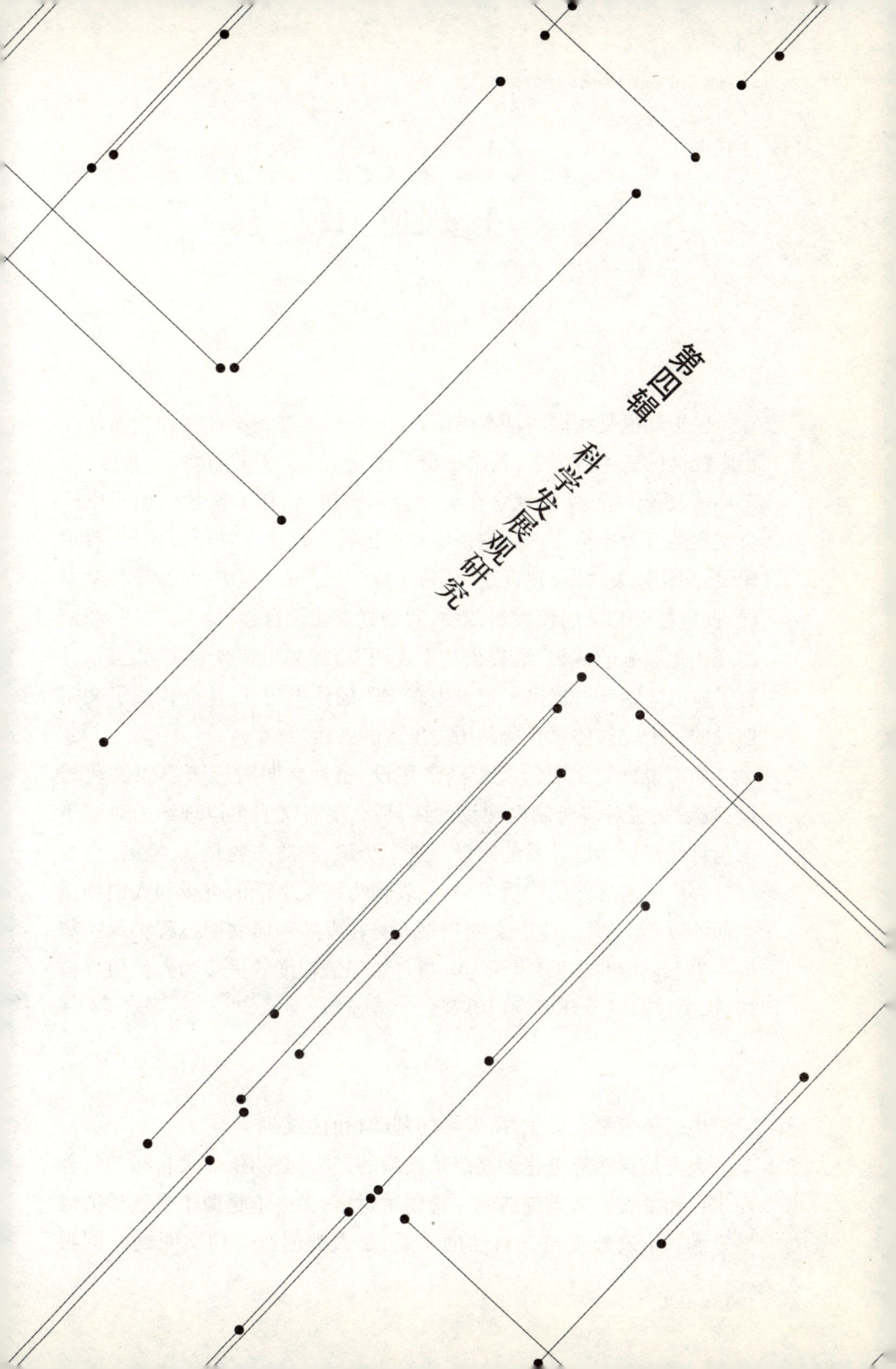

第四篇

科学发展观研究

生态文明三议

保护环境是我国的基本国策,党的十七大进一步在实现全面建设小康社会的奋斗目标中,首次提出了建设生态文明的新要求,并将"生态环境改善、生态文明观念在全社会牢固树立"作为衡量全面小康社会实现的五大指标之一。这说明在中国特色社会主义经济建设、政治建设、文化建设、社会建设这"四位一体"的建设过程中,在领导科学发展、促进社会和谐的伟大实践中,我们党对建设富强、民主、文明、和谐的现代化国家的认识,继提出物质文明、精神文明和政治文明之后,又有了质的飞跃——提出了建设生态文明的伟大任务,从而构成了文明建设的一个完整体系。这是历史发展的必然。

如果说物质文明对应于经济建设、精神文明对应于思想文化建设、政治文明对应于制度建设的话,那么生态文明可以理解为对应于人与自然环境和谐关系的建设。进一步说,物质文明是人类在社会发展过程中改造自然的物质成果,它表现为物质生产的进步和人们物质生活的改善。那么,生态文明则是人类在发展物质文明过程中保护和改善生态环境的成果,表现为人与自然和谐程度的进步和人们敬畏自然、保护生态以及环境意识等观念的增强。

一

生态环境是人类生存、发展的基础和前提条件。

人类是自然界进化到高级阶段后的产物,必须依靠大自然的供养而生存和发展。人类创造的一切物质财富,无一不是源于自然界的慷慨恩赐。正确处理与大自然的关系,是人类创造一切文明的共同根基。离开了这一根基,破坏、弱化了自然生态系统,人类自身的生存和发展将受到极大的威胁和损害,人类所创造的一切形式的文明也将不复存在。关于这一点,"生物圈二号"的试验给予人们极大的启示。

"生物圈二号"(Biosphere 2)是美国 1984 年建于亚利桑那州图森市以北沙漠中的一座微型人工生态循环系统,因把地球本身称作"生物圈一号"而得此名,它由美国前橄榄球运动员约翰·艾伦发起,并与几家财团联手出资,委托空间生物圈风险投资公司承建,历时 8 年,占地 1.3 万平方米,耗资近 2 亿美元。这一建筑物远远望去仿佛是一个巨大的温室,所有的窗户都是完全密闭的,室内有碧绿的麦田、如茵的草地、碧波荡漾的鱼塘,微型"海洋"不时卷起阵阵细浪,室内还放养着猪、牛、羊和其他畜禽,还有住房。为了试验人类离开地球能否生存,"生物圈二号"计划设计在密闭状态下进行生态与环境研究,帮助人类了解地球是如何运作的,并研究在仿真地球生态环境的条件下,人类是否适合生存的问题。为了尽量贴近自然环境,该圈中的土壤、草皮、海水、淡水均取自外界的不同地理区间,经过一定的人工处理后再利用。例如,实验用的海水是将运进来的海水和淡水按照适当比例配制而成的。1993 年 1 月,8 位科学家进入"生物圈二号"。按照预定计划,他们将在里面呆上 2 年,试验结束前不能出来,除非身体发生严重意外。8 位科学家在"生物圈二号"里一边从事科学研究,一边饲养畜禽,耕种收获,过着完全自给自足的生活。两年中除了提供包括种子在内的第一批物品外,其余的一切都需要他们自己解决:能源,取自太阳能;氧气,由自己种植的植物制造;粮食,靠种地获得;肉类和蛋白质,取自他们自己养的鸡、鸭、猪、羊。甚至室内的气温和气候,也由他们自己设法控制,并尽可能模拟地球的气候。总之,科学家们必须保证这个小小的生态系统的平衡,但是要做到却非常不容易。比如,绿色植物过多,没有充足的二氧化碳供它们呼吸,植物会死亡;要想多吃肉,必须多养动物,而动物过多,粮食和饲料会紧张,氧气的消耗会增加,空气中二氧化碳浓度会升高,从而影响他们自身的生存。这都需要科学家们做周密的计划和细致的安排。任何方面出现偏差,都会使整个计划前功尽弃。从科学家进驻那天起,全世界都在密切关注这一实验的结果。但实验的结果却并不令人乐观。一年多后,土壤中的碳与氧气反应生成二氧化碳,部分二氧化碳与建筑"生物圈二号"所用混凝土中的钙发生反应生成碳酸钙,导致氧气含量从21%下降到14%。加之没有调节好内部气候,致使粮食歉收,科学家们不得不靠吃种子勉强度日,结果是提前撤出"生物圈二号"。更令人意外的是,运行3年后,"生物圈二号"中一氧化碳含量猛增到79%,足以使人体合成维生素 B_{12} 的能力减弱,从而危害大脑健康。1996年1月1日,美国哥伦比亚大学接管"生物圈二号"。9月,由数名科学家组成的委员会对实验进行了总结,他们认为,在现有技术条件下,人类还无法模拟出一个类似地球一样的、可供人类生存的生态环境。"生物圈二号"实验的意义在于向世人昭示了迄今为止地球仍是人类唯一的家园,人类应当努力保护它,而不是破坏它。[1]

  人类在进化中从动物界分离出来后,人与自然的关系就成为人类社会发展中的一个永恒的主题。但是,从人类文明的发展历程来看,迄今为止,人类文明的发展与自然环境和生态的破坏呈现出正比例关系,即文明越发展,自然生态环境遭受的破坏就越严重。千百年来,人类在创造巨大的物质财富和辉煌文明的同时,由于实行粗放的、带有掠夺性的生产方式,使自然生态系统受到严重损害,造成生态、环境透支过多,赤字过大,以致自然界功能弱化,不堪重负。从全球范围看,自工业革命以来,人类在物质生产取得巨大发展的同时,对地球资源的索取超出了合理的限度,造成了地球生态环境的严重破坏,导致全球气候变化,过度开发土地、滥伐森林、过度捕捞、环境污染等产生了其他负面效应。近年来暴雨、高温等极端气候频频发生,就是大自然对人类敲响的警钟。生态环境的恶化,是当前全球性最紧迫的重大问题。据联合国粮农组织《2007年世界森林状况》报告统计,全球目前只有不到40亿公顷的森林,覆盖全球约30%的陆地面积。1990年至2005年15年间,全球森林面积减少了3%,而且仍然以每年730万公顷的速度减少。同时,全球约有2/3的国家和地区、地球表面1/3以

---

[1] 《拯救地球 人类行为篇:"生物圈2号"的终结》,http://www.jl2sy.cn。

上的土地(超过 40 亿公顷)和 10 多亿居民遭受沙化、荒漠化的危害。由于持续扩大的荒漠化,联合国粮农组织估计,到 2020 年,将有约 1.35 亿人面临着被迫离开家园的危险。根据世界水委员会《世界水展望》报告,全球约有 1/5 的人口长年饮用不洁净的水。联合国环境规划署《全球环境展望年鉴 2006》资料表明,全球有 10 多亿城市人口直接受到空气污染毒害,并导致每年约有 160 万～320 万人过早死亡。所以,国际有识之士惊呼:"环境危机将是 21 世纪人类面临的最大、最严重的挑战。"①由此可见,生态和自然环境既是人类生存的基础和前提条件,也是人类社会发展的基础和前提条件,是人类一切文明唯一的基础载体。

二

建设生态文明已经成为建设中国特色社会主义和富强、民主、文明、和谐的现代化国家的紧迫任务。

对于全面建设小康社会的中国而言,从某种意义上说,生态文明建设是当前最为紧迫的任务。中国共产党十六届六中全会通过的《中共中央关于构建社会主义和谐社会若干重大问题的决定》指出,要"加强环境治理保护,促进人与自然相和谐"。在人与自然和谐相处方面,到 2020 年要做到"资源利用效率显著提高,生态环境明显好转"。党的十七大进一步把建设生态文明作为全面建设小康社会的重要目标和任务。而十一届全国人大一次会议通过的《政府工作报告》指出,"保护环境"是 2008 年国民经济和社会发展预期目标的基础,要"增强全社会生态文明观念,动员全体人民更加积极投身于资源节约型、环境友好型社会建设。节约资源和保护环境要一代一代人持之以恒地进行下去,让我们的祖国山更绿,水更清,天更蓝"。在我国,突出强调建设生态文明,是贯彻落实科学发展观、全面建设小康社会和实现保护环境基本国策的必然要求和重大任务。

---

① 姜春云主编:《偿还生态欠债——人与自然和谐探索》,新华出版社,2007 年,第 2—5 页。

　　我国人均资源不足，人均耕地、淡水、森林仅占世界平均水平的32%、27%和12.8%，石油、天然气、铁矿石等资源的人均拥有储量也明显低于世界平均水平。由于长期实行主要依赖投资和增加物质投入的粗放型经济增长方式，能源和其他资源的消耗增长很快，生态环境恶化问题也日益突出。就当前的现状来看，中国是世界上生态环境恶化最严重的国家之一。虽然我国在生态治理和环境保护方面取得了巨大成就，但由于种种自然的、人为的原因，我国生态环境呈现出"边治理、边破坏，治理赶不上破坏"，"好转与恶化并存"的特征，以致"局部好转、整体恶化"的趋势迟迟得不到根本转变。

　　据国家环保总局《2005 年中国环境状况公报》显示，我国水土流失面积 356 平方公里，占国土总面积的 37.42%，每年流失表层沃土达50 亿吨，相当于全国耕地流失掉 1 厘米的表层沃土，丧失肥力超过全国化肥总产量。据专家测算，形成 1 厘米厚的土层需要 100～400 年；自 1950 年以来，全国因水土流失损失耕地超过 267 万公顷。全国荒漠化土地占国土总面积的 27.46%，沙化土地占国土总面积的18.1%。这些地带，自然生产力明显下降，经济发展缓慢，部分农牧民至今生活困难，不得温饱，其中有些人已经沦为生态灾民。我国草原占国土总面积的 41.7%，由于长期超载放牧，90% 可利用草原不同程度退化，产草量大幅度下降。尽管我国森林覆盖率已达到 18.21%，但 2005 年人均森林面积只有 0.1 公顷，仅为世界平均 0.6 公顷的 1/6，而每公顷的森林蓄积量、生物量及其碳储量分别只有世界平均的 60.7%、42.7%、43.4%。尤其是原始天然林，由新中国成立初期约占国土面积的 4%减少到目前的 1.2%。水资源短缺，污染严重。我国人均水资源仅为世界平均水平的 1/4，居世界第 121 位。由于水资源不足，又开发利用过度，不少江河断流，湖泊萎缩以致消失。北方地区江河断流已是普遍现象。在过去的 50 年间，全国消失湖泊 1 000 多个，年均有 20 个湖泊干涸。同时，水体污染严重，北方一些地区，特别是城市及周边地区，几乎"有水皆污"。历史上的水乡——江南和东、中部的一些地区，由于水体污染，已由"富水区"变为"贫水区"。全国有 3 亿多人喝不上合乎卫生标准的水。目前，我国地下水超采区遍布 24 个省区市，其中有 50 多个城市出现地面沉降。大气污染加剧。环保部门 2005 年监测的全国 522 个城市中,仅有 4.2% 的城市达到国家环境空气质量一级标准,56.1% 的城市达到二级标准,有 39.7% 的城市处于中度甚至重度污染状态。全国 1/3 的国土面积受酸雨危害,土壤污染亦呈加剧之势。生物物种锐减,目前我国受环境恶化威胁的高等植物物种,占总物种数的 15% ~20% ,高于世界平均 10% ~15% 的水平。①

上述数据表明,西方国家在 100 多年工业化进程中逐渐出现的生态环境问题,我国在 20 多年的经济快速增长期间就集中显现出来了。其来势之猛,为害之烈,令人惊异。由此反映出的事实是,我国的生态赤字已经到了十分严重和巨额的程度! 有关研究显示,自 1978 年开始,我国进入生态赤字阶段,并呈现出逐年增加的态势。"十五"期间,我国年均生态赤字约达 1 万亿元,总额为 5 万亿元以上。② 产生如此巨额生态赤字的主要原因,是人口剧增和粗放、传统的经济增长模式,导致自然资源消耗量过大,环境破坏加剧。也就是说,我国经济的快速发展,在一定程度上是靠越来越大的生态赤字、环境欠债来维系和支撑的。这种掠夺式的无序开发和资源的过度消耗,已经牺牲了太多的子孙后代的生存空间和发展机会。这样的发展,是不可持续和难以为继的。因此,建设生态文明,不论是对实现以人为本、全面协调可持续发展,还是对改善生态环境、提高人民生活质量,实现全面建设小康社会的目标,都是至关重要的。

三

人与自然和谐是生态文明建设的核心。

如果从人类文明发展的历史进程来看,人类社会的发展可以划分为原始文明、农业(农耕)文明、工业文明和生态文明几个时代(历史阶段)。

---

① 姜春云主编:《偿还生态欠债——人与自然和谐探索》,新华出版社,2007 年,第 2—5 页。

② ,同①。

在原始文明时代，人类刚刚从动物界分离出来，由于生产力的低下，人类在生产方式和生活方式方面，都必须严重地依赖自然界，可以说，那时的人类，还是完全臣服于自然，也无法摆脱自然界对人类生存的威胁。所以，人类在自己的幼年时代，屈服自然、畏惧自然、崇拜自然，人与自然的关系处于一种原始的和谐状态。

进入农业文明时代，随着铁器的应用，人类生产力有了大幅提高，经过长时间生产劳动的经验积累，人类驾驭自然界的能力也有了一定的提高。但是，农耕文化的进步，人口的增长，使得对于耕地的需求量越来越大，这就必然导致人们更多地开垦森林和草原，开荒造地，从而对自然界的生态造成一定的破坏。但是，农业社会中人类的生产活动更主要的还是"靠天吃饭"，人们的行为更注重讲究顺应天时地利，加之人口数量仍然在土地承载力极限之内，人类对生态的破坏尚不足为道。所以，人与自然的关系仍然处于和谐状态，并且这种和谐关系属于经验型性质。

18世纪中叶以英国产业革命为标志，人类社会迈入工业文明时代。随着科学技术的巨大进步，社会生产力的发展突飞猛进，极大地改变了生产方式，人类创造了前所未有的物质财富。正如《共产党宣言》所指出的，资本主义社会创造的生产力比之前人类社会所创造的全部生产力的总和还大。然而，在生产力巨大发展的同时，人们企图征服自然的欲望无限制地膨胀，自认为是"天之骄子"，是大自然的主宰，在与自然的关系上随心所欲。其结果是环境污染、水土流失、气候变暖、生物多样性减少……自然生态环境的破坏日益严重。进入20世纪，这种破坏自然生态的现象愈演愈烈，甚至抵消了工业物质文明的某些成果，人与自然的关系出现了极不和谐的局面。

20世纪中叶，在工业化及后工业化发展过程中，由于物质文明发展给自然界和人类社会带来的负面影响，特别是一些重大的环境污染事件造成的环境公害问题，引起有识之士对人与自然关系的反思，保护环境逐渐在工业化国家成为一种社会思潮，并进而发展成为汹涌澎湃的社会运动。以电子技术为核心的信息社会，从根本上改变了工业化时代以来的社会生产方式，也极大地改变着人们的生活方式和思维方式,生态问题日益引起人类的关注和重视。人与自然和谐的可持续发展的新理念呼之欲出,为根本解决工业化进程中人类活动所造成的自然生态破坏,化解生态赤字、偿还生态欠债提供了方向,指明了路径。可持续发展理论受到各国政府的重视,1992 年联合国在巴西首都里约热内卢召开世界各国首脑会议,提出可持续发展战略,制定了《21世纪议程》,标志着人类从此迈进了生态文明时代。

上述人类文明发展的进程表明,人与自然的关系是划分人类文明发展的标志,今天我们建设生态文明,其核心和本质就是要认识这一关系的极端重要性,追求人与自然的和谐相处,实现生产发展、生活富裕、生态良好的目标。

人类进化到今天,我们所面对的自然界可以分为三部分:天然自然、人化自然和人工自然。所谓天然自然,是指人类的认识和实践活动尚未触及的自然界,包括宇宙空间中人类目前尚未观测到的宏观世界和人们尚未知晓的基本粒子以下的微观世界,以及地球上尚未被人类了解的自然事物和自然过程;所谓人化自然,是指人类观测所及并能够感知其信息的那部分自然界,包括人类目前所认识到的宇宙空间范围、人类已经认识和开始认识的自然物、自然现象和自然过程;所谓人工自然,是指人类实践涉及到的并变革(改变)了的那部分自然界,包括人类实践活动直接影响的自然界,如地球生态环境;人类利用自然界原料创造的所有人工自然物,如各种原材料、工具、人工建筑、农田、水利设施、人工智能等。① 由此可见,我们所说的人与自然的关系,主要是从人化自然和人工自然这两个层面而言的。

人与自然的关系,归根结底是人类认识自然、改造自然的过程。在这个意义上可以把生态文明建设归结为人类在认识自然、改造自然中正确处理与自然关系的过程。在这一过程中,人类认识自然、利用自然、改造自然,使得在地球范围内的天然自然几乎不复存在。在被改变了的自然界面前,必然产生人与自然之间的生态伦理道德问题。也就是说,人类对自然界是否应该承担道德义务,即人类是否有责任

---

① 官鸣主编:《自然辩证法概论》,厦门大学出版社,1998 年,第51—52 页。

保证自然界其他物种的生存，从而保证生物的多样性问题。在生态赤字巨大、生态难民队伍日益扩大、环境污染愈来愈威胁人类生存的今天，这一问题已经成为人类无法回避、摆脱不了的尖锐问题。现代人在透支自然资源的同时，也破坏了责任、公平与和谐的生态伦理道德的基本原则。透支自然、污染环境，必然剥夺子孙后代生存和繁衍的基本条件，同时还牺牲了子孙后代发展的权利和其他生物物种生存的权利和繁衍的基本条件，这是对人类社会的可持续发展的不负责任，也破坏了人类的代际公平，以及包括人类在内的整个自然界的和谐，从而使得人对自然的态度具有了伦理道德的意义，并进而上升到人类行为文明的高度。由此可见，人与自然的关系—生态伦理道德—生态文明构成了完整的链条。

科学发展观与中国马克思主义大众化

一

党的十七大报告全面深刻地阐明了什么是科学发展观,明确了科学发展观的历史地位、时代背景、科学内涵、精神实质和根本要求,强调在新的发展阶段,继续全面建设小康社会、发展中国特色社会主义,必须坚持以邓小平理论和"三个代表"重要思想为指导,深入贯彻落实科学发展观。科学发展观是以胡锦涛为总书记的党中央领导集体对我们党三代领导集体关于发展问题重要思想的继承和发展,是马克思主义有关发展的世界观、方法论的集中体现,是与马克思列宁主义、毛泽东思想、邓小平理论和"三个代表"重要思想一脉相承的科学理论,充分体现了党中央领导集体在新时期建设中国特色社会主义指导思想与时俱进的特质。因此,科学发展观是我国经济社会发展的重要指导方针,是发展中国特色社会主义必须坚持和贯彻的重大战略思想。

十七大报告指出:"中国特色社会主义理论体系,就是包括邓小平理论、'三个代表'重要思想以及科学发展观等重大战略思想在内的科学理论体系。这个理论体系,坚持和发展了马克思列宁主义、毛泽东思想,凝结了几代中国共产党人带领人民不懈探索实践的智慧和心血,是马克思主义中国化最新成果,是党最宝贵的政治和精神财富,是全国各族人民团结奋斗的共同思想基础。"这段重要论述明确了两点:第一,中国特色社会主义理论体系包括科学发展观;第二,包括科学发展观在内的中国特色社会主义理论体系是马克思主义中国化的最新成果。由此,得出科学发展观是中国特色社会主义理论体系最新成果的论断,也就顺理成章了。

科学发展观的思想,在党的三代领导核心的有关论述中都有涉及,特别是毛泽东主席在其光辉著作《矛盾论》、《实践论》、《论十大关系》和《关于正确处理人民内部矛盾的问题》等文章中,有着十分精彩的论述。但是真正明确提出科学发展观,并将其作为党领导我国经济社会发展的重要指导方针、作为建设中国特色社会主义的重大战略思想,则有其特定的历史背景。进入新世纪新阶段,我国进入了发展的关键期、改革的攻坚期、矛盾的凸显期,经济社会发展呈现出一系列新的阶段性特征,正如十七大报告所指出的那样:"经济实力显著增强,同时生产力水平总体上还不高,自主创新能力还不强,长期形成的结构性矛盾和粗放型增长方式尚未根本改变;社会主义市场经济体制初步建立,同时影响发展的体制机制障碍依然存在,改革攻坚面临深层次矛盾和问题;人民生活总体上达到小康水平,同时收入分配差距拉大趋势还未根本扭转,城乡贫困人口和低收入人口还有相当数量,统筹兼顾各方面利益难度加大;协调发展取得显著成绩,同时农业基础薄弱、农村发展滞后的局面尚未改变,缩小城乡、区域发展差距和促进经济社会协调发展任务艰巨;社会主义民主政治不断发展,依法治国基本方略扎实贯彻,同时民主法制建设与扩大人民民主和经济社会发展的要求还不完全适应,政治体制改革需要继续深化;社会主义文化更加繁荣,同时人民精神文化需求日趋旺盛,人们思想活动的独立性、选择性、多变性、差异性明显增强,对发展社会主义先进文化提出了更高要求;社会活力显著增强,同时社会结构、社会组织形式、社会利益格局发生深刻变化,社会建设和管理面临诸多新课题;对外开放日益扩大,同时面临的国际竞争日趋激烈,发达国家在经济科技上占优势的压力长期存在,可以预见和难以预见的风险增多,统筹国内发展和对外开放要求更高。"让大家记忆犹新的是,新的中央领导集体主政不久后的 2003 年,一场突如其来的"非典"疫情,使全党、全国人民面临严峻考验。这一突发事件,使得各级党政领导必须认真思考和科学处理围绕 GDP 为中心的经济增长和国家全面发展关系的问题,科学发展观的提出迫在眉睫。实现什么样的发展、怎样发展,是全党全国人民必须作出的抉择。

所以,我们看到胡锦涛同志 2003 年 7 月 28 日《在全国防治非典工作会议上的讲话》指出:"我们讲发展是党执政兴国的第一要务,这里的发展绝不只是指经济增长,而是要坚持以经济建设为中心,在经济发展的基础上实现社会全面发展。我们要更好地坚持全面发展、协调发展、可持续发展的发展观,更加自觉地坚持推动社会主义物质文明、政治文明和精神文明协调发展,坚持在经济社会发展的基础上促进人的全面发展,坚持促进人与自然的和谐。在促进发展的进程中,我们不仅要关注经济指标,而且要关注人文指标、资源指标和环境指标;不仅要增加促进经济增长的投入,而且要增加促进社会发展的投入,增加保护资源和环境的投入。"[①]不久之后,在 2003 年 10 月 14 日中共十六届三中全会第二次全体会议上的讲话中,胡锦涛同志明确提出了"科学发展观"这一概念,他说:"树立和落实全面发展、协调发展和可持续发展的科学发展观,对于我们更好地坚持发展才是硬道理的战略思想具有重大意义。树立和落实科学发展观,这是二十多年改革开放实践的经验总结,是战胜非典疫情给我们的重要启示,也是推进全面建设小康社会的迫切要求。实现全面建设小康社会的宏伟目标,就是要使经济更加发展、民主更加健全、科教更加进步、文化更加繁荣、社会更加和谐、人民生活更加殷实。要全面实现这个目标,必须促进社会主义物质文明、政治文明和精神文明协调发展,坚持在经济发展的基础上促进社会全面进步和人的全面发展,坚持在开发利用自然中实现人与自然的和谐相处,实现经济社会的可持续发展。这样的发展观符合社会发展的客观规律。"[②]

从科学发展观提出的历史背景和胡锦涛同志的经典论述,人们可以理解科学发展观是立足中国基本国情、深入分析我国发展的阶段性特征、认真总结我国发展实践、适应新的发展要求而提出的。同时,又

---

① 《科学发展观重要论述摘编》,中央文献出版社、党建读物出版社,2008 年,第 33 页。
② 同①,第 1 页。

是深刻分析国际形势、顺应世界发展趋势、借鉴国外发展经验而提出的。由此,我们可以得出一个逻辑的、必然的结论:科学发展观就是当代中国最鲜活的马克思主义。

二

推动当代中国马克思主义大众化,是当前思想宣传工作的重要内容。笔者认为,推动当代中国马克思主义大众化这一命题,包含了三层含义:第一,如何理解当代中国马克思主义? 第二,什么是大众化? 第三,实行当代中国马克思主义大众化的途径有哪些? 把这些含义搞清楚了,当代中国马克思主义大众化的问题也就明晰了。

什么是中国马克思主义? 中国马克思主义就是马克思主义中国化。

关于马克思主义中国化,1938 年 10 月在党的六届六中全会上,毛泽东主席曾经有过精辟的概括:"马克思主义必须和我国的具体特点相结合并提供一定的民族形式才能实现。马克思列宁主义的伟大力量,就在于它是和各个国家具体的革命实践相联系。对于中国共产党来说,就是要学会把马克思列宁主义的理论应用于中国的具体的环境。""离开中国特点来谈马克思主义,只是抽象的空洞的马克思主义。因此,使马克思主义在中国具体化,使之在其每一表现中带着必须有的中国的特性,即是说,按照中国的特点去应用它,成为全党亟待了解并亟须解决的问题。洋八股必须废止,空洞抽象的调头必须少唱,教条主义必须休息,而代之以新鲜活泼的、为中国老百姓所喜闻乐见的中国作风和中国气派。"①也就是说,要把马克思主义的普遍原理"应用于中国的具体的环境","使马克思主义在中国具体化,使之在其每一表现中带着必须有的中国的特性","和我国的具体特点相结合并提供一定的民族形式",从而创造出"新鲜活泼的、为中国老百姓所喜闻乐见的中国作风和中国气派"的马克思主义。归根结底,根据中国国情、与中国特色相结合、具有中国特性的具体化了的马克思主义,就是马克思主义中国化。

---

① 《毛泽东选集》(四卷本)第二卷,人民出版社,1991 年,第 534 页。

党的十一届三中全会重新确立了解放思想、实事求是的思想路线,开启了中国社会主义建设的新时期,开始了对社会主义的再认识。经过拨乱反正和改革开放,坚持从实际出发,走自己的路,破除僵化的社会主义模式观念,邓小平同志正确地解决了中国社会主义建设要走什么道路的问题。1982 年,在党的十二大开幕词中,他明确提出了"建设有中国特色的社会主义"的新概念。随后,中国共产党一直在理论和实践上探索和总结以改革开放为时代特征的新时期马克思主义中国化的道路和经验,先后形成了邓小平理论和"三个代表"重要思想,不断推进马克思主义中国化——中国特色社会主义的进程。

按照这一理解,只有马克思主义普遍原理与中国国情相结合,才能产生中国马克思主义。中国共产党领导中国革命和建设的历史经验告诉我们,马克思主义与中国国情的结合,先后产生了伟大的毛泽东思想,以及邓小平理论、"三个代表"重要思想这三大理论成果。十六大以来,党中央提出的科学发展观等一系列重大战略思想,使我们进一步加深了对中国特色社会主义的认识:中国特色社会主义,既坚持了马克思主义的基本原则,又反映出鲜明的中国特色。所以,邓小平理论、"三个代表"重要思想是马克思主义中国化的重要成果,十六大以来党中央提出的科学发展观和一系列重大战略是马克思主义中国化的最新成果。概括地说,这就是中国特色社会主义,中国特色社会主义就是当代中国的马克思主义。

由此可见,马克思主义中国化是中国共产党人坚持和发展马克思主义所不可或缺的。在当代中国坚持和发展马克思主义,必须从中国的国情和特点出发。只有这样,马克思主义才能永葆青春,充满生机和活力。因此,马克思主义中国化的科学内涵和基本特征,是它的时代性和实践性。与时俱进,深深植根于中国特色社会主义建设实践的沃土,是推动当代中国马克思主义大众化的基础和前提条件。

什么是大众化? 大众化的精义在于人民化、通俗化。

中华民族的伟大复兴,中国社会主义现代化建设,离不开马克思主义的指导。中国马克思主义大众化的出发点和落脚点,都应该是马克思主义在中国大地的普及化,使广大人民群众能够比较自觉地掌握和运用马克思主义的基本原理和方法，投身于中国特色社会主义建设的伟大实践。

那么，如何做到中国马克思主义的大众化？笔者以为，毛主席提出的"新鲜活泼的、为中国老百姓所喜闻乐见的中国作风和中国气派"，应该成为衡量的标准。所谓"新鲜活泼"，就是要与时俱进，紧跟时代潮流，是鲜活的、具体的、生动的，入脑入心的，而不是空洞抽象的八股腔调和板着面孔、居高临下的教条说教。所谓"中国作风和中国气派"，就是紧密结合中国国情、从实际出发的，具有浓郁中国特色的、通俗易懂的马克思主义。只有这样，才是中国老百姓所喜闻乐见的、易于接受的中国马克思主义。

大众化具有两个层面的意义：第一，它不是小众的、精英的、个别的或者局限于某一特定的圈子、范围，而是属于庶民的、广大百姓的。它包括党内党外、国家工作人员和普通百姓。简言之，大众化就是最广大人民群众化。第二，理论的大众化，应该是易于为一般百姓所了解、所理解、所接纳和通俗易懂的，而不是那种貌似高深的、拗口的、使人不知所云的"弯弯绕"。简言之，大众化就是通俗化。

按照这样的理解，当代中国马克思主义大众化的平台和载体，应该建立在中国社会的最基层，即广大的城市社区和广袤的农村乡镇。所以，推动当代中国马克思主义大众化必须实现人民化、通俗化。

那么，我们应该怎样推动当代中国马克思主义大众化呢？

这个问题的另一种提法是：如何选择实现当代中国马克思主义大众化的途径？

迄今为止，我们在推动中国马克思主义大众化方面，特别是开展马克思主义中国化的普及教育活动方面，所做工作甚少。在2005年全党范围内开展的保持共产党员先进性教育活动之后，曾经在高校、社会科学研究机构和新闻出版等单位，专门开展过一次以深入学习"三个代表"重要思想，深入学习马克思主义立场、观点、方法，开展马克思主义文风、学风和作风建设（即"三项教育"）活动，以及当前正在全党开展的深入学习实践科学发展观活动，这些都可以算是有关推动中国马克思主义大众化的活动，但主要对象局限于党内。而在思想宣传工作方面,真正以全体人民为对象,以推动中国马克思主义大众化为中心、为专题的大规模宣传教育活动,似不多见。在城市社区和农村乡镇开展这样的活动,则更属凤毛麟角。

当前,推动中国马克思主义大众化应该通过如下途径进行。

(一) 明确亿万人民群众是推动中国马克思主义大众化的对象

中国马克思主义凸显的时代性、实践性特征,要求我们必须把大众化的着眼点,放在亿万人民积极投身的中国特色社会主义建设的伟大事业之上。没有人民群众的主动参与,中国马克思主义大众化的目标就难以实现。要采用多种多样、丰富多彩、人民群众喜闻乐见的形式,面向百姓,面向基层,特别是城市的社区和农村的行政村、自然村,扎扎实实做好这项工作,不能只停留在党政机关、学校和国有企事业单位。

(二) 编写大众化的通俗读物和教材

动员、组织力量,编写中国特色社会主义的通俗读物和教材。要求直面社会热点问题,充分展现理论魅力,要像当年延安时期广泛流传的艾思奇的《大众哲学》以及中宣部编写的《理论热点面对面》那样,对读者有着强烈的吸引力。同时,把通俗读物、教材的编写纳入国家和省级社会科学规划之中。

(三) 加强中国马克思主义大众化问题的研究

要把理论研究工作与人民群众的需求和中国特色社会主义建设的实践紧密结合起来,在社会科学研究机构、党校、高校及有关部门,大张旗鼓地开展中国马克思主义大众化的研究。以往这方面有组织的研究项目和研究成果不是很多,需要加大力度并作为研究导向,在课题的立项、经费等方面予以保障。

(四) 坚持"三贴近",开展马克思主义中国化的普及教育活动

借鉴保持共产党员先进性教育和"三项教育"的经验,开展马克思主义中国化的普及教育活动。要按照贴近群众、贴近基层、贴近生活的要求,从群众中来,到群众中去;从实践中来,到实践中去;从生活中来,到生活中去。生活之树常青,实践之树常青,理论之树才能常青。从干部群众关心的热点、难点问题入手,努力用鲜活生动、通俗易懂的群众语言,解读中国特色社会主义理论,解读党的理论创新成果,解读

国家的方针政策和重大决策。普及教育活动要注意增强感染力和吸引力，做到"润物细无声"。通过普及教育活动，使"只有社会主义才能救中国，只有中国特色社会主义才能发展中国"的理念深入人心，使中国特色社会主义理论成为各级干部和广大人民群众建设现代化强国、实现中华民族伟大复兴的自觉的行动指南。

（五）加强学习，抓好党的建设

中国特色社会主义建设的一个重要内容，是作为执政党的中国共产党自身的建设。在长期执政的历史条件下，建设什么样的党、怎样建设党，是一个重大的现实问题。抓好党的自身建设，就要推动全党深入学习马列主义、毛泽东思想、邓小平理论和"三个代表"重要思想，深入学习科学发展观，为广大人民群众起到带头表率作用。这是推动中国马克思主义大众化的应有之义。

三

让科学发展观深入人心，在我们的党员干部和全体人民中蔚成风气，应该是当前开展中国马克思主义大众化活动的主要内容和重要工作。必须从这一高度看待正在进行中的深入学习实践科学发展观活动，理解其深刻含义。如前所述，科学发展观是最鲜活的中国马克思主义，因而我们今天普及科学发展观，就是中国马克思主义大众化的一项具体工作。

如何做好这项工作？

首先，要破除单纯追求以GDP增长为唯一衡量指标的观念，树立经济增长不等于发展的理念。科学发展观强调发展是第一要义，但是，它必须是又好又快的发展，必须是全面的、协调的、可持续的发展。只有这样的发展，才是科学的发展。因此，一个地区、一个部门，在发展路径的选择上，必须做到统筹兼顾、综合平衡。同时，应该根据科学发展的要求，修正衡量发展的指标体系和评价标准。

其次，坚持从各地具体情况出发。一切从实际出发，具体问题具体分析，是马克思主义"活的灵魂"。之所以说科学发展观是当代中国最鲜活的马克思主义，正是因为它是从当代中国社会主义建设的实际出发得出的科学理论体系。因此,各地学习实践科学发展观,同样必须坚持这一原则。福建省根据自己的实际情况,从省情出发,在选择自身发展的道路和战略定位上,提出了建设海峡西岸经济区的发展战略。在深入学习实践科学发展观的活动中,福建省进一步提出建设科学发展的先行区、两岸人民交流合作的先行区的要求,突出"海西要先行"的主题,取得很好效果。特别是2009年5月6日,国务院以国发〔2009〕24号文件的方式,公开颁布了《国务院关于支持福建省加快建设海峡西岸经济区的若干意见》,从"全国区域经济发展布局中处于重要位置"、"完善沿海地区经济布局"以及"推进祖国和平统一大业的战略部署"这样的高度,对福建的发展给予"两岸人民交流合作先行先试区域"、"服务周边地区发展新的对外开放综合通道"、"东部沿海地区先进制造业的重要基地"、"我国重要的自然和文化旅游中心"的战略定位,从而把海峡西岸经济区由地方的发展战略上升为国家的发展战略,给以福建为主体的海峡西岸经济区的经济持续发展、文化更加繁荣、综合竞争力不断增强,进一步发挥福建省比较优势,实现又好又快发展,提供了千载难逢的发展机遇。这就充分说明了坚持具体情况具体分析、一切从实际出发是贯彻科学发展观所必须坚持的原则。

再次,让科学发展满足人的需求,让科学发展成为人的需求。发展的根本目的是什么?是为了人,为了人的全面发展。因此,从人民的根本利益出发,谋发展、促发展,不断满足人民日益增长的物质生活和精神文化生活的需要,实现好、维护好、发展好最广大人民的根本利益,实现人们的发展愿望,满足人们的多样性需求,关心人的价值、权益和自由,关注人们的生活质量、发展潜能和幸福指数,体现社会主义的人道主义和人文关怀,成为科学发展观的核心就是顺理成章的。另一方面,由于科学发展观满足了人的需求,促进了人的全面发展,自然人们的日常行为就会按照科学发展观的要求去做,满足科学发展成为人们行为的理性选择,进而直接成为人们对发展的需求。这样,科学发展满足人的需求、科学发展成为人的需求形成了良性互动,中国马克思主义的最新成果——科学发展观的大众化也就实现了它的目标。

文化发展与民族地区和谐社会构建

中国特色社会主义建设呈现出的是经济、政治、文化、社会四位一体的总体布局,因此,坚持文化更加繁荣,就成为构建社会主义和谐社会的题中应有之义,是和谐社会建设不可或缺的重要组成部分。文化发展包括文化事业的发展和文化产业的发展,这是满足人民群众文化需求、关系群众切身利益的大事、要事和实事,必须认真做好、做实。

中华民族是拥有 56 个民族的大家庭,各民族都有自己深厚的文化积淀和形式多样的表现方式,而民族地区则是文化多样化、文化资源富集的地区。正是这种文化的多样化,构成了中华文化的丰富多彩,是中华文化生生不息的源泉和薪火传承的动力。

一、"和谐社会"是一种文化理念

从人类文明史来看,世界文化体系中,在历史上出现过的五大文明古国(古中国、古埃及、古印度、古巴比伦、古希腊)中,其他文明古国的文化都相继中断了,只有中国文化传承数千年而延续至今,始终没有中断,相反还保持着非常完整的发展序列。英国学者汤因比认为,人类历史上曾经出现过 26 个文明形态,但唯有中国文化是长期延续发展而从未中断过的文化。中国文化为何能有如此旺盛的生命力而绵延不绝? 关于这个问题,学术界有多种看法和意见。笔者以为,中国文化所具有的对外来文化的强大同化力、对本国各个民族文化水乳交融般的融合力,以及对全体炎黄子孙历久弥坚的凝聚力,不能不说是一个主要的和重要的原因。简而言之,中国文化之所以具有旺盛的生命力,其实质在于它所具备的"和谐"特质。

中国文化提倡"海纳百川、有容乃大",具有多元的开放性质。其代表人物孔子提倡"和而不同"的精神,使得中国文化的包容性明显有别于其他外国文化的排他性。一部中国文化史,就是中国各民族文化相互融汇、相互渗透,及其对外来文化容纳、吸收、同化的历史。从历史事实看,中国传统文化的来源是多样性的。最初华夏文化的形成,就是黄河中下游地区华夏族文化与周边少数民族文化互相融合的产物。春秋战国时期是中国历史上民族大融合的时期,华夏文化在民族大融合基础上又不断吸收各族文化,奠定了中国传统文化博大恢弘的基础。魏晋南北朝到隋唐时期,汉民族文化与少数民族文化也进入大融合时代,从而催生了辉煌的盛唐文化。宋金元明清时期,虽然少数民族入主中原,但客观上却给中华文化注入了新鲜血液,各民族文化大融合进入更高阶段。所以,中国传统文化在国家内部而言,是我国各民族共同创造的。而与外来文化的关系也是如此。汉代张骞出使西域,开辟了著名的"丝绸之路",西域文化源源不断传入中国,印度佛教文化也同时传入中国。对此,汉文化以博大的胸襟容纳外来文化,开创了中国文化包容、吸收外来文化的传统。唐朝更是如此,唐文化以兼容并蓄的宏大气魄,大量吸收丰富多彩的域外文化充实自己,增强自身的活力。明代中叶之后,随着耶稣教会士的传教,欧洲的古典哲学、逻辑学、美术、音乐和自然科学等西方文化相继传入中国,中国文化依然加以吸收融摄,从而保持着旺盛的生命力。① 可以想象,如果没有"协和万邦"的恢弘气度和追求和谐的理念,是难以对域外文化秉持这种态度的。

由此可见,和谐理念是中国文化的内在要求,它既包括了一个国家内部各民族文化之间的和谐,也包括了社会发展过程中文化与经济、政治、社会和生态之间的和谐。和谐社会就是建立在人类社会内部以及人与自然界和谐相处关系上的文化理念。

---

① 林国平:《儒学与中国传统文化的旺盛生命力》,见《首届闽台孔庙保护学术研讨会论文集》(未刊稿),2009 年,第 44—45 页。

二、构建和谐社会必须实现和保障公民文化权益

在四位一体总体布局中,"文化建设为经济建设、政治建设、社会建设提供思想保证、精神动力、文化环境和智力支持,没有文化建设,就没有共同的理想信念和道德规范,就不能形成昂扬向上、开拓进取的主流精神,其他建设就没有必不可少的精神支撑。必须巩固马克思主义在意识形态领域的指导地位,坚持发展面向现代化、面向世界、面向未来的,民族的科学的大众的社会主义先进文化,坚持贴近实际、贴近生活、贴近群众,着力建设社会主义核心价值体系,着力巩固壮大主流思想舆论,着力推进内容形式、方法手段、体制机制改革创新,推动社会主义文化大发展大繁荣,兴起社会主义文化建设新高潮,提高国家文化软实力。"[1]这一表述,既说明了文化建设在中国特色社会主义建设中的重要作用和与经济建设、政治建设、社会建设的关系,又说明了文化建设在社会主义和谐社会建设中的重要地位和作用,从而说明了文化建设是实践科学发展观的重要内容。

文化建设的根本目的是满足人民群众的文化需求。从法治层面上讲,人的文化需求的实质是其文化权利能否得到实现、文化利益能否得到保障。在现代国家,就是指公民的文化权利和利益能否得到实现和保障。随着社会生产力的提高和发达,在温饱问题解决之后,现代国家越来越关注公民文化权益的实现程度和保障水平,并将其作为当代人权的重要内容予以强调。早在 1976 年,联合国就在衡量发展的指标体系中引入了人文指数,强调了文化因素在发展中的作用。同样,世界银行在其年度世界发展报告中,也十分重视文化公平在国家发展中的重要作用。1998 年联合国教科文组织在《文化政策促进发展行动计划》中断言:"文化的繁荣是发展的最高目标。"公民的文化权益与经济权益、政治权益共同构成了社会稳定、和谐的基础,是衡量社会公平正义的重要指标。温家宝总理在十一届全国人大三次会议后的记者招待会上这样说过:"公平正义比太阳还要有光辉。"所以,一

---

[1]　中共中央宣传部:《科学发展观学习读本》,学习出版社,2008 年,第 41 页。

个负责任的和善于治理的政府,一定是一个十分重视公民文化权利的实现和文化利益保障的政府。

实现文化与经济、政治、社会的和谐,首要的是坚持社会效益,坚持发展公益性文化事业,建立覆盖广泛的公共文化服务体系。这是保障人民文化权益的主要途径。当前,我国的农村,特别是老、少、边地区相对于城市而言,不仅存在着经济发展方面的差距,文化建设方面的落差更大,欠发达程度更甚,发展公益性文化事业的欠债更多,构建公共文化服务体系的任务更繁重。因此,在十一届全国人大三次会议政府工作报告中,温家宝总理强调:"政府要更好地履行发展公益性文化事业的责任,保障人民群众的基本需求和权益。文化基础设施建设和公共文化资源配置要向基层、特别是农村和中西部地区倾斜,推进美术馆、图书馆、文化馆、博物馆免费开放,丰富人民群众的精神文化生活。"只有像解决温饱问题那样重视解决人们的文化精神需求问题,才能提高公民的文化科学素质,陶冶高尚的精神操守,为社会的和谐稳定提供个体和群体的支撑,并巩固和促进社会和谐的进一步发展。可见,以图书馆、博物馆、美术馆、影剧院、文化馆(站)等公益性文化基础设施为载体的公共文化服务体系,是实现和保障公民文化权益的重要抓手,也是构建和谐社会的文化基础,为实现社会各领域均衡发展、和谐发展打造了广阔的平台。

发展文化事业、建设公共文化服务体系的一个重要内容,是保护文化遗产,包括非物质文化遗产。民族地区的文化遗产,特别是非物质文化遗产十分丰富,非物质文化遗产的丰富多彩,是民族地区文化特质的最显著的标志,是民族文化的活态标本。民族地区的文化建设和公共文化服务体系构建,以及人民群众文化权益的实现,文化遗产保护应该成为一个重要的衡量指标。

福建省虽然不是民族地区,但却是我国少数民族畲族的主要居住地。位于闽东的宁德市,有畲族人口 18.14 万人,约占全国畲族人口的 1/4、福建畲族人口的 1/2,是全国最大的畲族聚居区。闽东是福建的老、少、边地区,发展畲族文化是建设当地公共文化服务体系的重要组成部分。近年来,宁德市在保护、传承畲族文化方面下足了功夫,取得了很好的效果。①

（一）"一团二馆"展示和弘扬畲族文化

畲族文化的展示和弘扬，必须借助载体和场所。因此，宁德市十分重视畲族文化基础设施建设，早在 20 世纪 80 年代就相继建立"一团二馆"，即宁德市畲族歌舞团、闽东畲族博物馆和闽东畲族革命纪念馆。

畲族群众性的传统歌舞多已失传，要挖掘、整理、弘扬、发展，就必须有一支专业的畲族文化演出队伍。畲族歌舞团于 1988 年组建，是全国唯一以畲族命名的民族歌舞团体。成立以来，先后出访 9 次，深入基层演出 1 560 场，《行嫁・婚礼》、《寻郎定情》、《畲家的歌》等一系列具有浓郁民族风情的歌舞节目常演不衰，更被文化部授予"全国文化工作先进集体"称号，是展现畲族文化艺术的平台。

生活在福建重点老区根据地的闽东畲族人民不但创造了独特的民族文化，保留了许多珍贵的历史文物，也为新中国的诞生留下了无数可歌可泣的动人事迹。为了缅怀先烈、教育后代，更好地收存散落在民间的畲族历史民俗文物和畲族革命文物，宁德市分别投资 55 万和 60 多万元于 1989 年建成了闽东畲族博物馆和闽东畲族革命纪念馆，成为人们了解宁德畲族历史文化的窗口。

（二）文艺节会宣传和交流畲族文化

宁德市曾举办过若干次中型或大型的跨省区的畲族文化艺术节会活动。1986 年，福建省首届畲族歌会邀请了中央和省有关部门、新闻单位以及福建、广东、浙江、江西、安徽五省 20 多个县的畲族代表 600 多人到会。1990 年，举办由上述五省 20 多个畲族文艺代表队和歌手 1 000 多人参加的首届闽东畲族文化艺术节，开展了歌舞表演、学术交流、畲村观光等十多项畲族民间文化活动。1995 年，共 2 万多人参加了第二届闽东畲族文化艺术节，其中美、英、日等国及港澳台地区的来宾有 500 多人。2000 年，宁德市成立闽东畲族民歌联谊会，此后

---

① 陈蕾：《保护闽东优势资源，发展宁德特色文化》，见《福建文化发展蓝皮书（2008—2009 年）》，海潮摄影艺术出版社，2009 年，第 199—201 页。

举办了六届歌会。畲族人口比较多的县市如福安、福鼎、霞浦也经常开展多种多样的畲族文艺节会活动,2008 年各县(市、区)就举办"三月三"、"九月九"歌会活动共 10 余场。这些活动不仅丰富了人民群众的文化生活,也推动了畲族文化艺术的广泛交流,使其知名度得以不断提升。

(三) 系统工程抢救和发展畲族文化

2004 年 6 月,宁德市成立了以市委书记与市长为组长、市人大常委会主任为常务副组长的抢救与发展畲族文化工作领导小组,出台《关于开展抢救与发展畲族文化工作方案》;7 月,市人大常委会通过《关于保护与发展畲族文化的决定》。在统一部署下,畲族文化抢救和发展工程正式展开,投入专项经费达 150 万元,取得了显著成效。

——命名畲族文化重点村。以政府命名畲族文化重点村的形式,对确定的畲族重点文化村给予扶持,是保证畲族文化传承的重要手段。2004 年 4 月,市政府将霞浦县溪南镇白露坑村命名为第一批"宁德市畲族文化重点村";2006 年 10 月,福安市坂中林岭村、康厝乡凤洋村、古田县平湖镇富达村又被命名为第二批"宁德市畲族文化重点村"。

——保护畲族文化遗产。在深入畲村、细致调查的基础上,宁德市选出 30 余处具有民族特色的古建筑、遗址等作为文物保护点或县级文物保护单位,并将有重大历史、艺术、科学价值的推荐上报为省级文物保护单位。此外,还加强对畲族非物质文化遗产的普查、整理和保护工作。2006 年,福建的畲族民歌和霞浦的畲族小说歌被列为首批国家级非物质文化遗产,闽东畲族婚俗、福鼎双华畲族"二月二"歌会、宁德畲族"三月三"节庆习俗等被列为省级非物质文化遗产,最近又有两位代表性人物被列为国家级非物质文化遗产继承人。

——编辑畲族文化图书音像资料。《闽东畲族文化全书》于 2009 年 4 月正式出版发行,共设畲族文化与现代文明、乡村、语言、歌言、民间故事、民俗、服饰、工艺美术、体育、医药、民间信仰、祠堂谱牒、文物等 13 卷共 800 万字。《全书》以畲族文化普查为基础,按照原文、原物、原汁原味的原则,图文并茂、客观真实地展现了宁德市畲族文化的全貌,标志着闽东畲族文化的保护、传承取得了阶段性重大成果。此外,已完成总述、畲乡名胜、服饰、歌言、婚礼、祠堂、民间信仰等八个专题的畲族文化光盘制作。

——建设闽东畲族文物馆。2004 年 10 月开始动工建设,在保证硬件设施的基础上,抢救性征集到各类畲族文物 600 多件,丰富了馆藏,并加强对文物的保管、展示。闽东畲族文物馆共投资 500 多万元,自 2008 年 1 月开馆以来,免费为国内外各界人士开放,接待参观数量已达 3 万多人次,成为群众游览的重要文化场所。

——编写畲族文化乡土教材。宁德市使用的中小学乡土教材虽有畲族文化的内容,但篇幅太少。2007 年,由市民族中学主编的《畲族文化简说》试用读本已经编成使用。

通过以上措施,畲族文化已经成为宁德地方文化的一个品牌,也是福建文化强省建设的特色之一,促进了地方经济社会的发展。

三、文化产业是后发地区实现跨越式发展的支柱产业

由于历史和地理位置等客观原因,我国的民族地区大都处于西部欠发达地带,发展成为一个十分紧迫的任务。在全球化和信息时代,后发地区如何发展、实现什么样的发展,才能符合科学发展观的要求,才能符合构建和谐社会的要求? 笔者认为,充分发挥民族地区的文化资源优势,大力发展文化产业,使之成为有别于传统经济增长的新的支柱产业,形成新的增长极,应该是民族地区发展必须关注的焦点和可供选择的模式。在实践中也不乏成功的事例,如杨丽萍的"云南映象"、"云南的响声",张艺谋的"印象刘三姐",云南迪庆以香格里拉为品牌的文化产业集群,以及云南丽江的文化旅游业,等等。这些都是以文化产业带动地区发展的范例。

福建省也有这样的范例。松溪县位于闽北偏远的山区,比邻浙江省丽水龙泉市(即历史上著名的龙泉剑、龙泉青瓷出产地),总人口16.2 万,是福建省畲族的主要居住县之一,又是革命老区重点县。由于地处大山深处,交通十分不便,经济落后,曾经是国家级贫困县。虽然在 20 世纪 90 年代末摘掉了贫困县的帽子,但发展仍然缓慢。近年来,松溪县十分重视发展文化产业,将其作为县里的支柱产业,对原来

人们所说的"松溪三宝"湛卢宝剑、九龙窑青瓷、松溪版画,重新进行了产业定位和项目规划,出台了一系列的扶持措施。同时,借用"湛卢宝剑"的历史知名度,进行重新包装,把这三项传统产品打包为"湛卢三宝",整体出击,统一营销,取得了良好效果。2008 年 5 月,松溪县首次以"湛卢三宝"的形式参加第四届中国(深圳)国际文化产业博览会,就获得了组委会颁发的"最高创意银奖"。2008 年"湛卢三宝"实现产值上千万元。面对国际金融危机的严重影响,他们积极应对,转危为机,促进了"湛卢三宝"持续发展。

"湛卢三宝"有着丰富的历史文化内涵:湛卢宝剑是两千多年前春秋战国时期,铸剑大师欧冶子奉越王常允(勾践之父)之命,在松溪湛卢山冶炼三年,始成湛卢宝剑,有"天下第一剑"美誉。唐代诗人杜甫曾云:"朝士兼戎服,君王按湛卢。"如今,知道湛卢宝剑的人甚至多于知道松溪的人。九龙窑始建于北宋,兴于南宋,是闽北著名瓷窑之一,所产珠光青瓷"类冰似玉、千峰翠色",集艺术性和实用性为一体,产品不但供应当地日用需求,而且曾经大量出口日本及东南亚等国。松溪版画来源于生活,以浓浓的乡情为创作源泉,是雅俗共赏的艺术品。20 世纪 40 年代延安一大批版画家长期在闽北活动,松溪版画即发轫于此。1994 年县文化馆组织的女子版画班,带动了群众性版画的创作活动。2000 年 6 月文化部命名松溪县为"中国版画艺术之乡"。因此,"湛卢三宝"被誉为松溪的"文化名片",也是松溪不可多得的文化资源。

松溪与龙泉相邻,历史上有着千丝万缕的联系。湛卢剑和龙泉剑同出于欧冶子之手,松溪九龙窑青瓷无论是工艺还是风格,也处处可见龙泉青瓷的影子。然而,时至今日,与毗邻的龙泉市相比,龙泉宝剑、青瓷不论产业规模还是产品知名度,都远在松溪之上。通过历史文化元素与时代元素的结合,龙泉人打造出以龙泉宝剑、青瓷为主的文化品牌。而松溪呢?"天下第一剑"一度沦为几十元一把的地摊货,九龙窑青瓷生产商曾销声匿迹远走他乡……

面对这一状况,松溪县在学习、借鉴龙泉经验的基础上,从自身实际出发,充分认识到在信息社会和互联网时代文化产业在经济社会发展中的重要作用,以及对后发地区文化产业的拉动作用。2007 年 9 月县里成立了文化产业发展领导小组,县委书记亲任组长,县委副书记任常务副组长,县委常委宣传部长、县人大、政府、政协分管领导任副组长,县委办主任、政府办主任、宣传部副部长,以及文体局、供电局、财政局、教育局、发改局、经贸局、外经贸局、建设局、国土资源局、税务局、工商局、劳动保障局、旅游局这些政府职能部门的正职和县文联副主席担任领导小组成员。县委、县政府还先后出台了《关于大力推进文化产业发展的若干意见》、《松溪县文化产业发展规划》等文件,确立了发展文化产业、丰富产业经济、提升区域品牌的指导思想,筹措专项资金扶持重点文化产业项目。《意见》指出,松溪县文化产业正面临历史性发展机遇和空间,大力发展文化产业,有利于培育新的经济增长点,促进本地经济发展。要努力探索和把握文化产业发展的内在规律,开创具有松溪特色的文化产业发展之路。这样,做大做强"湛卢三宝",就成为松溪文化产业发展的重中之重。为了鼓励文化企业争创国家级、省级名优名牌,松溪县还规定,文化企业申报成功名优产品的,按国家级、省级标准,由县财政分别给予 10 万元、5 万元的奖励。新开办的文化规模企业可减免行政事业性收费,并在融资、用地审批、办证等方面予以优先。此外,县文化产业发展领导小组还制定了年度文化产业发展工作方案,对文化产业发展进行具体指导。

产业政策明晰了,项目规划制定了,"湛卢三宝"的发展迈上了新台阶。"我们要实现湛卢文化产品从卖产品到卖品牌的转变,卖的不仅是剑、瓷、画等物质产品,还有附加的品牌、情感和文化价值。我们的目标是,让卖出的湛卢文化产品留有余香,人们用过之后,还有回味。"松溪县有关领导这样表示。

觉悟早、认识高、起步快、规划好,这是松溪县在发展文化产业方面给予人们有益的启示。觉悟早,是说县委、县政府在全省范围内率先在县一级成立文化产业发展领导小组,并由县委和县政府职能部门的正职担任成员,从而在组织和决策上为文化产业的发展提供了强有力的保证。据了解,目前福建省的设区市都未成立文化产业发展的领导机构,在县一级则更属凤毛麟角。认识高,是说县领导班子对文化产业能够成为新的经济增长点、拉动经济社会发展的重要作用认识到位。起步快,是说"湛卢三宝"一开始就通过市场化运作,整体打包,统一营销,市场价值直线上升,2008 年就实现了上千万元产值,成为松溪人民的"吉祥三宝"。规划好,是说松溪县不仅在宏观层面上就提升文化产业竞争力作出规划,而且在微观层面上对具体的企业和产品也作出了详细的指导;不仅有产业发展的重点项目和政策体系,而且在组织领导和部门保障、责任落实方面,都有明确而具体的规定和问责措施;不仅有文化产业发展的总体规划,而且有每一年度的工作方案。

松溪县文化产业的发展提供了一份鲜活的样本,它说明文化产业不仅是发展繁荣社会主义文化的重要部分,而且在实现跨越式发展方面能够起到支撑作用。当前,在地球变暖趋势越来越明显、大力降低碳排放,实行低碳经济日益成为发展的大趋势的背景下,充分发挥民族文化优势,在保护的前提下积极开发文化资源,努力把文化资源转化为文化资本,促进文化产业发展,对于民族地区转变经济发展方式,无疑具有重大的深远的历史意义。

四、结 论

文化发展大抵有守护、传承、应用三大环节。守护我们民族的文化,就是坚持和守望自己的精神家园,这是民族文化薪火相传的根基;传承我们的民族文化,就是维系传统不致断裂,保证民族文化生生不息、绵延不绝;应用我们的民族文化,就是推陈出新、与时俱进,使民族文化能够融民族精神和时代精神于一体,让社会主义核心价值内化于每一个公民的内心,成为人们的行动准则,引领社会前进。文化发展有助于营造各族人民共同团结奋斗、共同繁荣发展的氛围,促进各族人民和睦相处、和衷共济、和谐发展,是构建民族地区乃至我国和谐社会的基石。

文化是根,国家之根、民族之根深深地植根于文化之中;文化是魂,国家、民族的主流精神和灵魂紧紧地系于文化之上;文化是情,对国家、对民族的认同,总是牢牢地与文化牵连在一起而挥之不去;文化是力,一个国家、一个民族的凝聚力、向心力、感召力,最终通过文化而深刻地展现出来,并以其独特的张力形成强大的吸引力,征服其他国家的民族和民众,从而形成了文化的软实力。国家整体的和谐社会构建离不开文化的发展和繁荣,对一个民族地区而言,又何尝不是如此呢?

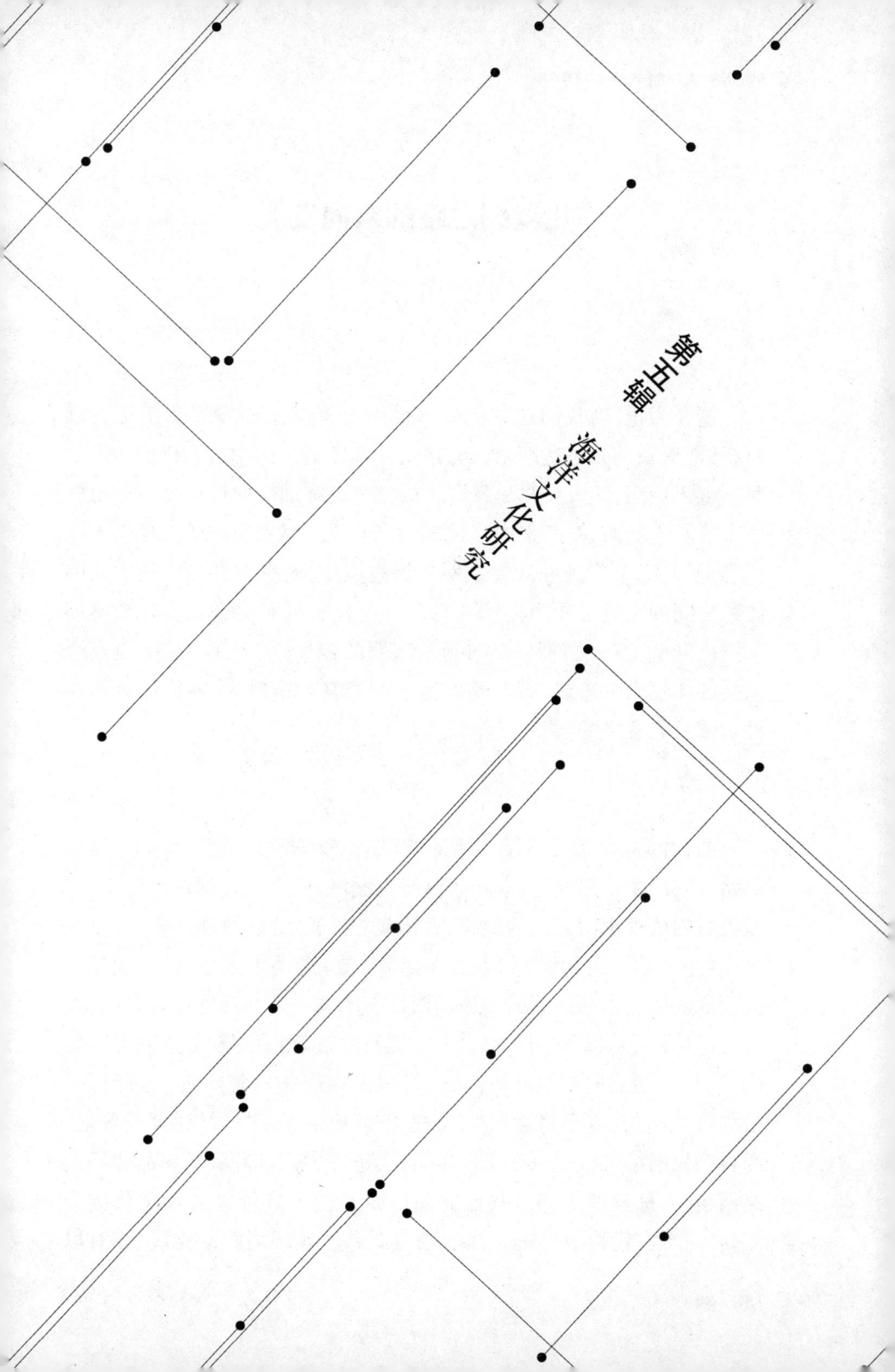

第五章

海洋文化研究

论丝绸之路的双向发展

　　迄今为止,当我们在论述中华民族对人类文明发展的历史贡献时,常常提及的只是造纸、火药、指南针和印刷术这中国古代的四大发明。毫无疑问,四大发明是我们的祖先对光辉灿烂的世界文明作出的伟大贡献。然而,在考察中华民族漫长悠久的文明历史时,我们不应该忘记,自己的祖先在人类文明发展过程中,对世界东西方两大文明体系之间的交流所作出的巨大贡献。这种贡献对促进人类社会不同文明之间的交往、融汇以及对新的文明的催生,从而在整体上提高全人类的文明水平来说,有着不可低估的意义。窃以为,最能体现出这种贡献及其意义的,莫过于丝绸之路了。

一

　　据《辞海》词条的解释,所谓丝绸之路指的是古代横贯亚洲的交通道路。它的主要路线是:东端起自渭水流域,向西通过河西走廊,或经新疆境内塔里木河北面的通道,在疏勒(今喀什)以西越过葱岭,更经大宛(今费尔干纳盆地)和康居南部(今撒马尔罕附近)西行;或经今新疆境内塔里木河南面的通道,在莎车(今莎车)以西越过葱岭,更经大月氏(今阿姆河上、中游)西行,以上两条西行的路线会于木鹿城(今马里),然后向西经过和椟城(今里海东南达姆甘附近)、阿蛮(今哈马丹)、斯宾(今巴格达东南)等地以抵地中海东岸,转达罗马各地。约自公元前第二世纪以后千余年间,大量的中国丝绸和丝织品皆经此路西运,故称丝绸之路。其他商品以及东西方各种经济和文化的交流,在整个古代和中世纪时亦多通过此路。丝绸之路的支线,亦有取道今新疆天山北面的通道伊犁河流域西行者;亦有取道海上者,或自中国南部直接西航,或经滇、缅通道再自今缅甸南部利用海道西运,或经中亚转达印度半岛各港再由海道西运。丝绸之路在历史上促进了欧亚非各国和中国的友好往来。

据史书记载,古代横贯欧亚大陆的道路是在西汉时期开辟的,以"张骞凿空"驰名于世。自张骞出使西域之后,大量的中国物品均由这条交通大动脉西运,其中又以丝绸最具特色,也最受西方欢迎,因此德国地理学家李希霍芬最先将此中西陆上通道称为"丝绸之路",得到中外学者的普遍赞同,一直沿用迄今。①

从《辞海》的解释和史书的记载中,我们大致可以知道丝绸之路的走向和路线,以及它在历史上曾起过的辉煌作用。实际上,丝绸之路不仅仅是一条交通道路和古代中外经贸往来的通道,透过历史的表层,我们可以窥见它实质上是一条沟通、融汇中外文化的对话之路,是古代东西方两大文明碰撞和交流的载体。有学者指出,丝绸之路在人类文明史上是"东西方经济文化交流的大动脉,是中华民族走向世界之路,也是世界走向西域、走向中原之路。丝绸之路为我们留下了瑰丽辉煌、举世惊羡的文化艺术宝库,也留下了那个时代开明、开拓、开放的精神。"②即使从今天的视角看,对丝绸之路的伟大历史作用,依然是怎样评价也不会过高的。

从近年来学术界对丝绸之路研究的成果看,可以肯定的是:在陆上丝绸之路兴起之初,海上丝绸之路也同时兴起。早在公元前中国丝绸就由海、陆两路向外传播,随着陆上丝绸之路的衰落,海上丝绸之路逐渐兴起,最终结果是,经由海路外传比陆路持续的时间更长,到达的地区更广,因而在历史上的影响也就更大。因此,可以说丝绸之路从它的发祥之日起,走的就是一条双向发展的道路。如果说陆上丝绸之路所代表的是大陆文明的发展,那么海上丝绸之路无疑是海洋文明发

① 陈佳荣:《古代香瓷之路刍议》,见《中国与海上丝绸之路论文集》,福建人民出版社,第17—19页。
② 王嵘:《丝绸之路的文化精神》,《光明日报》,1995年4月3日。

展的代表。丝绸之路的双向发展,就是大陆文明与海洋文明交相辉映的历史。

二

从丝绸之路发展的历史演变过程看,陆、海两条丝路虽然差不多是同时发生的,但其发展则先是以陆上丝绸之路为主的。海上丝绸之路的历史固然亦很古老,但却长期未能超过陆上丝绸之路的发展,直到中古初期,尤其是公元 8 世纪中叶之后,东西方海上交通空前繁荣,促使海上丝绸之路迅速发展,最终替代了陆上丝绸之路。

根据暨南大学卢苇先生的研究,在唐代中期之前,汉代以来陆上丝绸之路发展的高潮达到顶峰,此后随着这个高潮的消失,陆上丝绸之路相对海路而言也就失去了发展的优势。而唐代中期之后海上丝绸之路的兴起,却为宋、元、明时代海上丝绸之路交通的进一步发展奠定了基础。①

陆上丝绸之路在唐代迎来其发展的极盛高潮,与汉代以来对外陆路交通的进一步发展有关。但从国内因素看,则是由于唐太宗重新统一中国,进一步扩大了西北疆域,团结和联合了西北各民族。当时的社会经济高度繁荣,丝绸之路沿线出现了许多新兴都市和贸易中心,有一个强大统一的中国和当时的统治者注意经营管理是陆上丝绸之路繁盛的重要原因。从国际因素看,当时和唐朝邻近的以西各国,都是世界性的强大国家,如横跨欧亚北部的东罗马,占有整个西亚的波斯,以及后来兴起的大食倭马亚王朝(661—750 年),更是据有亚、非、欧的庞大帝国。它们都注重对外陆路交通的开拓,极力加强和中国的政治、经济联系。因此,从国内外因素分析,陆上丝绸之路在唐代发展到极盛,绝不是偶然的,而是有其经济、地理和地缘政治上的背景。

然而,唐代中期社会经济政治矛盾尖锐化,爆发了"安史之乱",唐朝政府随之失去了对西域的控制和联系,陆上丝绸之路因此而中断。

---

① 卢苇:《唐代丝路的变化和海上丝路的兴起》,见《中国与海上丝绸之路论文集·续集》,福建人民出版社,第49—61页。

与此同时,随着中国与波斯湾间海上通航的扩大、向东非航线的开辟、以及大量阿拉伯波斯商人侨居中国南方沿海城市,如泉州、广州、扬州等地,东西海上贸易空前繁荣,海上丝绸之路不断发展,加之"安史之乱"导致的陆上丝绸之路的衰落,无疑给海上丝绸之路的发展提供了一个良好的契机。因此,海上丝绸之路在东西方交往中扮演了越来越重要的角色,发挥了巨大的作用。

"安史之乱"以后,唐代社会的政治、经济发生了重大变化。"安史之乱"导致陆上丝绸之路的中断和阻塞,唐朝中央政权力量在黄河流域遭到削弱。此外,"安史之乱"导致黄河流域在战乱之后,社会经济残破,生产力发展受到严重摧残,而南方长江中下游一带社会经济相对繁荣,农业、手工业生产水平很高。这些因素促使了国内经济重心由北向南转移,在唐代后期,南方尤其是江淮地区经济的迅速发展,直接为唐朝对外贸易提供了丰富的产品,不仅丝绸的生产大大超过北方,而且陶瓷生产、造船工业等也在全国占有重要位置,加之南方早就存在拥有优良港湾等有利条件,十分适宜于海上运输,因而促使了海上丝绸之路的兴旺发达。

此外,由于外贸产品结构的变化,中国瓷器大量出口,外国香料在进口中占有重要地位,这些货物经由海上运输比起陆路更为方便。日本学者三上次男先生就此认为,海上丝绸之路应为"陶瓷之路",并写了专著论述此问题。在进口方面,由于以输入香料为主,因而亦有人将海上丝绸之路称为"香料之路"。香港学者陈佳荣先生则认为,从进出口综合考虑,唐宋以来海上中外交通途径,应称之为"香瓷之路",若上溯到秦汉,则以"丝瓷之路"这样的称呼为佳。① 不论是出口瓷器,还是进口香料,由船舶取道海上,不仅运载量大,且平稳不易破碎,比起陆上的"沙漠之舟"的骆驼运送更为可靠。而且唐代中期后迅速发展的先进造船技术和航海事业,更是直接为海上丝绸之路的兴起创造了必要条件和提供了可靠保证。

---

① 陈佳荣:《古代香瓷之路刍议》,见《中国与海上丝绸之路论文集》,福建人民出版社,第17—19页。

海上丝绸之路兴起的另一重要原因是一些东西方国家希望通过海上通路与中国发生联系。唐代中期之后,在对外关系上除了加强与远东、南海地区各岛国的来往之外,主要是通过海路与大食及世界各地发生联系。这种中外各国重视海上交通的情况,也促使了海上丝绸之路的必然兴起,海上丝绸之路由此而至高潮,最终取代了陆上丝绸之路在中外交往关系中的历史地位。

海上丝绸之路不仅仅是把中国的丝绸、瓷器等输往国外,把国外的珠宝、香料、矿产及动植物和经济作物新品种传入中国,它还把中国的文化精粹如古代的发明创造(四大发明)和中医、中草药等传播到世界各地。这种发明创造和生产技术的相互交流,促进了人类社会历史的前进和社会生产力的发展。同时还应当看到,今天世界上众多华人华侨,其先祖亦是通过海上丝绸之路散布到世界各地定居和繁衍,他们对发展当地的社会生产,繁荣商业和城市建设,都作出了很大贡献。再有,海上丝绸之路虽以贸易为开端,但后来突破了经济的范畴,发展为政治、外交、文化、艺术等方面的交流,甚至与人民生活都发生了密切关系,其意义远远超过了丝绸贸易的范围。它把世界各地的文明古国如希腊、罗马、埃及、波斯、印度和中国,又把世界文化的发源地如埃及、两河流域、印度、美洲印加和中国等连接在一起,形成了一条连接亚、非、欧、美洲的海上大动脉,使这些古代文明经过海上大动脉互相交流,放出了异彩,对人类进步和世界文明作出了伟大贡献。

通过上述陆上丝绸之路与海上丝绸之路的比较,我们可以得出以下结论:

第一,《辞海》词条中对丝绸之路的解释,在海路方面是不够充分和完备的。早期丝绸之路以陆路为主,海路是其支线;但在唐代中期之后,丝绸之路就以海路为主,陆路反而成其支线了。这已为近年来有关海上丝绸之路研究的大量成果所证实。

第二,中国自古以来不仅是一个大陆国家,也是一个海洋大国。中华民族不仅创造了光辉灿烂的大陆文明,同时也创造了光辉灿烂的海洋文明。海上丝绸之路的兴盛就是最好的证明。

第三,相对于陆上丝绸之路而言,海上丝绸之路涉及的范围更广。

海上丝绸之路继承了陆上丝绸之路的精神,但其历史影响比陆上丝绸之路更大,作用时间更长。因而在今后的研究中,应相对更加侧重于对海上丝绸之路的研究。

三

丝绸之路不论是陆路还是海路,其文化精神是一脉相承的,也是我们所应注意吸收和继承的。

丝绸之路文化精神的实质是它的开放性。正是基于这种开放性,丝绸之路才成为东西方交流的载体,成为世界各国不同文化连接过渡的桥梁。因而丝绸之路那种海纳百川的恢宏接纳功能是一种十分可贵的品格,它必然引出划时代的文化大繁荣。丝绸之路文化的历史意义和价值意义都是世界性的,是人类文明的一份瑰宝。丝绸之路文化精神是多国、多地域、多民族文化艺术撞击和融汇、排斥和吸收的结果。它不仅能够兼容并蓄地接纳各国、各地区、各民族的文化营养而获得自身的发展,同时也能无私地向外界输出自己独特的文化创造和优秀的文化人才,反过来推进人类文明的进步。正如有人指出的那样,丝绸之路文化以恢宏气度接纳外来文化,是以开放的社会环境和民族心理为前提的;丝绸之路文化以巨大的辐射能力无私地向外界传播其独创的文化成果,也是以开放的社会环境和民族心理为基础的;丝绸之路以旺盛的创造精神培育出举世闻名的文化精品,还是以开放的社会环境和民族心理为条件的。开放可以为文化的兴盛开辟大道坦途,封闭则会为文化发展的通道设置窒息的人为障碍。这就是丝绸之路文化辉煌历史推导出来的规律和主旨。①

观照丝绸之路的辉煌历史,对正处于世纪之交的中国改革开放事业有什么启迪呢?如果我们承认丝绸之路所具有的开放精神,也就应当承认,中华民族自古以来就是一个胸怀广阔、能够包容人类所有文明成果的民族;中国自古以来就是一个开放的国度,只是到了近代,由于统治者采取的闭关政策,才使中国与世界文明的距离拉大了,国力

---

①　王嵘:《丝绸之路的文化精神》,《光明日报》,1995 年 4 月 3 日。

也由此衰败下来。这种对于历史的反思,将鞭策我们更加坚定不移地走改革开放的道路,实行全方位的开放。这是增强综合国力所必需的,亦是自立于世界民族之林所必需的。

东起我国连云港,西至荷兰鹿特丹的当代欧亚大陆桥的开通,为陆上丝绸之路的重新崛起创造了良机,加上我国已采取了沿边、沿江、沿海开放的战略,陆上丝绸古道焕发生机已指日可待。而我国最早采取对外开放政策的沿海地区更应该认识到,海上丝绸之路的重振雄风,早已得开放风气之先。作为海上丝绸之路起点的沿海地区,应充分利用改革开放的政策优势,大力普及海洋意识,为古老的海上丝绸之路注入新的活力。

福建地处祖国东南沿海,拥有3 000多公里漫长的海岸线,海洋面积比陆地面积还大。自古以来福建人民就有闯荡海外的谋生传统,当今世界各地约3 000万华人华侨中,约有800万人祖籍在福建。福建又是我国最早实施"特殊政策,灵活措施"对外开放的省份之一,福州、厦门自"五口通商"以来就早已闻名于世,而泉州则早在宋元之际,即已是世界著名的东方第一大港。这些条件对于开发海洋资源,建设海上福建来说,是得天独厚的。在构思福建跨世纪建设蓝图时,我们要充分发挥这个优势,将重振海上丝绸之路雄风作为建设海洋大省的基础。具体地说,要重视以下几点:

第一,要牢固树立海洋观念,培养海洋意识,把福建经济建设的重点放到开发海洋资源上来。21世纪将是海洋世纪,这是国际科学界一致认同的观点。福建应从自己的地理优势出发,结合省情,搞好海洋开发、利用及研究的工作。

第二,搞好港口建设,加快"先行工程"的建设步伐,把港口与经济腹地联结起来。迄今为止,福建港口发展的最大制约因素,可以说是缺乏广袤的经济腹地作为支撑。除了福建以外,应把历史上与海上丝绸之路相连的内陆地区的经济联系重新建立起来,使福建沿海主要港口成为贸易中转的枢纽。

第三,充分发扬海上丝绸之路与外国通商贸易、友好往来的历史优势,努力开辟与中东、阿拉伯国家的经贸、旅游关系。

第四,充分利用海岸带的旅游资源,积极发展海洋旅游业、海滨休闲度假等旅游观光业。

第五,发展海洋经济,选择面向海洋的支柱产业,改造现有产业结构。把石化工业、滨海矿业、海洋运输业等作为主导产业,使福建成为全国的海洋经济大省。

第六,创造崭新的海洋文化,要全面开展海上丝绸之路的综合研究和开发研究,走多学科多领域相结合的路子,不仅在人文科学、社会科学,而且在自然科学、技术科学等领域进行全方位的研究。

第七,大力开展国际交流活动。除了经贸交往之外,还要进行学术文化交流,友好活动交流等,从而在文化交流的最高层次建立起福建与世界各国的友好关系。

四

1991 年 2 月,联合国教科文组织"丝绸之路"项目协调员、多元文化部长迪安博士在泉州召开的"中国与海上丝绸之路"泉州国际学术讨论会上的发言中说到:"在我们考察丝绸之路的航行中,逐渐出现了一个中心问题:丝绸之路的悠久历史所产生的这些接触在何种程度上引起了各种观念、价值和文化的相互丰富? 这些接触的原因、接触的动机、甚至接触的规模都有着巨大的差异……不论最初的动机是什么,历史已经告诉我们,这些相遇的结果是文化交流,甚至是一些意料之外或不期而遇的变革。""丝绸之路研究消除了文化、观念和价值方面'边界'这一概念上的模糊不清。正因如此,'运动'始终是丝绸之路计划中的一个中心主题……不断向前运动,通过努力以求带来相遇和接触。而且,这个概念也包括了地理、历史、文化、人和观念之间,以及物质和精神两种力量的密切相互关系。"

这是对丝绸之路研究的一种高度概括,也是今后开展丝绸之路研究所应注意的问题。回首往昔,当丝绸古道上的驼铃声在漫漫大漠中逐渐消失在悠悠历史之中,当中国帆船劈波斩浪、横跨浩瀚无垠的大洋,给彼岸送去精美绝伦的丝绸和瓷器,我们的祖先在创造彪炳史册的辉煌的过程中,给中华民族留下了"参与、对话、沟通、交流"的宝贵历史遗产。展望未来,再创丝绸之路的历史雄风,重铸丝绸之路的文化精神,让消失在漫漫黄沙和碧波万顷的大海之中的丝绸之路再现风采的任务,已经历史地落到了我们的肩上。在丝绸之路的双向发展上重新实现大陆文明和海洋文明的交相辉映、再造辉煌,应是迈向 21 世纪的中国对人类文明作出新的历史贡献的必然承诺。

中国海上丝绸之路研究

　　丝绸之路是指古代横贯欧亚大陆的交通通道。自西汉张骞出使西域开辟了这条交通大动脉之后,大量的中国货物均由此西运,其中以丝绸最具特色,也最受西方欢迎。因此,普鲁士地理学家李希霍芬在其所著的五卷本《中国,亲身旅行的成果和以之为根据的研究》(1877 年—1912 年)一书中,首次将此通道称为"丝绸之路",得到中外学者的普遍赞同,遂沿用至今。

　　中国丝绸早在公元前就分由陆、海两路向外传播,学术界将这一海上通道称之为"海上丝绸之路",以与陆上"丝绸之路"相对应。而中国丝绸经由海路的外传,"比陆路持续的时间更长,到达的地区更广,在历史上的影响也更大"①。因此,海上丝绸之路在中外文化交流中有着重大的影响和占据着重要的地位。然而,"海上丝绸之路"这一概念则是 20 世纪 60 年代才明确提出的,比起李希霍芬的"丝绸之路"概念迟了半个世纪。②

　　我们认为,海上丝绸之路的研究,是借用已被普遍认同的、连接东西方的海上通道的名义作为研究题目,它涉及人类通过海洋进行的种种国际性交往,其中包括航海交通、经济贸易、国家关系、政治、科学、技术、文化、宗教、历史、地理、移民等方面,领域十分广泛,内涵极为丰富,是一门跨学科的综合性的研究。

---

　　①　陈炎:《论海上丝绸之路与中外文化交流》,见《中国与海上丝绸之路论文集》,福建人民出版社,1991 年,第 2 页。
　　②　关于"海上丝绸之路"的概念,据说最早是由日本学者于 20 世纪 60 年代提出的。笔者限于手头资料,尚未查到准确的说法,希望方家指教。

一、关于海上丝绸之路的历史回顾

唐代之前,海上丝绸之路的航线大概有:从东海(今黄海)起航至朝鲜和日本;从南海起航途经今天的越南、泰国、马来西亚、缅甸,远航至黄支国(今印度康契普拉姆),再取道斯里兰卡返航。此外,据《后汉书》记载,公元 131 年叶调国(今印度尼西亚爪哇),公元 159 年和 161 年天竺(今印度),公元 97 年、120 年和 131 年掸国(今缅甸),都遣使来中国进献方物,换取丝绸。这是中国丝绸传入印度尼西亚、印度和缅甸,并通过缅甸到欧洲大秦(罗马)的另一条海上途径。唐、宋时期,又增加了从广州经南海到波斯湾的巴士拉港的航线,把中国和以室利佛逝(今印尼苏门答腊)为首的东南亚地区、以印度为首的南亚地区、以大食为首的阿拉伯地区等三大地区,通过海上丝绸之路连接在一起。①

元代之后,尤其是明清时期,海上丝绸之路发展到极盛。随着我国与海外各国海上交通的更加频繁和交通范围的空前扩大,海上丝绸之路也不断地延伸和发展。首先,在传统的通过南海和印度洋的航线上,15 世纪初,明朝郑和的船队数次往来于这条航线上。郑和船队规模宏大,往来频繁,把中国物品直接带到东南亚、印度半岛、波斯湾沿岸、阿拉伯半岛乃至东非的很多国家,还为我们留下了关于这条航线的极其珍贵的《郑和航海图》,并在我国文献中首次记载了从马尔代夫横渡印度洋到达东非的航线。与此同时,在非洲的另一端,由于《马可波罗游记》的影响,葡萄牙人试图以西非海岸为据点,开辟一条沿西非海岸前往东方的海上新航线,以避开由穆斯林所控制的地中海—红海—印度洋商道,即传统的海上丝绸之路。这个愿望,直到 15 世纪即将结束时才得以实现。1497 年和 1498 年之交,达·伽马成功地沿着非洲西部沿海绕过好望角进入东非沿海。不久,他们又在阿拉伯领航员的引领下,渡过印度洋到达印度半岛南端的卡利卡特(即明朝人称的"古里")。此后,他们又以卡利卡特南边的柯钦为据点,1510 年占

---

① 陈炎:《论海上丝绸之路与中外文化交流》,见《中国与海上丝绸之路论文集》,福建人民出版社,1991 年,第2—3 页。

领印度果阿,1511 年占领马六甲,1513 年来到中国广东海面,1557 年又占据中国澳门。这样,通过中国南海、经过印度洋、穿红海和地中海的传统的海上丝绸之路,在葡萄牙人的作用下,将东西方间的海上交通通过南海—印度洋—大西洋联系起来(即澳门—果阿—里斯本)。

其次,在我国东部的海外航线方面,16 世纪,中国商人又开辟了一条从福建经琉球往日本的新航线,即月港—那霸—长崎航线。15 世纪中期,日本商人还开辟了一条经四国岛南部由坊津横渡到宁波的新航线。这就使得中日贸易交流更加方便和频繁。尤其需要指出的是,16世纪后海上丝绸之路还横跨太平洋通向美洲。在葡萄牙人沿西非海岸向东方进行海外探险的同时,西班牙的舰队则沿着相反的方向横渡大西洋,1492 年底哥伦布的船队在加勒比海域发现一些小岛,此后又发现了美洲新大陆。1519 年西班牙人相继占领墨西哥、秘鲁、智利、哥伦比亚、阿根廷等南美洲大陆。1520 年由西班牙资助的麦哲伦船队又从南美洲的南端海峡进入太平洋,于 1521 年来到东方的菲律宾群岛。1565 年西班牙人在宿务正式建立了对菲律宾的统治,1570 年攻占了吕宋岛。这样,西班牙人则开辟了一条从欧洲经美洲到东方的新航线,即塞维尔—阿卡普尔科—马尼拉的海上航线。与这条航线相关联,16 世纪我国出海商人也开辟了一条与菲律宾直接往来的新航线,即由福建的月港横渡台湾海峡,从台湾最南端的沙马头澳(今猫鼻头)穿越巴士海峡、巴林塘海峡和巴布延海峡,到达吕宋港(今马尼拉)以及其他港口的航线。这条航线不但取代了隋唐以来从泉州经占城、渤泥至菲律宾的南海航路,缩短了中国至菲律宾的航程,而且还把西班牙人的海上航线连接了起来。①

由此可见,明清时期海上丝绸之路已经有了空前的发展,它从东西两个不同的方向把中国与欧洲、东方与西方联系在一起,形成了一条连接亚、非、欧、美各大洲的海上大动脉,对世界各国的经济、文化交流产生了巨大的影响。

---

① 陈尚胜:《明清时期海上丝绸之路与世界市场》,见《中国与海上丝绸之路论文集》,福建人民出版社,1991 年,第 27—28 页。

二、中国海上丝绸之路研究概况

1987 年 UNESCO(联合国教科文组织)发起了旨在推动东西方全方位的对话和交流、维护世界和平的"丝绸之路综合研究项目"考察活动,得到各国政府和人民以及学术界的支持和欢迎。按照丝绸之路的路径,该项考察也分为陆路和海路进行。根据陆路所经过地区的地理特征和人文特征,又将其分为"沙漠之路"、"草原之路"、"游牧之路"和"佛教之路",并对其进行了分段考察。而在 1990 年 10 月—1991 年 3 月间,UNESCO 组织的海上丝绸之路综合考察活动,则是规模空前的。考察行程由意大利的威尼斯至日本的大阪,沿途经过意大利、希腊、土耳其、埃及、阿曼、巴基斯坦、印度、斯里兰卡、泰国、马来西亚、印度尼西亚、文莱、菲律宾、中国、韩国、日本共 16 个国家 28 个城市。UNESCO 组织的海上丝绸之路考察活动,极大地推动了国际学术界在这个领域的研究,掀起了海上丝绸之路研究的热潮。而中国关于海上丝绸之路的研究,则引起了国际学术界的重视,并受到 UNESCO 的关注和高度评价。

中国的海上丝绸之路研究,发轫于中外关系史和海外交通史的研究,其研究主体是以历史学家为主并包括了社会科学和自然科学各门学科的学者。其中,福建省学术界在海上丝绸之路方面的研究,尤为引人注目。

福建省位于中国东南沿海,是沟通中国与东南亚以及世界各地的门户。历史上,福建曾以福州、泉州、漳州、厦门等海外贸易港口闻名于世,福建的经济、社会是在港口经济的优势得到发展之后才迅速崛起的。国内外学术界历来十分重视对福建经济、文化的海洋性特点的研究,诸如华侨史、造船史、航海史、海外交通史、海关史、中外关系史、宗教史、外销瓷器及茶叶等方面。在福建的地域范围内,有一批研究机构从事海上丝绸之路的研究,主要有:厦门大学南洋研究院(前称"南洋研究所")、人类博物馆,福建师范大学历史系中外关系史研究室,华侨大学华侨华人研究所,泉州海外交通史博物馆,中国与海上丝绸之路研究中心,法国远东学院福州中心,福建社会科学院历史研究所,福建省海上丝绸之路研究会。由于有这样密集的研究群落,福建省海上丝绸之路的研究走在全国的前列,也就不足为奇了。

笔者认为,迄今为止,福建省海上丝绸之路研究经历了三个发展阶段。第一阶段:最早可追溯到 20 世纪 50 年代末期,在当时闽南沿海地区的文物普查中,发现了众多与海外交通、移民历史以及伊斯兰宗教碑刻等有关的文物古迹,引起专家学者的注意,开启了这方面的研究。1958 年,福建省政府批准成立泉州海外交通史博物馆,为搜集、保管和研究海外交通的发展情况提供了一个基地。第二阶段:1973 年在泉州后诸港发掘了一艘宋代古船,在国内外学术界引起轰动,许多国内外著名的专家学者前来考察。宋代古船的发现,使福建在海外交通史上的地位,进一步受到学术界的关注,一大批研究成果纷纷问世,引发了新一轮的研究热潮。并由此成立了全国海外交通史研究会,会址设在泉州海外交通史博物馆内。第三阶段:进入 80 年代之后,福建作为中国改革开放的前沿,向世界打开了大门。在学术研究方面,与国际的学术交流也日益频繁和活跃。丰富的历史文化遗存,尤其是泉州保留的大量伊斯兰文物,再度引起学术界的关注。福建学术界抓住机遇,提出重振海上丝绸之路的口号,开展了大量的研究活动,取得了丰硕的研究成果。1991 年初,UNESCO 丝绸之路项目国际考察队对泉州进行重点考察,为配合这次考察建成了泉州海外交通史博物馆新馆。与此同时,筹备已久的福建省海上丝绸之路研究会成立。1991 年 12 月,中国与海上丝绸之路研究中心在福建社会科学院成立,并被中国联合国教科文组织全国委员会指定为中国参与 UNESCO 丝绸之路综合研究国际网络的中国代表机构。1994 年 9 月,法国远东学院福州中心成立,进一步加强了福建与欧洲学术界的研究合作。这都使得福建海上丝绸之路的研究更具有国际性和代表性。

近十年来,中国开展了一系列有关海上丝绸之路研究的活动,这些活动主要有学术讨论会,学术考察和文物、摄影展览,多以福建为中心。兹列举如下:

1. 学术讨论会

"中国与海上丝绸之路"国际学术讨论会,1991 年 2 月 17 日—20

日在福建省泉州市举行。包括联合国教科文组织国际考察队在内的27 个国家约百名专家学者出席会议,发表论文 80 多篇。会议从不同的角度,对"中国与海上丝绸之路"这个主题进行了多方面的论述。有的涉及海上丝绸之路与中外文化、科技交流,有的涉及海上丝绸之路的命名,有的涉及明清时期海上丝绸之路与世界市场的丝绸贸易,有的涉及海盗问题,有的涉及海上丝绸之路与中国的陶瓷制造和贸易,有的涉及海上丝绸之路与农业交流,有的涉及海上丝绸之路与古代医药交流,有的涉及海上丝绸之路的航海和造船技术,有的涉及海上丝绸之路的航道研究,有的涉及郑和与海上丝绸之路研究,有的涉及海上丝绸之路与移民关系,有的涉及海上丝绸之路与中国海上交通的发展,有的涉及海上丝绸之路与古代碑铭研究,有的涉及海上丝绸之路与阿拉伯民族的关系,有的涉及海上丝绸之路的考古学研究,有的涉及泉州学的研究,等等。

"海上丝绸之路与伊斯兰文化"国际学术讨论会,1994 年 2 月 22 日—26 日在福建省泉州市举行。这是 UNESCO 第二次参与合作并在泉州举办的国际学术讨论会。18 个国家 70 余名专家学者出席,发表论文 38 篇。会议围绕"海上丝绸之路与伊斯兰文化"的主题,从历史上中国与伊斯兰各国的经贸往来、中国与伊斯兰国家的文化交往、穆斯林与中国的航海技术、伊斯兰的传播与移民关系、海外华人的伊斯兰信仰、古代前往中国的商道、伊斯兰与城市社会生活的关系、伊斯兰文物考古、陆海两条丝绸之路的比较研究、伊斯兰研究与国际合作等方面,对二者的相互关系进行了论述、研究和探讨。

"海上丝绸之路与潮汕文化"国际学术讨论会,1994 年 8 月 18 日—22 日在广东汕头大学和南澳岛举行。来自日本、法国、美国、中国内地和香港的 80 余名专家学者出席会议,发表论文 60 多篇。会议围绕海上丝绸之路的主题,从各个视角、各个层面探索了海上交通、海上贸易及其与海外移民的关系,潮汕港口概况及其与东南沿海港口的关系,海禁与海外交通、海商、海寇的关系,政治形势、地理环境与港口盛衰的关系,海外移民与潮汕文化及经济发展的关系,海上贸易性质的转变与"倭夷"的关系,海上丝绸之路与今天发展经贸、旅游及东西文化交流的关系等问题。

"海上丝绸之路与福建"学术讨论会,1995 年 11 月 7 日在福建福州召开。这次会议与福建省海上丝绸之路研究会第二次会员代表大会同时召开,发表论文 18 篇,从不同角度研讨了福建重振海上丝绸之路雄风、建设海洋经济大省的有关问题。

"中国海上与陆路丝绸之路研究"学术讨论会,1997 年 8 月 25 日—27 日在辽宁大连海事大学举行。来自海峡两岸的专家学者 30 人出席会议,发表论文 25 篇。这是中国学术界第一次由研究丝绸之路陆路和海路的学者联合参加、共同研讨的学术讨论会,与会学者分别从海上丝路、陆上丝路以及海、陆相结合的角度,对古代东西方经济、文化、艺术、科技的相互传播、交流和交通事业的发展,发表了各自的见解。与会学者经过研讨,一致提出,为了使丝绸之路研究的学术水平登上新的台阶,有必要使海上丝绸之路和陆上丝绸之路的研究力量联合起来,共同创立"丝绸之路学"。

"中国与东南亚"国际学术讨论会,1997 年 12 月 1 日—3 日在福建泉州举行。这次会议是为了纪念 UNESCO "丝绸之路综合研究"十年活动圆满结束而召开的,也是继 1991 年、1994 年之后第三次由 UNESCO 直接参与的在泉州主办的与海上丝绸之路研究有关的大型国际学术讨论会。由此创造了 UNESCO 在国际上在同一城市连续三次参与主办有关海上丝绸之路研究大型活动的记录,使福建泉州荣膺"三连冠"的殊荣。出席会议的有 UNESCO 的官员,以及法国、加拿大、美国、荷兰、英国、马来西亚、泰国以及中国内地和香港、澳门地区的专家学者 130 多人,提交论文 80 多篇,做专题学术报告的有 40 人。这次会议主要研讨了移民及其与东南亚社会的关系、中国封建政府的外交策略、中国与东南亚的文化交流、中国与东南亚的交通贸易、21 世纪中国与东南亚的关系及其展望等问题。特别值得一提的是,在会上报告的关于锡兰(今斯里兰卡)王子后裔在泉州的考古新发现,解开了锡兰王子后裔在泉州失踪之谜,引起众多专家学者的高度重视和极大兴趣。

2．学术考察

1991 年 2 月，UNESCO 海上丝绸之路国际考察队实地考察了泉州有关海上丝绸之路的历史遗迹。

1992 年 10 月，中国与海上丝绸之路研究中心组织的、由欧洲 4 国 24 名学者组成的"中国东南沿海地区陶瓷与宗教文化"国际学术考察队，考察了中国 9 个城市，并在西安、扬州、泉州举办了学术座谈会。

1994 年 2 月，出席"海上丝绸之路与伊斯兰文化"国际学术讨论会的学者考察了泉州海上丝绸之路和伊斯兰文物古迹，会后由 10 个国家的 13 名学者组成"中国东南沿海伊斯兰文化"国际考察队，访问了中国 10 个城市的伊斯兰宗教团体，并考察了这些城市的伊斯兰古迹。

3．文物及摄影展

1991 年 2 月泉州"中国海上丝绸之路文物展"；

1992 年 9 月意大利热亚那"国际船舶展"；

1993 年 2 月新加坡"海上丝绸之路文物展"；

1994 年 2 月泉州"海上丝绸之路摄影展"；

1995 年 2 月泉州"中国古代船模展"；

1997 年 12 月泉州"丝绸之路考察摄影展"。

此外，近年来关于海上丝绸之路研究的正式出版物有：

福建人民出版社出版的《中国与海上丝绸之路论文集》（1991 年 1 月），《中国与海上丝绸之路研究论文集·续集》（1994 年 5 月）；

福建教育出版社出版的《海上丝绸之路研究·1·海上丝绸之路与伊斯兰文化》（1997 年 10 月），《海上丝绸之路研究·2·中国与东南亚》（1999 年 2 月）；

汕头大学出版社出版的《海上丝绸之路与潮汕文化》（1998 年 1 月）等。

三、21世纪海上丝绸之路研究展望

21世纪是海洋世纪。

海洋世纪的到来,为海上丝绸之路研究提供了新的发展机遇。在新世纪即将来临之时,我们应如何拓展海上丝绸之路的研究领域,使之更上一层楼?

海洋世纪为海上丝绸之路的研究提供了新的文化参与机会和更加广阔的研究领域,从而导致新的海上丝绸之路时代的到来。因此,对海上丝绸之路的历史进程进行更深入、更系统的研究,使之形成新的研究热点,无疑是新时代的要求。

从学科构建的角度看,"丝绸之路学"的建设,已经刻不容缓地摆在我们的面前。"丝绸之路学"将是集海上丝绸之路研究与陆上丝绸之路研究于一体的,涉及社会科学、人文科学和自然科学、技术科学等多种大学科在内的综合性的边缘学科。为此,笔者认为应该做到加强"两个交流",即加强海上丝绸之路研究学者和陆上丝绸之路研究学者的交流,加强社会科学学者和自然科学学者的交流;着手"四个建设",即"丝绸之路学"的理论建设、资料建设、组织建设和人才建设。在"丝绸之路学"的建设中,从其历史作用和影响来看海上丝绸之路研究,都是一个重要的支撑。然而,相对于陆上丝绸之路的研究而言,海上丝绸之路研究无论是在理论准备方面,还是在研究深度方面,都需要大力加强,并在投入上予以倾斜。

大力加强"泉州学"的研究,亦是一个重要方面。历史上的泉州曾经作为海上丝绸之路的重镇而名扬于世。这不仅因为泉州是12—14世纪中国最大的贸易港,是海上丝绸之路的起点之一,在东西方文化交流史上具有极其重要的地位和深刻的影响,历来是学术界的研究热点;还因为泉州至今拥有一大批与中古时期海外交通有关的文物瑰宝,其数量之多、种类之繁和价值之高,实非其他古港所可比拟。正是这种独特的历史文化现象,构成了一种具有典型意义的区域性文化现象的概念——"泉州学"。最近,随着700多年前的犹太商人雅各·德安科纳用古意大利文撰写的刺桐见闻录——《光明之城》的面世①,我们相信它必将引发出世界性的"刺桐热",为"泉州学"的研究和建立开辟广阔的道路,从而在陆上丝绸之路的"敦煌学"引起世人瞩目数十年之后,海上丝绸之路的"泉州学"将再次引起世人的瞩目。

从对话之路和文化交流之路的角度来研究海上丝绸之路,将使其立意更加高远。世纪之交我们即将迎来澳门的回归,而澳门是东西方文化交流和碰撞最早发生的地区,它所表现出的文化的亲和力、文化的认同,在海上丝绸之路的发展中具有独特的位置和作用。研究这种作用,并与其他类似地区进行比较,将使海上丝绸之路的研究更加充满个性和活力。

研究的综合性、国际性,是海上丝绸之路研究尤为凸显的特性。21世纪的海上丝绸之路研究,将在这两个方面有进一步的发展。迄今为止,海上丝绸之路研究所取得的成就,充分证实了它们的重要性。在人类社会步入知识经济和信息时代的时候,开展国际间的合作与交流,是未来海上丝绸之路研究的必由之路。

总之,海上丝绸之路的历史进程和它充满魅力的诱人的发展前景,带给我们的启迪是无穷的。21世纪中国的海上丝绸之路研究,将以更新的面貌和更广的视野,出现在世人面前,为丰富人类的学术宝库作出更大的贡献。

---

① 1997年,国际汉学界爆出一条新闻:公元1271年8月25日,一名叫雅各·德安科纳的意大利犹太商人,沿着海上丝绸之路来到中国东南沿海的国际城市——刺桐港(即今天的泉州市),在那里度过了充满传奇色彩的半年时间,并用古意大利文写下了厚厚的一部《刺桐见闻录》。20世纪90年代,一位英国学者戴维·塞尔伯恩在一个偶然的机会下获得了这部手稿,并把其译成英文,取名为《光明之城》。消息传出,轰动了各国学术界,同时也引起了对该书的一场真伪之辩,成为当今国际汉学界关注的一个热点。

关于海洋民俗文化的几点认识

人类生活的地球,最突出的特点就是有海洋。海洋是地球上一切生命存在和发展的前提和基本条件。我们即将面临的 21 世纪是海洋世纪,这已经成为世人的共识。可以预计,21 世纪将是海洋事业大发展的世纪,人类社会的进步将愈来愈寄希望于海洋,我们完全可以说"未来文明的出路在于海洋"①。

海洋文化是世界性的文化现象。随着海洋世纪的到来,海洋文化已经日益成为学术研究的热点。中国有 18 000 多公里的海岸线,有 300 万平方公里的海洋国土,又是世界上最早开发和利用海洋的国家之一。中华民族创造的海洋文明不仅辉煌灿烂,而且历史悠久。开展海洋文化研究,是世纪之交中国学术界不可推卸的历史责任。

作为海洋文化的重要组成部分,海洋民俗文化的研究在人类文化—国别(民族)文化—区域(海洋、大陆、省区等)文化—行业(类别)文化—民俗文化这一文化系列中处于基础的位置。因此,海洋民俗文化的研究,对于海洋文化的研究而言,具有不可替代的基础作用。

一、海洋民俗文化的基本特性和定义

(一)海洋民俗文化的基本特征

了解海洋民俗文化的基本特征,是确定和界定其定义的主要依据。窃以为,海洋民俗文化有以下主要特征:

---

① 李瑞环会见第 24 届世界海洋和平大会代表时的讲话。

1. 民族性

每个与海洋相关的国家和民族，都有各自不同的海洋民俗文化，这与一般的民俗文化相类似。例如，东西方海洋文化共同的特征是冒险与征服海洋的精神，然而，中国人对海洋的征服只限于自然方面，而西方人则将对海洋的征服扩大为对人的征服，从而形成不同的海洋文化观。从海洋民俗中的海神信仰即可看出这种不同。西方信仰的海神波塞冬，从神话传说中可以看出其战神文化的实质，它反映的是争夺海上霸权的欲望。从历史上看，西方的海洋文化几乎等同于种族歧视的代名词，不论它传播到哪里，都会引起与当地土著文化的冲突。而以妈祖信仰为特色的东方海洋民俗文化，反映的是和平、平等、共存、共荣的精神，对任何国家的航海者来说，妈祖都将保佑他们一路平安，妈祖文化在世界各地与当地文化都能和平共处，并融入当地社会，共同发展。

2. 地域性

即使是同一个国家和民族，在不同的地域，其海洋民俗文化也会有不同的表现形式，甚至会有完全不同的表现形式。妈祖是中国的海神，这是众所周知的。但是，妈祖不是广东人，因此，在广东最大的海神庙——南海神庙供奉的海神不是妈祖，而是广东人自己的海神——洪圣大王。洪圣大王在广东的影响丝毫不亚于妈祖，其庙宇之多，规模之大，祭祀规格之高，甚至还超过妈祖。1949 年之前，广东的妈祖庙不过 300 多座，而洪圣庙不下 500 座。广东最大的妈祖庙（深圳赤湾，现已毁）的规模，也远远不及广州东郊的南海神庙。① 广东人民对洪圣大王的信仰程度，于此可见一斑。

3. 漂流性

一个民族的民俗文化，会随其分支的迁徙而传播和扩散。族人漂流到哪里，该民族的民俗文化也就漂流到哪里。海洋民俗文化亦如此。这个方面最典型的就是妈祖文化。在世界各地，凡是有华人的地

---

① 叶春生：《南海海洋风俗存疑》，见"岭峤春秋"系列丛书之《海洋文化论集》，广东人民出版社，1997 年，第 137 页。

方,大都有妈祖庙。此外,在福建闽南一带,因地处沿海,海风肆虐,居民饱受风沙之苦,为避免风沙之害,村庄多建在藏风处,而在当风路口,常见有石刻巨兽作猰㺄张口人立状,俗称"风狮爷",据说可以镇风压煞。在金门、台湾乃至琉球(今日本冲绳)都可见到"风狮爷"的尊容,其作用与闽南大致相同。台湾民众十之有八祖籍福建,而早在明代洪武年间就有闽人三十六姓移居琉球,这些史实当可证明台湾、琉球的"风狮爷"民俗源自福建。

4. 变异性

每一种海洋民俗文化在其传播过程中,随着时间的推移和空间的改变,都会产生不同形式的变异。正是这种同质异形使每个民族的海洋民俗文化表现出纷呈繁杂、丰富多彩的局面。海峡两岸的福建和台湾都存在蛇崇拜的民俗,这来源于先秦时期大陆东南的土著——百越族。蛇崇拜是百越共有的文化特征之一。闽越人是百越中崇拜蛇最显著的一支。"闽,东南越,蛇种。"①汉以后中原人口大量南迁,与百越土著混血融合,汉文化亦吸收了越文化。福建的汉文化从古至今都保留了闽越蛇崇拜的文化特质,在闽江流域有"蛇宫"、"蛇王庙";闽江中游的樟湖镇,迄今每年"七夕"都要举行盛大的"蛇王节";福州的"闽王庙"亦祀蛇神。台湾高山族的先民是百越的一支,亦流行崇蛇习俗。但高山族的蛇崇拜仅从自然崇拜、图腾崇拜发展到祖先崇拜,还未发展到诸神崇拜阶段。而闽、粤一带的蛇崇拜已基本与祖先崇拜无关。此外,崇蛇的越人把蛇作为美食,而崇蛇的高山族人则以杀蛇为禁忌。由此可见蛇崇拜习俗在海峡两岸所发生的明显变异。②

5. 行业性

海洋民俗文化具有很强的行业性,其主体行业为航海业、造船业和渔业。宋元时期福建泉州为世界东方第一大港,当时出入泉州港的许多番舶船队,夏季御西风而来,冬季逐东北风而去,一年两度,熙熙

① 许慎:《说文·虫部》。
② 郭志超:《海峡两岸蛇崇拜的比较研究》,见《海峡两岸文化交流史料》第1辑,华艺出版社,1991年。

攘攘。由于当时的远洋航行专靠信风驱动,故每逢海舶往返季节,就由泉州郡守或提举市舶主管官员,率领有关僚属到相关寺庙举行祈求海舶顺风的典礼,据此形成了海船出海上路的祈风习俗。1974 年在泉州湾出土的宋代古船,在其船底主龙骨两端接合处凿有一个大圆孔和七个小圆孔,俗称"保寿孔",孔内放置铜镜和铜钱,排列成"七星伴月"状。据闽南老船工介绍,在泉州一带的造船传统习惯中,"七星"代表危礁密布的"七洋洲"(西沙群岛古称七洋洲),铜镜象征光明吉祥,表示祈求平安通过这个舟楫经常触礁沉没的危险海域。

6. 功利性

海洋民俗文化的功利性是显而易见的,特别是其中的海神信仰,无非是出于人们祈求航海安全、渔业丰收的功利目的。以上所举事例,皆可说明这些海洋民俗的形成和发展之功利性。此外,始于唐代中叶福州地区并逐渐流传开来的临水夫人陈靖姑之崇拜,尤能说明这一点。据《古田县志》记载:"顺懿祖庙,县治东四十里,曰临水洞者。神姓陈,世巫……唐大历二年生,少神异,嫁刘杞,怀孕数月,会大旱,祈雨即应,术神而身已殒矣。临终诀云:吾死后不救人产难,不神也。卒年二十有四。临水有白蛇洞,吐气为疠疫。一日,有朱衣人执剑斩蛇,乡人诘名姓,曰:我闽江下渡陈昌女也。忽不见,往下渡询之,乃知其为神,为立庙,祀于洞中。"正因为陈靖姑能祈雨禳灾,保佑妇女平安生产,所以成为妇女儿童的保护神,临水夫人崇拜随之缘起。

7. 神秘性

在海洋民俗文化中,许多信仰都有巫术掺杂其中,充满神秘色彩。在台湾高山族赛夏人的泛灵信仰中,有一种特殊祭仪——矮灵祭,十分神秘。相传赛夏人的祖先古代曾经消灭过矮人,为避免矮灵作祟,每隔两年逢阴历十月十五举行矮灵祭,祭期 3 天。赛夏人认为矮灵住在一条神秘的小河中,是一方水神。至于赛夏人所恐惧的矮灵为何又成为水神,尚不得而知。

8. 包容性

在海洋民俗文化中,既有属于高雅文化的部分,如在闽南泉州一带民间盛行的称为中国音乐"活化石"的南音艺术、木偶艺术;又有属于粗俗文化的部分,更有一些带有浓厚迷信色彩的部分,如在闽台地区流行的"普度"习俗即属此列。南音艺术起源于中原宫廷音乐。史载晋人永嘉衣冠南渡,及至五代及宋代的两次南迁,中原移民来到泉州安家落户,带来了中原文化艺术,包括宫廷音乐。随着世事变迁,这些文化艺术在中原已难觅踪影,但在泉州却得以较为完整地保留下来。南音演奏中的横抱琵琶之势,与敦煌壁画和汉魏石刻上的琵琶抱法完全一致;尺八(洞箫)保留了汉唐遗制;目前全国只有南音的二弦保留了汉魏在北方流传久远的乐器奚琴的遗制;南音的曲谱完整保留了汉唐时期宫廷音乐的曲牌。如此等等,都说明在泉州民间流行的南音是相当高雅的艺术。"普度"起源于道教的中元节和佛教的盂兰盆会,是在每年的农历七月十五(民间亦称"鬼节"),老百姓为了趋吉避凶,竞相祭祀地狱中众鬼的习俗。

(二)海洋民俗文化的定义

从以上列举的海洋民俗文化基本特征,我们可以得出下列定义:

海洋民俗文化是指在沿海地区和海岛等一定区域范围内流行的民俗文化,它的产生、传承和变异都与海洋有密切的关系。

这个定义从三个方面对海洋民俗文化进行了界定:

(1)对海洋民俗文化与民俗文化之间的关系进行了规定,即海洋民俗文化从属于民俗文化,是民俗文化的一个分支;

(2)对海洋民俗文化进行了区域上的规定,即只有在沿海和海岛范围内的民俗文化,才可纳入海洋民俗文化的范畴;

(3)对海洋民俗文化的指向进行了规定,即只有与海洋有关的习俗风尚,才构成海洋民俗文化的内容和研究的对象。

二、海洋民俗文化的学科定位

海洋民俗文化是一门边缘学科,主要横跨民俗学和文化学,它还涉及历史学、考古学、社会学、民族学、宗教学、文化人类学、地理学等学科。从学科分类讲,应该归入历史学(一级学科)中的民俗学(二级学科)之下,是为三级学科(专业),即海洋民俗。

在当前日益兴盛的海洋文化研究热潮中,海洋民俗文化的研究引起人们越来越多的重视，亦成为海洋文化研究的重要组成部分和热点问题。因此，有必要对其进行科学的学科规范和定位，从而使这方面的研究能够在较为严谨的氛围下开展起来。

三、海洋民俗文化研究与经济社会发展

人类开发、利用海洋的历史，也就是创造海洋文化的历史。在这个历史过程中形成的海洋民俗文化，包含了丰富的历史信息。正确地解读它，有助于我们更好地了解历史的经验，为改革开放和现代化建设提供有益的借鉴。

经济社会的发展，总是在一定的文化大背景下进行的。一般地说，文化研究对经济发展而言，所起的作用是间接的而非直接的。但是，在一定的条件下，文化研究对经济发展也能起到直接的作用。深厚的文化积淀，将是支撑知识经济的坚固基础。在知识经济时代，没有文化的经济发展是不可想象的。对社会发展而言，文化研究的作用，毫无疑问是直接的而非间接的，社会主义精神文明的建设，社会新风尚的形成，没有文化研究的支撑，同样是不可想象的。海洋民俗文化研究所起的作用，恐怕也是这样的。

文化研究的社会效益，更多是着眼于提高人的整体素质，从而为经济社会的发展提供一个较为理想的软硬环境。这是一个比较长期的过程，需要长远的眼光。如果只用急功近利的眼光来看待文化研究的社会效益问题，那么，由此而延缓社会发展所造成的损失，可能要以几代人的努力才能得到弥补和挽回。

四、海洋民俗文化研究的意义

闽台两地具有极其深厚的历史渊源关系，有许多相似、相通乃至完全相同的海洋民俗，迄今仍然在两地流行，如妈祖、临水夫人等的信仰。对此进行比较研究，可以推动和发展海洋民俗文化的研究，并有其现实意义。

台湾府志记载："台地民非土著，逋逃之渊数，五方所杂处，泉之人行乎泉，漳之人行乎漳，江、浙、两粤之人行乎江、浙、两粤，未尽同风而

异俗。""台郡古荒远地,聚庐托处,皆泉、漳之人,或自福、兴、惠、潮来者。虽各循土风,而大端亦不甚远焉。"①这一记载充分证明了大陆东南沿海人民赴台开拓,不仅"带去先进的生产方式,由南到北,由东及西,筚路蓝缕,披荆斩棘,大大加速了台湾整体开发的进程",而且带去了家乡的民风民俗,并一直保留下来。"这一史实说明,台湾和中国其他省区一样,同为中国各族人民开拓与定居之所。台湾社会的发展始终延续着中华文化的传统,即使在日本侵占的 50 年间,这一基本情况也没有改变。"②从《台湾府志》有关岁时、风俗的记载来看,其岁时、风俗与泉州、漳州一带完全相同,这也充分证明了中华文化对台湾的深远影响。

通过比较闽台之间的海洋民俗文化,在政治上,可以证实台湾与祖国大陆血脉相连的历史渊源关系,台湾文化根在大陆,从而有助于增进台湾人民与祖国大陆人民的情感联系,批驳"台独"论调,有助于祖国和平统一大业的实现;在学术上,可以通过比较研究,为了解海洋民俗文化在传播过程中的传承和流变提供一个鲜活的样本,从而有助于学术研究的深入。

---

① 刘良璧:《重修台湾府志》(全一册),台湾省文献委员会印行,1977 年。
② 国务院台湾事务办公室、国务院新闻办公室编:《台湾问题与中国的统一》,中央文献出版社,1993 年。

海洋文化与滨海旅游业的发展

　　一轮火红的朝阳跃出海面,它带给人们的是红红火火的希望;而皎洁如银盘似的一轮满月悬挂在海上,又带给人们对人生、对未来的无尽遐想。大海,就是这样与人类紧密地联系在一起。

　　大海是生命的摇篮。地球一切生命的始祖,均孕育于海洋之中。人类最早的祖先,就是从海洋中登陆,而后在陆地上逐渐进化,一步一步由低级发展到高级的生命形态,包括万物之灵的人类。

　　人类在漫长的进化过程中,立足于陆地而淡忘了海洋。儿时的摇篮,已成为遥远的记忆,是逝去的时空隧道中一道若隐若现的光影。

　　如今,在适宜于人类生存的大陆上,密匝匝的人群拥挤不堪,曾经为人类活动提供了广阔空间的高山平原,已不堪重负。陆地资源或十分短缺,或临近枯竭,这一严酷的现实使人们又回想起曾经淡忘了的记忆,重新把求生存的目光投向大海,人类又将重返大海的怀抱。所以,就有了"21世纪是海洋世纪"的说法,并由此引发出近年来关于海洋文化的研究热潮。

　　海洋旅游业(滨海地区旅游业)的发展,与海洋文化有着密切的关系。因此,探讨海洋旅游业的发展,必然要涉及海洋文化的诸多问题和方面。本文拟就这一问题谈谈笔者不成熟的看法,以抛砖引玉,并就教于方家。

一、黑格尔海洋文化观批判

　　每一种文化的产生,都有其各自的人文历史背景和特定的地理环境因素,海洋文化的产生也是如此。人文历史背景和地理环境因素的不同,使人类文明产生了不同的文化,包括海洋文化。

海洋文化产生于人类与海洋发生关系的过程中,或者说是产生于人类涉及海洋的活动,以及与海洋有关的其他活动中。这里包括了人类涉及海洋的物质的创造、社会的创造和精神领域的创造。例如,为了利用海洋,人们发明了舟船和导航设备,在海洋及滩涂上进行渔业捕捞和养殖等生产活动;在沿海地区形成了渔民社会,并使其经济结构建立在交换的基础上,形成了具有特色的海洋经济;在这种海洋生产和海洋社会中产生了海神信仰等人类精神方面的需求和创造。同时,还包括了通过海洋进行的人类相互间的交往和交流。不同民族、不同文化的交流,大多是通过海洋展开,以海洋为载体的。如中国佛教对日本、朝鲜的影响,基督教和伊斯兰教的一部分传入中国,都是经由海洋而实现的。

海洋文化曾被黑格尔作为区别中西文明的一道界限,"西方文明是蓝色的海洋文化,东方文明是土黄色的内陆文化",这是黑格尔的一句名言。然而,海洋文化不仅仅属于西方,它也属于东方,属于全人类。作为东方文化的杰出代表,中国不仅有着丰厚的大陆文化的积淀,而且有着丰富的海洋文化的宝藏。在历史上,中国是一个海洋文化十分发达的国家。在二十四史中,有关海洋文化方面的记录,如与海外各国(包括通过海洋与我国进行政治、军事、经济、文化交往的国家和地区,如东北亚、东南亚、南洋、印度洋、阿拉伯、地中海及西欧各国等)的交往、海洋经济(包括属于海洋资源的鱼、盐、珠宝等物产,海上交通,海运,中外海市贸易,沿海水利建设等)、海洋军事(包括沿海战争、沿海战乱、沿海边防等)、沿海灾异(包括沿海飓风、海溢、地震及其他异常现象等)、海祀(历朝宫廷多尊奉海神、常遣专使祭祀等祀事)及其他的零星资料,等等,内容十分丰富。海洋出版社 1995 年 5月出版的《二十四史中的海洋资料》一书,多达 46 万字,足可证明之。

关于海洋文化方方面面的研究和阐述,古今中外早已有之。其中,比较有代表性的是黑格尔的海洋文化观。

在《历史哲学》一书中,黑格尔认为,人类文明是从东方开始的,就像太阳从东方升起并向西方行进,人类的文明在中国开始后,逐步传到印度、波斯、巴比伦、拜占庭、希腊、意大利、西欧。但是，黑格尔在这里并非是要赞美东方文明的古老，而是要说明，东方文明是极度落后的原始文明，有五千年文明史的中国一直停留在五千年前的文明的初始阶段，这是因为东方文明是静态的内陆文明，而只有西方文明才是活生生的发展着的文明。

黑格尔将人类的文明分为3种形态：① 干燥的高地，广阔的草原和平原；② 平原流域，是巨川、大江所流过的地方；③ 和海相连的海岸区域。第三类地区即是黑格尔认为与产生海洋文化有关的地区。在他看来，海是联系各民族的因素，只有山脉才将人隔绝开来。"大海给了我们茫茫无定、茫茫无际和渺渺无限的观念；人类在大海的无限里感到他自己的无限的时候，他们就被激起了勇气，要去超越那有限的一切。大海邀请人类从事征服、从事掠夺，但是同时也鼓励人类追求利润、从事商业。平凡的土地、平凡的平原流域把人类束缚在土壤上，把他卷入无穷的依赖性里边，但是，大海却挟持着人类超越了那些思想和行动的有限的圈子。航海的人都想获利，然而，他们所用的手段却是缘木求鱼，因为，他们是冒了生命财产的危险来求利的。因此，他们所用的手段和他们所追求的目标恰巧相反。这一层关系使他们的营利、他们的职业，超过营利而成了勇敢的、高尚的事情。从事贸易必须要有勇气，智慧必须和勇敢结合在一起。因为勇敢的人们到了海上，就不得不应付那奸诈的、最不可靠的、最诡谲的元素，所以他们同时必须具有权谋——机警。这片横无边际的水面是绝对地柔顺的——它对于任何压力，即使一丝的风息，也是不抵抗的。它表面上看起来是十分无邪、驯服、和蔼、可亲；然而，正是这种驯服的性质，将海变做了最危险、最激烈的元素。人类仅仅靠着一叶扁舟，来对付这种欺诈和暴力，他所依靠的完全是他的勇敢和沉着；他便是这样从一片巩固的陆地上，移到一片不稳的海面上，随身带着他那人造的地盘，船——这个海上的天鹅。它以敏捷而巧妙的动作，破浪而前，凌波以行——这一种工具的发明，是人类胆力和理智最大的光荣。这种超越土地限制、渡过大海的活动,是亚细亚洲各国所没有的。"①

在黑格尔看来,非洲是第一种形态占据主要地位的大洲,其地貌以高原为主,大多数河流不能通行船只。在他所处的年代,非洲大陆以畜牧业为主,流行奴隶制,所以,"它不属于世界历史的部分,它没有动作或者发展可以表现,它里面的——在它北部的——那些历史的动作,应该属于亚细亚或者欧罗巴世界"②,而亚洲则属于存在着第一种形态和第二种形态的大洲。亚洲中部是连绵万里的高原,高原上的民族是游牧人。黑格尔认为,游牧人对世界文明的影响,消极大于积极。黑格尔承认,处于亚洲大河流域的民族——中国人、印度人、巴比伦人,都创造了灿烂的文化,并誉其为文明的起源地。但是,他们虽有海洋却没有让海洋来影响自己。在黑格尔看来,亚洲的典型状态是"高原四周的大山,高原的本身和大河流域,这三者便是亚细亚洲在物质上和精神上的特征;但是,这三者自己并不是具体的、真实的历史元素,各极端间的对峙只被承认,而没有调和起来,所以,处于迁徙无定的状态下的山地和高原种族,始终是把安居在那些肥沃的流域上当做一个努力的目的。在自然界里区别分明的这些地形特质,形成了一种主要的历史关系。前亚细亚把这两种地形的因素融合在一起,因此,便和欧罗巴洲结有了关系;前亚细亚最为特异的,便是它没有闭关自守过,将一切都送到了欧罗巴洲。它代表着一切宗教原则和政治原则的开始,然而,这些原则的发扬光大则在欧罗巴洲。"③而欧洲,黑格尔认为它的优势是没有亚洲、非洲那种高原,也不像亚洲的地形那样,有着高原、大山与大河流域那种显著的差异。他认为欧洲的地形可以分为三部分,其一是意大利、希腊为代表的南欧海岸地带,这里的海洋文化是欧洲文明的故乡;第二部分由法兰西、英国与德国组成,这里被誉为欧洲的心脏,是古希腊和古罗马文明的传承者;第三部分是东欧的波兰、俄罗斯和各斯拉夫国家,它出现比较晚,保持了欧洲与亚洲的联

---

① 黑格尔:《历史哲学》,王造时译,三联书店,1956 年,第 135 页。

② 同①,第 143—144 页。

③ 同①,第 272 页。

系。可见,黑格尔认为亚洲只是文明的摇篮,而不是文明的成长之地,它的价值只是将文明之火传递给西方。之所以这样,是因为亚洲没有海洋文化。

黑格尔海洋文化的定义认为,海洋对于人类的主要意义,就是鼓励人类重视商业利益,向海外发展。也就是说,海洋使人类产生了重商主义,从而发展了欧洲的资本主义。而马克思关于资本主义的研究告诉我们,是欧洲的资本主义萌芽导致欧洲向海外的扩张,海外扩张带来的财富,又促进了欧洲资本主义的原始积累。因此,是资本主义萌芽的发展,决定了欧洲社会超越东方,而不是海岸线决定了欧洲的发展方向。黑格尔的海洋文化理论把海外商业当做海洋文化的唯一内容,而人类的海洋文化其实还有更为丰富的内容。所以,黑格尔的海洋文化理论是有其天然的局限性的。① 但无论如何,黑格尔在以上的论述中,还是给我们勾画出了有关海洋文化地域特征的大致图景。

二、海洋文化的地域特色

文化是人类利用自然、改造自然(现在还应该加上保护自然)活动的产物,它可以表现为物化的结果,也可以表现为人的思维、认识等精神领域的结果。文化既是人类改造自然的创造性收获,又是在改造自然的过程中改造人自身的创造性收获。同理,海洋文化也是产生于人类与海洋发生关系的过程中,或者说是人类涉及海洋的活动,以及与海洋有关的一切活动中的创造性活动的结果。广义上的海洋文化,包含了人类涉及海洋的经济、社会等各方面的活动内容,它指的是:第一,包括作为其经济基础的海洋经济,如海上交通、海外贸易、海洋矿业、海洋工业、海洋手工业、海洋渔业、海洋种植(养殖)业等这些人类涉及海洋的经济活动;第二,海洋社会,包括涉及海洋的人群以及由他们形成的社会特点、社会结构、家族家庭、生活习俗等,这些人群有水手、渔民、海商、海军军人、从事海洋工业和手工业的工人;第三,狭义上的海洋文化,包括涉及海洋的神话传说、宗教信仰、戏剧、文学、艺

---

① 徐晓望:《妈祖的子民——闽台海洋文化研究》,学林出版社,1999 年,第2—9 页。

术,等等。

海洋文化起源于海洋,起源于存在人类活动的一切沿海地区。但是,它又不仅仅局限于此。海洋文化具有很强的包容性,并在一定的程度上向内陆地区延伸。世界主要的几大文明,如古埃及文明、古巴比伦文明、古希腊文明、古印度文明、古代中国的黄河流域和长江流域文明、古玛雅文明等,其起源都与海洋有一定的关系,都有靠近海洋(即河口地区或沿海地区)的区域文明,并且往往是其文明最发达的地区。在表面积的70%为海洋的地球上,海洋文化与人类的文明发展是密不可分的。虽然如此,但在不同的地理环境中产生的文化,包括海洋文化,都有其独特的个性,并与其他区域的海洋文化存在差异。此外,在海洋文化的区域内部,也存在着不同的层次。第一层次是海洋文化的核心区域,其主要特征是在对待海外贸易上表现出积极主动的态势。这一区域的人们不满足于海外商人来本地进行贸易活动,而是力图去海外进行贸易活动。这一人群极富冒险精神,在海外有相当的影响。然而作为海洋文化的核心区域,它从来就是一个少数区域。第二层次是海洋经济发达的沿海地区,这些地区有海洋经济的传统,虽然只有部分人参与海上贸易,但与海洋有关的各种行业,仍然是其经济中的主要成分,或者说是决定性的成分。由于历史因素的影响,海洋文化渗透于他们生活的各个方面。第三层次是内地那些经济上依赖于沿海、其民众也积极参加沿海地区贸易的区域。第四层次是内地在经济上与沿海密切联系的地区,但民众尚保有一定的古风,并散布着与海洋有关的产业。这一地区的海洋文化已十分接近内陆文化,可以说是内陆文化与海洋文化之间的过渡区域。①

从狭义的海洋文化来看,其地域特色就体现得更加明显。

(一)从海神信仰看东西方海洋文化之异同

在此,我们仅从宏观上对东西方海洋文化作一粗略的比较,以窥海洋文化地域特色之全豹。

---

① 徐晓望:《妈祖的子民——闽台海洋文化研究》,学林出版社,1999年,第12—24页。

　　东西方海洋文化崇拜不同的神祇,东方的海神是"妈祖",西方的
海神是"波塞冬",这两种不同的神灵崇拜,代表了不同的文化精神。
波塞冬是古希腊神话传说中最著名的海神。希腊位于地中海沿岸,而
地中海是人类航海文化的发源地之一,地中海周围皆为文明古国,航
海贸易的发达,使当地的海洋文化发生得较早。在古希腊的神话传说
里,波塞冬是掌管水界的海神,希腊各港口都有他的庙宇。在这些海
神庙里,他被塑造成手持三叉戟的壮年汉子,经常驾驶金鬃铜蹄马车
在海上巡行。他能呼风唤雨,引起地震,所过之处,波浪翻涌,大地颤
抖。人们认为,波塞冬是大海的主人,不服从他的人,都会遭到报复,
在航海中遇到灭顶之灾。因此,要在航海中求得平安,就必须祭祀波
塞冬。古希腊人信奉力量的比较,既然波塞冬的力量比人类强大,人
类只好俯首称臣。尽管波塞冬经常掀起波澜为害人类,但希腊人仍然
拜伏在他的脚下,为他献上各种贡品。古希腊人认为,只要是强者,便
有权发号施令,享受人间最美好的东西。弱者服从强者是人类的天
性,其他民族若不如希腊人强大,希腊人就可以将他们掳来,作为奴
隶。异族人应当服从征服他们的希腊人,就像所有的人类都要服从神
一样。可见,希腊文化的本质是一种崇拜强者的文化。在这种文化的
支配下,希腊人发展起了一种以征服、冒险、掠夺、霸权为主的海洋文
化。于是,当海盗就比从事农业生产更为光荣。从历史的记载来看,
自公元前一千年开始,爱琴海的海上文明便是与海盗活动结合在一起
的。对此,黑格尔评说道:希腊人"海上的主要职业,并不是经商贸易,
而是海盗劫掠"①,孟德斯鸠也曾说过:"最初的希腊人全都是海
贼。"②英国著名历史学家赫·乔·韦尔斯在论及西方古代航海业时
也说:"远航通常不是为了经商,而多半是为了进行海盗袭击。根据我
们对人类的了解必然得出这样的结论,最初航海的人能掠夺就掠夺,
到不得已才从事商业。"③希腊文化的鼎盛时期,也就是雅典建立海上

---

① 黑格尔:《历史哲学》,王造时译,三联书店,1956年,第272页。
② 孟德斯鸠:《论法的精神》(下册),张雁深译,商务印书馆,1982年,第37页。
③ 赫·乔·韦尔斯:《世界史纲——生物和人类的简明史》,第198页。

霸权的时期,以及雅典人可以合法地掠夺他人的时期。其后的古罗马文明的兴起,也是建立在地中海霸权基础之上的。

希腊与罗马人的海洋文化对西欧影响很大。自古希腊以来,西方人的海洋史就一直是一部血与火的历史,是一部以征服、掠夺为荣的历史。自15世纪末欧洲人开始世界性的远航以来,他们每到一处,便意味着战争与流血,西班牙对美洲的殖民,葡萄牙对巴西、印度的殖民,以及相继来到东亚的葡萄牙、西班牙、荷兰、英国、法国、美国等国对东南亚的殖民,无不伴随着掠夺、屠杀、贩卖人口、毒品贸易等令人发指的罪恶行径。由此可见,西方人的海洋文化是一种牺牲其他民族而发展自己的利己文化。所以,西方的海洋文化,实质上是一种战神文化,海盗文化。

航海中的信仰和崇拜的核心是民众对海神的崇拜,妈祖是中国的最高海神,自然也就成为中国古代海洋文化的象征。妈祖作为东方的海神,所反映的东方文化精神,与波塞冬代表的西方海洋文化精神,有着本质上的区别。因此,对中国古代海洋文化的象征——妈祖崇拜的分析,将有助于我们加深对中国海洋文化的理解。

在中国的民间传说里,妈祖总是身披象征吉祥的红衣,在茫茫大海上飘行,哪里有海难,她就赶去营救落难者,给人们带来安全、好运、吉祥。在妈祖身上,寄托的是人类母亲的爱——慈祥、亲切、无私、利人,她将爱付与人,却从不索取。在妈祖的身上,体现了中国海洋文化的精髓。

以妈祖为代表的中国海洋文化与西方海洋文化的不同之处是:① 推进和平往来。自唐宋以来,中国人便远航东西洋,进行和平贸易,不论是在东洋的日本、朝鲜、菲律宾,还是在西洋的东南亚国家,中国商人都是受欢迎的客人。许多国家都给中国商人提供良好条件,希望贸易关系得以保留和延续。中国商人在海外,一向是以经商为主要目的,从来不会让东道国感觉难堪或威胁。这是中国商人受到欢迎的原因。② 开展自由贸易。长期以来,中国的对外贸易基本上是中小商人的自由贸易,闽粤人民在海外诸国市场上,与当地百姓自由交易,一旦交易结束,便返回祖国。尽管闽粤商人在南洋市场上占有一定的优势,但他们并没有利用这种优势达成垄断,而是与各方商人和平相处,自由贸易。在元代之前中国商人主导贸易时期,东亚的贸易是完全自由的。这是东亚贸易的黄金时期。③ 崇尚平等待人。具有悠久历史的中国人,历来以平等精神对待海外一切民族,在海外的中国人,经常与当地人民通婚,以求融入当地社会。在菲律宾,华人与马来人混血的后裔,至今仍然是当地社会中最活跃的成分。华人与东南亚各民族一向是和平共处的,中国人对海外各民族一向是平等的,这是由中国的民族文化特点决定的。④ 促进共存共荣。中国的海洋文化是一种广泛性的文化,中国人不论到了什么地方,都能与当地民众友好相处。中国人大多信奉多神教,多一种信仰对他们来说,不过是多一种神灵崇拜而已,并不否定自身的信仰。在这种思想引导下,中华文化在异国他乡与土著文化和平共处,促进了各种文化的共同发展,这也是中华文化在世界上处处受到欢迎和尊重的原因。①

　　中国海洋文化具有巨大的亲和力和包容性,在地域上表现最为明显的是福建泉州和澳门。泉州是中国历史上对外贸易的著名港口,"州南有海浩无穷,每岁造舟通异域",这句民谣充分反映了泉州人民利用海洋,与海外通商的情况。"涨海声中万国商",则是当时商业繁忙景象的真实写照。其城市的繁华程度,《马可·波罗游记》有生动的描述。由于对外贸易的发达,各国商人云集于此,带来了各种文化和宗教,基督教、天主教、伊斯兰教、佛教、道教、摩尼教等世界主要宗教都在泉州落地生根,并和平共处,共同发展。所以,各种宗教的文物、遗迹在泉州十分丰富并保留得十分完整,使泉州获得了"世界宗教博物馆"的称誉。在澳门,中国文化和西方文化长期并存,宗教文化的互相包容是澳门历史上一个最为突出的特征,多种宗教的信徒在这个小地方和睦相处。在澳门可以见到天主教徒、基督教徒、佛教徒、道教徒,他们不介意彼此信仰的区别,没有教派的冲突。泉州和澳门都是典型的中国海洋文化地区,尤为引人注目的是,两地都属于妈祖信仰

---

① 徐晓望:《妈祖的子民——闽台海洋文化研究》,学林出版社,1999 年,第407—419页。

的文化圈——泉州是妈祖被封赐为"天后"的所在地,妈祖崇拜也是经由泉州传播到海外去的;妈祖是澳门的象征,在澳门居民中,"大约有2/3 以上去过妈祖庙烧香",由此可见,妈祖是澳门居民的主要崇拜对象之一。① 甚至葡萄牙语中澳门地名的发音"Macau",也来源于闽语"妈祖阁"的对音——这种现象绝不是偶然的,它正好说明了妈祖精神是中国海洋文化当之无愧的象征和代表。在中外历史中,多种宗教并存的地方,没有发生宗教冲突的并不多见,而泉州和澳门地区反映出的多种宗教和睦共存的历史现象,充分说明了以中国文化"和为贵"精神为主导的中国海洋文化的亲和力,以及融合、改造其他文化的同化力。

中国的海洋文化与西方海洋文化也有相同的一面,就是都具有勇敢的冒险精神。中国是世界海洋文化的发源地之一,早在新石器时代我们的祖先就开始了人类的海上航行活动。宋代以后,中国的航海业已经具有了相当大的规模,拥有一支在世界上屈指可数的航海船队。元代,中国东南沿海地区的泉州(刺桐)在世界上已成为与埃及亚历山大港齐名的东方第一大港。明代郑和七下西洋,是世界航海史上空前的壮举。明清以降,中国船队的海上运输力量一直位于世界前列。长达近千年的航海史,培育了中国人的航海精神,尤其是闽粤沿海一带的人民,不畏艰险地探索东亚与东南亚海域,体现了中国人勇敢的冒险精神和征服海洋的努力。但是,中国人对海洋的征服,从来只限于自然方面,而不像西方人那样,将对海洋的征服扩大为对其他民族的征服。这是中国与西方在海洋文化上的本质区别。

从以上中西海洋文化的比较看,中国海洋文化突出的是"和为贵"的精神,及其祈求和平、一帆风顺的思想。最具代表性的就是海神妈祖的信仰和传播。西方海洋文化的精神,集中体现在古希腊神话中海神波塞冬身上。波塞冬代表了西方海洋文化冒险、征服、掠夺、欺诈、霸权的特征。

① 徐晓望、陈衍德:《澳门妈祖文化研究》,澳门基金会,1998 年,第 133 页。

（二）从历史地位看中西海洋文化之异同

在西方社会,海洋文化是受到重视的,并形成了相对系统的理论。虽然在中世纪的封建主义黑暗时期,西方社会处于由面向海洋转而背朝海洋的历史时期,但是,我们不得不承认,海洋文化理论的基本范畴,是由西方哲学家黑格尔在《历史哲学》一书中第一次较完整地提出来的。由于海洋经济的发展,产生了海上利益的争夺,并导致了海洋霸权的争夺。1492 年哥伦布发现北美洲,此后的航海家又发现了南美洲和澳洲,这些新大陆合计面积等于一个欧亚大陆。世界上顿时增加了一个欧亚大陆,这是连上帝也要大吃一惊的。1522 年麦哲伦环绕地球航行成功,发现各大洲不过是浮出水面的几个大岛,陆地是彼此分割的,而海洋是全球连贯的。这些新发现刺激了殖民者开辟全球大帝国的野心。不久之后,西班牙和葡萄牙分别在美洲和非洲建立了两个海外大帝国。1588 年英国打败了西班牙的"无敌舰队",掌握了制海权,开始建立"日不落大英帝国"。在发现新大陆之前,历史上的大帝国都是陆地帝国,亚历山大帝国如此,蒙古帝国也是如此。陆地帝国都是地区帝国,不是全球性的帝国。西班牙、葡萄牙和英国的帝国是海洋帝国,并且是全球性的帝国。这种通过海洋争夺、占领海外殖民地的行径,客观上促使西方各国的统治者重视海洋,重视海洋文化,使之上升为官方的文化。可以说,这是西方海洋文化较为发达的一个原因。

在中国,海洋文化所表现的历来是社会底层百姓大众的文化。这是因为,首先,在航海技术和造船技术尚不发达的古代,航海这一危险性很大的活动,主要是下层民众从事的活动,在中国历来缺乏有关海洋的历史记载和文学创作,虽然在二十四史中有着丰富的海洋资料记载,但都是零散的而非系统的、专门的记录。其次,自古以来中国的主流文化都是以大陆文化为主的,历朝历代的统治者关注的是坚实的土地,"普天之下,莫非王土",反映的就是这种只重视土地的观念。作为主流的、官方的大陆文化,与非主流的、民间的海洋文化形成了中华文化的两个方面,在这样的文化生态中,作为边缘文化的海洋文化是难以登上大雅之堂的。所以,海洋文化不是中国的雅文化,而是建立在民间信仰基础上的俗文化。

（三）从不同的海洋文化系统看其地域特征

1. 南太平洋海洋文化

南太平洋地区是人类分布最稀疏的地区之一，在辽阔的大洋上，北起夏威夷群岛，南至新西兰，东至复活节岛，生活着波利尼西亚人这一岛屿民族。他们是优秀的航海家，以独木舟为工具，在浩瀚的太平洋上往来。被一切航海民族都视为畏途的跨海远航，竟被他们以独木舟这样原始、简陋的工具实现，这是人类航海史上真正的奇迹。波利尼西亚人对大海的潮流极有研究，从海面水流的纹路，便可得知潮流的方向，并利用潮流进行他们的海上航行。通过对所在岛屿附近海流的观察，他们可以得知数百公里外岛屿的位置，并利用潮流的变化，实现跨岛航行。由于生活在海岛上，他们的生活完全依赖于海洋。每当有婴儿出生，他们都要带着婴儿来到海上，举行一定的仪式，表明将自己新的一代交给了海神，祈望海神保佑自己的一生。他们是真正的海的儿子。在南太平洋西部，还生活着密克罗尼西亚人与美拉尼西亚人等岛屿民族，他们的生活方式，与波利尼西亚人相近。这些生活在南太平洋地区的岛屿民族，形成了以独木舟为标志的南太平洋海洋文化。

2. 古地中海海洋文化

古地中海海洋文化最早成为人类文明发展中不可缺少的一部分。它是古埃及文明、古巴比伦文明、古希腊文明共同培养出来的一朵灿烂的文明之花，成为联络三大文明的中介。古地中海海洋文化最早的代表者是腓尼基人，据说早期的腓尼基人用苇草造的船只航行于地中海各地，进行商业贸易。古文献记载，他们用这种船只进行环绕非洲的航行。随着技术的发展，木船逐渐取代了苇草造的船只，使航行的安全性有很大的提高。在希腊海洋文化崛起之前，腓尼基人是地中海最出色的水手，他们是西地中海的开拓者。希腊人在地中海的活动可以追溯到四千年前的克里特岛时代，由于岛屿过小，这里的人们很早就依赖海洋贸易为生。克里特岛文化后来在外族入侵中消失。希腊人在公元前9世纪开始有了较大发展，同时也有了跨海远征特洛伊的战争。公元前 5 世纪,希腊人击败了波斯大军,从此称霸东地中海。作为希腊人海洋文化的代表,雅典人航行于地中海的东部,并向西地中海移民,在西班牙建立移民据点。从希腊神话取金羊毛的故事推断,他们曾经进入大西洋,到达斯堪的纳维亚半岛。在古代世界,这是惊人的远航。希腊人曾经远征印度河流域,并在印度洋沿海航行。希腊文化衰落后,罗马文化取而代之。罗马人在控制了地中海的海上霸权后,在征服地中海沿岸国家的历程中,组织了强大的海军,发动了多次大规模的海战,但总的来说,罗马更像是古代地中海海洋文化的享用者,而不是发明者与推动者。

地中海海洋文化是当时人类海洋文化的最高成就。他们很可能实现了环绕非洲的航行,很可能早已航海到了北欧区域,往来于地中海,更是家常便饭。他们早在公元前时代,就建立了海上贸易体系,这种密切的海上联系,是在世界其他地区未曾见到的。在古代地中海,曾经发生过数万人的大规模海上远征,为了从航海中攫取利益,这里发生了最早的海上霸权争夺,数百艘战舰演出了大规模的海战。这些都说明地中海的海洋文明成就是相当高的。可以说,地中海是人类海洋文化发育的温室,人类海洋文化最早在这里取得成就。

3. 古印度洋北部海洋文化

古印度洋北岸是人类海洋文化最早的发源地之一,早在五千年前的哈拉帕文化时代,印度河流域与波斯湾沿海,即有了可观的海上联系,货物流通颇为可观,贸易量远远超出人们的想象。印度洋海洋文化可以分为印度、波斯、阿拉伯三个系统。印度半岛的地理形状像人的舌头一样伸入海中,给印度人以航海的便利,他们利用季风航行于印度洋各地,并在很早的时候,就开始了向东方的航行。印度文化的代表是佛教,沿海路东传的是小乘佛教,东南亚的国家中,大多数是信奉小乘佛教的,这说明印度文化在历史上曾经有一阶段在东南亚有着相当大的影响,而这主要是由印度海洋文化东传造成的。波斯人是古代丝绸之路上最重要的商人之一,不论是在海上丝绸之路还是在陆上丝绸之路,我们都可以看到他们的身影。古代的泉州即有相当数量的波斯人,他们是宋元时代的巨贾,也是军人,他们的生涯以经商为主。

阿拉伯人是在公元 7 世纪以后形成的,分布于西亚与北非,是古埃及、古巴比伦文明的继承者。这一区域是人类最早的古文化发源地之一,早在六千年前,古埃及人与生活在两河流域的古代苏美尔人,就创造了最早的海洋文明。他们循着印度开辟的东方之路向东行进,与波斯商人一起,覆盖了东方丝绸之路,从印度尼西亚到马来亚以及中国东南部的伊斯兰教,都是阿拉伯人与波斯人传播的。从唐代到元代,中国通向西亚的海上丝绸之路,主要由阿拉伯人和波斯人经营。在东西交通史上,如果说是中国人在陆上发现了中亚与西亚的国家,那么,从海上丝绸之路的角度而言,则是中亚与西亚的商人从海上发现了中国。这就足以说明印度洋北部海洋文化在历史上的重要性。15 世纪末葡萄牙人来到东方,控制了印度洋航线,取代了传统上的海上丝绸之路商人,导致了印度洋北部海洋文化的衰落。也许,这是这一区域海洋文化被人忘却的原因。

4. 北大西洋(欧洲)海洋文化

北大西洋海洋文化起源于中世纪的地中海,上接古代地中海海洋文明。欧洲的海洋文化特点在于擅长吸取科学技术用于航海,不断革新航海技术与造船术。他们在应用了从中国传来的指南针后,将其发展为精密的罗盘。此外,希腊人关于天文学的知识也被他们应用于航海上,在此基础上发明了用于定位的六分仪,这就使西方的水手可以探航海外。在中古时期,西方人最大的海上成就是新航路的发现,特别是环绕地球航线的发现,从而建立起环球航海体系。新航路发现以后,欧洲人控制了全球贸易体系,建立了欧洲人称霸世界的基础,并导致了印度洋海洋文化的衰落。

5. 中国的海洋文化

中国海洋文化源远流长,是世界历史上重要的海洋文化系统之一。它伟大的文化成就是人类世界的共同财富。

中国海洋文化萌芽于新石器时期,主要代表为浙江沿海的河姆渡文化和黄海之滨的龙山文化。那时的人们以独木舟和木筏为航海工具,沿着岛屿和海岸线航行,从事海洋捕捞业,从而发展了最早的海洋文化。从广泛散布的贝冢遗迹来看,贝类等海洋生物已是中国新石器时期人类食物的主要来源之一。但是,早期海洋捕捞只是大陆采集农业在沿海地区的发展,不过是将采集的对象由陆地转移到海洋,由植物转变为贝类和鱼类,并进而发展到用独木舟航海捕鱼。实质上,这是一种海洋农业文化的发展。独木舟不能给人类带来航海的自由,所以,以独木舟航海的阶段,只是海洋文化的萌芽阶段。在中国,这一阶段一直延续到商周时期。河姆渡文化与龙山文化分别为百越和东夷继承,以后又逐渐融入华夏文化。

从考古和文献记载的材料看,中国的航海技术在春秋战国时代有了较大的发展,能够建造较大的木船,远洋航行出现了。春秋末,越国的海军从越地航海到山东半岛。秦代,原为东夷的齐地有徐福等方士远航瀛洲。此后,华人远航的各种记载散见于史册,不绝如缕。在秦以前,中国的海洋文化主要是夷越人的海洋文化,它创造了伟大的航海成就,代表了古代东亚海洋文化的成熟;秦代以后,中国的海洋文化逐渐南迁,以越族活动的南方区域为主,而福建境内的海洋文化,逐渐成为中国海洋文化的主体;在汉唐时期,中国开辟了与日本、朝鲜的航线,特别是唐代,大量的日本遣唐使来到长安,学习先进的中国文化,同时也有不少中国的僧侣东渡日本,传播佛教,最为著名的就是鉴真大师的事迹。唐朝中叶,由于"安史之乱"等战乱原因,由陆地通向西域的丝绸之路逐渐衰落,海上丝绸之路逐渐兴盛,使中国海洋文化得到进一步发展;到了宋代,中国的航海局面大变,海上贸易有了很大发展,特别是南方的航海业迅速发展,形成较为可观的海洋贸易,这时中国的海洋文化已经具有相当规模;在元代,作为海洋文化中坚的中国南方人,被统治者列为最低一等的南人,海外贸易也基本上被中亚与西亚的商人把持和垄断。为了扩大元朝的统治范围,元朝建立了强大的水师,开始了大规模的海上远征。元代中国的海上力量有很大发展,每次远征出动的海船都达到数百艘,而不论在唐代还是宋代,都未曾调动如此规模的海上力量进行远征,这是元朝超越历代的地方。但是,对日本、安南、占城、爪哇的军事行动大都以失败告终。虽然如此,它也表明中国海洋文化发展的一个高峰。

明清时期,郑和七下西洋,是中国海洋文化的最高成就。郑和的远航是人类历史上一次规模空前的远航。在以后的数百年间,仍然很少有人能够超过他。郑和航海是中国海洋文化再次崛起的象征,它维护了贯穿东亚与西亚的海上交通,建立了许多中国商人的贸易点。从此,中国商人在海上丝绸之路上的地位,超过了西亚与中亚国家。明代中叶之后,葡萄牙等西方商人来到东方,建立与中国的直接贸易关系。此后,中国的商品开始大量进入西欧,美洲的白银也流入中国,促进了明清经济的大发展。但是,这些西方商人,也在中国沿海贩卖人口,甚至进行海盗式的掠夺,将许多东南亚国家变为殖民地,对中国的安全形成了严重的威胁。明末清初,郑成功收复台湾的行动,沉重地打击了殖民主义者,维持了中国 200 年的海上安全。中国的海洋文化在近海得以发展与延续。

自郑和航海之后,中国的统治者开始逐渐转变对海洋的观念,使中国逐渐放弃了海权。特别是"海禁"政策的推行,使中国的海洋文化从其发展的巅峰急剧衰落。这一时期,由于西方海洋文化的日益扩张,中国的海洋文化在其压迫之下,由世界性的海洋文化退化为东亚区域性的海洋文化,而西方海洋文化已成为世界海洋文化的主要代表。①

（四）从民情风俗看海洋文化的地域特色

海洋民俗是海洋文化的重要构成部分。人是社会性的动物,总是生活在一定的社会群体中,由此产生各种各样的民俗文化,并一代一代传承下去。这种民俗文化是因时因地而不同的。在人们涉及海洋的活动中所产生的海洋民俗文化,也是如此。

民俗文化主要包括生产习俗、生活习俗、传说与歌谣等,从这些构成因素不难看出,民俗文化是千差万别的。我们知道,同样是沿海地区,由于地理、气候等原因,北方和南方的生产活动和生活习惯是不同的。即使是同在南方沿海地区,例如福建和广东,在海洋民俗方面,也存在着显著的差异。较为典型的事例,是福建泉州惠安的渔家女的服

---

① 徐晓望:《妈祖的子民——闽台海洋文化研究》,学林出版社,1999 年,第 30—49 页。

饰。惠安女的穿着,是她们在长期的生产劳动和生活中,为了适应海洋环境和劳动需要的着装。这种在民间被戏称为"封建头,文明肚,节约衣,浪费裤"(为了抵御海边的风沙和南方强烈的日晒,用头巾把脸包得仅露出眼、鼻、口一小部分,戴着斗笠并压得很低,谓之"封建头";上衣的衣身、袖管、胸围紧束,衣长仅及肚脐,肚皮外露,袖长不及小臂的一半,谓之"文明肚"和"节约衣";裤子多为黑色,裤腿十分宽大,谓之"浪费裤")的服饰,即使是在福建沿海的其他地区也看不到。由此可知,不同地区民俗的差异性之大。

如果说东西方海洋文化的比较侧重于宏观上的把握,那么,海洋民俗上的比较则有助于在微观上把握海洋文化的地域特色。

关于海洋民俗方面的论述很多,笔者在此不再赘言。

综上所述,海洋文化反映出浓郁的地域特色,是不同国家(地区)、不同民族文化的组成部分。同时,海洋文化又因此造就了地域文化的特色。海洋文化与各民族文化之间是一种互动的、辩证的关系。

三、旅游业的发展要注意提高文化品位

随着社会生活水平的提高,20世纪60年代以来,在西方各国大众旅游迅速兴起,并带动了许多相关产业的迅猛发展。旅游业作为当今世界新兴的朝阳产业,以惊人的速度发展,已成为全球第一大产业,显示出强大的生命力和巨大的发展潜力。由于改革开放和实行社会主义市场经济,我国人民的国民所得和生活水平也有显著提高,因此,进入90年代后,旅游业在我国也蓬勃发展,方兴未艾。

旅游业是文化内涵十分丰富的综合性经济产业,它的牵涉面广,关联度强,带动力大。旅游业的发展,不仅可以扩大内需,更大限度地满足广大人民群众的物质文化生活的需要,还可以带动城市建设、经济贸易、商业、交通、通讯等一大批相关行业的兴起和发展,成为吸纳劳动力就业的重要领域,其在经济发展中支柱产业的作用日益凸显。从福建省的情况看,旅游业的增加值1995年为29.4%,1996年为47.8%,1997年为60.0%,分别占当年GDP的比重为1.4%、1.9%、

2.0%，这三年平均增幅为 31.4%①，呈现出跳跃式发展的状况。所以，旅游业在经济社会发展中的重要作用，已越来越引起各国政府、民间机构和企业的重视。

现代旅游业的发展，已经从原先单纯的游览观光演变为"玩、住、行、食、购"多元化的发展结构，特别是"文化观光"越来越热。旅游业的发展趋势，要求在考虑、规划旅游业的发展蓝图时，对提高旅游产品的文化品位给予充分的关注。笔者认为，发展旅游业要注意以下三大因素。

（一）树立旅游业的可持续发展观

与经济的可持续发展一样，旅游业的可持续发展也是当今世界各国关注的焦点问题。1997 年召开的第 19 届联合国特别大会，首次将旅游业的可持续发展问题，列入联合国可持续发展议程。旅游业正在成为各国各地区"发展最快和创造机会最多的产业之一，对促进地区的经济发展和文化交流，加强人民之间的相互了解，维护世界和平，正在发挥重要的作用"。旅游业的可持续发展是"经济可持续发展不可缺少的组成部分"，丰富多样的自然资源和文化遗产是"各国人民及其子孙后代的宝贵财富"。② 因此，在构想旅游业的发展计划时，既要看到其巨大的经济效益，又必须考虑到它的可持续发展问题。这样，才能为旅游业提供强有力的发展后劲。

（二）开发旅游名牌产品

综观国际旅游业的发展现状与趋势，影响一个国家、一个地区旅游业能否持续发展的关键因素，不仅在于是否拥有丰富的旅游资源，而且在于旅游产品的开发。旅游资源只是旅游业发展的基础条件之一，它必须经过人们有意识地开发，才能转化为旅游产品，获得经济效益。所以，旅游产品的开发和配置，从根本上制约着旅游经济的效益和增长。世界各地旅游业的发展，无不着意突出名牌产品。因此，旅

---

① 福建省计划委员会、福建省人民政府发展研究中心编印：《转型时期福建经济结构调整》，鹭江出版社，1999 年，第 440 页。

② 1998 年 10 月亚太议员环境发展大会第六届年会，《桂林宣言》。

游产品的开发应注意旅游与文化结合的深度和力度,突出个性,建设有较大吸引力的综合性旅游文化设施;要充分利用自然风光、历史文化、民俗文化的有利条件,并使其与现代文化相结合,渗透到旅游活动的全过程,打造旅游名牌。

（三）积极拓展国内外旅游客源市场

要充分认识到,游客市场是旅游业发展的生命线。只有积极拓展游客市场,努力扩大市场份额,才能使旅游业的发展呈现出勃勃生机。在近期,应把发展国内旅游作为活跃市场、扩大内需、促进旅游业增长的主要措施,拉动经济增长。在打好基础、站稳脚跟的条件下,大力开拓以港澳台市场为主体、东南亚市场为重点和积极稳妥发展欧美市场份额的境外和国际旅游市场,形成入境游、出境游、国内游三者结合的、结构合理的国内外旅游市场。

从以上三大因素看,旅游业的发展必须围绕"人"这个中心,而以人为本是万万离不开文化这一要素的。可持续发展的概念本身就是一种价值观,是人类文化精神的外化。同样,开发旅游名牌产品和开拓旅游市场,也必须以深厚的文化底蕴为基础。唯此,才能提高文化品位,促进旅游业的进一步发展。

人们对旅游的消费欲望,既为旅游业提供了广阔的市场发展空间,又体现了人的自我发展需求,它是随着经济社会的发展而导致主观需求变化的客观过程。美国人本主义心理学家亚伯拉罕·马斯洛认为,人在生存上的最基本(低级)的生理需要得到满足之后,"其他(高一级的)需要就立即出现了……而当这些需要也得到了满足,新的(更高一级的)需要就又会出现"。因此,人的一生实际上都处在不断追求之中,是一个不断有所需求的动物,"几乎很少达到完全满足的状态。一个欲望得到了满足之后,另一个欲望就立刻产生了"①。人的需求就是这样不断从低级到高级,直至出于发展的需要而达到自我实现的最高阶段的一种发展体系。人们对旅游的向往和回归自然、返璞

---

① 弗兰克·戈布尔:《第三思潮:马斯洛心理学》,吕明、陈红雯译,上海译文出版社,1987 年,第 41—42 页。

归真的渴望,正是为了实现自我发展的心理表现。具有一定文化品位的旅游活动,能够满足人们的这种心理需求。名山大川、人文胜迹、历史文化名城之所以成为旅游热点,正是因为它们所蕴涵的文化底蕴。

四、滨海旅游业发展要充分挖掘海洋文化的宝藏

当今国际旅游业发展的大趋势是"3S",即英文单词阳光(Sun)、沙滩(Sand)、海水(Sea)的首字缩写。它们与海洋的其他自然风光和人文景观结合在一起,相得益彰,互为补充,形成了独特的海洋旅游资源。因此,滨海地区发展旅游业具有天然优势,符合国际旅游业发展的主流。

滨海地区发展旅游业,除了要充分利用自然的资源禀赋外,还要充分挖掘所在地区的海洋文化宝藏,培育富有浓郁地方特色的旅游项目。要将旅游业作为新的经济增长点,加大旅游业的发展步伐,大力开发旅游产品,努力挖掘客源市场,积极拓展旅游活动空间,科学组织引导旅游活动。

旅游业的发展,离不开旅游资源的开发。旅游资源分为人文资源和自然资源。奇峰异石、高山大川、海滨胜景等自然风光是旅游的自然资源;名胜古迹、文化遗存、名人故居及具有特殊意义的历史事件纪念地等是旅游的人文资源。然而,最富有生命力的旅游资源是那些文化内涵突出、有很高价值和品位的东西。现代旅游业的发展,无不是以文化为导向、以文化为主流的。综观国内外,大凡闻名遐迩的旅游胜地,皆为自然资源和人文资源紧密结合,但人文因素又在其中占主要的或第一位的地方。所以,旅游业是具有很高文化性的经济事业,也是具有很高经济性的文化事业。

下面以福建泉州和山东荣成两地发展滨海旅游业情况为例说明之。

福建作为我国东南沿海地区的省份,比较注意发挥自然地理和人文历史的优势,以及沿海开放地区的区位优势,开发富有海洋文化内涵的旅游项目,如"海上丝绸之路之旅"、"宗教文化之旅"、"寻根之旅"、"闽台关系考察之旅"等。而泉州又是比较有代表性的地区之一。

泉州是我国首批公布的 24 个历史文化名城之一，位于东南沿海，具有悠久的历史，是我国历史上对外贸易的重要港口。早在汉代，泉州沿海港湾已是船舶停靠地。至晋末，北方连年战乱，"衣冠士族避地于此，沿江而居"。相对安定的社会环境，以及中原士族移居带来的大量劳动力和先进的生产技术，使泉州的经济迅速发展起来。北方的战乱，导致汉代以降至唐代中期发展到顶峰的"陆上丝绸之路"受阻和衰败，随着陆上丝绸之路发展高潮的消失，其相对于海上丝绸之路而言，也就失去了优势。唐代中期之后海上丝绸之路的兴起，为宋、元、明时代长江中、下游地区和中国南方沿海城市，如扬州、泉州、广州等地提供了良好的发展契机。特别是在宋代，北方辽、金战祸不断，而福建泉州偏安沿海，农业、手工业、商业全面发展，海上交通频繁，是以在 13 世纪中叶，经济发展竟超过广州，成为全国乃至东方最大的港口城市。国际商业贸易的发达，带动了造船业的迅速发展，泉州所造海船当时在国内享有盛誉。众多的外国商人，为了经商的需要，纷纷定居泉州，其中不少人拥有相当雄厚的经济实力。这些因素使得泉州早在宋、元时期，就成为我国最繁华的海外贸易中心和"海上丝绸之路"的起点，被马可·波罗誉为世界最大的商港，雅各·德安科纳称之为"光明之城"。[①]

作为海上丝绸之路起点之一的泉州，中西文化在此交流碰撞，文物特色闻名遐迩，这里有被世界称为"考古珍闻"的宋代古船，有弥足珍贵的各种宋元时期的外来宗教石刻，有建于北宋尚存部分宋代木构建筑艺术风格、宏伟壮观的福建省最大的孔庙——泉州府文庙，有我国现存最古老的纯粹阿拉伯式的伊斯兰教寺院——清净寺，有被誉为"天下无桥长此桥"的安平桥，有世界首创以"筏形基础"建造桥墩、种

---

① 雅各·德安科纳，意大利籍犹太商人，他在 700 多年前到达中国泉州，并在此居住了约半年之久（1271 年 8 月至 1272 年 2 月）。根据他的所见所闻记录的游记《光明之城》，对当时泉州的繁华景象和社会生活作了生动描绘，尤其到了夜晚，整个城市一片灯火辉煌，遂将不夜城泉州誉为"光明之城"。该书 1997 年由英国李脱·布朗出版社出版，中文译本（简体字版）于 1999 年 11 月由上海人民出版社出版。这是比《马可·波罗游记》更早的欧洲人访问中国的游记。

植牡蛎以固桥基的洛阳桥,有闽南传统建筑的代表作祠堂、古民居,有一支庞大的历代名人队伍……正是这些如此众多的文化瑰宝,使得泉州旅游有了更多的历史文化的厚重感,有了有别于其他历史名城的个性,成为具有传统文化特色的旅游城市。

根据旅游资源和人文历史及经济社会发展情况,泉州确定的主要旅游项目为:

(1)观光旅游。这是最一般的旅游项目,以观赏自然风光和名胜古迹为主。

(2)探亲寻根。在东南亚国家和港澳台地区有众多的泉州籍华人华侨,是发展旅游业的重要客源市场。

(3)休闲度假(假日旅游)。随着公休假日的增加,假日经济在促进消费、拉动经济增长中,正发挥越来越重要的作用。据报载,仅今年"五一"节期间,福建省就接待国内外游客320万人次,旅游收入超过20亿元人民币,与去年国庆和今年春节相比增幅达10%以上。这充分说明了假日经济发展的迅猛势头,而旅游业正是假日经济的载体。

(4)公(商)务、会议旅行。现代旅游业的发展,越来越呈现出多元化的特点。在国外,出门执行公务(出差)已基本上采用通过旅行社购票、预订住宿旅馆的方式,解决出行问题。而承接会议更是旅社、宾馆提高客房入住率的有效手段。

(5)民情风俗。开展特色旅游是发展旅游业的重要途径之一。具有浓郁地方特色的民情风俗游,是最具吸引力的旅游项目,也是不可取代的和最有竞争力的优势项目。

根据上述项目,开辟了能够反映地方海洋文化特色的旅游路线。

海上丝路之旅:海外交通史博物馆—后渚港—真武庙—天后宫—九日山祈风石刻;

宗教之旅:开元寺(佛教)—清净寺(伊斯兰教)—灵山伊斯兰教圣墓—清源山老君岩造像(道教)—安海龙山寺—晋江摩尼教草庵;

寻根之旅:华侨博物馆—闽台关系史博物馆—海外交通史博物馆;

滨海风光之旅:泉州城区—东海滨城—洛阳江(洛阳桥)游览区—

惠安崇武古城堡—海滨浴场—大乍风景区—祥芝、永宁、深沪黄金海岸。

荣成市位于山东半岛的最东端,为黄海、渤海以南我国沿海地区的最东部,素有"碧海、蓝天、绿地、花鸟城"之称。其东北端突兀海中,是中国大陆伸向海洋最远的地方,也是我国距韩国最近的地方。荣成是一座美丽的海滨开放城市,这里山清水秀,风光旖旎,夏无酷暑,冬无严寒,气候宜人,名胜古迹众多,是理想的旅游度假、休闲避暑胜地。国际公认的"阳光、沙滩、海水、空气、绿色"五种旅游资源基本要素,布满了荣成的千里海岸。有"中国好望角"之称的国家级重点风景名胜区成山头,早在春秋之时就被称为"朝日乐舞之地",秦始皇、汉武帝等都曾登临此地,秦丞相李斯在此亲书"秦东门,天尽头",因而久负盛名。因观后一泓圣水而得名的圣水观风景区,古树参天,庙宇壮观。著名佛寺赤山法华院,是唐朝时期新罗人张保皋所建,日本僧人圆仁大师在此留驻,1994 年韩国总统金泳三题名的"张保皋纪念塔"也在法华院东南山莲花顶上落成,是中、韩、日三国人民友好的历史见证。道教圣地槎山,连绵九顶,其色如黛,古诗云"海雾岛雾一千里,尽入虚无缥缈中",山海一色,石景奇美,道教遗迹众多,1992 年被批准为国家森林公园。风景如画的石岛湾,三面临海,一面依山,环境优美,交通便利,还是全国著名的民俗旅游区,素有"东方夏威夷"之称。天然泻湖"天鹅湖",犹如镶嵌在荣成湾畔的蓝宝石,每年都有上万只大天鹅来此越冬。花斑彩石风景区由中国大陆海岸独一无二的凝灰岩海石柱形成的花斑彩石构成,因色彩绚丽、造型独特、花纹别致而被称为"天下第一石",其独特的美学和科学价值,成为胶东乃至整个中国大陆海岸的精品景点。丰富多彩的旅游资源,为荣成发展旅游业提供了得天独厚的有利条件。

荣成的自然旅游资源,主要是分布在千里海岸线上的风光优美的10 大港湾和30 多个大小岛屿,以及发育完整的海蚀崖、岬角、海湾沙滩等海滨风景地貌和野生动物保护区等,尤其是以海滨泻湖环境形成的候鸟栖居地——天鹅湖自然生态景观十分引人入胜。就旅游的自然资源而言,荣成在山东半岛众多的海滨景观中是独树一帜的。

荣成的人文旅游资源以历史古迹为主要类型,如秦始皇东巡求仙遗迹,甲午海战古战场,道教文化景观的圣水观、九顶铁槎山、天后宫,佛教文化景观赤山法华院,民俗文化景观国际渔民节,现代纪念性文化景观伟德将军碑林,我国第一大渔港石岛港,等等。这些历史文化积淀厚重的人文资源,在山东乃至全国都颇具影响。

根据荣成的旅游资源情况,有专家认为其旅游形象定位的最佳选择是:天尽头——中国最东端第一流的历史文化观光与海滨度假地,并就荣成旅游产品建设提出三点建议:

(1)进一步培育"千里海文化长廊"的荣成旅游产品品牌。面对多元文化组合和景观荟萃的背景,确立历史文化、佛教文化和渔家民俗文化为构筑荣成旅游形象和产品品牌的三大支柱,加强产品形象的包装。

(2)明晰旅游产品的合理结构。以文化观光旅游为主导产品,以海滨度假旅游为辅助产品;以成山头海滨风光与历史文化观光、石岛湾国际渔人节与赤山法华院国际佛教文化交流、天鹅湖度假区旅游度假为拳头产品,进行积极培植。

(3)围绕旅游产品的旅游资源开发与设施建设应体现产品的多功能性,即观光度假功能、生态保护功能、革命传统教育功能、科普教育功能、休憩娱乐功能等,以此满足不同层次的旅游市场需求。①

综上所述,通过对泉州和荣成的旅游业情况的分析,我们可以看出,虽然它们分别处于中国的南、北方滨海地区,但都是我国比较有代表性的海洋文化地区和著名的旅游地,在发展本地的旅游业中,不约而同地都高扬起海洋文化的旗帜。这说明丰富的、历史悠久的海洋文化资源,是一份宝贵的文化遗产,开发它和利用它,对滨海地区旅游业乃至整个经济、社会的发展,都具有重要的意义。

为了更好地发展滨海地区的旅游业,特提出以下建议:

(1)加大旅游投入,努力发掘旅游资源。应结合本地的实际情

---

① 郑培昕、肖江南:《关于荣成市旅游形象之研究》,"荣成海文化暨张保皋与法华院历史国际学术研讨会"论文,2000年。

况,争取多开发一些能够满足现代旅游业发展需要的、吸引各类游客的旅游资源和旅游景点(区)。例如,在泉州和荣成,都可结合本地农业的产业化改造,开辟农业景区观光和旅游线路。

(2)组建旅游集团企业。要在现有旅游机构(企业)的基础上,完善职能,健全机制,提高素质,提供让游客满意的旅游服务。在当前日益激烈的旅游市场竞争中,以优质、高效的服务,赢得游客,占领市场。

(3)加强旅游基础设施建设,搞好旅游综合服务。要扎实做好旅游设施(如宾馆、车队、服务网点等)硬件方面的基础建设,切实做到让游客来得顺利、住得舒适、玩得痛快、吃得满意、走得愉快。在综合服务的软件方面下真功夫,加大旅游培训工作力度,提高从业人员业务素质,营造文明、安全、健康、有序的旅游环境。

(4)提高文化品位,构筑旅游精品工程。发展旅游业,要充分注意发掘当地宝贵的历史文化遗产,创造出浓郁的旅游文化氛围,打历史文化品牌,建旅游形象精品。通过旅游精品工程,完善本地旅游业的形象,扩大知名度,更好地吸引国内外游客。

(5)加大宣传力度,采取多种形式向国内外推介本地区的旅游项目。同时,要积极参加各种形式和层次的旅游展销促销活动。

(6)要从旅游业发展战略的高度,重视做好旅游团队的组织工作,同时也要注意做好散客的旅游组织工作。

(7)努力开拓国际旅游市场,进一步开放国内旅游市场。积极引进旅游业跨国公司,发展旅游业"三资"企业。在大力开发国内旅游市场、吸引国内外游客的同时,注意发展出境游的国际旅游观光事业。

海峡文化:概念、意义、发展路径与对策

　　福建省提出的建设海峡西岸经济区战略构想,在获得中央支持之后,已经由一个省的区域发展战略上升为全国性的发展战略,成为国家发展大格局中一个重要的经济增长极。而"海峡西岸"这一概念进入国家"十一五"计划后,再次出现在中共十七大报告中,则充分说明发展海峡西岸已经成为国家意志和执政党的全党意志,并在全党、全国得到了广泛的认同。然而,经济社会的发展,离不开文化的支撑,每一区域的经济发展,离不开当地的人文背景。同时,经济社会的持续发展和进步,又可以催生出新的文化形态。因此,经济区的概念,也是一个人文生成和发展的概念。我们关注海峡西岸经济区的发展,就不能不关注这一区域的文化构成,以及它的历史、形态、现状、发展所区别于其他区域的特殊性。所以,谈论海峡文化,就必须回答什么是海峡文化,为什么提海峡文化,以及海峡文化与海峡西岸经济区建设有何关系,发展海峡文化的路径选择等问题。在本文的最后部分,还将提出有关的对策建议。

一、海峡文化概念的定义①

　　什么是海峡文化? 这一问题的本质在于如何定义海峡文化这一概念,包括它的内涵与外延、性质与意义。《现代汉语词典》(商务印书馆,下同)指出:海峡是指"两块陆地之间连接两个海洋的狭窄水道",这是一个地理学的概念。这个概念同时也意味着,海峡是沟通被

---

　　①　本部分主要引自刘登翰《论海峡文化》(《福建论坛》人文社科版,2007年第4期)一文。

分割的两块陆地的水上通道。特殊的地理环境,使海峡成为人类交往和经济文化交流最活跃的区域之一,从而将地理学意义上的海峡,发展为文化学意义上的海峡。

在中国的区域划分和区域文化研究中,一个普遍的现象是比较重视"地域"的观念,而相对缺乏"海域"的认识。一个最简单的例子就是,我们在描述中国的地理状况时,大家经常说的是"我国拥有 960 万平方公里的国土",而这并没有把我国的领海计算在内。按照联合国海洋法公约,可以划归我国管辖的海域有近 300 万平方公里。所以说,从古至今国人的海洋国土(海域)观念和海权意识是十分薄弱的。究其原因,这与中国历史上长期以来形成的农耕文明有着密切的关系。

中国的文明发端于黄河流域中游,而后才逐渐向自然条件更好、更适宜耕种的黄河下游延伸。自商周历经秦汉隋唐而至北宋,两千多年来中国的政治、经济、文化中心,都沿着黄河这一轴心在长安—洛阳—开封一线上作东西方向的移动,直至南宋,才迫于北方游牧民族的军事压力而向江南转移。土地是中原汉族的根本,中原文化也是植根于土地的文化。其典型的代表儒家学说,便是对建筑在农耕文明基础之上的封建宗法社会的反映和维护。中国漫长的封建社会分封制,以土地和人口为标志,将中原文化携带延播到周边或更远地区,进而在不同的自然与人文环境中,发展成为中原文化的亚文化形态。区域划分和区域文化研究,强调"地域"因素,甚至以之作为划分和研究的依据,自有其必然性。

然而,中国不仅是一个内陆国家,还是一个滨海国家。中国的西部和中部深入亚洲大陆的内陆核心,从这里发育出十分充分而灿烂的农耕文明;而东部和南部,则处于亚洲大陆的东南边缘,面对浩瀚的西太平洋。从中国北部的渤海湾、黄海、东海直到南海的北部湾,漫长的大陆海岸线就有 18 000 多公里,中国的海疆星罗棋布着数千个岛屿,仅陆地面积在 500 平方米以上的,就有 6 500 多个。① 这样的滨海环

---

① 丛淑媛、胡欣:《太平洋纵横谈》,福建人民出版社,1990 年,第 166 页。

境,自古以来就孕育出了十分活跃的海洋经济和海洋社会的文化因素。但是,中原汉族的巨大融合力和中央王朝的强大整合力,使生活在滨海地区的海洋部族东夷和南越先后融入汉族之中①和纳入中央王朝的统辖之内。中原文化在进入滨海的地理和人文环境后,把海洋文化因素涵化其中,创造出与中原传统社会有所差异的文化形式,既继承着中原社会的文化传统,又发展着沿海民间社会以海为田、经商异域的小传统。由内陆文化向海洋文化的过渡与融合,成为滨海地区特殊文化形态的重要标志。在中国历史上,南宋以降,中国政治、经济重心逐渐由北方向江南倾斜,实质上也就是由北方的旱作文化向南方的水作文化倾斜,由中西部的内陆文化向东南部的海洋文化倾斜。在此后的发展中,中国的政治中心虽仍偏于北方,但经济重心却以南方为重要支柱。自南宋以来八百多年间,这一状况似无多大改变。时至今日,受惠于海洋文化传统,中国的改革开放最先从南部和东部起步,并获得显著效果。今日中国经济最为活跃的地区,无论环渤海湾、长三角还是珠三角,无不洋溢着融入世界经济大格局之中的海洋文化精神。

从总体看,中国文化的走向,有着显著的由内陆文化向海洋文化发展和融合的趋势。台湾海峡地区典型地体现了这一特征。在中国,无论从政治、经济还是文化上看,台湾海峡都是最重要的一个。它位于中国大陆东南部的福建和台湾岛之间,南北长300多公里。从纬度上看,以福建的中部和南部为主要对应地区,还向南延伸到粤东,并且辐射到香港和澳门。自古以来,台湾海峡就是纵贯我国南北最重要的海上黄金通道。从竖向看,不仅渤海、黄海、东海到南海的往返船只,须从这里通过;而且中国与欧洲、非洲、大洋洲和东南亚、南亚交往的船只,也从这里穿越。从横向看,连通海峡东西两岸的,只有这片水域。四通八达的交往,无论从经济层面还是文化层面都使台湾海峡成为人们最关注的地区。

在中国历史上,自西晋之后,大量中原汉族人口向南迁徙,并在明

---

① 林惠祥:《中国民族史》(上),商务印书馆,1993年影印第一版。

末以来，由闽南和粤东越过海峡，向台湾移民，成为台湾社会的人口主体，并以移民携带的中原文化作为台湾社会建构的基础，形成了福建、粤东与台湾在共同的地缘、血缘、文缘、商缘和法缘这"五缘"基础上的共同文化区，也就是我们所说的台湾海峡文化区。

作为海峡西岸主体部分的福建及其南北两翼的粤东和浙南，与海峡东岸的台湾及其周边群岛，都在亚洲大陆的东南边缘，其间只隔着一道"窄窄"而"浅浅"的海峡。由于特定的地缘因素，现今台湾的原住民，虽然有着来自不同方向的族源之说，但其中重要的一支，即由海峡西岸东迁的古越族。至今古越族的许多标志性的文化特征，仍然保留在台湾的原住民族群之中，这是两岸人类学界的共识。从今天台湾社会的人口主体看，中原汉族由海峡西岸向东岸大规模的移民，始于明末，至有清一代，经历了三次大的移民浪潮。这些自公元3世纪就开始不断由中原南迁福建和粤东的汉族人口，在经历了一千多年的生息后，再度由闽粤东徙入台，并且成为台湾社会的人口主体。移民的迁徙，实际上也是文化的延播。由中原随移民进入福建和广东的中原文化，经历了在闽粤的本土化之后，再以闽南文化和客家文化的地域形态，随移民携带入台，成为台湾汉族社会的建构基础。这个过程，既是人口迁徙的过程，也是文化形成和社会建构的过程。"同文同种"是人们对两岸密切的血缘和族缘，以及由血缘和族缘所带来的文化亲缘关系最简约、通俗的概括，也是海峡文化得以形成的最重要的基础。两岸密切的交往，在经济层面上是清代以来各显特色、互通有无的经贸关系的发展，此时大量出现的以沟通两岸物流为目标的"郊商"，便是这一经济互通的体现。在历史上，台湾作为中国领土的地位，早已明确。据史料记载，三国东吴已遣将派兵进入台湾，并有了沈莹在《临海水土志》中对台湾的详细记载。此后历朝，都有经营台湾的举措。元朝已在澎湖设置巡检司。1662年郑成功驱荷复台，将台湾作为反清复明的海上军事基地，便仿明制移入了大陆的政治军事体制。1683年清政府统一台湾，进一步将台湾作为中央王朝一个府的行政建制，隶属于福建省。1885年台湾单独建省，仍称"福建台湾省"。历史事实说明，台湾始终在中国政治版图之中，并在其社会进程上寻求与大陆社会的同质建构和同步发展。这一明确的法缘关系,更进一步表明了海峡两岸不可分割的政治、经济和文化的一体性。

台湾海峡两岸密切的"五缘"关系,使台湾海峡文化,就其性质而言,是在同一个国家、同一个民族和同一个文化体系之内,因不同地理和人文环境所形成的区域形态,是中华文化的一个亚文化。虽然后来由于社会的变迁,特别是台湾特殊的历史遭遇,导致今日台湾社会的发展,走上与祖国大陆无论是在政治体制、经济制度还是意识形态等方面都不尽相同的道路,发展出文化形态上若干新的特征,但在文化性质上没有从根本上改变其两岸的同质性。无论从上层士人文化的儒家传统,还是下层庶民文化的方言、宗教、信仰、习俗和民间工艺等来看,台湾文化依然是以中华文化为基础和规范建立起来的海峡文化区的一个侧面,一个在共同的民族文化逻辑上虽有某些新发展但并未改变其本质的分支。

在中国文化的大格局中,海峡文化最典型地体现出了中原文化由内陆向海洋发展的走向与特征。相对于中原内陆,台湾海峡两岸共同的"海峡型"地理区位,形成了两岸文化共同的"海峡型"特征。这一方面是指内陆文化由此向海洋文化过渡,在融合与涵化海洋文化的精神中,培育了中原文化延入海峡地区后发展出来的海洋精神或海洋性格;另一方面,临海的地理区位,同时也是广泛接受各种外来文化的"海口"。无论是阿拉伯文化、东南亚文化、西方文化或东洋文化,也无论是以和平的交流方式传入,还是以战争的殖民方式强迫接受,都从这一海峡地区最先跨入,然后逐步北上,进入中国政治、经济、文化的核心地区,从而对中国社会发展产生影响。文化的"海峡性",不仅造就了中原文化涵化海洋精神而有别于原乡的海峡文化的独特形态,也使这一地区成为外来文化的接纳地和多元交汇的文化繁荣地带,形成了海峡文化既守成于传统,又兼容于多元的文化性格,凸显出海峡文化的继承性和开放性的辩证统一。

由此可见,海峡文化是历史形成的一个既定的文化结构。这个结构包括三个层面:第一,以儒家学说为代表的主导两岸社会同质建构的上层士人文化;第二,涵化在广大民众生活传统、经验传统、信仰传统和社区组织传统中的底层庶民文化;第三,潜在于民众内心精神世界的情感、心理结构。

由于近代以来台湾的特殊历史遭遇,使台湾问题和祖国统一问题成为两岸共同关注的命题。因此,我们通常所说的"海峡西岸"、"海峡经济"、"海峡文化",在无须特别说明的情况下,谁都明白是指台湾海峡。正如两岸交流的事务性机构"海峡交流基金会"(台湾简称"海基会")、"海峡两岸关系协会"(大陆简称"海协会")均未冠以"台湾海峡"字样,而两岸的民众都知道其含义那样。

综上所述,经过简单的历史回顾之后,我们可以得出这样的结论,亦即回答"什么是海峡文化"这一问题了:所谓海峡文化,是指中原文化延播台湾海峡两岸所形成的区域文化;"海峡文化圈"的范围包括海峡西岸的福建周边地区和台湾及周边岛屿。

二、提出海峡文化的意义

明晰了海峡文化的概念之后,随之而来的问题则是:为什么提海峡文化,也就是提出"海峡文化"概念的意义何在?

回答这一问题需要厘清两对概念之间的关系:"海峡文化"与"闽台文化"、"海峡西岸经济区"与"海峡文化区"。第一对概念涉及的是学理性问题,第二对概念涉及的是实践性的问题。

今天提出海峡文化这个概念,有着特殊的意义。首先,海峡文化区更准确地界定了海峡文化的构成因素和区域范围。以往我们习惯以"闽"—"台"和"闽南"—"福佬"相对应来讨论海峡两岸的文化,它客观上造成了对海峡西岸南北两端的粤东和浙南,以及与闽南文化有着同样重要地位的客家文化的忽略。"海峡文化"或"海峡文化区"的提出,避免了这一不足。其次,"海峡文化"的概念突出了海峡地理环境对文化形成和发展的一些影响,从源头上追溯海洋文化对于伴随中原移民而来的内陆文化的影响,在海峡两岸互相涵化和发展的过程中,把区域文化研究的"时间"(历史渊源的追溯)和"空间"(滨海地区的海洋文化因素)辩证地统一起来,更准确地凸显台湾海峡地区的文化特征和发展走向。第三,"海峡文化"是对当下两岸文化的现实概括,它把以往较多建立在历史学基础上的闽台文化研究,拉回到当下现实的层面,不仅关注海峡两岸文化形成的历史,而且关注海峡两岸文化的现代性发展,关注现代经济背景下新的现代文化形态下的当下现实。以往,学术界把海峡两岸密切的文缘关系称为"闽台文化"。诚然,福建是海峡西岸的主体,闽台文化在两岸文化亲缘关系中也居于主要地位,在论述福建与台湾文化关系时是适用的。但是,若以此来概括海峡两岸的文化状况,则不够全面。"海峡文化"是我们对海峡两岸文化存在的重新认识和表述,是一种理论自觉和文化自觉的表现。

经济学界在讨论"海峡经济区"时,明确其范围是指包括海峡东岸的台湾、海峡西岸的福建,以及浙江南部的温州地区和广东东部的潮汕、梅州地区,还有作为腹地的江西中东部地区。而我们所说的"海峡西岸经济区",则是指位于海峡西岸的大陆部分,是相对于海峡东岸而言的。这一地理范围对于海峡文化区,基本也是适用的。说"基本",是因为如果仅仅从地理纬度上看,浙江温州地区并不在台湾海峡之内,江西中东部也并非沿海地区。但从文化范畴上看,古代福建本为百越族活动的地区之一。公元前 3 世纪,无诸立闽越国,其范围就在今天的从浙南到粤东的一片广大地区。今日温州地区的一部分,还属闽南方言语系,呈现出一定程度的闽南文化形态。我国少数民族畲族则早已聚居在与福建接壤的广东潮州、梅州和江西南部的赣州地区,有不少学者认为畲族来源于闽粤赣三省交界地区的古越人,今天在福建、浙江、江西及广东潮安、丰顺等地畲族内部中通行的畲语,有学者认为就是客家方言,或者与客家语关系密切。① 所以,将这些地区包括在海峡西岸范围之内,亦有其道理。

在当代政治和经济的剧烈变动中,文化结构具有比政治和经济更大的稳定性,文化具有超越政治和经济的力量。台湾于 1895 年为日本所割据,二战之后虽然有一短暂的回归和统一,但很快又由于国民党政权从大陆退据台湾,使得海峡两岸再度处于对峙和分隔状态。政治的对峙和分割,使曾经建立起来的两岸经济联系,遭到很大破坏,特

---

① 蒋炳钊编著:《畲族史稿》,厦门大学出版社,1988 年。

别是在 20 世纪 50 年代到 80 年代的三四十年间，几乎完全断绝。从日据时期开始，一个多世纪的政治分裂和将近一个世纪的经济疏离，使两岸在政治和经济上几无共同之处，但台湾并没有从祖国分裂出去。其最根本的原因不是政治，也非经济，而是文化的力量。台湾著名作家黄春明曾经说过："文化是人类的 DNA，中华文化是中华民族的 DNA，不是轻易可以改变的。"①可见，文化的稳定性不仅是维系中华各族儿女共同的精神纽带，也是维护祖国统一的基础。

关于第一对概念，我们以为其学理性的依据可概括为：第一，海峡文化更全面、准确地概括了海峡两岸的地理环境和文化状况，在强调闽南文化的同时，也重视客家文化及其他族群文化；第二，海峡文化突出了海洋环境对文化发展的影响因素，更准确地表明了中原文化在传入海峡两岸之后对海洋文化精神的包含、内化和弘扬。从"闽台文化"到"海峡文化"的变化，意味着一种学术范式的转移，以及对这一区域文化发展关注视角的转变。

关于第二对概念，我们认为实践性包含两重意义，即海峡文化的当代性和现实性。海峡文化虽然是一个历史形成的概念，但相对于"海峡西岸经济区"乃至"海峡经济区"而言，它也是一个具有策略性和功能性意义的概念。第一，海峡文化为海峡西岸经济区以及海峡经济区提供了建构和发展的文化背景，使两岸在"五缘"关系这个统一的文化基础上，有利于经济的互补整合和双赢发展。第二，文化产业作为新兴产业，在两岸经济的差异和互补中，有着更大的对接和发展的空间，正在成为海峡经济一个新的增长极和重要支柱。两岸特殊的政治区位和文化区位，使文化产业的对接和发展具备了更多特色和优势，是推动两岸经济一体化的重要力量。这是海峡文化最具实际意义的重要贡献。第三，从战略的角度审视，将海峡文化理念系统地导入文化政策的制定与实施之中，有助于整合区域文化资源，打造区域文化品牌，促进海峡两岸产业的优势互补，从而有助于提升中华文化的全球竞争力，提高我国的软实力。

---

① 黄春明 2006 年 12 月 2 日在香港世界华文文学联会成立大会晚宴上的演讲。

在对这两对概念梳理之后,可以明了提出海峡文化概念的意义是:

第一,为海峡西岸经济区提供强大的精神支持,有利于经济与文化互为依托、互相促进,实现良性互动;

第二,重新定位闽台关系,为传统的文史研究导入更加开放和多元发展的理念,在注重历史基础的同时,更加注重实践意涵,关注当前两岸的文化现实;

第三,发挥海峡文化的整合功能,凸显福建文化强省建设的特色品牌,促进区域文化的繁荣和发展;

第四,有助于增强区域文化认同,形成更加稳定的海峡两岸文化情感结构,为祖国统一奠定更加坚实的基础。

三、海峡文化与海峡西岸经济区建设的关系

海峡西岸经济区是新世纪福建省给自己的崭新定位。经过 20 多年改革开放,我国的区域发展有了长足的进步,特别是在东部沿海地区,出现了环渤海湾、长江三角洲和珠江三角洲等经济、社会快速发展的地区。福建作为东部沿海最早实行改革开放的地区,在经历了比较长一段时间的快速发展之后,特别是在我国加入世界贸易组织之后,原来所拥有的一些政策方面的优势,已经不复存在。面对"长三角"和"珠三角"的高速增长,福建在全国的区域发展中面临着被边缘化的尴尬局面。在新世纪,面对黄金发展期和战略机遇期,如何在区域发展中找准自己的位置,成为摆在福建面前一个绕不过去的重大问题。为此,中共福建省委、省人民政府审时度势,提出了建设海峡西岸经济区的战略构想。这一战略构想进一步明确了福建在全国区域发展大格局中的定位,凸显了福建对祖国统一大业的强烈责任,在省内外、国内外激起了比较广泛的影响。

海峡西岸经济区是指以福建为主体,包括周边地区,对应台湾海峡,具有自身特点、独特优势,自然集聚,无法依存其他经济区的区域经济综合体。之所以这么提,是因为福建在区域经济的布局中、在经济发展的潜力上,越来越为方方面面所关注、所认识。经过 20 多年的

发展,福建与台湾的差距在不断缩小。据有关部门统计,从经济总量看,20世纪80年代初期福建是台湾的1/50,90年代初期是台湾的1/13,2003年是台湾的1/5。如果把福建与台湾的经济总量加起来,形成一个海峡经济区的话,则与"长三角"的江、浙、沪和"珠三角"的粤、港、澳的经济总量相当,各为3 300亿美元左右。这是一个客观的事实,其他任何地区都取代不了,也包含不了。然而,由于台湾陈水扁当局的阻挠,海峡两岸的"三通"迟迟不能实现,海峡经济区只能是有待于将来实现的一个设想。现在,海峡两岸关系的形势比较严峻,"台独"趋势越来越明显、越来越严重,解决祖国统一的问题越来越突出。在这种情况下,福建的对台优势越来越凸显,在祖国统一大业中的作用也越来越重要。所以,我们只能立足于当前、立足于福建,首先把海峡西岸作为一个经济区建设好、实现好,为未来的海峡经济区打下良好的基础。

之所以提出海峡西岸经济区的构想,是因为以福建为主体的海峡西岸,与台湾一水相隔,有着悠久的历史渊源关系。

台湾海峡自古以来就是沟通我国南北,北上东北亚,南下东南亚、南亚,并进入欧洲、非洲和大洋洲的黄金水道。台湾人口中83%来自福建(以漳泉为主),15%来自广东(以客家为主)。1885年之前台湾属于福建管辖,为福建的台湾府。1885年台湾建省之后,还叫"福建台湾省",在朝廷看来,还是属于福建的,重要的文件要通过福建转报,并享受福建的转移支付。清朝《吏部则例》规定,台湾府学、县学的训导、教谕,出缺时先从福建拣补。探究这么一种历史关系的存在,就使得一种深层次的、底蕴的东西浮出水面,即海峡两岸在文化上的亲缘关系。大量的研究业已表明,台湾文化是中华文化的一个子系统。自公元3世纪开始,中原的战乱导致大量的汉族移民南迁,进入福建。他们带来的中原文化,由于自然地理方面相对封闭的环境和交通的不便的原因,得以比较纯粹地保留下来,并在今天我们所说的闽南文化和客家文化中得到传承和体现。随着17世纪以后以闽南为主的福建移民和闽西、粤东的客家移民进入台湾,经过闽粤"本土化"之后的中原文化,以闽南文化和客家文化的地域文化形态延播入台,成为台湾社会构建的文化基础。海峡两岸地缘相近,血缘相亲,文缘相同,商缘相通,法缘相承,历来被视为一个共同的文化区。于是,我们可以十分自然地提出一个概念——"海峡文化"。而本文前面所叙述的一切都告诉人们,海峡文化不是臆造出来的产物,而是一个经由相当长的历史阶段所形成的、既存的、客观的文化事实。

文化是一种生活方式。在一定的意义上,它还是经济发展的基础和支撑。西方词语中"文化(Culture)"一词,最初是指"栽培、耕作"之意。这反映出农耕时代在人类记忆中打下的深深烙印。人类摆脱蒙昧,从野蛮走向文明,劳动是其中至关重要的桥梁,所以恩格斯说"劳动创造了人"。人类的生产劳动是什么?是人的生活方式,是人类的经济活动。采摘、捉鱼、狩猎、种植是人类最初的劳动方式和经济活动,也是人类最初的文化形态。所以,文化与经济是相通的。而从宏观的、大文化的层次上说,文化包含了经济,是人类在社会历史发展过程中所创造的物质财富和精神财富的总和。如果说海峡西岸经济区是一个客观存在,那么同样的,海峡文化也是一个客观存在。更进一步说,海峡两岸的经济来往还会受到政治因素的影响和干扰,出现起伏、停滞甚至中断,而两岸的文化交流则始终没有中断过。正是由于这种息息相通的文化脉络,带动和促进了两岸日益热络地经济交流。在这个意义上,我们完全可以说海峡文化是海峡经济区的基础和支撑。

如果从中观的层次看,文化特指精神财富,如文学、艺术、科学、教育、广播影视、新闻出版等,这是人们在一般意义上所理解的文化。即使在这一层次上,文化与经济也有着密不可分的关系。尤其是在信息时代,文化在经济发展中的作用,正在日益改变着人们对二者关系的传统认识。文化生产力概念的提出和文化产业突飞猛进的发展,就是其重要的表征。

正是因为文化与经济的关系发生了重大的、质的变化,我们可以认为,经济和文化是支撑现代社会发展的双足。只有二者都得到均衡的发展,社会的前进才能是稳健的,而不至于跛行和失衡。这样的认识,也适用于海峡文化和海峡西岸发展之间的关系。

　　福建是我国主要的和重要的侨乡，据统计，在全世界范围内 3 650 多万的华侨华人中，祖籍广东的 2 000 余万，祖籍福建的 1 100 余万，闽粤两省相加约占全体华侨华人总数 80% 以上。由于二战之后"冷战"政治因素的影响，中国内地被迫关闭了海外移民的大门，中国人向海外移民的中心转移至台湾。大批于 1949 年流落台湾的内地人口及其第二代，纷纷以留学名义远赴他乡，并带动台湾本地青年，形成了 20 世纪 50 年代至 70 年代台湾的一个海外移民浪潮。广东、福建、台湾都属于我们所说的海峡文化区范围，由此，我们还可以进而得出一个"海峡文化圈"（或"泛海峡文化圈"）的概念。在这个层面上看，海峡文化的影响力，已经超越了台湾海峡的地理范围而遍及全球了。仅就福建而言，由于自然地理和历史的原因，自古以来福建人就闯荡海外，遍布在东南亚、欧美等国家和地区，由此形成了闻名于世的"闽商"现象。一大批福建人在世界各地的成功经营，使得福建的地域文化在海外亦得以广泛传播，这一现象也使以福建文化为主体的海峡文化传播到世界各地，成为众多海外游子的情感牵挂和精神归宿。改革开放以来，在福建的外来投资中，以台资和侨资为最多。仅以台商对福建的投资情况看，1979 年至 2004 年，在闽的台资企业投资项目已达 8 082 项，投资合同金额 144.49 亿美元，实际到资 103.99 亿美元。福建与全国各省市吸引的台资项目、合同金额与实际到资额相比，分别占 12.6%、18.07% 和 26.24%，总量排在江苏、广东之后，居全国第三位。① 可以说，这些台资和侨资为福建的经济建设和社会发展作出了巨大贡献。这其中，文化观念所起的作用不可谓不大。我们有充分的理由认为，福建的对外开放和经济、社会的发展，受惠于"海峡文化"影响的程度是相当高的。

　　2006 年 10 月，福建省正式颁布了《福建文化强省建设纲要》。结合形势发展，我们认为有必要将海峡文化的研究、宣传纳入这一纲要的实施过程之中。2006 年新春胡锦涛总书记在厦门看望台商时谈到，

---

　　① 福建社会科学院编著：《2006—2007 年福建经济社会发展与预测蓝皮书》，福建人民出版社，2007 年，第 243 页。

应该重视闽南文化、客家文化、妈祖文化、南音、民间信仰五种文化的研究;2007 年在全国政协十届五次会议上,有委员提出提案,建议设专款保护海峡西岸文化遗产;2007 年 6 月 9 日,文化部在北京正式向福建省政府授牌,把"闽南文化生态保护实验区"第一个纳入全国十大文化生态保护区行列。这些举措都传递着一个相同的信息:海峡文化的发展越来越受到国家的重视,海峡文化的作用越来越被人们所认识,海峡文化越来越成为海峡西岸建设的重要组成部分。应该说,海峡文化也正面临着一个战略机遇期和黄金发展期。

综上所述,对于怎样认识海峡文化与海峡西岸经济区建设的关系这一问题,笔者以为有以下几点:

第一,促进海峡西岸经济区的建设及成型。目前,海峡西岸经济区作为一个构想,正处在成型的过程之中。而海峡文化圈则是一个具有相当历史的已然成型的文化事实,充分发掘它的功能,有助于增强海峡两岸的文化认同,带动海峡西岸经济区的建设,最终形成海峡经济区。

第二,促进海峡西岸的社会发展和文化建设。随着构建社会主义和谐社会任务的提出,全社会对社会均衡发展、特别是文化发展的重视程度越来越高。因此,在海峡西岸建设过程中提出内涵丰富的海峡文化概念,对于福建省发展文化事业、壮大文化产业、建设文化强省、增强软实力具有十分积极的作用。

第三,更加凸显福建在祖国和平统一大业中的重要作用。建设海峡西岸经济区的目的,在于服务于祖国和平统一大业。发展具有浓郁地域特色的海峡文化,有助于提升福建的综合实力,促进海峡两岸的经济交流、文化交流和社会各界人士的交往交流,加大对台湾民众的吸引力。这样,也就增强了祖国的凝聚力。

四、发展繁荣海峡文化的路径选择

胡锦涛同志在党的十七大报告中指出:"当今时代,文化越来越成为民族凝聚力和创造力的重要源泉、越来越成为综合国力竞争的重要因素,丰富精神文化生活越来越成为我国人民的热切愿望。"推动社会主义文化大发展、大繁荣,是中华民族伟大复兴的重大历史使命。这一精神同样适合于海峡文化建设,是我们发展和繁荣海峡文化的重要指导思想。

文化是人类在社会历史发展过程中创造的物质财富和精神财富的总和。按照《现代汉语词典》对文化的这一宏观解释,可以说人生活在文化中。人是文化的创造者,但文化又塑造了人,文化与人类紧密相关,是须臾不可或缺的。进入20世纪以来,世界文化在发展历程上产生了质的变革,最重要和最显著的变化,就是文化工业在经历了漫长的发展阶段之后,已经完全成型,文化产业成为经济发展的亮点和重要支柱。其表现在于:文化的功能越来越扩展,文化存在和发展的形态越来越多元化,大众对文化的接受方式越来越多样化。因此,谈论海峡文化的发展和繁荣,不能不在世界文化发展趋势的大背景下予以观照。

在传统观念中,文化主要是作为意识形态的重要组成部分,被认为是人们物质生活之外的精神现象、精神生活的表现形式,具体包括思想、道德、科技、教育、文学、艺术、传统习俗、宗教以及价值观念、思维方式、审美方式等。所以,在计划经济时代,文化仅仅是作为社会事业的一部分而被定位的。即使是在改革开放30年后和实行社会主义市场经济的今天,这一思维定式仍然自觉或不自觉地存在于许多民众和各级公务员的头脑中,成为人们的下意识。而事物发展的另一面,有时恰恰呈现出相反的状态:在商品经济大潮的冲击下,当追求物欲、经济效益至上成为一种社会潮流时,文化又往往成为一些人攫取利益的华丽包装,乃至直接手段。当前,这种文化的社会现象使人们面临着一种文化困境:一边是公共财政对文化的投入捉襟见肘,公共文化服务难以满足人们的需要,公众的文化消费严重不足;另一边则是粗制滥造的文化商品充斥市场,挤占着人们的视觉空间,极大地消耗和浪费着文化资源和社会资源。这就使得社会公众和政府的决策者们处于文化迷失的两难境地,难以找寻文化的社会效益和经济效益之间的平衡点。我们认为,实质上这是文化工业(文化产业)给人们带来的困惑。

　　然而,这一文化发展所面临的困境,并非中国独有的现象。从世界范围看,由于工业化与城市化(即人们通常所说的现代化)的发展,西方国家纷纷步入大众社会阶段,加之科学技术的发展和大众媒介的普及,大众文化应运而生,并由此引发西方学者对大众文化的深入探讨。在 20 世纪二三十年代,以霍克海默、阿多诺、马尔库塞为代表的法兰克福学派认为,大众文化是一种文化工业,它以商业原则取代艺术原则,以市场要求取代精神要求,因而其文化产品是雷同的、平庸的,在这种文化的强大影响力下,民众丧失了自身的判断能力,成为被动的文化消费者。因此,法兰克福学派对文化的商品化深恶痛绝,对大众文化持严厉的批判态度。20 世纪中叶兴起的、以霍格特和霍尔为代表的英国文化研究学派则认为,大众文化代表着生生不息的、看得见摸得着的现实生活,具有沟通、交流、促进多样化和差异性的积极功能,应该站在民众的立场接受、研究与提高大众文化。这一观点传入美国后,导致了通俗文化研究学派的兴起,其代表人物甘斯提出品味文化的理论,对法兰克福学派的观点进行了批判。此后,对大众文化的研究越来越呈现出跨学科色彩,传播学者重点研究它与传媒的关系,社会学者强调它在社会变迁中的作用,文化学者关注的是它与精英文化及民间文化的关系,形成了研究的多维视野。这些不同的观点、看法,直接影响了各国政府及相关机构对大众文化发展所采取的态度和政策。①

　　由此可见,文化在自身发展的过程中,由产业化所带来的阵痛,是发生在世界各国的一种普遍现象。这就给了我们一个有益的启示:现代社会,文化的发展是沿着事业化和市场化两条道路前进的。文化事业反映了它的社会公益性质,文化产业反映了它的市场商品性质。作为公益性质的部分,属于公共服务的产品,理应由政府承担投入责任,以保障公民文化权利的实现;作为市场商品的部分,则应遵循经济规律,由市场配置资源,以促进文化市场的繁荣,保证大众文化消费的需求。沿着公共文化和文化产业两个方向发展,是现代社会文化繁荣的

---

① 《现代西方大众文化丛书》"总序",中国经济出版社,2000 年。

大趋势。以此审视海峡文化的发展和繁荣,我们认为也应该如此,即作出如下路径选择:

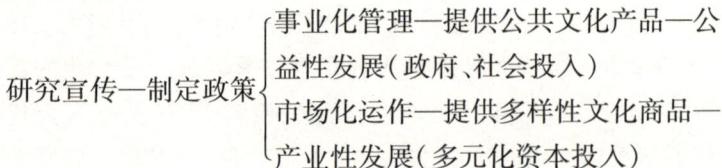

$$研究宣传—制定政策\begin{cases} 事业化管理—提供公共文化产品—公\\ 益性发展(政府、社会投入)\\ 市场化运作—提供多样性文化商品—\\ 产业性发展(多元化资本投入) \end{cases}$$

海峡文化是一个全新的概念,它是研究的成果。这一成果要得到社会的承认和接受,扩大影响,宣传是必经的途径。研究和宣传为制定政策提供了基础和外部条件,使之成为可行性的依据。相关政策的出台,又分别为海峡文化的公益性发展和产业性发展提供了制度保障,特别是在两岸关系形势严峻的时期,这种制度保障显得尤为重要。在海峡文化生态保护以及其他公益性发展方面,除了政府加大投入,还应鼓励社会捐助。而在产业化发展方面,则应鼓励多元化的资本投入,扩大市场容量。

按照这一路径选择的思路,我们提出了发展繁荣海峡文化的对策建议。

五、海峡文化建设的对策建议

鉴于海峡两岸形势的变化和海峡西岸经济区建设的需要,对海峡文化的发展应有一个全局性的战略构想。我们建议在实施《福建文化强省建设纲要》的基础上,把"海峡文化"概念纳入福建省文化发展的整体格局之中,使"海峡文化"成为文化强省战略的重要组成部分和具有鲜明福建特色的文化品牌。

(一)进一步发掘和利用海峡文化历史资源

(1)加强对海峡文化历史资源的普查和现实发展的规划。历史资源包括海峡两岸地理变迁的遗迹、史前文化遗址、海上交通史迹、移民史迹、家族迁徙史料、两岸宗教信仰、民俗民风状况、历史事件遗址以及台湾同胞在大陆捐建的各种公益设施或创办的实业旧址,等等。据有关部门的初步调查统计,福建省登记的涉台文物达1 076处,其中列为全国重点文物保护单位的33处,省级文物保护单位的92处,说明福建省是个涉台文物"大户",有必要扩大范围,进一步深入调查,并切实做好文物保护工作。如国家所设的"闽南文化生态保护实验区"那样,增设"客家文化生态保护区"或其他保护区。在做好历史资源调查的同时,加强海峡文化发展规划,将历史资源纳入现实规划,使资源优势转化为现实的文化优势。

(2)加强对血缘关系和家族文化的发掘与应用研究。两岸民众都十分重视血缘和家族谱系的追踪,多年来已形成了一系列修谱、建祠、认宗、祭祖的活动。因此,充分发掘和利用海峡两岸的家族文化史料,进行谱牒方面的梳理、比对和接续,应当成为海峡文化研究的重要内容。可在丰富和扩大已有的谱牒收藏基础上,进一步进行数字化处理,建立"海峡谱牒网站",供两岸民众查阅。在适当时候,举办"海峡谱牒"文化展。

(3)重视客家文化体系的建构和研究。客家在台湾2 300万人口中占有600万,是对台湾政坛有重要影响的一个族群。以往我们较重视闽南文化与台湾关系的研究,相对而言对客家文化有所忽略,因此有必要重点加强这方面的研究。福建拥有十分丰富的客家文化资源,宁化石壁村被称为"客家祖地",闽西汀江被誉为"客家母亲河",20世纪90年代以来曾举办多次活动,台湾许多政要和经济、文教界著名人士都曾回闽参加活动。利用客家交流的平台,加强两岸合作,可以提升活动的文化内涵,联络海内外客家乡亲,对祖国统一大业起到更积极的作用。应尽快将设立"客家文化园区"提上议事日程,并进一步做好闽籍台湾及海外客家名人政要的联系和交流工作。同时,建立专业机构,加强对客家历史、文化、民俗、信仰和客家精神的深入研究,完善客家学的理论体系。

(4)发挥闽台方言文化在民众沟通中的作用。闽南方言和客家方言都是汉语的次方言,随着移民入台成为台湾民众的母语。近来,在"台独"的文化主张中,有将闽南方言作为台湾"国语"、将闽南方言文学作为台湾"国家文学"的意图。相反,在闽南地区,尤其外来移民较多的厦门,闽南方言的使用频率和功能都在衰减。特别是年青一代,往往不讲或不会讲闽南话,这一情况应引起重视。厦门曾尝试在幼儿园试教闽南话，在中小学中开设闽南文化的乡土课程，其经验值得总结。

方言母语是两岸民众情感沟通的桥梁，可通过各种方言文艺形式，如"闽南语歌曲大赛"、闽南方言"讲古"、闽南歌仔、客家山歌对唱等，沟通两岸民众感情。尤其是在世界华人社区有广泛影响的"闽南语歌曲大赛"，应定期举行。采用各种方式，开展两岸民间歌谣、谚语、传说、故事的搜集、整理、对照和印证活动。条件成熟时，在闽南和客家地区开设闽南文化和客家文化的乡土课程。

（5）发挥宗教和民间信仰的积极作用。台湾宗教以佛教为盛，信众最多，其"四大山头"（佛光山、中台山、慈济功德会、法鼓山）和"九大门派"，法脉和礼仪都传自福建。台湾"陆委会"调查，也认为两岸宗教交往，多集中在福建，其意义和影响已超出宗教本身。而台湾民间信仰中的175尊主神，90%以上也由大陆（主要是福建）分香而来，从而形成了大陆祖庙—台湾开基庙—台湾分灵庙等级清楚的庙际网络。历年来，台湾庙宇向大陆祖庙乞火、进香的活动，和大陆祖庙神灵渡台绕境巡游的盛举不断，以妈祖祭拜最为典型。这些活动突破政治禁忌，成为两岸民众交往的先声。要充分研究和推广莆田"妈祖文化节"的经验，推及其他民间信仰，并扩大范围，将单纯的宗教活动办成更具文化内涵的民间节日，利用这一平台，做好台湾民众的工作。

（6）积极开展民俗文化交流活动。民俗是在长期历史发展中民众生存经验、生活方式和精神特征的积淀。两岸同风共俗，情感结构相近，是两岸同根共源的重要佐证。目前民间多有开展民俗展示活动的举措，但多夹杂在旅游中出现，层次较低，规模不足。应当重视这一资源的利用，加强领导，做大规模，扩大影响。建议设立专门的海峡民俗博物馆，使其专业化、系统化和规模化。尤其应注意反映民俗活动的民间器物收集，包括生产器物、生活器物、祭祀器物等，这是两岸文化承传的物质见证。当前，随着各地旧城改造，这样的器物大量散失淹没，应对其进行抢救性收集。结合发展旅游业，举办各种层级的民俗文化节，或某一民俗节庆的单项活动，吸引两岸民众共同参与,增进感情。积极创造条件,举办全省性乃至更大范围的"海峡民俗文化节",整合两岸资源,共同参与,打造独具特色的海峡文化品牌项目。

(7)重视朱子理学对两岸文化传承作用的研究。朱熹是儒学的集大成者,朱子理学是闽学的本元。闽学对台湾儒学的发展和教育的影响十分深远。清代《吏部则例》规定,台湾府学、县学训导、教谕,缺出时先从福建拣补;台湾各级学校和书院,除主祀孔子外,还增设朱子祠,延用朱熹在白鹿书院创建的"明大义、务实学、崇经史、正文体"的学规。朱子理学对台湾社会走向与大陆一体的文治化,有重要意义。朱子研究应作为海峡文化研究的一项内容,探讨其对两岸文化传承关系的意义。加强武夷山宋明理学研究中心力量,使之成为两岸朱子理学研究和交流的中心。

(8)发挥两岸名人文化效应。两岸有许多共同敬仰的历史文化名人,如陈元光、朱熹、郑成功、陈永华、沈葆桢等。陈元光被尊为"开漳圣王",成为台湾漳籍移民信仰的民间主神;朱熹在台湾文庙、府学、书院立祠供奉;郑成功驱荷复台,对台湾开发的一代伟业,在民众心中不可磨灭。如何发挥名人文化效应,沟通两岸民众感情,值得探讨。除举行学术研讨外,还应举办更普及于民众的活动,如海峡名人伟绩的两岸联展,开辟海峡文化名人事迹的旅游路线,举办暑假考察名人业绩的学生夏令营,建立两岸历史名人网站。

(9)开展民间文艺的交流和民间工艺的抢救恢复工作。两岸的民间歌舞和民间戏曲,是两岸民众的共同创造,可通过会演、调演,发挥其沟通民众感情的作用。在两岸,还有许多濒临灭绝的民间工艺,如竹艺、锡艺、漆艺、彩扎等,应通过组织老艺人的交流,进行抢救和恢复。

(二)加强文化策划,壮大文化产业,推动海峡文化的现代发展

海峡文化的现代发展,既是适应海峡经济的需要,也是文化自身发展的必须。它有赖于通过科学的文化策划,加强文化资源的发掘与重组,提高文化资源的市场化程度,在创造经济价值的同时,也提升自己,推动文化的发展。

（1）实施"创意海峡"或"创意福建"计划。借助媒体平台，通过"海峡创意百年"的主题宣传计划，从民众生活细节的各个侧面切入，包括衣、食、住、行、视、听、信息、工艺、歌舞、戏曲等方面，展示两岸百年来的创意历程，打响福建省文化产业的"海峡"品牌。

（2）建立"海峡青年文化创意产业园区"。文化创意产业园区是发展文化创意产业的载体，通过两岸对接，实行产、学、研"联姻"，优化资源组合，形成规模优势，发挥文化产业链的聚合效应、综合服务功能和人才、物流优势，提升研发能力和整体实力。在创意园区中可组建文化产业学院、文化广场、文化产业集聚区、文化产业国际会展中心等，推动海峡文化的整合，为两岸文化产业对接开拓更大的空间。

（3）创办海峡文化人才培训基地，促进闽台教育的合作和对接。可通过合作办学、师资交流、互派学生和学位认证等环节，侧重培养文化创意人才、策划人才、设计人才、市场推广人才和文化资源保护人才。

（4）实施文化产业的"海峡"品牌塑造推广计划，以闽台文化产业对接促进福建省文化产业升级。

（5）扶持和发展数位内容产业（ICP）。目前福建省信息产业对新技术和新设备的引进居于全国前列，而SP（服务提供商产业）和ICP（内容提供商产业）则相对滞后。ICP作为一个新型的文化产业，介于信息产业和文化产业的交叉地带。目前各方都在争取最大利润的前提下寻找内容，使ICP处于一种无序状态。因此，推动两岸合作，优先发展数位内容产业，是文化产业建设的优选之项。

（6）实施"海峡文化圈"的旅游发展战略。自然旅游资源不可逆转的破坏和消耗，使文化资源的介入成为提升旅游品质和促进旅游产业发展的必然。海峡文化是福建旅游文化的特色和优势。在提高旅游服务品质、开拓旅游配套产品市场、发展高端旅客群体的同时，突出"海峡"文化因素，设计精品线路（如武夷山—鼓浪屿的山海游；厦门、泉州—金门—澎湖—马祖—福州的海峡游等）是提升福建旅游产业竞争力的有效举措。

（7）实施闽台乡村交流计划。闽南和台湾南部乡村、闽西和台湾客家乡村,无论在家族关系还是方言、民俗、信仰以及民间娱乐和工艺等方面,都有共同的文化背景。以乡村为基点,推动两地之间的交流与合作,有利于推动两岸民众的理解与共识。

（8）搭建以"海峡"命名的文化平台,为海峡文化提供展示空间。目前以"海峡"命名的各种文化活动很多,建议加强规划和领导,丰富其文化内涵,扩大其社会参与度。在可能的情况下,建议由省政府或相关部门主导,举办海峡文化节、海峡文化发展论坛、海峡文化产业博览会等系列活动,整合全省文化资源,以系列活动的方式,将民俗文化、民间戏曲歌舞、宗教信仰文化、大型艺术展览、民间器物、歌曲大赛以及学术研讨等,都涵纳其中,集研讨、展示、表演、比赛等多种方式,使之成为海峡文化特色鲜明、参与人数众多、影响广泛的文化品牌项目。

（9）加强媒体宣传力度,扩大海峡文化的辐射范围。一方面要重点扶持,做大做强以"海峡"冠名的报刊和电视节目,发挥优势,使之成为福建省的媒体特色;另一方面以"海峡"冠名的媒体,应将海峡文化作为自己的宣传职责,扩大海峡文化的社会影响。

（三）加强领导,强化政策支持,为发展海峡文化提供保证

（1）"海峡文化"是福建文化建设的特色和优势,加强海峡文化建设也是福建为促进祖国统一大业所应承担的责任和应做的贡献。各级领导必须确立这一认识,并通过各方面工作,将海峡文化意识普及到广大干部群众中去,发挥海峡文化效应。

（2）建立海峡文化的政策协调机制。既发挥各级政府和民间组织的积极性,也体现省委、省政府的主导作用,做到资源整合、优势互补、人才互动、市场互通、政策互惠、开拓创新。省委批准成立的福建省海峡文化研究中心和福建省海峡文化研究会,应在统筹协调工作中,发挥更大作用。

（3）成立由经济、文化、新闻、教育和研究机构共同组成的跨部门海峡文化（创意产业）推动组织。结合跨部门与跨企业的合作模式,指导与协调各部门推动海峡文化创意产业各项工作。

（4）建设海峡文化交流和创研基地，争取使这一基地如海南博鳌亚洲论坛那样，成为两岸政治、经济、文化的高峰论坛，并成为定期举办海峡文化的各种展览、表演、交流和培训活动的固定场所。

（5）设立海峡文化发展基金。在政府的支持和启动下，争取民间资金的投入，推动海峡文化事业的发展。

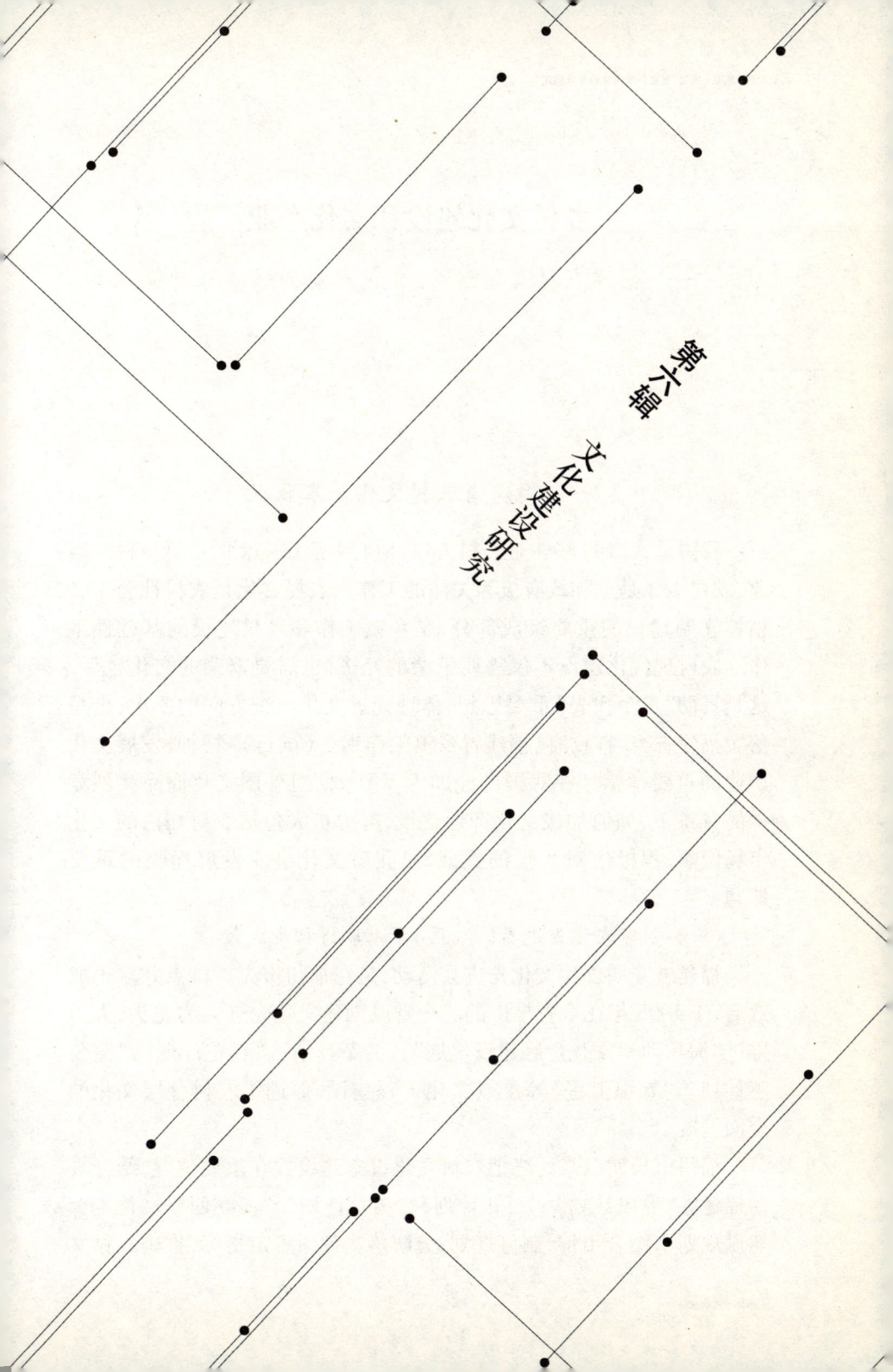

第六辑

文化建设研究

乡村文化建设和文化产业

——福建农村文化建设、文化产业的思考与对策

一、福建省农村文化基本状况

我国总人口的 80% 是农村人口,他们生活在广袤的田野乡村。因此,农村工作是党和政府极为关注的工作。农村文化是农村社会主义精神文明建设的重要组成部分,是乡镇工作和乡村建设的基础性工作。农村现代化建设不仅需要繁荣的经济,也需要繁荣的文化生活,这是贯彻"三个代表"重要思想,体现先进文化前进方向的要求;也是落实福建省委、省政府《福建省乡镇工作纲要(试行)》精神,发展文化产业的重要举措。在我国已经加入 WTO,面对外国文化商品激烈竞争的背景下,如何加快文化产业建设,努力扩大包括农村在内的文化市场份额,积极应对入世的挑战,是我省文化事业发展面临的重要课题。

(一) 创建文化先进县(市、区) 活动取得初步成效

福建省开展创建文化先进县活动,是在福州市先行试点并取得成效后,于 1995 年在全省推广的。全省以创建文化先进县为龙头,大力推进"海峡西岸文化走廊建设规划"、"芳草计划"、"百花计划"、"蒲公英计划"、"知识工程"等重点文化工程建设,促进了农村基层文化的全面发展。

福州市长期以来始终把农村文化设施建设放在重要位置,结合贯彻福建省"春风计划"、"百花计划"、"芳草计划"、"海峡西岸文化走廊建设规划",结合市情,制订规划,分解落实各项省定指标,推进农村文

化事业向前发展。并于 1993 年在全省率先开展"创建文化先进县（市、区）活动"，制定了"创建文化先进县"的标准，要求县（市、区）政府每年用于文化事业的经费投入不得低于当年财政总支出的 0.6%。现在，福州市所辖 8 个农村县（市）都有了文化馆和图书馆，4 个县有了博物馆。一批乡镇拥有达标的文化站和图书室，条件较好的村已经建立了文化室，农村三级文化网络正逐步形成。截至 1998 年底，连江县、仓山区、台江区、长乐市进入福州市群众文化先进县（市、区）行列，连江县、仓山区还被评为 1997 年度福建省"文化先进县"。同时，在 1997 年度全国"创建文化工作先进县（市）区"评比活动中，福建省首批 5 个"全国文化工作先进县"中，连江县和仓山区双双榜上有名。福州市还在 1996—1997 年度被文化部授予"边疆文化长廊建设成绩显著奖"，是全省唯一获此殊荣的地市。南平市自 1997 年开展创建文化先进县（市、区）活动以来，全市先后创建出 1 个"全国文化工作先进县"（建瓯市），4 个"全省文化先进县"（建瓯、邵武、建阳、武夷山）和 23 个市级"文化先进乡"，有效地推动了农村文化事业的发展。

为了把创建文化先进县（市）活动引向基层，自 1997 年开始，福州市还进行了评比和考核"明星文化站"活动。南平市则在开展创建文化先进县活动的同时，开展创建文化先进乡的"双创"活动，产生了 23 个市级文化先进乡，有效地推进了基层文化事业的发展。全国文化先进县的南安市，创建活动还延伸到全市 369 个村委会（居委会），涌现出诗山、码头等 8 个文化先进镇，89.6% 的村委会设立了一定规模的文化室。宁德市结合本地情况，为了改变农村基层文化基础设施相当薄弱的局面，1995 年开始实施农村文化设施建设工程，由财政拨出专款，扶持乡镇文化站建设。各乡镇每新建一个面积 300 平方米以上的文化站，经验收合格后市财政补助 1 万元。这项工程受到市、县、乡三级党委、政府的高度重视，配套了相应的建设资金。1996 年以来先后建成 50 多个乡镇文化站，多渠道筹措资金 800 多万元。至 2000 年底已有 48 个新建文化站通过验收，为完善农村三级文化网络打下了坚实基础。

创建文化先进县的实践表明，这一活动使农村文化建设从文化部门的行为转化为政府行为,具有重要的意义,对于政府加大对农村文化的投入,解决农村文化建设中的重大问题(如人员编制等),起到了积极的推动作用。福建省政府 1998 年拨出 1 000 万元、2000 年拨出 500 万元专项经费,用于农村基层文化建设,就是一个明证。

（二）农村文化网络基本形成

县文化馆(图书馆)、乡文化站、村文化室是农村群众文化活动的载体,也是农村文化建设的主阵地,我们称之为三级文化网络。福建省目前已经基本建成了初具规模的县、乡、村三级文化网络,形成农村文化的基本覆盖面。以县文化馆为龙头,乡(镇)文化站、村文化室为基础,文化专业户、业余文化团体为补充的农村文化格局,为活跃农村文化生活,创建文化先进县提供了较好的条件和基础。尤其是农村文化专业户这种新兴的文化群体,进一步扩大了农村文化的辐射面,是社会主义市场经济体制下不可忽视的农村文化力量。莆田全市现有民间剧团 142 个,十音八乐队 1 350 班,车鼓队 98 支,民间乐队 71 支,业余艺术队 6 支,画社、画院 36 家,诗社 13 家,文学社 27 家,谜社 21 家。民间剧团每年上演戏剧达 31 000 多场次,戏资消费 2 亿多元,人均消费 70 多元。泉州市的民间剧团每天至少演出 50 台以上的戏剧。龙岩市新罗区已经出现了各种规模的文化专业户 48 家,其中最具影响的"野果文学社",既是一个民间文学团体,又已成为一个农民自办的文化室。社长林亿汉靠蹬三轮车的收入维持和运转"野果文学社",建立阅览室,向周边村庄、学校传播文化,积极推动农村基层的文化建设。据统计,龙岩市 48 家文化专业户共有藏书 13 320 册,订有报纸 176 种,期刊杂志 211 种,活动场所累计面积 2 207 平方米,树立宣传栏 9 块,一年平均举办各种培训班 269 场,参加人数达 3 805 人次。由此可见,民间文化力量(民办文化),尤其是文化专业户,在农村文化建设中的影响力和辐射面是不可低估的。

（三）农村文化活动丰富多彩

福州市的农村大都拥有悠久的民间文艺传统,舞龙、舞狮、旱船、高跷等民间文艺表演在各地农村均有开展。为了更好地激发民间文艺的创作热情,组织引导民间文艺的健康发展,提高民间文艺的创作和表演水平,福州市于1989年开始,组织"温暖的榕城"文艺百花奖活动,设置了民间民俗文艺表演比赛、乡镇之歌比赛、旅游文化摄影大赛、农村书画作品创作比赛等与农村有关的项目,至今已举办了8届。在这项活动中,共有几百个来自农村的节目获奖。闽剧是具有浓郁福州特色的地方戏,以闽剧为代表的各类戏曲艺术也在农村普遍开展活动。南平市大多数文化站因地制宜地开展办站活动,2000年共组织大中型文化活动500多场次,如政和县石屯乡的农民诗文化节、延平区樟湖镇的蛇文化节等。宁德市经常组织各类会演、展览,并以此推动文化精品的创作。1997年初举办了奔小康文艺调演,在此基础上选拔优秀节目参加福建省第八届音乐舞蹈节,获得21项奖。1997年7月举办了第二届少数民族文艺调演,从20个节目中选拔了7个参加省第二届少数民族文艺调演。同年,在"7·1"前后,举办了香港回归祖国系列文艺活动,如露天晚会、环城火炬接力、灯谜、书画展等。1999年,为庆祝新中国成立50周年,举办了《走向辉煌》综艺晚会、《迈向新世纪》书画展和《建国50周年成就》摄影展。2000年为了撤地建市和迎接新世纪的到来,举办了首届"大红鹰杯电视歌手赛"、"美丽的三都港"大型文艺演出、"殷承宗钢琴演奏会"、"德港之夜"文艺晚会、"畲乡人民喜迎撤地建市文艺演出"、"迈向21世纪的闽东"书画摄影民间艺术展等丰富多彩的群众文艺活动。龙岩市上杭县中都镇结合"山歌之乡"的特色,因势利导,利用山歌语言朴素、朗朗上口、通俗易懂的特点,组织山歌爱好者创作了大量以宣传"三个代表"重要思想为内容的山歌,为"三个代表"重要思想的学习教育活动起到积极的促进作用。在文化积淀丰厚的闽西北地区和漳州地区,传统民间文艺和民俗文化活动仍然是农民喜闻乐见的文化活动形式,如客家的"走古事"、"犁春牛"、"十番音乐",三明市沙县的"肩膀戏",明溪县的"黄狮肥肥舞",漳州的"大鼓凉伞"、锦歌、灯谜,以及传统的舞龙、舞狮、茶灯等,都深深扎根在农民心中,经久不衰。

（四）农村特色文化初具规模

福州地区农村有着深厚的传统文化积淀,民间文化源远流长,闽剧、评话、尺唱等,都是具有浓郁特色的传统文化瑰宝,深受农民群众喜爱。目前福州市共有 96 个民间职业剧团和曲艺团体,常年到农村演出,一年的演出可达 3 万多场次。这些民间剧团的演出,在很大程度上满足了农民对文艺生活的需求,形成了一定规模的农村演出市场,对提高民间文艺水平具有不小的作用。

南平市在巩固和发展浦城县富岭乡农民剪纸、政和县石屯乡农民诗文化节和外屯乡"图书储蓄所"等原有特色文化的基础上,近年来又相继推出了 5 个特色文化新模式:一是邵武市的"文化中心户"。目前全市已建立各种类型的文化中心户约 1 600 户。其中有 16 户被南平市命名为农村"家庭文化示范户"。文化中心户主要有 7 种类型,即科技推广型、计生服务型、党员电教型、文化娱乐型、医疗卫生型、普法综治型、商贸流通型。通过文化中心户的形式把文化与农村的生产活动结合起来,把文化与农民的日常生活结合起来,把文化与提高农民的素质结合起来。文化中心户在更大的规模和空间里拓展了农村文化阵地,成为新时期最基层的先进文化传播点和党的农村思想政治工作的支撑点。二是延平区峡阳镇把过去具有封建色彩的宗族祠堂,用先进文化嫁接、改造成为以德育人的思想文化阵地和娱乐休闲场所,形成了"祠堂文化"。各祠堂均成立了"一会五组五室",即祠堂管理委员会和道德评议组、宣传教育组、对外联络组、族务管理组、文体活动组,以及阅览室、展览室、棋牌室、音像室、办公室,并通过设立"五榜"(功德榜、能人榜、成才榜、好样榜、寿星榜),突出祠堂文化的教育感化功能。三是政和县岭腰文化站创办的"百姓知情室",把群众最关心、最需要的科技知识、政策法规、时事要闻、乡村政务、书籍报刊汇集于此,成为群众解惑释疑的"百科窗"和精神食粮的供应点。四是建瓯县玉山乡的"五送融情"活动室,把送科技、送信息、送政策、送法规、送温暖有机结合,成为联结和融洽干群关系的纽带和桥梁。五是顺昌县元坑镇的谟武文苑。谟武文苑是集古代文化与现代文明于一体,汇文史、书画、展览、娱乐为一处的农村文化建设新模式。它设立的立雪堂、二贤堂、立雪亭、晦翁书斋和廖刚文化研究会,展示了朱熹、游酢、杨时、廖刚、廖德明等古代先贤的道德思想和治学风范。文苑以"四榜"(功德榜、能人榜、成才榜、好样榜)教育、激励村民,形成尊师重教、崇尚科学、热爱家乡、求实创新、开拓进取的农村文明新风,还编辑出版了全国第一部村级的《中国民间文学集成》(福建卷顺昌县分卷谟武村卷)。文苑的内涵不断完善、升华,突出榜样的典型性、先进性和激励性,成为南平市"四榜"、"五榜"文化的发源地,2000 年 7 月 8 日的《人民日报》在头版头条向全国作了宣传推广。

闽东是畲族的主要聚居地,闽东畲族人口占全国畲族总人口的 47%。畲族文化和艺术是闽东文化最具特色、也是最有魅力的部分。1995 年宁德成功举办了闽东畲族民俗风情节,1998 年在宁德地区第二届少数民族文艺调演及"闽东大黄鱼招商节"中,又举办了畲族文化节,顺利出版了畲族民间艺术三套集成,搜集整理了民间口头文学作品 600 万个,撰写了 40 多本资料。现在,在全市范围内已经建立和完善了有机构、有队伍、有经常性活动的畲族文化体系,畲族文化艺术走上了系列化、规范化的轨道。成立于 1988 年的畲族歌舞团是全国唯一的畲族文艺团体,十多年来共演出 900 多场次,多次参加全国性重大演出和其他大型演出,还应邀到新加坡及澳门、台湾等地区演出。此外,福鼎市抓住边界文化、畲族民俗文化和太姥旅游文化三个特色,开展了丰富多彩的群众文化活动。古田县把全县分成城区、大东、湖滨三个文化中心区,多侧面反映了"一业"(食用菌)、"一艺"(民间木雕)、"一湖"(古田水库人工湖风景区)的特色。福安市把畲族茶文化、节俗文化、三贤文化等组成新的深受人民喜爱的畲乡文化,突出了地方特色。

(五)文化下乡活动蔚然成风

福州市作为省会城市和文化中心市,始终把文化下乡作为发挥精神文明辐射作用的重要途径。全市文化部门把文化下乡和文化扶贫结合起来,既给广大农民兄弟带去喜闻乐见的传统节目,又给农村带去新鲜的富有时代感的文化气息,并帮助培训农村基层人才,启动当地文化活动。近年来,每年都组织近 3 万场的闽剧、尺唱、歌舞演出和电影专场演出,为贫困山区和海岛送去大量图书、音响设备。福州市文化局每年还组织"乌兰牧骑"式的文艺小分队,深入老少边岛地区,推动文化下乡活动的开展。两年来,福州市开展的"百镇千村万场"文化下乡活动取得了突出成绩,《中国文化报》给予了报道和推广。南平市去年送书、送戏、送电影下乡达800余场,活跃了农民的文化生活,为广大农村送去了文明新风。

（六）农村文化创作精品迭出

宁德市把抓精品生产、促文艺繁荣作为农村文化工作的重点,每年都召开文艺创作会议,落实重点项目的创作任务。畲族歌舞团的大型舞蹈《蓝色家园》在福建省第二届艺术节上获专业歌舞团会演大型节目优秀表演奖。1996年11月越剧现代戏《天地良心》参加福建省第20届戏剧会演,获得演出奖、优秀舞美奖、优秀灯光设计等十项奖。1999年福鼎市越剧团创作的现代越剧音乐剧《烛光》、古田闽剧团创作的现代闽剧《英雄与逃犯》参加福建省向新中国成立50周年献礼暨21届戏剧会演,获得多项奖励。宁德市畲族歌舞团创作的群舞《盘古造人》获福建省首届民间故事舞蹈电视大奖赛专业组最高奖。歌曲《银滩曲》在全省庆祝新中国成立50周年歌曲征集中获二等奖。2000年,舞蹈《闽东渔汉》参加中国舞蹈家协会举办的"桂花杯"广场舞蹈比赛,获得金奖,同时获文化部"群星奖"优秀奖。少儿舞蹈《竹卜惊雀》两度到中南海演出,并获全国首届少儿"蒲公英"舞蹈类创作银奖、表演铜奖。在全省第三届书画节中有95幅作品参展,获一金三铜,并有5幅作品获选参加全国五届美展。33幅摄影作品在省艺术摄影展中获奖。

近年来福州市在繁荣和发展传统地方特色文化方面取得了较好成绩,出了不少精品:闽剧《画龙记》在新中国成立50周年之际晋京演出,经修改后今年申报全国"五个一工程奖";福清市闽剧团的《灞陵伤别》获第五届中国民间戏剧节唯一大奖"玉花奖";平潭闽剧团创作演出的《凤凰蛋》、《天鹅宴》分获福建省戏剧会演剧目奖和国家戏剧文化剧目奖。

（七）农村文化活动不断创新

一是文化中心（专业）户制度。南平市建设农村文化中心户的做法,是对发展山区文化事业的积极探索。近几年来,南平市十分重视加强农村文化事业发展的工作,在认真抓好乡镇宣传文化中心和村俱乐部建设的同时,努力使农村文化向家庭、农户延伸。建设农村文化中心户是使农村文化向家庭延伸的一种有效形式,是加强和改进农村文化宣传教育功能的必然要求。目前南平全市约有 1 400 多个行政村建立了约 1 600 户文化中心户。建设农村文化中心户的主要做法有:一是结合农村实际,建设不同类型的文化中心户。二是强化制度建设,确保农村文化中心户的发展。为了巩固和加强农村文化中心户建设,南平市各县(市)、区注重强化五项制度建设,即乡(镇)领导每月到中心户访谈制度、中心户户主季活动制度、中心户的年培训提高制度、部门带创制度、年度"末位淘汰制"制度。三是逐步完善农村文化中心户的功能建设。农村文化中心户的主要功能有:政策传播功能、科技推广功能、政府与群众的沟通功能、法律普及功能、丰富文化功能、增强活力功能等。

二是利用先进文化嫁接、改造祠堂文化。农村氏族祠堂是民间传统文化的重要组成部分,南平市延平区峡阳镇党委、政府利用当地姓氏祠堂的资源优势,为用先进文化占领农村祠堂阵地做了大量有益的探索和实践。峡阳镇祠堂文化建设的主要做法有:一是设立民间机构。各祠堂均设立了"一会五组五室"的民间组织机构。二是突出五榜内容。为强化祠堂文化建设方面的功能作用,各祠堂均设立了功德榜、成才榜、好样榜、能人榜、寿星榜"五榜",以此突出祠堂文化的教育感化功能。"五榜"的具体标准是:功德榜是为本族乡民或在外工作人员对国家、社会作出较大贡献,对本镇、本村两个文明建设作出突出贡献,群众普遍公认,在村里影响大的模范典型以及荣获较高级别荣誉的先进典型树立的;成才榜是为本村或祖籍在本村的,新中国成立以来考取大中专院校、自学成才并获得由教育部门承认的学历的乡民树立的;好样榜是为遵纪守法、家庭和睦、尊老爱幼、文明礼让、邻里团结的乡民树立的,如评选好婆婆、好媳妇、好长辈、好丈夫、好夫妻、好青年、好学生等;能人榜是为依靠科技、勤劳致富、诚实守信的能工巧匠和科技示范带头人、企业经营者、流通大户、文艺人才等先进典型树立的;寿星榜是为健康向上、年满 80 岁以上老人树立的。三是注重节日活动。利用每年清明、白露、冬至等祭祖的机会,召开 80 岁以上老人的寿星座谈会,对年满16岁的青年进行"成人节"教育活动,还适时举办老人保健知识讲座、法律知识讲座、象棋赛、书画展等。四是服务中心工作。镇党委、政府把祠堂当做"学堂",每个阶段的中心工作都把它当做一个宣传站,如在计划生育、社会治安、科技教育、老年人及妇女儿童权益保障等工作中,都广泛有效地宣传教育和动员组织了群众,在农村探索了一套党委、政府的中心工作与农村文化活动有机结合的有效方法。

三是设立乡村宣传文化中心(站)。宁德市在有条件的乡村创建宣传文化中心,把乡镇的文化站改建为宣传文化中心,并向村级延伸,建立村级宣传文化站。宣传文化中心要做到"七有",即有文化站、广播电视站、黑板报、阅报栏、村史教育室、农民图书馆(室)、科技宣传服务站。宣传文化中心对乡村宣传文化阵地实行统一领导、管理、协调。宣传文化中心内有管理细则,有具体计划安排,有工作运行机制,有各级财政拨给的专项经费和独立财务,并经常组织开展系列宣传文化教育活动。乡镇的党委书记担任宣传文化中心主任,宣传委员任副主任,有关机构的负责人担任成员。设立乡村宣传文化中心(站),起到了类似乡镇党委宣传部的作用,它是农村中的社会事业工作部、文体活动部、信息交流部、农民致富参谋部,有的宣传文化中心还承担了一定的扶贫工作。这就比较好地解决了以往农村文化工作在市、县有人抓,到了乡镇就断了线的"沙滩流水不到头"现象。

此外,南靖县奎洋镇组建女子轻骑队,即女子文艺巡回演出队,骑着摩托车到各村演出,受到农民群众的热烈欢迎;永安市洪田镇文化站在经费短缺情况下,为增加阅读报刊的数量,采用"你订我管"的办法,将镇里各部门、各单位订阅的报刊,相对集中于文化站,提高报刊利用率;三明市梅列区陈大镇文化站利用辖区内有26家省、市、区属企事业单位的优势,采用片区共建的方式,举办各种文化活动;连城县新泉镇文化站,注重民间文化艺术的搜集、整理,建立民间艺术品展室,创造出自己的特色;上杭县中都镇,以客家山歌拉动农村基层文化建设,等等。这些创造性的工作,为福建省农村文化建设提供了新经验和活典型。

二、乡村中的文化产业

文化对乡村建设的促进作用是毋庸置疑的,尤其在知识经济和信息时代,这种巨大的历史作用将愈发凸显。为了繁荣农村文化,必须加快文化产业的发展步伐,尽快培育农村的文化市场,来满足农村巨大的文化需求。

一般意义上的文化产业,实质上指的是文化工业,即文化生产和传播达到标准化、通用化的模式,可以通过复制批量生产出来的产品,用以投放市场,满足需求。如果仅仅从这个意义上来理解,那么发展农村文化产业就成为无本之木、无源之水了。即使是在发达国家,文化工业也主要集中在城市,而不是分散在乡村。因此,必须从更宽泛的意义上来理解和认识文化产业。笔者认为,文化产业应该包含文化工业、文化市场以及农村中的文化产业及连接二者的中间环节——文化服务业。此外,作为精神文化产品的演艺业,如歌舞团、文艺演出队等,均应列入文化产业的范畴。以此来看待文化产业,则农村是一块发展文化产业大有可为的广阔天地。

在对武夷山市农村文化的调研中,我们发现当地的一些文化中心户,已经具备了文化产业的发展雏形,如果加以适当的引导和扶持,使其能够适应市场经济生存环境,在竞争中求生存、求发展,就能够逐步成长壮大,成为农村文化产业的重要组成部分。

实例一(调查时间:2001年8月10日上午)

张栋华,男,武夷山市星村镇"竹赋居"主人,从事竹刻艺术工作。原籍福建省南靖县,回乡青年,原来在家乡农村学校任代课的民办教师,教体育。在学校放假期间到武夷山旅游,发现在武夷山的发展前途比家乡大,遂于1988年22岁时移居武夷山市星村镇。在家乡时就爱好书画,但没有受过正规训练。后来参加中国书法函授大学刻字班,学习刻字艺术。毕业后,根据武夷山毛竹资源丰富的特点,选择了竹刻艺术这一行。

他1994年开始从事刻字艺术活动,经过摸索,1997年开始了竹刻的商业化生产。1998年在南平举办了个人作品的第一次展览。现在每年的产量大约都有 100 多件,产值最多可达 10 多万元(但不能全部销出),每年正常的收入有 5 万~6 万元。

今后的计划是向国外发展,通过泰国的一家公司,准备先在泰国举办一个展览,打出品牌后就容易立足。还准备往新加坡发展。因为竹刻工艺这样的产品,在国外的销路比较好。先在国外拓展市场,然后再回头发展国内市场。

实例二(调查时间:2001 年 8 月 11 日上午)

左国栋,男,43 岁(2001 年),武夷山"一分钱读书社"总经理,退伍军人。退伍后安置在工商局,后到建瓯齿轮厂工作了 8 年。后回到家乡武夷山市,在水运队办公室工作,不久就下岗了。下岗后,开始自谋出路,做图书生意。1997 年开了一家书店卖书,做了两年,到 1999 年图书卖不动了,把存货处理掉,打算改行。正好这时有一家书店也倒闭了,就把那家书店的书盘过来,开了一家"读者茶室",并由此发展到读书社的经营形式。办读者茶室的初衷,是想通过自己的存书,以品茶、聊天的形式,吸引读者来看书,搞点小本经营。2000 年 3 月 8 日开张,到了 4 月份,觉得这个名称不是十分妥当,正好看到报纸上邵武"一分钱读书社"倒闭的消息,觉得这个名称不错,就将读者茶室改为武夷山"一分钱读书社"。

在武夷山市书店已经非常多的情况下如何生存、发展? 只有通过把价格降到最低的方法吸引读者。于是左国栋引入会员制的经营方法,以会员的形式来发展读者队伍。经过一段时间发现这种形式的效果还是不错的,平均每月都能发展 100 多人的会员。会员证分三种:日证、月证和年证。日证交费 1 元,可以借两本薄书或一本厚书,期限一天;月证交费 10 元,期限一个月;年证交费 33 元,期限一年。月证、年证借书每次可借文史类书籍 2 本,或言情类小说 2~5 本(视书价而定),或武侠小说一套。

开了读书社后,没有想到武夷山的读者群有这么大。现在(调查时)办日证的每天约有 10 人,月证每月可发展近 200 人,而持有年证的会员已有 1 000 多人。通过会员制,把许多读者挖掘出来了。一人读书带动全家读,结果办一本证不够用,就发展为 AB 证,再不够就办

ABC证。原来一本年证33元,AB证加10元、ABC证加20元即可等于两本、三本年证,但这只限于一个家庭。现在办了AB证的有200多人。"一分钱读书社"现在有会员1 200多人,每人每次可借2本书,这样就可以有两个人同时看,读者就有可能加倍,这些都是隐形的读者、潜在的会员。

经营了一年多,积累的书越来越多,存放不下。再说许多读者看了一年多的书,也需要提供新书给他们。只有一个点不够了,需要再发展。如果在乡镇这一级能够运作起分社来,原有的旧书进乡镇分社,还可以发挥效益。否则,淘汰旧书一次就得5 000多册,进新书还要一笔费用,两项合计就是很大一笔开支。因此,他打算下一步在乡镇开办分社或连锁店。乡镇的分社如果办成5 000册规模的,就配给它6 000册书,按成本折价计算。比如一本书成本5元,按6元计算,收取5 000元押金。配给的图书按10%计算折旧。但是,分社每个月与总社流通的图书金额要达到500元以上,不然就要提高折旧率。配给的如果是旧书,就要降低成本,但折旧率不变。旧书的成本按照破损程度、内容、购买价格综合考虑,同一类的旧书基本按照相同的价格配送。分社可以按照这个条件先试2个月,2个月后愿意做下去的,就签一年的合同。这样,分社交的押金总社就可作为流动资金使用了。如果2个月后他不愿意干了,就还书退押金。这种做法对分社而言没有风险。目前,在武夷山市已经有五夫、兴田、星村三个乡镇开了分社。

书的来源,一是别的书店要盘出的,二是社会上人家里要处理的旧书,三是到福州、南昌、长沙等地的图书批发市场购买的。主要途径还是把别的书店的书盘过来,这样可以最低的价格进书。读书社里的书既可以租,也可以卖。

读书社现在雇请了3个人,其中2人月薪260元,一个组长月薪300元,读书社包他们吃饭。这样每个月的毛利可达7 000元左右。扣除成本和损耗,每月可盈利3 000~3 500元。接下去,左国栋还打算办跨县的连锁店,即"一分钱"文化传播中心,每个县的中心收5万~6万元的押金,店面统一设计,工作人员统一培训,争取把这个事业做大。

实例三(调查时间:2001 年 8 月 10 日下午)

刘宾,男,30 岁,武夷山市星村镇网吧店主,美术职高毕业。2000 年被评为文化中心户。原先经营茶叶生意,由于生意上的需要,经常查阅有关茶叶方面的信息,由此萌发了开办网吧的想法。刚开始时购置了四台 P Ⅱ266 电脑,后来又添置了 11 台 P Ⅲ288 电脑,形成了一定的规模。通过网吧,给茶农和制茶户提供有关的信息,同时也在网络上查找购茶信息和发布自己销售茶叶的信息。对前来查阅信息的人,告知他们什么是网络信息,避免上了虚假信息的当。店里还订了一些报刊,以文摘、选刊类为主,提供给大家看,通过这个吸引顾客,也形成了一个文化阵地,同时又有利于促进自己的生意。来店内上网,如果是查信息就免费,但是上网聊天、玩游戏、下围棋等,则按照 1 小时 3 元标准收费。此外,店内还有一些其他的文娱活动项目,如桌球。总之,虽然说是网吧,实际上是多种经营。网络这一块每月要贴 300 ~ 400 元,桌球每月可盈利 100 ~ 200 元(本镇上的人打桌球不收钱),卖茶叶平均一个月可盈利 1 500 ~ 1 600 元,这样算来,每个月可盈利 1 300 ~ 1 400 元,一年就有约 16 000 元的收入,扣除 300 平方米的店租(8 000 元/年),每年还可以盈利约 8 000 元。今后如果有能力,希望能建立一座茶博物馆,展览古代的制茶工艺。现代的制茶方法多是机器制茶,古代制茶的方法渐渐失传了。手工制茶逐渐消失,然而往往在茶叶评奖时,能够得奖的,都是靠手工制作出来的茶叶。所以,希望通过展览推广手工制茶方法。

上述 3 个实例,虽然各自的经营范围、内容都不相同,但其共同点是他们都比较好地把握住了文化产品与文化消费市场的结合点,满足了农村的文化需求。实例三虽然在文化经营方面没有盈利,但其做法是"以商养文、以文促商",这也未尝不是一种文化产业的经营模式。

从农村的实际情况看,当前发展文化产业,应该把重点放在文化服务业之上。首先,在实现现代化的过程中,三种产业的结构彼此消长,而第三产业比重的上升,是衡量现代化的一项重要指标。农村的现代化也不例外。其次,文化服务业形式灵活多样,能够适应文化市场变化的要求,又能为农村提供迫切的文化服务,满足农村的文化需求,拉动农村文化消费,促进农村文化市场的发育。再次,文化服务业相对而言投资较小,对尚不富裕的农村地区而言,是比较适宜的投资方向。

三、当前农村文化建设中存在的主要问题

中国农村正处在以手工劳动为主的传统农业向现代农业转变的过程之中,目前农业和农村发展中的突出问题是农民收入增长缓慢,这是制约我国农业乃至整个国民经济发展的一个重要因素。农民收入增长缓慢不但制约了乡村文化建设的发展,也制约了农民的文化消费。同时,乡镇财政困难,文化投入明显不足,也使乡村文化的发展举步维艰。从福建省来看,农村文化的发展虽然存在着不平衡现象,但是有一个共同点,即农村文化的发展都明显滞后于农村经济的发展。有些地方对农村文化工作重要性的认识还有待进一步提高,只有切实解决相当部分的干部思想观念中存在的文化工作"可有可无"的问题,把农村文化工作真正摆上议事日程,才能确实做到领导到位,经费到位,人员到位。

当前,农村文化建设中存在的主要问题有:

(一)农村文化阵地逐渐萎缩,文化设施建设相当滞后

随着城乡经济的不断发展,一些发达地区的农村文化阵地却出现了萎缩,文化场地被侵吞、挤占现象严重,文化站面积严重不足,真正达到文化先进县标准的文化站屈指可数,有的县,文化站面积达标率仅为40%。有很多县(市)没有齐全的"三馆"设施,福州市有5个县没有博物馆,全市农村和县(市)的文化设施现状,离省定目标差距不小。宁德全市图书馆面积达到部颁标准的只有福鼎图书馆,9个县(市)的文化馆中,面积达2 000平方米以上的只有3家,乡镇文化站尚有60余个面积不达标。屏南县至今还有6个乡镇没有文化站。南平市全市132个文化站中,面积在100平方米以下的就有45个,其中不足50平方米的有23个,而且站舍破旧,设施奇缺。在三明、龙岩、漳州等地,大部分乡镇文化站设施简陋、陈旧,一张乒乓球台,几张台

球桌,一间阅览室,一堆旧书报,如此等等。

（二）农村文化经费短缺,文化站"空壳化"现象严重

由于乡镇经济发展水平不一,一些乡镇财政对文化站经费投入微乎其微,有的出现了"弹尽粮绝"的现象。如闽侯县16个乡镇文化站,藏书量达到3 000册以上的仅有4个乡镇,多数乡镇藏书仅有1 000多册,而且绝大多数是老旧书刊,这样就使很大一部分文化站成为形同虚设的"空壳"文化站。在南平市的全市文化站中,藏书不足500册的有38个,不足100册的有5个,2000年未添置一本新书的文化站有79个。有一个县10个乡镇文化站中,5个文化站藏书为"零",全县10个文化站2000年仅添新书60本。另一个县的13个文化站,2000年未添一本新书。宁德市有个别文化站因经费困难名存实亡,屏南县的部分乡镇几年来在文化方面基本上没有投入。由于经费问题,一些特色文化无法抢救、挖掘,如屏南县以民间剧种活化石而著称的四平戏,是濒临消亡的戏种,因为经费困难,抢救工作陷于停顿。在三明、龙岩、漳州等地,大多数文化站常年经费只能维持在2 000～5 000元。文化投入的滞后,严重制约了农村文化事业的发展。

（三）文化站机构编制不明确,干部队伍不稳定

许多文化站普遍存在工作人员无专门的编制、工资待遇得不到落实的问题。一些乡镇的文化站,干部长期调作他用,出现站长空岗的现象,严重影响了农村文化工作者的积极性,造成农村文化队伍不稳定,文化人才严重流失,使农村文化站的工作无法开展。这种情况使群众文化部门在农村基层文化建设中应该承担的职能不断弱化。浦城赣剧团是深受农民欢迎的"扁担剧团",已有20多年未招收新学员,面临解体,1997年经县委、县政府正式批准招收了24名新学员,待艺校培养3年毕业后,却因财政困难而不能进入剧团。由于农村基层工作的不稳定,一方面具有一定能力的文化站干部被选拔为乡镇领导或调为他用或跳槽另就,另一方面具有文艺专业的人员无法补充到文化站队伍中来,有的地方文化站成了养人的场所。文化站人才断层、青黄不接是全省普遍的现象,农村业余文艺骨干也流失严重。当前乡镇急需有综合能力、善于策划组织、会排演群众喜闻乐见节目的文化工

作人员，以及热心文化工作的业余文艺骨干。

（四）农村群众文化生活单调、匮乏的局面没有根本改变

当前大部分农民的文化生活主要是看电视，但电视剧、电影中反映农村题材的很少，农村文化饥渴仍很严重。闽北山区一些山村的农民一年看不上一场戏、看不上一场电影的情况仍很经常，不足为怪。文化活动形式陈旧，内容单一。全省大部分农村文化站，基本活动就是图书阅览，且旧书居多。文化站阵地活动大多还是书刊、棋牌、乒乓球等旧模式，即使是客家山歌这样群众喜闻乐见的形式，也仍感到旋律的单调，缺乏变化。农民的需求和文化服务差距很大，可供选择的文化产品不丰富，品种不多。

（五）文化经济政策不力，文化市场尚未形成

自从文化市场费改税后，一些地方财政对文化部门未能及时追加核拨经费，致使文化部门工作无法正常运转，陷入困境。文化市场管理费改由地税征收后，由于税源分散数额小，征收成本高，与原来文化部门征收相比，往往出现该收的税没有收上来的现象。同时，这部分的税收如何返还，国务院已有文件规定，但是福建省还没有明确的政策，使得农村文化市场的正常运行和农村文化产业发展缺乏法律和政策上的保障。

（六）文化稽查队的名分有待确认

文化市场管理的任务，主要是由文化稽查队来承担的。但是，由于各地的文化稽查队都是自收自支的事业编制，其经费、包括工资的来源，主要靠文化市场管理的收费来解决。税费改革之后，文化稽查队不能收费了，但文化市场的管理职能没有改变，这就给行政执法带来很大困难。这个问题不解决，农村文化市场管理将难以为继。

（七）封建迷信活动和赌博在一些地方有所抬头

由于健康、先进的文化未能很好地占领农村阵地，在一些地方封建迷信活动又有所抬头，赌博有所蔓延。有的乡镇部分农民在个别人的唆使下，热衷于迎神修庙。在漳州、泉州一带的农村，"六合彩"赌博开始盛行。这些沉渣的泛起，阻碍了文明、健康文化的发展，侵吞了农村的劳动时间和经费，危害了农村社会的稳定，冲击了农村思想文化

阵地,给农村文化建设带来很大冲击。据有的县抽样调查,在农村用于看风水、请巫觋、演神戏等方面的开支,平均每户达 100 多元,这与农村文化投入的捉襟见肘,形成极大的反差。

四、关于农村文化建设的思考与认识

要处理好文化发展与乡村现代化建设的关系,必须正确认识当前农村文化建设存在的问题,更新观念,突破旧的思维定式。

从宏观上看,我省农村文化依然处于计划经济时代的格局,建设农村文化的思路、办法和措施,没有适应市场经济发展的要求,还停留在所谓的"国办文化",即政府办文化的模式。更新观念、培育文化产业成为新的经济增长点,是当前发展乡村文化事业迫切需要解决的问题。

(一)要正确认识文化的社会功能和自身发展规律

文化具有宣传马克思主义科学理论,宣传党的路线、方针和政策的政治功能;具有陶冶情操的道德教化功能;具有推动经济发展的反作用功能;具有传播知识的教育功能;具有愉悦身心的娱乐功能。因此,文化虽然属于意识形态,其发展要受到政治的主导,要受到经济发展的制约。但是,文化又有其自身相对独立的发展空间和发展规律。在社会主义市场经济条件下,在重视文化的意识形态功能的同时,还必须重视它的其他功能,特别是娱乐功能,在发挥其娱乐功能的基础上,逐渐发展文化产业,培育文化市场。要改变单纯依靠政府投入办文化的观念,提倡和鼓励文化投入的多元化,使政府在农村文化建设的过程中,由以往的办文化为主改变为管文化为主。

(二)要正确认识农村文化阵地与乡镇文化站的关系

文化站是 20 世纪 50 年代发展起来的,当时农村文化生活非常贫乏,党和政府为了动员农民投入社会主义建设,在许多乡村建立了文化站,把广大农民组织起来,通过开展文化活动,宣传党的路线、方针、政策,同时也配合农村进行的扫盲活动传播文化知识。从历史上看,文化站是供给制的产物,随后在计划经济体制下又得到进一步发展。在改革开放前的相当长的一段时间内,文化站活动是农村文化的全部和唯一来源。随着多年来的改革开放,农村发生了翻天覆地的变化,农村文化生活已经与过去不可同日而语。文化站原有的功能已经被社会多方面取代,文化站的体制和机制,已经不能适应农村发展的需要,更不能适应社会主义市场经济发展的需要。因此,文化站原有功能的萎缩,是历史的必然。但是,文化站的衰落不等于农村文化的滑坡,也并不意味着农村社会主义文化阵地的丧失。农村文化的天地是广阔的,农村文化的阵地是广大的。众多农村民间文艺社团的活跃,以及各地涌现出的农村文化中心户,充分说明了这一点。在新世纪的乡村发展和建设中,有必要对文化站的职能和地位进行重新定位。笔者认为,今后农村文化站的重要功能应该以指导农村文化建设、辅导农村文化活动为主,文化行政主管部门应该就如何加强文化站在农村文化建设、巩固农村文化阵地中的作用这一问题,开展深入调研,提出适应新形势的新办法。

（三）要充分认识农村文化建设中文化中心户的发展潜力

随着公办文化的萎缩与文化中心户的兴起,文化中心户正在逐步填补因公办文化萎缩后腾让出来的空间。武夷山市的文化中心户,如"一分钱读书社"、"赋竹居"竹刻艺术等,都向人们展现出其勃勃生机。农村文化市场虽然尚未形成,但可从文化中心户上看出其发展的端倪。因此,应该重视、扶持农村文化中心户,使之成为发展农村文化产业的重要力量。

（四）要正确区分优秀传统文化和封建迷信糟粕

目前,全省农村民俗文化和民间艺术活动普遍比较活跃,这为农村文化活动提供了丰富多彩的形式。但是,在这些活动中,也或多或少地掺杂着一些保守的、落后的和带有封建迷信色彩的内容。对这一现象,要进行认真的分析,不能简单地予以否定和取缔。这些活动的存在,有其一定的历史条件、文化积淀和群众基础,具有某种合理性。同时,许多民俗文化、民间文艺,是中华民族优秀传统文化的一部分,在一定程度上是中华民族文化的根,也是农村文化区别于都市文化之所在,是农村文化的一种特色和优势,也是农村文化产业发展的根基,应扬长避短、趋利避害,发挥其积极的作用。

五、加强农村文化建设的对策建议

加强农村文化建设,是体现我们党"三个代表"性质的重要工作,是农村精神文明建设的主要内容,是乡村现代化建设的重要内容。努力解决农村文化发展中存在的问题,消除广大农民的"文化贫困"现象,是各级政府所面临的紧迫课题。当前农村文化工作中存在的诸多问题,其根本原因何在? 我们认为,首先,现在广大农村的文化体制,基本上还是沿袭了计划经济时代公办文化的那一套体制,这与市场经济的建立和发展是不相适应的,两种体制产生的摩擦和矛盾是必然的。农村文化建设必须适应和跟上市场经济发展的形势,尽快从计划经济的模式向市场经济模式转轨。搞文化的人和管文化的人都应该转变观念,努力培育文化市场,并使其健康发展。其次,农村文化工作仍然局限在"小文化"的圈子里,眼界不够开阔,资源共享仍大有文章可做。市场经济条件下的农村文化建设,应该走"大文化"的发展道路。成立乡镇宣传文化中心,把教育、科技、文化、体育、广播电视、卫生等综合在一起,动员全社会的力量参与农村文化建设,实现资源最大限度的共享,是一种积极有益的探索。第三,农村文化建设缺乏全面的总体性的规划,没有从战略的高度来认识总体规划对农村文化建设的重要性。文化发展与经济建设一样,有一个如何协调、形成合力的问题。这里还牵涉到文化建设中的制度创新和组织机构创新的问题。在文化发展战略的制定中,应把全省文化发展战略的重点向农村转移,而不能仅仅停留在"三下乡"之上。第四,对农村文化的功能和作用存在认识上的偏差,要真正解决文化为农民服务的问题,就要充分地认识文化,尤其是认识在市场经济条件下文化的性质、功能和作用。文化不仅有意识形态的性质,也有娱乐的功能。因此,在发展农村文化的过程中,应该做到"抓住一头、放开一片",即抓住宣传教育这一头,放开娱乐休闲这一片,并制定相应的政策,指导农村文化的建设,发展文化产业,促进文化消费,培育农村文化市场。

根深才能枝繁叶茂,只有认真解决好上述问题,农村文化工作才能逐步走上稳步发展的良性轨道。经济是一切事业发展的基础,只有经济建设上去了,摆脱了"吃饭财政"的困境,农村文化事业的建设和发展才真正具备坚实的根基。广大农村文化工作者应该对此有足够的认识。然而,在现有条件下解决农村文化建设所面临的"瓶颈",还是有可为的。针对农村文化建设中存在的迫切问题,我们提出如下建议:

(1)要尽快制订全省农村文化发展的规划(纲要),对福建省的农村文化建设从总体上予以通盘考虑和谋划。在制定规划时,要充分考虑并努力做到资源共享,对农村文化资源进行最优化的配置。

(2)逐步培养农村文化的造血功能,扶持文化市场的发育,鼓励社会力量办文化,发展文化产业,并在政策上给予适当的倾斜和优惠。特别是要向经济欠发达地区和贫困山区倾斜。在全省的文化建设基金中,要专门划出一块用于经济欠发达地区和贫困山区的文化建设,以加大对这些地区的财政转移支付力度。同时,对这些地区也应提出在文化建设过程中解决财政配套经费的要求。

(3)在文化发展政策方面要有刚性指标,如文化投入、基层文化工作考评、文化发展规划、农村城市化进程中如何发展文化事业等。通过相关指标的设定,建立起农村文化良性运行的机制。

(4)文化经济政策要有所倾斜。省政府要明确制定税费改革后文化建设费返还等有关政策文件,切实解决文化建设费向农村县市的返还、农村文化建设专项资金、文化稽查队伍、农村民办文化的发展扶持等问题。

(5)结合县、乡机构改革,改革农村文化站用人制度,对文化站干部实行"双管制"。即乡镇文化站干部由县(市)文化主管部门与乡镇双重管理,解决文化站人员无编制及有编制却"空岗"的问题。

(6)要切实改变基层文化工作思路,要使办文化向管文化方向转变。对一些繁荣农村文化行之有效的做法,如举办文艺会演、调演等属于"管住一头"的方面,应该继续保留。对于能够产业化的部分,属于"放开一片"的,则应按照市场经济的办法进行调节,让其自主发展,主管部门只要依法管理即可。

社区文化建设和居民教育

在社区建设中,社区文化建设和居民教育之间,存在着互相促进、相辅相成的作用。实践证明,大力开展社区教育,引导居民爱祖国、爱城市、爱社区,可以形成崇尚先进、团结互助、扶正祛邪、积极向上的社区道德风尚;经常组织具有社区特色的群众性文体活动,丰富居民精神文化生活,可以增强社区的凝聚力,形成科学文明健康的生活方式;紧紧抓住社区居民关心的热点、难点问题,有针对性地开展思想政治工作,并坚持把解决思想问题同解决实际问题结合起来,加强社区服务与管理,可以进一步密切党同人民群众的联系,广泛调动社区居民"讲文明树新风、共建美好家园"的积极性。这里所说的社区,是建立在社会行政学和文化学意义之上的社区,即以城市街道中的居委会为主体的社区。这里所研究的社区文化,也是以以居委会为主的社区文化活动为对象的。

一、社区文化建设的主要内容

从调查情况看,社会的一般认识认为,社区文化的主要内容有:

(1) 从表现形式看,有广场文化、楼群文化、家庭文化、企业文化、乡村文化、集镇文化(指城乡结合部及城市化过程中刚刚划入城市范围的新城区)、校园文化、军旅文化、民俗文化、休闲文化,等等。

广场文化主要是配合重大节庆活动而举办的,以大型文艺演出为主的群众性文艺活动。这是一种以各级政府和基层组织为主导的,能够增强社区居民凝聚力和认同感的社区文化活动载体。如福州市近年来组织的省、市庆祝新中国成立 50 周年大型文艺晚会、"激情飞跃"——福建省福州市迎接 2000 年大型文艺晚会、"迎千年"五一广场文艺演出、"走进新世纪"——省市迎接新世纪大型广场联欢活动;厦门市自去年来在白鹭洲公园、人民会堂下沉式广场、会展中心广场等场所举办的文艺晚会、焰火晚会、民俗活动、游园活动等。这类社区文化活动的特点是专业与业余结合,以业余为主,"大家参与,就地取材,自编自演,自娱自乐"。

家庭文化主要是以一家一户为主的,能够反映家庭开展文化活动情况和体现家庭文化品位的一种文化形式。如福州市的"贝壳之家"、"集邮之家"、"油画之家"、"门票之家",厦门市的"钢琴之家"、"现代民间绘画之家",泉州市的"南音之家",以及各地在精神文明建设活动中涌现出来的"文化中心户"等。这类社区文化活动的特点是,以家庭为主并具有某种代际继承的性质,尤其是以收藏兴趣和掌握某种文化技艺为特征的活动。因此,五花八门,内涵广泛,包罗万象。

民俗文化是一种表现地域特色的,以民间戏剧、曲艺、民俗表演为主的文化活动形式,如福州市的腰鼓队、锣鼓队、"妈妈舞龙队"、舞狮队,活跃在泉州市各区(县)的南音演唱队(南音剧团)、梨园戏、提线木偶,厦门市的歌仔戏、高甲戏、南音演唱、同安农民画,等等。这是具有浓郁地方特色和民族特色的文艺表现形式,但它往往与广场文化的活动紧密结合在一起,是构成广场文化的一个重要组成部分。

企业文化是以企业职工为主的,通过文化活动反映企业特质的一种文化形式。企业管理是企业文化的重要内容,迄今为止对企业文化的理解和认识,说明它不是我们所要研究的社区文化意义上的对象。

校园文化是以学校师生为主的充满青春活力,反映青年学生学习和生活内容的一种文化形式。它可以构成社区文化的一个部分,但相对于通常意义上的社区文化而言,校园文化更具有其相对的独立性。

(2)从活动内容看,有文化娱乐、科普宣传、体育健身、学习教育、卫生保健、计生宣传等内容。

文化娱乐包括了以广场文化为主的大型活动形式,及街道、居委会组织的文艺晚会、歌咏比赛、卡拉 OK 比赛、棋类球类比赛、健身锻炼、书画展览、读书阅览、家庭音乐会、跳舞,等等。由此可见,文化娱乐的涵盖面最广，活动的经常性最强，与社区居民的关系最为密切。文化娱乐形式不拘，丰富多彩，雅俗共赏，极大地丰富了社区的活动，满足了居民的需要。因此，它是社区文化最重要的组成部分。

科普宣传以普及科学知识，弘扬科学精神，宣传科学思想，反对迷信愚昧，倡导健康文明的生活方式为主要内容。它还包括了普及与社区居民日常生活密切相关的医疗卫生保健知识、计划生育知识、环境保护知识、防灾知识、反对毒品宣传、生活小常识以及现代科技发展知识等各个方面。特别是在反对迷信愚昧、反对"法轮功"邪教和反对各种伪科学的大背景下，科普工作亦是社区文化建设中的主要组成部分。

学习教育是以市民文明学校和老年学校为主（包括对居民进行思想政治教育、法制道德教育、科学知识教育、婚姻家庭教育、社会治安教育、中老年保健教育等），由青少年宫、业余艺术类、技能培训班类、街居学习小组活动等构成的社区文化形式。在知识经济和信息社会时代，这种形式对于居民提高自己的综合素质，了解国内外形势的发展和变化，跟上时代前进的步伐，是十分重要的。

体育健身是社区居民为了强身健体、提高身体素质而开展的一种群众性体育活动，它基本上是群众自发的、以自然环境和社区内的体育设施为物质基础开展的社区文化活动，是社区文化不可或缺的一部分。

（3）从参加人员看，其对象以老年人为主要群体，妇女儿童少量参加，上班族一般参加周末活动。因而，参与活动的人员完全是出于自愿的，具有很大的随意性和松散性，这就加大了社区文化活动的管理难度。活动的组织管理者则主要为街道和居委会的工作人员以及志愿人员。

综上所述，社区文化表现出休闲性、业余性、自发性、松散性的"四性"特征。当前社区文化发展过程中存在着意识差、经费缺、质量低、管理难等诸多问题，在很大程度上是由这"四性"引发出来的。所以，在社区文化建设过程中，我们必须对此特别予以注意。

开展社区文化活动是为了吸引广大社区居民的广泛参与，使人们

走出家庭,走进社区。为此,社区文化建设应该包括:

(1)社区文化的建设规划。主要是指从宏观上对社区文化建设予以规划和指导,每个社区都要有专门的文化活动场所,尤其在城市建设的规划中,应结合旧城改造为文化场所(如生活小区中的文化广场、健身路径、文化活动中心等)预留位置,将社区文化发展规划与城建规划结合起来。做好规划还可以防止重复建设,合理利用社区文化的资源,避免浪费。

(2)社区文化的活动经费。缺少经费是各地社区文化建设中面临的共同问题,目前各地发展社区文化的经费虽然来源渠道较多,但仍然以上级和基层管理单位拨款为主,还是计划经济的模式。因而社区文化发展的经济政策和财力保障都不稳定,难以持续发展。泉州市基层组织在开展社区文化活动筹集资金方面实行"八个一点"的做法(各级财政核拨一点、街道办事处居委会投入一点、社区受益单位赞助一点、有关职能部门帮助一点、辖区各单位支持一点、居民群众共出一点、海外人士和社会各界热心公益的人士捐助一点、社区兴办实业创收一点),可资借鉴。但是,我们认为,最重要的是,社区文化建设必须适应市场经济的要求,走向产业化发展的道路,才能解决持续发展的问题。

(3)社区文化的场所设施。这主要是指保证开展各种文化活动的各种场所以及必要的设施,一般说来,一个社区内必须具备一处综合性的文化活动中心、一处户外体育健身场所和能够容纳小区居民进行集体文化活动的广场,以及有关的宣传栏等。

(4)社区文化的人员和队伍。人员和队伍的建设包括组织管理和活动成员两个方面。从组织管理方面看,存在的主要问题是,人员文化素质低。据我们在福州市的调查,目前在街道和居委会一级的文化管理人员,基本上是以中专生和高中生为主,只有个别大专毕业生,没有大学本科毕业生;许多文化站或居委会的文化活动管理人员不懂文化,或者不热心于文化工作。因此,提高文化活动管理人员的素质,是下一阶段社区文化建设面临的艰巨任务。社区文化活动队伍的建设,要以自愿参加、集中管理为原则,侧重做好群众中的骨干分子(或曰文化带头人)的工作,通过他们来发动并协助管理社区文化活动。

(5) 社区文化的管理和引导。社区文化活动是居民自治的一个方面,政府在管理过程中要摆正自己的位置。首先,这种管理应该是宏观上的,主要在规划、组织、协调等方面发挥作用,以整合行政力量、理顺社区管理体制、提高管理效益和质量为主。其次,这种管理应该是间接的,在社区文化活动中,政府主要起辅导和引导的作用,侧重于倡导健康文明的生活方式,不断提高群众精神文化生活质量,积极培育社会公德、职业道德和家庭美德,以利于在全社会形成共同理想和精神支柱等。对社区居民的具体的文化活动,不宜直接插手,而应充分发挥社区文化管理人员和居民的自主性、积极性和创造性。第三,要尽快解决新建生活小区物业管理与居委会管理之间的矛盾,以及居委会在早期居民新村管理中的经费匮乏问题。我们建议,新建的生活小区应尽量将居委会与物业管理合二为一,在早期的由居委会进行的居民新村管理中尽快引入物业管理机制,这样既可以解决物业管理与居委会管理之间的矛盾,又可以解决早期居民新村开展社区文化活动中的部分经费问题。

(6) 社区文化网络的组建。组建社区文化网络,是广泛调动社区居民参与的积极性,充分发挥居民中文化带头人的作用,建立特色各异的文化活动形式和阵地的重要形式,又是实现资源共享的重要形式。

(7) 社区文化管理的法制化。迄今为止,社区文化活动的组织和管理还处于无法可依的状态,我们建议,应该尽早着手进行社区文化建设的立法研究,逐步将社区文化纳入法制化管理的轨道。

二、发展社区文化要注重阵地建设

社区是社区成员的生活共同体,又是居民教育的重要思想文化阵地。如果作为先进文化的社会主义文化不去占领,消极有害的东西就会乘虚而入。因此,社区文化建设必须注重阵地建设。从基层的经验看,阵地建设包括以市民文明学校、业余党校、职工之家、老人之家、青少年之家为主体的教育阵地,以文化站、图书馆(室)、影剧院、文化体育广场、文化娱乐活动室（中心）和其他休闲场所为主体的活动阵地，以广播电视、黑板报、阅报栏、宣传栏、公益广告栏为主体的舆论阵地。教育阵地是对居民进行科学文化知识教育、健康文明生活方式教育和伦理道德教育，以及思想政治工作的重要场所。随着市场经济的发展，群众主体意识不断增强，单纯依靠"你讲他听"的方式，已经难以收到预期的教育效果。如何精心策划和组织形式新颖、内容丰富的教育活动，并在潜移默化中教育熏陶居民；如何根据居民求知求乐品位不断提高的实际，逐步把自发的、松散的群众文化引入有组织、高品位的发展轨道，将思想政治工作有机地融入寓教于乐的群众文化娱乐活动中去；如何使单向的教育变成双向的情感交流，由依靠少数人做思想政治工作变成发动群众一起做，将单一的说教变成生动活泼的艺术感染，使得社区居民乐于接受等，都是教育阵地建设面临的重大课题。目前在这些方面都存在着明显的差距和不足，迫切需要解决。

活动阵地是承载社区文化的主要载体和物质基础，没有活动阵地，就不可能开展社区文化活动。但是，有相当多的社区文化活动场所条件简陋，缺少必要的活动设施，难以发挥其阵地功能。据了解，福州某县区 40% 左右的阅览室只有少量的过时书籍和报刊；30% 左右的老人活动中心只有几张麻将桌和棋牌桌，成了"麻将馆"和"纸牌馆"。更而甚之，随着经济的发展，一些地方的文化活动阵地不仅出现了相对萎缩，而且出现了绝对萎缩。部分文化宫、俱乐部、文化活动中心改为他用或变成有偿服务，有的地方盲目发展高消费的文化娱乐场所，而大众化的文化场所却严重匮乏，无法满足居民的基本精神文化生活需求。

舆论阵地以其直观形象和信息量大的特点，成为社区文化阵地建设中的重要组成部分。但是，这一部分也往往最容易成为形式主义的象征。许多地方一讲到社区文化，就是搞个宣传栏、阅报栏之类的东西，并且内容呆板，大多是大段大段地摘抄报纸上的内容，与居民的需求相去甚远。

三、社区文化建设中的资源共享

资源共享是社区文化建设中的一个重要问题。当前的现状是，一方面，社区文化建设经费严重匮乏，成为其发展的瓶颈；另一方面，又存在着大量的资源闲置和浪费的现象。许多在社区内的单位，不愿意将文体设施向所在社区的居民开放。这种单位与社区管理部门没有形成合力的情况，导致了不少机关单位的文体活动场所和设施闲置，群众无处参加活动，以及重复建设等，造成了全社会文化资源的极大浪费。例如，福州市的鼓楼区是省市机关密集区，在各个机关单位里都有许多文体设施和场所，而作为辖区的街道和居委会，想要协调这些大机关，对文化资源进行共享，难度很大。又如，在有的社区内有中小学校，出于校园安全的考虑，校内的文体设施也难以与社区共享。再如，一些机关宿舍之间都有围墙相隔，要将这些围墙拆除，腾出空间开辟绿地，建设活动场所，也不是街道和居委会所能协调得了的。

解决资源共享问题应该遵循"加强共建，优势互补，有偿服务，低偿服务"的原则，促进社区内各单位的协商和沟通。厦门市思明区厦港街道下沃居委会为解决社区文化场所不足的问题，与海洋三所、渔业公司、部队、学校、工商、税务等18个单位共办文化，充分利用各单位的场所、资金、设备、人员的优势，举办各种培训、讲座、活动，让社区居民就近受益，促进了社区文化的发展。这种做法比较好地解决了资源共享的问题。我们建议，在资源共享方面，对于机关单位，可以由省市的机关事务管理局和党工委、文明办出面协调；对于学校，可以通过教育局、文化局等职能机构协调。

四、社区文化、法治、"德治"与居民教育

党的十五大指出："有中国特色社会主义的文化，是凝聚和激励全国各族人民的重要力量，是综合国力的重要标志。""建设有中国特色社会主义，必须着力提高全民族的思想道德素质和科学文化素质，为经济发展和社会全面进步提供强大的精神动力和智力支持，培育适应社会主义现代化要求的一代又一代有理想、有道德、有文化、有纪律的

公民。"社区文化建设是我国社会主义文化建设的组成部分,又是精神文明建设的重要载体,它必须体现"三个代表"的精神,以自己特有的形式,实现社会主义文化建设的目标,完成其任务。在新世纪开始之年,江泽民总书记强调我们党既要坚持不懈地依法治国,也要坚持不懈地"以德治国",进一步阐明了道德在精神文明建设中的重要地位和作用。

当前,我国正处于法治秩序形成的关键时期,法律对道德的依赖性大大增强。从我国法治发展的社会实践来看,道德(尤其是职业道德)已经成为良好法律秩序最终形成的重要辅力。现代社会要形成自觉、自律、理性的法治秩序,须臾不可离开社会成员在个体行为上的自律。而且,这种自律还必须是个体对自己自觉自愿的行为约束和规范,这就是道德的自律。所以,个体的道德自律是法律规范得以顺利实施的基础和必要环节。良好的法治秩序,在很大程度上取决于社会成员的道德制约和社会风尚的提高。所以,贯彻依法治国方略,不能不重视公民的道德教育,并使法治秩序成为公民的信仰,成为社会生活的基本价值观念。因此,在社区文化建设过程中,必须充分凸显道德教育的功能。

社区文化建设要以人为本。人是客观世界的主体,也是社区文化活动的主体。社区文化建设为"德治"服务,主要通过对人的教育和感化,即社区教育的方式进行。社区文化建设归根结底是为居民服务的,是以提高人的素质为目的的。通过社区教育的种种方式,对居民进行"三德"教育,是社会主义道德建设和道德实践的重要途径,也是提高居民道德水平的主要手段。此外,还可利用社区文化活动中群众喜闻乐见的形式,把道德教化的内容,融入日常的文化娱乐中,在其乐融融的氛围中陶冶人们的高尚情操,做到"随风潜入夜,润物细无声"。居民的道德水平提高了,"以德治国"就有了最坚实的基础。在社区的道德教育中,应该重视领导干部和先进人物的带头作用。各级领导干部、先进人物和群众一样,都是社区居民中间普通的一分子。从这个意义上讲,对居民的道德教育包括了对领导干部和先进人物的道德教育。同时,领导干部和先进人物通过自身的道德形象和人格魅力的表率行为,又能够推进社区的道德教育进程,为居民的道德教育提供鲜活的榜样。

文化生产力与文化立市战略

——以深圳为例

　　当今世界，文化与经济、政治相互交融，文化发展在国家（地区）综合竞争力中的位置和作用越来越突出。20世纪中叶以来，越来越多的国家认识到文化对当代社会经济生活的巨大影响，许多国家都把文化战略作为整体发展战略的核心。在我国，科学发展观的提出，使人们进一步地、非常明确地认识到发展不仅仅是经济的单一增长，而是经济、社会、政治、文化的全面、综合、协调的发展。对一个地区而言，无论是经济实力的增长，还是社会综合素质等各方面的提高，都离不开文化的发展和提高。可以说，文化是可持续发展的重要推动力。

　　深圳是我国改革开放的前沿，作为经济特区，它已经从原先的小渔村发展为现代化的大城市。但是，它的传统文化底蕴比较单薄，在经济飞速发展的情况下，文化成为诸多发展领域中的一块"短板"。2003年深圳被中央确立为全国文化体制改革试点城市，深圳市委从建设国际化城市的战略目标出发，不失时机地提出"文化立市"战略，强调文化在城市建设和发展中的重要地位和支撑作用。这是深圳顺应世界文化与经济、政治交融的新趋势，在发展战略上的一个重大调整。同时，广东省文化大省建设工作会议又明确要求深圳"依托对外开放和体制创新示范区的优势，加快建设文化强市，做大做强城市文化经济，增强辐射力，在全省文化产业发展总格局中发挥龙头作用"。这为深圳实施"文化立市"战略确立了明确的发展目标。加快文化强市建设，对于推动经济社会全面协调发展，提高综合实力和国际竞争力，实现建设国际化城市的目标，具有相当重要的作用。同时，深圳的经验和做法,对我们解放和发展文化生产力,也具有相当重要的借鉴意义。

一、深圳"文化立市"战略的提出及其内涵

在 20 世纪 90 年代中期,随着经济建设的发展,人们开始听到"文化深圳"和构建"人文深圳"的呼声。1999 年 8 月,广东省委、省政府在深圳召开了"全省经济特区和珠江三角洲改革开放工作座谈会"。广东省委宣传部、广东省社科院等单位组成的调研组,在会上明确提出了深圳"必须确立文化立市的战略思想"。他们在《塑造"大鹏展翅"的现代城市文化形象》的报告中指出:"深圳是建设中的区域经济中心城市,经济中心城市的主要内涵虽然是指向经济状况和经济活动的,但它的建设需要有观念文化的指导,科技文化的推动,以及艺术文化提供氛围与张力。"报告认为,深圳只提"科技兴市"仍然不够,无论是科技创新还是认识创新,都需要以文化为基础,文化是现代化的深层内容,而"立"比"兴"更加突出了文化实力的重要基础地位。2003 年 1 月召开的中共深圳市委三届六次全会,在进一步明确深圳经济特区的目标定位和发展思路时指出:要确立"文化立市"的战略,树立"文化经济"的理念,把深圳建设成为高品位的文化和生态城市。"文化立市"战略的确立,反映了在知识经济迅猛发展和文化全球化大背景下,深圳对文化的功能、作用的认识不断深化的过程。这一战略的提出,对深圳今后的发展具有重大意义和深远影响。此后,深圳市第四次党代会又结合"文化立市"战略,提出将文化产业育成第四大支柱产业,像抓高新技术一样切实把文化产业放在突出位置,抓好落实,实现文化产业快速发展的要求。

所谓"文化立市",就是要把文化作为支撑、推动城市经济社会发展的重要动力与支柱,让文化带动整个城市的全面、协调、可持续发展,其内涵可以概括为:第一,这里所指的"文化"是一般意义上的文化,即除了人类物质活动和政治法律制度以外的各种精神活动及其成果,它涵盖了文化、科学、教育、卫生、体育、新闻出版、社会科学、文学艺术甚至更广泛的领域,文化在城市中具有基础性地位。第二,文化是城市的神,经济是城市的形,二者只有协调发展,城市才能形神兼

备。文化是城市的社会价值,是城市发展的导向,是一个城市最基本的支点。第三,文化的发展为城市提供精神动力与智力支持。城市的现代化进程,不仅要"集资",而且要"集智",没有智力基础,城市将失去最基本的支撑。第四,人文环境与生态环境一样,都是城市环境,包括投资环境的重要组成部分。作为一种"软环境",文化已经成为城市现代化和国际化的重要条件。第五,文化是城市综合实力的重要标志,是城市综合竞争力的重要组成部分。第六,文化是推动社会生产力发展的核心要素之一,是城市经济新的增长点。①

为了落实文化立市战略,深圳召开了两次重要会议。在2004年3月2日举行的"深圳市实施文化立市战略工作会议"上,深圳市委、市政府规划和部署了实施文化立市战略和建设高品位文化城市的各项工作,确立了文化发展的总体目标,明确提出,到2010年,深圳将基本建立适应社会主义市场经济要求、达到国际先进水平的城市文化发展格局、文化管理体制及运行机制,具有先进配套的文化设施、充满活力的文化体制、一流的文化精品、强大的文化产业、繁荣有序的文化市场、独具特色的现代化海滨城市文化形象,文化产业成为新的经济增长点,文化发展主要指标全国领先,文化综合实力和国际竞争力达到国际先进水平。

继深圳市第四次党代会提出把文化产业培育成第四大支柱产业的要求之后,2005年11月10日,深圳召开了文化产业工作会议,进行大规模动员部署,举全市之力促进文化产业跨越式发展。这是深圳建市以来首次有关文化产业发展的专题会议。会议提出,到2010年形成以文化产业集团为龙头、多种所有制文化企业共同发展,体系完备、结构合理、特色鲜明、竞争有序、市场繁荣、效益显著的文化产业发展格局,全市文化产业增加值占GDP比重达到10%以上,城市人均文化娱乐消费支出占全部消费性支出的比重提高到20%左右,文化产业成为重要支柱产业,深圳成为具有国内领先地位和国际影响力的文化产业发展中心城市之一。

①《文化立市与国际化城市建设——2004年深圳文化发展蓝皮书》,中国社会科学出版社,2004年,第66—70页。

这两次会议的召开,为深圳确立和实施文化立市战略,充分突出和加快发展文化,尤其是文化产业奠定了坚实基础,也为深圳未来的发展描绘了宏伟蓝图。

二、文化生产力的解读

在我们党的文献中,第一次明确提出"文化生产力"这一概念的,是十六届四中全会通过的《中共中央关于加强党的执政能力建设的决定》。《决定》提出了解放和发展文化生产力的一系列思路。文化生产力的提出,是文化理论的重大创新,是对社会主义先进文化认识的新的飞跃,为中国特色社会主义文化事业和文化产业的新发展,提供了理论基础和政策思路。

文化生产力,是指人们生产文化产品、提供文化服务的能力。马克思认为,社会生产力包括物质生产和精神生产两个方面。在《资本论》手稿中,他明确使用了"物质生产力和精神生产力"的提法。根据马克思主义的观点,文化生产中的智力投入和物质投入,具备社会生产诸要素的基本特征。文化产品的生产,形成物质形态的生产过程,与其他产品的生产一道,共同构成社会生产力的发展过程。因此,文化生产力是社会生产力的重要组成部分。今天,文化生产力不仅已成为综合国力的构成要素之一,也是衡量一个地区综合竞争力的重要指标。

十六届四中全会《决定》指出,解放和发展文化生产力,要"坚持把社会效益放在首位,实现社会效益和经济效益的统一,把文化发展的着力点放在满足人民群众精神文化需求和促进人的全面发展上。以体制机制创新为重点,增强微观活力,健全文化市场体系,依法加强管理,促进文化事业全面繁荣和文化产业快速发展,增强我国文化的总体实力"。从深圳的情况看,2003 年,在全国 19 个副省级城市居民消费比较的统计中,深圳"教育、文化、娱乐、服务"方面的消费在这 19个城市中处于首位。2004 年,深圳全市生产总值突破 3 000 亿元,人均 GDP 突破 7 000 美元。随着居民可支配收入的增长及文化教育水平的提高,恩格尔系数会进一步下降,文化消费指数则会相应提升。因此,城市文化生产力不够发达与市民不断增长的精神文化需求的矛盾也会进一步凸显。① 文化事业和文化产业是文化生产力的两个重要组成部分。文化体制改革是解放和发展文化生产力、壮大文化产业、繁荣文化事业的根本出路。深圳要解放和发展文化生产力,建设高品位城市,就要以文化体制改革为动力,努力破除制约文化生产力发展的体制性障碍,推进文化事业全面繁荣和文化产业快速发展,全面提高城市文化发展水平,增强文化总体实力和竞争力。这样,提出文化立市战略、大力发展文化产业也就在情理之中了。这是提高文化生产力的必由之路。

从世界范围看,全球社会、经济、政治和文化的变化,改变了传统商品生产和服务的条件。信息和通信技术的发展,催生了新的产业和生产组织。经济竞争已经远远超出了传统生产要素的范畴,而越来越倚重于知识、无形价值和创新能力。经济日益全球化,技术进步和创新已经占据经济发展的核心地位。国家、地区和城市的比较优势,越来越体现为其学习、创新和知识生产的能力。在这种新的经济形态中,文化变得越来越重要。它表现为文化功能的扩张与社会从传统产业形态向服务业转化之间的密切相关。其次,生活方式的变化和闲暇时间的增加,使人们对包括文化在内的休闲娱乐活动的需求大大增加。这两种趋势使文化的经济价值越来越凸显。文化经济化,经济文化化,文化与经济之间的相互关系变得越来越密切。

这一变化给人们最直观的感觉,就是曾几何时,人们还经常看到这样的口号:"文化搭台,经济唱戏。"似乎在经济、社会发展的过程中,文化只有承担铺垫角色的义务,而无独立存在的价值。而我们现在说的文化生产力,则包含了文化与经济关系的转变以及二者关系的日趋密切。所谓的文化经济化,就是指文化进入市场,文化进入产业,文化中渗入了经济的、商品的要素,使文化具有经济力,成为社会生产力的重要组成部分。将文化的商品属性解放出来,增加了文化的造血功能,使之进入良性循环的发展机制。所谓的经济文化化,是指生产、消

---

① 《城市文化战略与高品位文化城市——2005 年深圳文化发展蓝皮书》,中国社会科学出版社,2005 年,第 18 页。

费、市场等经济领域越来越多地被文化渗透,经济活动中表现出更多的文化因素。阿伦·斯科特认为,在当前时代中,产品的文化形式和文化内涵变得至关重要,甚至成为生产战略的主导性因素。在这种情况下,人类文化作为整体正在变得越来越商品化,同时,大量的生产、市场、服务等经济行为也都在某种程度上涉及美学、符号等方面的文化内容。①由此可知,文化的经济化与经济的文化化,实在是一枚硬币的两面。

关于文化之于经济和社会发展过程的重要性,联合国教科文组织和世界银行在1998年分别发表的文件《世界文化报告:文化、创造性与市场》、《文化与可持续发展:行动框架》,都对此进行了强调。1999年10月,在意大利佛罗伦萨会议上,世界银行提出:文化是经济发展的重要组成部分,文化也将是世界经济运作方式与条件的重要因素。这标志着经济与文化在不断地接近以后开始走向融合甚至重合,一种新的经济形态——"文化经济"(Cultural Economy)正在迅速崛起。在全球范围内,文化经济改变了传统的经济形态,对世界市场格局、经济发展趋势、可持续发展产生了重要影响。文化产业不仅提供了数以万计的就业机会,在许多发达国家国民生产总值中占有举足轻重的地位,而且已经成为推动经济增长,培育创新能力,增强国家、地区和城市综合竞争力的重要因素,文化越来越成为一个地区发展的重要的支柱产业。所以,对文化经济的重要性,许多国家、地区和城市已经有了充分的认识。凡是经济发展到一定阶段的国家和地区,都纷纷将文化经济、文化贸易设定为战略目标,将文化产业定位为国家战略产业。

作为新兴的经济形态,文化经济的发展势头迅猛,对经济和社会发展起着强大的推动作用。下列国家的情况,充分说明了这一点。②

美国是世界上最大的发达国家,其文化产业与军工产业一起构成了主导美国经济的两大产业。1996年至2001年,美国经济增长率为3.6%,而媒体娱乐业增长率却达到了6.5%。美国的视听产品已经成为仅次于航空航天的主要换汇产业,占出口总额的13%。

---

① 《国际文化发展报告》,商务印书馆,2005年,第7—11页。
② 同①。

20 世纪末,加拿大文化出口迅速增长。从 1996 年到 2000 年,加拿大文化出口增长了 50%,其中文化产品出口平均年增幅为 14%,文化服务和知识产权出口的年均增幅为 7%。在 2000 年,加拿大文化产品出口总值为 28.8 亿美元,比 1996 年增加了 11.7 亿美元,增幅为 69%。而同年文化服务出口总值约为 21.2 亿美元,比 1996 年增加了 4.84 亿美元,增幅为 30%。2002 年加拿大仅表演艺术团体的营业收入就达 10 亿美元,比 2001 年增长 5.1%,利润增长 6.5%。娱乐服务业实现利税 55 亿美元。

英国的文化产业已经具有相当规模。据 1995 年的统计,文化产业净收入约为 250 亿英镑,其产值约占国民生产总值的 4%,超过任何一种传统制造业创造的产值。在出口方面,除了软件产业外,其他 12 种文化产业 1995 年出口总值约 75 亿英镑,在海外市场具有较强竞争力。根据 1998 年的统计,文化产业创造的年产值接近 600 亿英镑。

澳大利亚 1999 年艺术和文化产业出口额达 190 亿美元,成为该国出口创汇的重要来源。

日本自 20 世纪 90 年代以来,在经济长期低速徘徊的情况下,政府开始把文化和经济结合起来,大力发展文化产业。1995 年,日本确立了文化立国方略。2001 年,日本开始全力打造知识产权立国战略,明确提出 10 年内把日本建成世界第一知识产权国。2003 年又制定了观光立国战略,计划到 2010 年使到日本旅游的外国人达到 1 000 万人,比 2001 年提高 1 倍。为把文化立国战略落到实处,日本政府还通过召开战略会议、恳谈会、幕僚会议、审议会等形式,研究商讨具体政策,推动文化产业发展。

韩国在亚洲金融风暴之后,为了寻求新的发展,提出了"文化立国"的方针,将文化产业作为 21 世纪发展国家经济的战略性支柱产业。计划用 5 年时间把韩国文化产业的产值在世界市场的份额,由 2001 年的 1% 扩展到 5%(710 亿美元),海外出口额增加到 100 亿美元,最终目标是把韩国建设成为 21 世纪的文化大国、知识经济强国。同时,国家在文化事业的预算上不断加大投资。2001 年文化事业预算进入"1 兆韩元时代",2003 年文化事业预算达到 1 兆 1 673 亿韩元,文化产业预算达 1 878 亿韩元。

综上所述,我们可以把文化生产力理解为文化的经济化和经济的文化化这二者的合二为一。它既包括文化产业的内容,又包括文化事业的内容;既包括生产文化产品的物质生产力,又包括生产非物质文化作品的精神生产力。

三、发展文化生产力的认识和政策

(一)深圳对发展文化生产力的认识

深圳市高度重视文化发展,源于市委、市政府对这个问题的深刻认识。深圳有关领导曾在文化产业工作会议上强调,建设和谐深圳、效益深圳和国际化城市,要有强大的经济实力、完善的城市基础设施,更要有先进的价值观、较高的城市品位和良好的市民素质。由城市文化底蕴、文化素质、文化创意所构成的软实力,比任何耀眼的硬件设施、华丽的外在形象更能持久地吸引人,更能散发出持久的城市魅力。文化是资本,是资源;文化是生产力,是竞争力。一个城市,没有深厚的文化底蕴,没有先进的文化引领,没有文化创新的持久推动,在竞争中就要落后,就要被淘汰。发展文化产业,要大胆创新,扬长避短,坚持"突出重点、办出特色、发挥优势、全面发展"的原则,把握"一个核心",抓住"两个关键",加强"三大建设",着力营造最适宜文化产业发展的综合环境,推动深圳文化产业跨越式发展。

一是始终把握改革创新这个核心,激发文化产业的创新活力。城市文化的精髓在于创新。要逐步建立多出精品、多出人才的文化管理体制和运行机制,推动中华民族的优秀文化更好地走向世界,在不同文化的相互激荡中放出新的光彩。要继续深化文化管理体制改革,解放和发展文化生产力,强化产业规划、市场监管、政策支持、法规建设、公共服务,充分释放文化产业发展的潜力;要继续深化文化投融资体制改革,放宽市场准入,形成全社会办文化格局;要大力推动文化领域自主创新,打造一批优势文化品牌。

二是紧紧抓住市场主体和文化人才两个关键,增强产业的可持续发展能力。培育多元化的市场主体,重点培育一批大型文化企业集团,发挥其龙头作用和带动作用;稳妥推进经营性文化事业单位转制为国有文化企业,使之成为自主经营、自负盈亏、自我发展的市场主体;大力发展一批民营龙头文化企业、特色文化企业和多元化投资主体的"专、精、特、新"中小文化企业。加大文化人才引进和培养制度,构建文化产业发展的人才支撑体系,适应文化产业发展的要求,积极引进和培养一批大师级文化人才,一批具有专业知识和国际眼界、能够敏锐地发现问题、创造性地解决问题的文化专业人才,一批高素质的文化经营、管理、策划和营销人才,并进一步强化城市多元化、包容性的文化特质,创造有利于文化人才、专业人才、创新创意人才聚集的社会环境。

三是加强文化产业基地、产业链和展会平台三大建设。按照产业集约化、规模化、现代化的思路,规划建设一批文化产业基地和产业集聚区,加快建设国家动漫游戏产业基地、现代印刷产业集聚基地和文化产品出口基地;加快建设、完善文化产业链,着力培养和引进一批占据产业高端和终端、有核心创意和营销网络、延伸开发能力强的文化企业主体,引进一批国际知名文化企业来深圳发展,大力培育文化中介服务主体;把"文博会"打造成为全国文化产业展示、交易、信息和外向发展的平台,把深圳建设成中国文化产业和产品的展示窗口,建成全国文化产业交易、信息的集散基地,建成中国文化产品出口贸易和对外文化交流的区域中心。①

积极发展文化产业,是党的十六大提出的一项战略任务,是广东实施和推进文化大省建设的要求,是深圳市实践"三个代表"重要思想、贯彻落实科学发展观、建设先进文化、丰富精神文化产品、满足市民文化权利和推进社会、经济、文化协调发展的重要举措。只有文化生产力得到大发展,才能提供更加丰富的文化产品和服务,最大限度地满足人民群众的精神文化需要。文化产业繁荣了,丰富多彩的文化生活才能给广大市民精神上的愉悦和享受。同时,文化产业的发展,又是经济发展的必然趋势。目前,世界范围内文化产业在经济领域的

①《举全市之力促进文化产业跨越式发展》,《深圳特区报》,2005 年 11 月 11 日。

份额正在以年均 11.39% 的速度增长。进入 21 世纪,文化与经济、政治相互交融,在综合国力竞争中的地位越来越突出,文化产业在国际上如同一匹越跑越快的"经济黑马",在经济整体发展中,取得更加快速的发展。在部分发达国家和地区的经济发展中,以视听出版、影视传媒、演艺娱乐和旅游、网络等为基础产品的文化产业,已然成为国民经济的支柱产业和新的经济增长点,在拉动经济增长、就业和国际贸易中的重要性日益增强。在欧美一些发达国家,文化产业增加值超过国内生产总值的 1/5,文化产业在城市发展中的作用和地位越来越显著。

反观我国的文化产业,对国民经济的贡献远低于发达国家。从深圳来看,经过 20 多年的发展,文化产业持续高速增长,总量规模不断扩大,综合实力不断增强,产业门类发展逐步走向齐全,印刷业在国内与京沪"三足鼎立",传媒业实力全国领先,重点行业在全国形成比较优势,市场化程度得到进一步提高。文化产业作为深圳潜在的优势产业,是继高新技术产业、金融业、现代物流业以外的新的经济增长点,它具有消耗低、污染少、附加值高的特点,不需要很多资源,可以避免深圳在进一步发展过程中所面临的土地资源难以为继、能源供应难以为继、人口急剧膨胀难以为继、环境不堪重负难以为继这"四个难以为继"的严峻局面。在"速度深圳"向"效益深圳"转变过程中,加快发展文化产业,对深圳这座资源有限的城市尤为重要,是走出"四个难以为继"制约的有效突破口。但是,深圳文化产业还有不少令人担忧的"软肋":首先是总量规模偏小,对 GDP 的贡献不足。2004 年深圳文化产业实现增加值 163.39 亿元,占当年 GDP 的 4.77%,这与作为第四大支柱产业的要求还有较大差距,总体水平与北京、上海尚存差距。其次,结构不合理,文化含量不高,文化制造业的比重高达 47.68%,几乎占据文化产业的半壁江山,整体上还处于"加工制造"阶段,产业核心竞争力不强,存在上游原创不足、中游生产环节组织集约化程度不高、下游营销能力不强的产业链缺陷。第三,全市尚未形成推动文化产业发展的强大合力,目前文化产业发展还处于市场自发发展的状态,文化资源没有得到有效整合,存在着条块分割、多头管理、职能不清、缺乏统一协调等体制性障碍问题和薄弱环节。①

所以，深圳认识到：作为中央确定的全国文化体制改革综合试点城市，自己肩负着加快发展文化产业的历史重任。要建设一个文化事业繁荣、文化产业发达的现代化城市，在中国改革开放的"窗口"和前沿，大力发展社会主义先进文化，就要争当全国文化发展的排头兵，以更大的胆识、更大的魄力、更大的力度，集全市之智、举全市之力，促进文化产业的跨越式发展，增创文化产业发展的新优势。

（二）发展文化生产力的若干政策

为了把深圳文化产业带入一个快速发展期，深圳市在确立了文化立市的发展战略后，制定了《深圳市文化发展规划纲要》（以下简称《纲要》），对 2005 年至 2010 年深圳的文化发展和文化战略、文化发展的主要任务、法规政策保障、组织实施等方面，作了总体安排。

《纲要》提出深圳文化发展的目标是：围绕深圳市 2020 年基本建成国际化城市的总体目标，到 2010 年，文化立市的框架基本形成，高品位文化城市建设初具规模；到 2020 年，基本建成高品位文化城市，使深圳成为文化特色鲜明的国际知名城市。而实现这一目标的途径是：坚持以人为本，提高市民素质；积极构造文化设施新格局；大力促进文化事业繁荣；快速推动文化产业发展；充分培育城市文化特色。《纲要》提出了深圳文化发展的六大战略，即：

第一，体制创新战略。完善宏观管理体制，形成党委领导、政府管理、行业自律、企事业单位一方运营的文化管理体制。加强政策调节、市场监管、社会管理和公共服务职能。培育市场主体，增强微观活力，深化国有文化企事业单位改革，实现投资主体多元化。发展独立公正、规范运作的文化市场中介机构，健全文化行业协会。

第二，精品战略。集中优势资源，充分发挥广大文艺工作者的积极性和创造力，精心组织和实施反映深圳改革开放历史进程的文化精品工程，将深圳建设成为文化艺术精品策划与生产基地。

第三，人才战略。高度重视文化人才的作用，充分开发和利用国

---

① 《让文化产业发展驶入快车道》，《深圳特区报》，2005 年 11 月 11 日。

内国外两个人才市场、两种人才资源,积极引进和培养建设高品位文化城市所急需的理论研究、文艺创作、文化科技、文化管理、维护运营等门类的优秀人才,建立和完善适合文化人才特点的柔性引进机制,形成并保持深圳的特色优势和对文化人才的持续吸引力,营造良好的人才生态环境、人才发展环境和文化人才创业环境。

第四,科技战略。充分利用深圳高新技术产业和技术创新方面的优势,加强高新技术在文化事业和文化产业中的应用,提高文化产品和服务的科技水平,促进影视动漫等文化衍生产品的深度开发,实现文化资源数字化、文化管理网络化、文化事业信息化、文化产业市场化,大力提升文化事业的服务功能和文化产业的市场竞争力。

第五,外向战略。通过创新带动、开放带动和市场带动,着力加强珠三角乃至泛珠三角的文化合作,构筑文化发展的大平台,实施积极的"走出去"战略,推动中华文化更好地走向世界,提高深圳文化产品在国际市场的占有率。

第六,品牌战略。发挥市场优势,加快文化产业发展,创造一批文化产品名牌。积极扶持动漫、印刷、文化旅游等产业,把深圳建设成为国家级动漫产业和印刷产业基地,文化产品出口基地,文化旅游中心,文化资本经营策划中心,文化产业博览交易中心,文化著名公司集团总部聚集地。

与上述目标和任务相对应,文化发展的主要任务有:

第一,加强市民思想道德建设,包括引导人们树立正确的世界观、人生观和价值观,弘扬"深圳精神"、永葆城市活力,构建公民道德体系、努力锻造城市新人,加强精神文明建设、创建文明城市,提高家园认同感、建设和谐社会。

第二,促进文化事业繁荣发展,包括全面繁荣社会文化事业和文学艺术,强化哲学社会科学研究,加强新闻传媒管理和建设,发展文物博物馆事业,维护文化安全,积极开展文化节庆和对外文化交流活动。

第三,推进文化产业发展,包括发展优势产业、形成文化支柱产业,重点发展传媒产业、动漫游戏产业、出版发行产业、创意设计产业、印刷产业、视听产业、歌舞娱乐产业和旅游休闲产业;构建产业平台,建立文化产业创业基地,编制并完善文化产业投资导向目录和组建"设计业共同制作室";培育规范市场,积极培育文化市场,组建各类文化中介组织。

第四,加强文化设施建设,包括形成高雅文化、商业文化、体育文化、文化遗产、广场文化五大文化系列,建成深圳歌剧院、科学馆新馆、国际会议中心、奥林匹克体育中心四大重点文化设施。

第五,深化文化体制机制改革,包括文化管理体制改革、国有文化企事业单位改革、文化投融资体制改革和积极发挥行业协会的作用。①

在《纲要》出台后,深圳又颁布了《中共深圳市委、深圳市人民政府关于大力发展文化产业的决定》,深圳市人民政府《关于加快文化产业发展若干经济政策》、《关于建设文化产业基地的实施意见》、《关于扶持动漫游戏产业发展的若干意见》、《深圳市文化产业发展专项资金管理暂行办法》、《深圳市文化产业促进条例》,这一系列配套文件从宏观环境、产业政策、基地建设、重点项目、专项资金管理等方面对落实《纲要》都作出了具体而详尽的规定。

为了把文化产业真正融入整体的经济社会发展的环境之中,深圳正在抓紧制订《深圳市文化产业发展十一五规划》,使之与《深圳市国民经济和社会发展第十一个五年规划》衔接,明确文化产业发展的方向和重点,挖掘、整合文化资源,形成合力的文化产业发展布局,增强文化产业可持续发展的能力。

由此可见,深圳在制度设计上,已经为文化产业和文化生产力的发展,创造了优越的政策环境。

四、深圳经验的启示

通过对深圳发展文化生产力做法的分析和思考,笔者认为可以为人们提供以下启示:

---

① 《深圳市文化发展纲要(2005—2010 年)》,见《城市文化战略与高品位文化城市——2005 年深圳文化发展蓝皮书》,中国社会科学出版社,2005 年,第33—54 页。

（一）必须重视政府在发展文化生产力方面的作用

这个问题的实质是政府在发展文化生产力中如何定位自己。如前所述，文化生产力包括文化事业和文化产业两部分，把文化作为一种产业，就在事实上赋予了它盈利性质和市场地位。因此，在这一方面，应该按照市场规律，让这只"看不见的手"给予调节。但是，即使是在奉行自由市场原则的美国，完全将文化产业放手交由市场也是不可行的。我们知道，市场不是全能的，也有它失灵的地方。政府不仅要管理那些涉及国家根本利益和保护民族传统文化遗产需要的文化事业，还要在市场失灵的领域，成为一只"看得见的手"，在宏观上做好调控和管理，完善法规体系，充分运用法律和政策手段，解决文化体制改革和文化产业发展中出现的新问题、新情况，遵循文化产业发展规律，结合实际情况，加强立法、法制和行业发展的指导，及时废止、修改不适应文化产业发展的规范性文件，为文化产业的发展提供具有前瞻性、实效性、可操作性的法制体系，规范操作行为，当好裁判员。

文化产业概念的提出，使得文化事业与之相对成为主要反映公益性质的概念。公益文化事业，则必须由政府投入。文化事业是社会公共产品中非常重要的部分，也是反映社会公平、衡量政府为实现公民文化权利所做出种种努力的重要指标。公民的文化权利包括许多方面的内容，但是最基本的不外乎三个方面：其一，参与文化活动。人民群众有权利参加各种各样的、不同层次的社会文化活动，要满足人民群众在精神文化生活方面的要求，就必须最大限度地提供老少皆宜、各得其所的参与文化活动的条件。其二，享受文化成果。随着文化事业的发展，以及文化产业对文化整体的推动，当前在我国文化产品和文化成果已经得到极大地丰富，包括影剧院、图书馆、博物馆等文化基础设施和文学、戏剧、电影、音乐、舞蹈等多样化的文化产品的生产和供应在内的全社会的文化供给能力有了极大的提高。这为人民群众享受文化成果提供了更多更好的条件。其三，开展文化创造。这是最能体现公民主体性意识的，也是社会主义文化的本质特征。只有努力营造出一种自由的文化创造的空间和机制，真正把广大人民群众的积极性、创造性充分调动起来，才能形成大规模的文化建设热潮，才能使群众文化创造的热情和潜能得到极大的释放。而这些都是政府应当承担的社会公共职能。深圳的做法提供了一个很好的榜样。

（二）重视人才培养,加强文化研究智库的作用

与普通生产力不同的是,文化生产力是一种特殊的生产力,它对知识含量的要求更高。人是生产力中最活跃的因素,人的素质高低直接影响到生产力的高低。作为特殊生产力的文化生产力,对知识、创造和技术含量的要求都非常高。因此,要使我国的文化形成庞大的市场和产业,就要不断提高从事文化产业的人员适应和促进文化生产力发展的综合素质,包括在管理、创作、制作、融资、广告、销售、市场分析、信息处理、数据交流等方面的知识水平和操作能力,建立和壮大文化产业队伍。这就要求我们必须重视培养这方面人才的工作。

发展文化生产力的另一个重要方面,是必须重视文化研究智库的作用。所谓智库(亦译为"脑库"),是指智囊和咨询等方面的机构。美国的智库业十分发达,仅就文化产业而言,就有不少专门进行文化产业研究的智库,一些高校有专门研究文化产业的研究所或中心,大公司里有专门分析研究文化市场的研究人员,并有各类刊物进行交流。这些研究机构并非进行纯艺术的研究,而是针对行业、技术、市场和消费者进行研究。这样的研究对政府管理文化事业和文化产业产生了积极影响,为企业的战略和战术发展决策提供了有力的依据,是文化从业人员、文化产品与文化消费者之间非常重要的一种无形桥梁。所以,要发展文化生产力,壮大文化产业,就必须充分重视文化产业方面的研究,以及相关研究机构的建设和专业人员的培养。这是政府和文化产业企业都应该加大投入的重要领域。

（三）充分发挥市场在配置文化资源方面的主导作用

如果说政府在文化事业发展方面应该起主导作用,那么在文化产业发展方面,毫无疑问应该由市场起主导作用。发展文化生产力是在社会主义市场经济背景下进行的,这就决定了市场在文化资源的配置上的功能和作用。

这一问题可以从三个方面来理解。第一,政府在管理文化产业方面,要按照市场规律办事,合理有效地使用可用于文化产业的资金,调

整政府投入的领域和逐步降低投入的比例。第二,在依法管理的同时,降低文化产业的准入门槛,积极拓宽资金来源,鼓励和强化社会与公众参与办文化的意识,通过有关的法律、法规,扶持民间资本参与文化产业的投资。第三,通过有关税法规定,鼓励社会各界对文化事业的捐赠支持。关于这一方面,美国非盈利性文化组织的资金来源,约半数为票房和其他收入,其余约40%为私营部门的捐赠(公司捐赠7%,基金会13%,个人20%),公共部门提供的资金占10%。[①] 美国的文化产业可以说是世界上最发达的,虽然政府的投入只占很小比例,但却起到"四两拨千斤"的作用,这的确值得我们认真思考和借鉴。

(四)文化创新是发展文化生产力的源泉和动力

创新对文化生产力的发展至关重要。在文化生产力的发展中,既要重视科技创新,又要重视观念创新。文化产业涉及的行业,绝大多数属于资本和技术密集型,因此,在产业结构和技术方面的探索和创新,不断寻找适合经济发展的组织结构和进一步提高经济效益的新技术,是文化产业各行业得以持续发展的动力。组织创新对于文化生产力而言,亦十分重要。它主要表现在文化体制的改革和文化发展运行机制的建立之上。这也是发展文化生产力的一个不可忽视的重要方面。

最能说明文化产业创新作用的,是文化产业中引领潮流、十分抢眼的创意产业。从世界范围看,创意产业的发展,一类是以英国和美国为代表的欧美型,以文化产业为主体,较多地涵盖精神产品层面;另一类是以日本、韩国为代表的亚太型,以文化产业和产业服务为主体,兼顾了精神产品和物质产品;还有一类是以中国内地为代表的本土型,以产业服务为主体,更突出地强调物质产品层面。

最先提出创意产业概念的是英国。1998 年,《英国创意产业路径文件》首次提出了"创意产业"的概念,并将其界定为"源自个人创意、技巧及才华,通过知识产权的开发和运用,具有创造财富和就业潜力的行业"。根据这个定义,英国把广告、建筑、艺术和文物交易、工艺品、设计、时装设计、电影、互动休闲软件、音乐、表演艺术、出版、软件、

---

① 《国际文化发展报告》,商务印书馆,2005 年,第 54 页。

电视广播这 13 个行业确认为创意产业。这一定义后来被许多国家和地区沿用。目前英国创意产业的产值超过 1 000 亿英镑,占国内生产总值的 7% 以上,已成为仅次于金融服务业的第二大产业。英国大约有 122 万个不同类型的创意产业公司,其就业人口为 195 万,居各产业之首。根据 2001 年英国文化、媒体和体育部发表的《创意产业专题报告》的数据,当年英国创意产业的出口值高达 103 亿英镑。在 1997—2001 年间,年增长率为 15% 左右。而同期英国所有产业的出口增长率平均只有 4%。① 美国学者霍金斯在《创意经济》一书中指出,在 1999 年全球的创意经济产值为 2.2 万亿美元,而且以每年 5% 的速度成长。1999 年全球国民生产毛额为 30.2 万亿美元,创意经济占其中的 7.3%。韩国文化产业振兴院院长徐炳文认为,经过 20 世纪 70 年代的影剧时代、80 年代的软件时代、90 年代的信息通讯网时代之后,在 21 世纪,"创意性文化内容的时代"已经到来,在未来的竞争中,文化内容是最为重要的竞争力之一。② 创意产业之于文化生产力的重要,由此可见一斑。

创意产业的核心和本质是创新,这充分说明了在文化生产力的发展中,创新的重要性。

(五)结合实际情况,选准突破口

发展文化生产力不是盲目的,而应该是根据本地实际情况,选择有优势的行业予以重点突破。深圳市根据自身情况,在发展文化生产力的过程中选择了以动漫游戏产业、印刷产业、创意产业以及"中国(深圳)国际文化产业博览会"为龙头的文化产业发展方向,打造并完善文化产业链,提升文化产业结构,形成具有比较优势的文化产业群。正因为如此,深圳才能在全国的文化产业发展中占有领先地位。这为我们思考、制订文化产业的发展规划,提供了一个很好的样本。只有充分开发自己的优势文化资源,才能创造出自己的文化品牌,并使文化产业的发展呈现出丰富多彩的状态。

---

① 《英国向全世界卖点子》,《环球时报》,2006 年 5 月 4 日。
② 《国际文化发展报告》,商务印书馆,2005 年,第 11—12 页。

文化软实力与精神文明建设

　　胡锦涛总书记在中国共产党第十七次全国代表大会上的报告中指出:"要坚持社会主义先进文化前进方向,兴起社会主义文化建设新高潮,激发全民族文化创造活力,提高国家文化软实力,使人民基本文化权益得到更好保障,使社会文化生活更加丰富多彩,使人民精神风貌更加昂扬向上。"这是第一次在党的全国代表大会上和党的重要文件中提出"文化软实力"的概念,其重要意义在于把文化建设与国家文化软实力直接联系起来了。窃以为,这段重要论述中实际上还涉及提高国家文化软实力与精神文明建设之间关系的问题。本文就此阐述一些粗浅看法,以求教于方家。

一

　　文化软实力是一个国家、一个民族综合国力和国际竞争力的重要组成部分,在信息化、全球化日益发展的今天,文化正在日益成为发展的增长极,文化的发展越来越成为经济、社会发展的支撑,文化领域也越来越成为国际政治斗争以及意识形态较量的主战场。正如美国著名政治学者、哈佛大学教授塞缪尔·亨廷顿在他关于文明冲突的论述中所说的:"在冷战后的世界中,全球政治在历史上第一次成为多极的和多文化的……在后冷战的世界中,人民之间最重要的区别不是意识形态的、政治的或经济的,而是文化的区别。"①所以,他预言 21 世纪的竞争不再是经济或军事的竞争,而是文化的竞争。正是基于此,世

---

　　①　塞缪尔·亨廷顿:《文明的冲突与世界秩序的重建》,新华出版社,2002 年,第 5—6 页。

界各国、尤其是西方发达国家纷纷把提高国家文化软实力作为重要发展战略，千方百计地壮大自己国家文化的整体实力和国际竞争力，努力争取和力图垄断国际话语权。

"软实力"(Soft Power)一词最早由美国学者约瑟夫·奈(Joseph S. Nye Jr.)提出，他认为一个国家的软实力的主要来源是：文化的吸引力、意识形态和思想观念的感召力、制定国际规则和建立国际机制的能力及恰当的外交政策。换言之，软实力是指能够影响他国意愿的无形的精神力，包括政治制度的吸引力、价值观的感召力、文化的感染力、外交的说服力、国际信誉以及领导人与国民形象的魅力。软实力具有使他国心甘情愿去做自己希望它做的事情的力量，是一种可以转化为相当强的同化性的实力。因而软实力的定义可概括为：通过吸引别人而不是强制他们来达到你想要达到目的的能力。

软实力是相对于"硬实力"而言的。硬实力的运用表现为借助引诱("胡萝卜")或者威胁("大棒")的手段，直接迫使他人改变自己的意志或者行为。而软实力的运用则表现为通过自己思想的吸引力或者决定政治议题的能力(即制定国际规则和建立国际机制的能力及恰当的外交政策)，让其他国家自愿效仿或者接受体系的规则，从而间接地促使他人确定自身的偏好。例如，美国的大众文化、高等教育和外交政策中经常体现的民主、个人自由、经济和社会的流动性、公开性等价值观，都在多个方面加强了美国的力量。而中国举办的2008年北京奥运会，对于中国来说是一个重要的机遇，是展示和增强中国软实力的一次机会，可以使全世界通过奥运会，更进一步地深入了解中国，了解中国人民，了解改革开放30年来中国的经济、政治、文化、社会建设的巨大发展，了解中国特色社会主义建设的辉煌成就，有助于中国的软实力持续发展。

相对于硬实力而言，软实力有其独具的特点。从作用方式看，被作用对象的认可和接受是软实力实现的必要条件，因此，它排斥强制性的发号施令和暴力；从作用结果看，软实力更多是一种道义力量，自主性和变通性非常明显；从作用过程看，软实力不具有规范性和统一性。

　　软实力不是平均分配的，呈现出明显的不对称性。一般说来，行为体的软实力总是因其所影响的领域、对象的不同而发生着变化。地缘关系、文化传统、政治制度、国家利益的相关性因素对软实力的实施效果产生着较大影响，且这些因素的相似和关联程度越高，其作用力就越显著。

　　软实力不是一个或几个强国的专利，各国都有能力拥有并展现自己丰富的软实力，从而提升各自的国际地位。毫无疑问，美国拥有当今世界最强大的文化软实力，美国文化越来越多地在美国的国际事务中发挥着独立的作用，已经成为美国实施国际战略的工具，除了扮演导向性角色外，还扮演着工具性角色，文化扩张就是这种工具性角色的体现。以好莱坞大片、可口可乐以及汽车文化等的输出为代表，它们不仅仅在向全世界推销美国的商品和美国的生活方式，也在推销美国的文化和价值观。然而，这并不表明弱国、小国和后发国家就没有软实力。例如，弱小的古巴在与强大的美国的抗争中，遭受着美国长达40多年的经济封锁，以及政治上、军事上的颠覆和入侵，但是卡斯特罗主义和格瓦拉主义在南美却风靡一时，特别是切·格瓦拉的革命理想主义和浪漫主义，至今依然对全世界的青年产生着深刻的影响，古巴也因此在南美民众中具有相当的影响力。应该说，这就是一种软实力的表现。

二

　　中国特色社会主义事业的建设是包括经济、政治、文化、社会各方面在内的"四位一体"建设，建设社会主义精神文明是建设中国特色社会主义事业的重要组成部分。自中国共产党十一届三中全会以来，我们党对社会主义精神文明建设的战略地位和重要作用作出了高度概括。党的十二大提出："社会主义精神文明是社会主义的重要特征，是社会主义制度优越性的重要表现。"党的十四届六中全会明确指出："社会主义精神文明是社会主义社会的重要特征，是现代化建设的重要目标和重要保证。"党的十五大提出："有中国特色社会主义的文化，是凝聚和激励全国各族人民的重要力量，是综合国力的重要标志。""有中国特色社会主义的文化，就其主要内容来说，同改革开放以来我们一贯倡导的社会主义精神文明是一致的。"党的十六大提出:"坚持物质文明和精神文明两手抓,实行依法治国和以德治国相结合。""必须立足中国现实,继承民族文化优秀传统,吸取外国文化有益成果,建设社会主义精神文明,不断提高全民族的思想道德素质和科学文化素质,为现代化建设提供强大的精神动力和智力支持。"党的十七大进一步提出:"扩大社会主义民主,更好保障人民权益和社会公平正义。""加强文化建设,明显提高全民族文明素质。社会主义核心价值体系深入人心,良好思想道德风尚进一步弘扬。覆盖全社会的公共文化服务体系基本建立,文化产业占国民经济比重明显提高、国际竞争力显著增强,适应人民需要的文化产品更加丰富。""推动社会主义文化大发展大繁荣。"

在我国社会主义精神文明建设历程中,党的十二大具有特殊的重要作用。十二大报告在明确提出全面开创社会主义现代化建设新局面的同时,明确地指出两个文明建设一起抓是建设社会主义的一个战略方针,确定了精神文明建设的重大意义、基本任务和指导方针,从理论原理、具体内容到方针、方法,对社会主义精神文明作了比较完整的论证和阐述,把全党对社会主义精神文明的认识提到了一个新的高度。十二大报告明确指出了精神文明建设的主要内容是文化建设和思想建设,并科学地界定了这二者的关系。文化建设指的是教育、科学、文学艺术、新闻出版、广播电视、卫生体育、图书馆、博物馆等各项文化事业的发展和人民群众知识水平的提高,也包括健康、愉快、生动活泼、丰富多彩的群众性娱乐活动;思想建设最重要的就是革命的理想、道德和纪律。文化建设既是物质文明建设的重要条件,也是提高人民群众思想觉悟和道德水平(即思想建设)的重要条件。根据这一表述,我们可以把文化建设理解为社会主义精神文明建设的中心环节和基本途径。

1994年,江泽民同志在全国宣传思想工作会议上提出:"我们的宣传思想工作,必须以科学的理论武装人,以正确的舆论引导人,以高尚的精神塑造人,以优秀的作品鼓舞人。"可以说,这既是宣传思想工作的主要任务,也是精神文明建设的主要任务,而这四项主要任务,无一不是以文化建设为依托和归依的。事实上,自党的十六大以来,关于精神文明建设的论述,已经越来越细化为以文化建设为主的方方面面。例如,党的十六大报告,提出了中国特色社会主义"三位一体"的建设任务,即经济建设、政治建设和文化建设。精神文明建设的任务具体化为了政治、文化两大方面,尤其是落在了文化建设之上。十六大报告指出:"全面建设小康社会,必须大力发展社会主义文化,建设社会主义精神文明。当今世界,文化与经济和政治相互交融,在综合国力竞争中的地位和作用越来越突出。文化的力量,深深熔铸在民族的生命力、创造力和凝聚力之中。全党同志要深刻认识文化建设的战略意义,推动社会主义文化的发展繁荣。"十六大报告提出了文化建设的六项任务,即牢牢把握先进文化的前进方向;坚持弘扬和培育民族精神;切实加强思想道德建设;大力发展教育和科学事业;积极发展文化事业和文化产业;继续深化文化体制改革。

党的十七大则进一步提出了经济、政治、文化、社会"四位一体"建设中国特色社会主义事业的目标和任务,精神文明建设的任务由政治、文化进一步细化为政治、文化和社会三大建设。十七大报告在第七部分"推动社会主义文化大发展大繁荣"中,明确指出:"当今时代,文化越来越成为民族凝聚力和创造力的重要源泉、越来越成为综合国力竞争的重要因素,丰富精神文化生活越来越成为我国人民的热切愿望。要坚持社会主义先进文化前进方向,兴起社会主义文化建设新高潮,激发全民族文化创造活力,提高国家文化软实力,使人民基本文化权益得到更好保障,使社会文化生活更加丰富多彩,使人民精神风貌更加昂扬向上。"而关于社会主义文化大发展大繁荣的主要任务共有四项:建设社会主义核心价值体系,增强社会主义意识形态的吸引力和凝聚力;建设和谐文化,培育文明风尚;弘扬中华文化,建设中华民族共有的精神家园;推进文化创新,增强文化发展活力。与十六大报告相比较,十七大报告把教育、卫生、社会保障和社会管理放到社会建设部分进行论述。这样就更加突出了文化建设的基本内涵。同时,十七大报告旗帜鲜明地提出"建设生态文明",并将其列为实现全面建设小康社会的五大目标之一,这说明我们党经过30年的改革开放,对于建设中国特色社会主义的认识产生了新的飞跃，即中国特色社会主义的实现必须开展"四位一体"和"四大文明"（物质文明、精神文明、政治文明、生态文明）的建设，同时也说明了我们党在治国理政过程中对整个人类文明建设的总体性认识有了新的提高。

如上所述，在社会主义精神文明建设的过程中，作为中心环节和主要抓手，文化的重要地位和作用越来越凸显，人们对于文化建设之于精神文明建设的关系，其认识也越来越明确。从党的十二大到十七大，有关精神文明建设和文化建设的论述，已经为我们展现出反映二者关系的一条逻辑清晰的发展路径。如果我们从广义文化的视阈来理解文化建设，应该说它与精神文明建设是同义的。

三

一个国家的综合国力，既包括由经济、科技、军事实力等所体现出来的"硬实力"，也包括以文化和价值观念、社会制度、发展模式、生活方式、意识形态等的吸引力而体现出来的"软实力"。软实力虽然没有硬实力那样具有明显和直接的力量，但有更加持久的渗透力。按照中共十七大报告的论述，笔者的理解是：文化软实力主要是由思想理论、价值观念、道德品行、人格、风俗习惯、科学技术、文化事业（包括公共文化服务及其设施）、文化产业、教育、体育、文化市场、文化资源、文化环境等组成的。正如本文第二部分所论述的，这些均属于社会主义精神文明建设（亦即社会主义文化建设）的范畴。所以说，文化软实力是我国国家软实力的核心，中国特色社会主义文化的吸引力是我国国家软实力的根本内核，社会主义精神文明建设是提升我国文化软实力的基本途径。

按照这样的理解，社会主义精神文明建设在提升我国的文化软实力的过程中可起的作用主要有：

（1）提高全体人民的思想道德素质和科学文化素质，培育有理想、有道德、有文化、有纪律的社会主义公民。人的因素第一，人是文化软实力的载体。一个国家的文化软实力，除了通过文化的有形物质载体表现之外，在相当程度上，是通过国民的综合素质得以体现和传承的。举办世界性的奥林匹克运动会，是举办国综合实力的表现。但是,凡是到过举办国观看奥运会的人,相信他们对于奥运金牌的分布不会有深刻的印象,反而对所接触的民众的素质,以及当地的风土人情、历史文化遗存留有不可磨灭的记忆。这就是文化软实力的力量。社会主义精神文明建设的根本任务是培育"四有"公民,从而在整体上提升国民的思想道德素质和科学文化素质。通俗地说,就是提高人们的文化品位,并通过高素质的人,展示出一个国家、一个地方的文化吸引力和感召力。这恰恰是锻造文化软实力不可或缺的。所以,精神文明建设中培育人、提高人的素质这一根本任务,正是奠定、夯实我国文化软实力基础的百年大计。

（2）促进社会主义核心价值体系建设,增强中国特色社会主义事业和社会主义意识形态的吸引力和凝聚力。马克思主义的指导、中国特色社会主义的共同理想、以爱国主义为核心的民族精神和以改革创新为核心的时代精神以及社会主义荣辱观共同构成了社会主义核心价值体系。而精神文明建设强调以马克思主义为指导,弘扬民族精神和领导时代潮流,以"八荣八耻"引领社会风尚,提高公民道德素质和社会文明程度,为建设富强、民主、文明、和谐的社会主义现代化中国提供精神动力和智力支持。由此看来,精神文明建设与社会主义核心价值体系建设具有异曲同工之处,二者是相互促进的。同时,二者既能提升国家的文化软实力,又是文化软实力的载体和实现的形式。

（3）加强道德修养,促进和谐社会建设。道德建设是社会主义精神文明的重要内容和主要抓手,而不论是社会公德、职业道德还是家庭美德,都是社会主义道德的不同侧面和具体化。通过社会公德建设,形成良好的文明礼貌、助人为乐、爱护公物、保护环境、遵纪守法的社会风尚,营造人与人、人与社会、人与自然之间的和谐关系,维护公共秩序,保持社会稳定,提高人们的道德修养和社会文明的程度;通过职业道德建设,形成良好的爱岗敬业、诚实守信、办事公道、服务群众、奉献社会的行业风气,使各行业、各单位从业人员树立正确的职业观念、端正职业态度、精湛职业技能、严守职业纪律和职业作风的要求,以优质服务来奉献社会;通过家庭美德建设,形成良好的尊老爱幼、男女平等、夫妻和睦、勤俭持家、邻里团结的家庭亲情和邻里友情,创造和谐温馨的人际关系,做到家庭美满,社会安定,让世界充满爱。总之,在道德建设中大力弘扬爱国主义、集体主义、社会主义思想,增强诚信意识,加强"三德"和个人品德建设,发挥道德模范的榜样作用和引导作用,使人们自觉履行法定义务和社会责任、家庭责任,注重人文关怀和心理疏导,完善社会自愿服务体系,形成男女平等、尊老爱幼、互爱互助、见义勇为的社会氛围。这样的国家、民族及其政治制度和意识形态,自然就有吸引力、凝聚力,从而表现出它的软实力。

（4）通过群众性精神文明创建活动,提升城市、村镇和国民的文化品位。创建文明城市、文明村镇和文明行业（单位）,是精神文明建设中的"三大创建"活动。在深入开展精神文明创建活动过程中,提炼出的城市精神、行业精神和单位精神,对于突出各地、各行各业的特点,提高文化品位,树立精神追求,具有积极意义。在这个过程中,注重发掘中华传统文化的优秀资源,使之与现代社会相适应,与现代文明相协调,是精神文明建设深层次的问题。因此,既要坚持民族精神,又要符合时代精神,并使二者有机地结合起来。不论是提倡一种城市精神也好,一种行业精神、单位精神也罢,都必须在中国现有的文化资源的基础上进行。这样,既充分发掘了中国无形文化的实力,又为提升这一现存的无形文化实力注入了活力以及现代因素,促使其焕发新的生命力,从而强化中国的文化软实力。

综上所述,从文化软实力的基本内涵可知,精神文明建设通过文化建设而成为提升文化软实力的基本途径,并因此与文化软实力形成了直接关系。可以说,社会主义精神文明建设为中国文化软实力打下了坚实的基础,有力地促进了国家文化软实力的增强。反过来,强大的文化软实力又为精神文明的提高提供了良好的条件,二者是互为条件、相互促进的。精神文明建设搞好了,促进了文化的大发展大繁荣,也就提高了国家的文化软实力。

加快海峡西岸公共文化服务体系建设研究①

中国特色社会主义是包括经济建设、政治建设、文化建设、社会建设在内的"四位一体"的伟大事业,党的十七大报告提出实现全面建设小康社会奋斗目标的五大新要求中,明确指出要"加强文化建设,明显提高全民族文明素质。社会主义核心价值体系深入人心,良好思想道德风尚进一步弘扬。覆盖全社会的公共文化服务体系基本建立,文化产业占国民经济比重明显提高、国际竞争力显著增强,适应人民需要的文化产品更加丰富。"这一要求为新时期的文化建设、包括公共文化服务体系建设,明确了任务,指明了方向。

一、公共文化服务体系建设的重要意义

公共文化服务体系是以实现公民文化权利为逻辑起点,满足社会公共文化需求,向公民提供公共文化产品和服务的相关制度与系统的总称,是国家公共服务体系的有机组成部分。

在人们的一般认识中,往往把公共文化与传统的文化事业相等同。也有人认为,公共文化包括公益性文化事业和经营性文化产业。然而,随着公共文化供给主体及供给方式的多元化发展趋势,传统概念中所划分的文化事业、文化产业的提法,已经难以解释公共文化服务体系的内涵和外延。从其主要功能看,我们认为公共文化服务体系应包括:① 公共文化的政策、理论体系;② 公共文化的基础设施体系;

---

① 本文系 2008 年福建省重点调研课题的子课题,2009 年 1 月获得省重点调研课题优秀成果二等奖。课题负责人:黎昕,课题组成员并执笔的有:曲鸿亮、张建青、鄢木秀,由曲鸿亮统稿。

③ 公共文化产品的生产和服务运营体系;④ 公共文化的信息体系;⑤ 公共文化的资金保障体系;⑥ 公共文化的人才体系;⑦ 公共文化的创新体系;⑧ 公共文化的指标体系;⑨ 公共文化的评估、监督体系。

加强公共文化服务体系建设,是繁荣发展社会主义先进文化、构建社会主义和谐社会的必然要求,是实现好、维护好、发展好人民群众基本文化权益的主要途径,对于促进人的全面发展、提高全民族的思想道德和科学文化素质、建设富强民主文明和谐的社会主义现代化国家,以及提高海峡西岸文化软实力,增强中国特色社会主义事业和社会主义核心价值体系的吸引力、凝聚力,具有重大意义。

（一）加强公共文化服务体系建设是推进社会主义文化大发展、大繁荣的时代要求

当今世界,经济全球化进程加快,科学技术迅猛发展,政治、经济、文化一体化趋势日益显现。文化不仅能极大地提高人民群众的思想道德素质和科学文化素质,而且对促进经济增长、增强综合竞争力具有巨大的推动作用。党的十七大指出:"当今时代,文化越来越成为民族凝聚力和创造力的重要源泉、越来越成为综合国力竞争的重要因素,丰富精神文化生活越来越成为我国人民的热切愿望。要坚持社会主义先进文化前进方向,兴起社会主义文化建设新高潮,激发全民族文化创造活力,提高国家文化软实力,使人民基本文化权益得到更好保障,使社会文化生活更加丰富多彩,使人民精神风貌更加昂扬向上。"随着我国经济社会的不断发展,文化的重要性日益凸显,构建与全面小康社会相适应的公共文化服务体系,越来越受到从中央到地方各级党政领导以及文化主管部门的重视。党的十六届五中全会、六中全会和十七大都提出了构建公共文化服务体系的要求,中共中央政治局 2007 年 6 月 16 日召开专门会议,研究加强公共文化服务体系建设问题,并下发了专门文件,强调构建我国公共文化服务体系的重要性。全国不少地方已经把构建公共文化服务体系提上重要的议事日程。构建公共文化服务体系在全国各地"十一五"发展规划及其他文化发展规划中都占有重要的位置。随着公共文化服务体系建设步伐的加快,我国文化建设将迎来一个新的历史阶段。

海峡西岸公共文化服务体系建设,离不开社会主义文化大发展、大繁荣这一大背景。中华文化是中华民族生生不息、团结奋进的不竭动力。文化发展关系到经济社会发展和公民的文明素质,关系到实现国家的长治久安和民族的伟大复兴,只有围绕繁荣发展的中心任务,坚持"重在建设"的原则,通过公共文化服务的制度、基础、物质保障、人才队伍、基本载体等方面的建设,构建起完善的公共文化服务体系,才能在文化发展的机遇期和社会矛盾凸显的新时期,充分发挥文化统一思想、凝聚人心、塑造灵魂的社会教化功能,才能实现文化的科学发展和可持续发展。

(二)加强公共文化服务体系建设是维护好、实现好、发展好人民群众基本文化权益的主要途径

随着政府角色定位的日益清晰,政府管理职能的转变,公共服务职能需要不断强化。在满足人民群众多层次、多样化、整体性的文化利益上,只有政府才能够最大程度地、有组织地整合公共资源,实现这种广泛的公共权利。公共文化服务体系的构建,因此成为履行政府公共服务职能的重要途径,成为维护好、实现好、发展好人民群众基本文化权益的主要途径。

改革开放以来,特别是进入新世纪以来,海峡西岸经济持续快速健康发展,群众性的文体娱乐活动日趋活跃,对文化的需求和参与愿望日益增强。居民消费结构发生了明显变化,其中文化消费比重不断提高,消费重心开始向精神产品消费领域转移。从国际经验看,在人均 GDP 超过 1 000 美元之后,人们对各种公共服务的需求开始进入高速增长期。按照这一规律,海峡西岸已经进入公共文化服务业快速发展的新阶段。所以,在新形势下,构建海峡西岸公共文化服务体系,为广大人民提供文化场所、阵地、产品和服务,是保障人民群众充分享受文化权利,建设社会主义先进文化,促进社会和谐发展的重要内容。

(三)加强公共文化服务体系建设是全面贯彻落实科学发展观,建设社会主义和谐文化的要求

党的十七大报告指出:"和谐文化是全体人民团结进步的重要精神支撑。要大力弘扬爱国主义、集体主义、社会主义思想,以增强诚信

意识为重点,加强社会公德、职业道德、家庭美德、个人品德建设,发挥道德模范榜样作用,引导人民自觉履行法定义务、社会责任、家庭责任。"全面建设小康社会,不仅仅是追求经济目标,实现单纯的经济增长,而是经济、政治、文化和社会的全面、协调和可持续发展。没有文化同步发展,既不是真正意义上的经济社会全面、协调、可持续发展,也不可能是人们期盼的美好社会。构建和谐社会要以邓小平理论和"三个代表"重要思想为指导,以科学发展观为统领,以文化为表现方式,融思想观念、理想信仰、社会风尚、行为规范、价值取向为一体,为经济社会发展创造和谐美好、健康向上、充满生机和活力的精神家园。国家要实现又好又快发展,更需要用文化来凝聚全体国民的思想观念、价值取向,以和谐文化、和谐精神教育、引导、鼓舞人民群众自觉地、齐心协力地为实现富民强国出力。加强公共文化服务体系建设,创造良好的文化环境,激发人们的斗志,为国家经济社会发展提供精神上的支柱,巩固社会主义核心价值体系,增强社会主义意识形态的吸引力和凝聚力,为人民振作精神、努力拼搏提供强大的精神动力。

（四）构建完善的公共文化服务体系是建设"两个先行区",促进海峡两岸交流合作的要求

省委八届三次全会提出了努力把海峡西岸经济区建设成科学发展的先行区、两岸人民交流合作的先行区的新要求。构建海峡西岸公共文化服务体系,扩展公共文化服务范围,提高公共文化服务质量和实现文化服务形式多样化,为海峡西岸人民群众提供丰富的公共文化产品和公共文化服务,既是政府公共服务职能的具体体现,也是政府保障广大人民群众公共文化权利的具体体现。同时,又可以大大增进两岸民众互信互动,积极促进两岸文化融合,为祖国和平统一提供坚实的民心基础和强大的文化动力。

一个区域的核心竞争力最终要表现在文化上。建设海峡西岸,健全的公共文化服务体系是不可或缺的。在保持文化多样性的前提下,创新文化形式,包容多元文化,建设和谐文化,有利于提升核心竞争力,促进发展,增强对台湾民众的吸引力。福建与台湾地缘近,血缘亲,文缘同,商缘广,法缘承,闽台文化交流具有深厚的人文和历史基

础。应充分利用这些丰富的资源,健全公共文化服务体系,构建对台文化交流体系,重点推进海峡两岸文化交流基地建设,开展多渠道、多形式、多层次、全方位的对台文化交流。从文化层面上更多更广地开展两岸交流,促使两岸文化在深度、广度上求得融合。这种融合将使两岸在更多层面上得以紧密联系起来,从而更好地推动两岸和平统一。可以通过充分发挥文化在促进统一中的作用,使文化形成一股强大的促进统一的力量。润物细无声的文化影响最能深入人心,也最会深得人心,这对做好台湾人民工作,争取台湾民心有着极为重要的意义。福建省在"十一五"规划中提出要建设文化强省的发展目标,这是福建提高综合实力、提升竞争力的重大战略举措。而扩大闽台文化交流有助于促进闽台各方面的交流与合作,形成有特色的对台文化交流,使福建"文化强省"建设具有海峡特色,成为全国对台文化交流的前沿和重要组成部分。

二、公共文化服务体系建设的现状和问题

(一) 公共文化服务体系建设的现状

近年来,福建省委、省政府加大对文化建设的投入,加强对公共文化服务体系建设的领导和引导,在公共文化服务体系建设方面取得了可喜的成绩,为服务海峡西岸经济区建设和构建和谐福建奠定了坚实的基础,主要体现在以下几个方面。

1. 公共文化服务设施不断完善

近年来,福建省认真贯彻中央关于构建公共文化服务体系精神,兴建了一大批重大文化基础建设项目。截至 2007 年底全省共新建或改建文化馆、图书馆 28 个,建设规模 16.6 万平方米,计划投资 39 985 万元,实际完成投资 37 670 万元。目前,全省共有表演团体 92 个,表演场所 69 处,公共图书馆 85 个,博物馆 84 个,群众文化艺术馆 90 个,文化站 1 018 个。初步形成了市(县)图书馆、群艺馆(文化馆)、博物馆、乡镇文化服务中心(文化站)、村文化大院(文化室)等多层次的基础文化设施网络体系。同时加快建设重点文化设施。目前福建省最大的文化基础设施、投资 3.6 亿元的福建大剧院即将完工。莆田妈祖

文化城基础设施项目、福州"三坊七巷"保护开发利用工程、福建艺术职业学院校区等一批列入 2008 年度省重点项目的文化设施建设步伐加快。2008 年 6 月，"福建土楼"成功申报世界文化遗产，列入联合国教科文组织世界文化遗产目录。

2. 基层文化服务载体和工作机制不断健全

（1）实施"年百个"乡镇综合文化站建设工程。去年福建省委、省政府推出的"年百个"乡镇综合文化站建设工程的"为民办实事"项目，是海峡西岸公共文化服务体系建设的重要举措。省政府持续实施文化资源向农村、向基层倾斜政策，安排省级扶持资金约 1.5 亿元，一定五年，对全省有站无址的乡镇综合文化站进行全面建设。2008 年 2 月，"年百个乡镇综合文化站改造完善工程"首批 128 个项目基本完工，省级财政继续安排 3 750 万元，对全省第二批 120 多个无站址和建筑面积在 50 平方米以下的乡（镇）综合文化站，进行新建和改扩建。全省各地根据本地区的实际情况，完善基层文化服务载体。如长乐市按照"规划前瞻、预留空间、布局合理、设施先进、适度超前"的指导思想，在城区建成了 43 个涉及经济社会发展方面的场馆，有人民会堂、广电大楼、金源科技大厦、图书文献中心、博物馆、美术馆、文化艺术中心、航海馆、旅游馆、天文馆等一批现代化、高品位的标志性文化设施，构筑了文化发展的坚实平台；此外还建设了院士馆、创业馆、巾帼馆、音乐馆、华侨博物馆、吴航书院等展馆，全面提升了文化品位。在农村全力打造"半小时文化圈"，全市 18 个乡镇（街）、245 个村自愿、自费、自发地掀起了文体设施建设热潮，截至 2008 年 7 月已经建成大大小小的文化主题公园、广场、文化活动中心和图书室等 619 个，极大地丰富了群众的文化生活。

（2）完善村级文化协管员工作机制，发挥农村文化骨干的带头示范作用。设立村级文化协管员，是省委、省政府加强农村基层文化队伍建设的重大举措。该项工作自去年启动以来，全省 1.47 万个行政村均已配备村级文化协管员，省级财政按每人每月 50 元的标准，发给每个村级文化协管员工作津贴，各级文化部门对村级文化协管员进行了业务培训，并根据本级财政情况实行配套津贴。通过村级文化协管员的有效工作,全省公共文化服务直接延伸至每个行政村。如长乐市就坚持政府引导、社会化运作的方针,实行财政养馆、市场养馆和民间养馆相结合,取得了良好的效果。

(3) 设立农家书屋,丰富广大农村居民的精神生活。农家书屋工程是适应社会主义新农村建设而实施的重大公共文化服务项目,是惠及广大农民群众、推动农村文化建设的民心工程。省委、省政府决定从 2007 年开始在全省范围内实施农家书屋工程,计划在"十一五"期间,在全省建立 4 585 家农家书屋,其中 2008 年设立 1 500 家,2011、2012 年再建立 3 200 家农家书屋,并对 6 648 个已有的村图书室进行充实改造、加挂农家书屋的牌子,到 2012 年全部覆盖全省 1.47 万个行政村,切实解决广大农民群众"买书难、借书难、看书难"的问题,提高农民文化素质,促进新时期农村经济社会协调发展。为加快农家书屋工程建设,福建省成立了农家书屋工程建设协调小组,修改完善了《福建省农家书屋工程实施意见》,制定《福建省 2008 年农家书屋工程建设实施方案》。全省农家书屋工程建设资金以财政投入为主,鼓励社会捐助,动员党政机关、企事业单位、人民团体及其他社会组织和社会各界人士积极援建农家书屋,向农家书屋捐赠出版物。目前全省各地正在开展农家书屋选点挂牌和农家书屋出版物的选配工作。如长乐市根据《福建省国家级文化信息资源共享工程试点县(市、区)建设责任书》的要求,每年都通过各种方式,募集了三四百万的购书款,以市图书馆为依托,逐步增加基层图书馆分馆和图书流动点数量,实现图书资源共享,形成市、镇、村三级图书馆(室)网络。2006 年,组织文明办、民政局、科技文体局等部门开展农村图书室、农村书库等捐赠活动,共赠送图书 1.5 万册。调研中我们看到,在农家书屋里,图书种类齐全,基本满足了村民读书的需求。

(4) 开展农村电影放映活动,组建农村数字电影院线。为切实做好全省农村电影工作,福建省文化厅、省发改委、省财政厅制定了《关于做好农村电影工作的实施意见》。全省有 1 400 多个电影放映队深入全省 1.47 万个行政村,开展每村每月放映一场电影活动。省电影发行放映公司牵头,全省 31 家电影放映单位加盟院线,组建了福建省农村数字电影院线。去年底院线单位扩大至60家左右。院线每月为各加盟单位提供200多部数字电影。

（5）组织"新农村百镇行"公益性文艺巡演活动,将优秀文艺作品直接送至城乡基层群众中。在省委宣传部和省文化厅的组织下,由省属艺术院团组成文艺演出团,以"海西文化直通车"（即流动舞台车）形式,历时五个月,分赴全省九个设区市110个乡镇开展公益性文艺巡演活动。

3. 公共文化服务能力不断增强,服务水平不断提高

（1）扎实推进"艺术扶贫工程"、"送书下乡工程"、"百团千场服务农民"等系列活动,持久不断地开展文化下乡工作。福建省艺术馆牵头,组织全省艺术馆（群众艺术馆）、文化馆共同参与"艺术扶贫工程",共有88个文化馆挂钩144所学校为艺术扶贫活动基地,开辟了文化馆专业人员定期定点、常年坚持为贫困地区开展文化服务的新途径,填补了乡村艺术教育空白,受到当地政府和农村群众的欢迎和好评。福建省图书馆通过建立基层服务流通点等形式,大力开展"送书下乡,服务群众"活动,目前已在全省农村、小区和部队建立40个基层服务流通点。

（2）开展全省文化先进县（市、区）评选验收活动,巩固县域文化建设成果。2008年6月份,全省新评出长乐市、厦门市思明区、泉州市鲤城区、永安市等11个县（市、区）为省级文化先进县（市、区）。文化先进县（市、区）的考评工作,促进了全省各地公共文化服务体系构建。

（3）加快海西文化信息共享工程建设步伐,进一步扩大共享工程服务点。今年"福建文化信息网"全面改版,内容更加丰富多彩,点击率明显上升。南平市延平区等8个县（市、区）成为国家级文化信息资源共享工程试点县,第二批35个国家级的基层示范点建设有效推进。目前,南平市延平区和地处山区的光泽县已全面铺开乡镇及部分行政村的共享工程信息站点的建设。省级分中心的资源征集和扩容工作取得显著进展。

4. 政策鼓励,社会力量参与文化建设的热情不断高涨

（1）出台政策鼓励投资多元化。近年来,福建省相继出台一系列

有关文化建设的政策措施,在充分发挥各级财政主导作用的同时,鼓励社会力量积极参与公共文化建设,投资呈现多元化趋势。南平市延平区发挥文明单位的示范作用,开展"共建带创"农村文化阵地活动,已有76个文明单位与所挂钩的镇、村、户签订了"共建带创"协议书,其中62家文明单位已投入资金300多万元,新建乡镇文化站3个,修缮6个;新建文化俱乐部大楼18栋,修缮60栋。积极推行"公益文化项目推介招标"活动,引入社会资金参与文化建设。宁德市、南平市等地每年都举办"公益文化项目推介会",涉及文化展演活动、文化设施建设等。近年来,农村文化呈现多头并进、共谋发展的良好局面,特别是经营性文化项目的快速发展,填补了国办文化的不足。据不完全统计,全省农村成规模建制的民间职业剧团765个,民间剧团年演出10万多场;民间诗、书、画、收藏等社团有5 000多个;南音演唱、十音八乐、十番车鼓、大鼓凉伞、车鼓队等民间表演队伍将近800支。全省农村文化服务逐步由单一走向多层次,文化建设由政府投入走向多种经济成分共同投入,文化活动内容由单调贫乏走向丰富多样,逐步形成国办、民办、个体等多种经济成分共同投入的文化服务网络。

(2)充分吸引和利用华侨资金发展文化事业。福建地处海峡西岸,海外华侨众多,他们热心于家乡公益事业发展,华侨捐资成为文化服务体系建设中的亮点。长乐市在保证政府投入的同时,多方引导,广泛发动企业家、海外华侨共同参与文化建设。据了解,长乐市文化建设资金大部分是依靠社会力量募集的,占到5/6之多,长乐市先后筹集资金近4.5亿元,新办文化产业,举办大型文化活动等,新建了30多个富有特色和规模的标志性文化设施;举办读书节活动,为图书馆募集社会各界购书捐赠款高达810万元;积极动员侨胞等社会力量,新建了猴屿文化中心、大宏华侨广场、菊潭文化中心等一大批农村基础文化设施。闽清县三都文定茶园村由华侨捐资建设的"克清图书馆",藏书达3 000多册,他们每年还定期捐出5 000元购书款,保障了这个村级图书馆的正常运转。福清市岭兜村依靠侨资和民营企业家的捐助,兴建了设施完备的村级文化活动中心和剧场,成为附近村庄的一大景观。

5. 海峡两岸文化交流不断深入

各级文化部门把建设"两个先行区"的要求落实到文化工作中,全力打造公共文化服务体系,推进两岸文化交流先行,加强对台文化交流,拓宽领域,打造品牌,加强涉台文化遗产保护,建立各具特色的对台文化交流基地,构筑两岸人民交流合作的前沿平台,为建设海西文化强省奠定了坚实的基础。2008 年 4 月 6 日海峡两岸在台湾省的台南市成功合办了妈祖之光综艺晚会;2008 年 5 月福建文化艺术交流团赴台展览演出两周;2008 年 7 月 27 日至 29 日,为纪念郑成功收复台湾的历史功绩,丰富闽台交流内涵,在泉州和南平举办"2008 成功之旅"系列活动,100 多名台湾嘉宾来闽参加活动。2008 年 9 月 6 日至 11 日以"和谐旅游,合作共赢"为主题,突出海峡两岸及港澳地区旅游交流合作,辐射东南亚、日韩、欧美国家的第四届海峡旅游博览会,在福建厦门举行。

（二）公共文化服务体系建设中存在的问题

福建省公共文化服务体系建设虽然取得了很大的成就,但是也还存在着很多不尽如人意的地方。

1. 公共文化服务设施总量不足,布局不够合理

随着福建社会经济的快速发展和人民生活水平的提高,人民对公共文化设施的需求也越来越多。在这样的情况下,福建的公共文化设施,特别是基层文化设施,日益显示出总量不足和布局不够合理的弱点:一是各类公共文化服务设施总量不足。二是城乡布局不够合理。现有的公共文化服务设施主要分布在市区,县乡、村镇却很少,这些都对群众使用,参与和开展文化活动造成了不良影响,不少文化设施的建设随意性较大,没有考虑文化设施的辐射半径,大多是行政体制的附属物,缺少公共文化服务的意识,有的甚至把图书馆、文化馆、博物馆、少年宫等安置在人口相对较少的偏僻地段。三是山海布局不够合理。受经济发达程度的影响,公共文化资源向沿海倾斜,沿海地市（如福州市、泉州市、漳州市）发展得较好,而经济比较薄弱的山区县市（如南平市、龙岩市）公共文化服务体系的各个方面都相对滞后。详见表1。

表1 福建省各地级市公共文化服务设施情况

	福州市	厦门市	泉州市	漳州市	宁德市	莆田市	南平市	三明市	龙岩市
艺术表演团体数(个)	19	6	13	11	11	3	12	8	9
艺术团体从业人数(人)	1 349	427	686	508	353	153	313	215	171
艺术演出观众人次(千人次)	2 516	862	1 052	2 026	1 165	618	623	385	681
艺术团体新排上演剧目(出)	18	16	11	25	14	6	3	3	7
艺术表演场所数(处)	4	6	9	11	8	3	9	11	8
文化馆、艺术馆数(座)	15	6	1	12	10	6	13	11	8
公共图书馆数(座)	15	8	10	10	9	1	10	10	7
博物馆数(座)	18	3	10	11	7	2	11	10	12

资料来源:2007年福建经济与社会统计年鉴

2. 公共文化服务人才匮乏

文化服务人才不足,尤其是高级人才匮乏,已经成为制约海峡西岸文化发展的"瓶颈"。例如,福建省级公共图书馆1 113名工作人员中,高级职称人员只有64名,仅占5.75%;艺术表演场馆853名工作人员中,高级职称只有11名,仅占1.29%。地级市中拥有高级职称者更少。群众文化馆、艺术馆844名工作人员中,高级职称仅有59人;从事艺术表演的4 175人当中,高级职称者也只有249人,很多基层艺术表演团体内根本就没有高级职称人员。具体情况见表2。

表2 福建省公共文化服务人才情况

	艺术表演团体	艺术表演场馆	公共图书馆	群众艺术馆、文化馆	文物保护管理机构	博物馆
从业人数	4 175	853	1 113	844	127	1 012
高级职称数	249	11	64	59	13	77

资料来源:2007年福建经济与社会统计年鉴

另外,在基层从事文化工作的干部,大多专业理论素质偏低;懂舞蹈、音乐知识,能挑大梁、独当一面的业务人员少;专业知识趋于老化,知识结构不合理的问题突出;对各项现代技术特别是网络信息技术的掌握尤其欠缺。专职从事公共文化服务的人才很少,即使在沿海发达的村镇,基层公共文化服务人才基本上都是兼职的,更不用说山区的村镇。

3. 公共文化服务体制与机制有待进一步改革和完善

发展公共文化服务,不能单靠政府的力量。政府在加大投入的同时,必须创新机制,进一步积极探索公共文化服务的社会化道路,形成政府与社会的合力,才能建立起完善的公共文化服务体系。目前福建的公共文化服务,主要依靠政府投入,一方面是总量不足,设施不完善;另一方面则是建好的公共文化设施没有得到很好地利用,造成了部分场地闲置与浪费。这些都与公共文化设施的经营管理机制不够合理、灵活直接相关。一些基层文化单位只有一块牌子或一间房子,根本无法开展活动。街道文化站、小区文化活动中心被挤占、挪用的情况较为普遍。

4. 公共文化服务能力尚待提高,群众社会参与度还不够高

由于许多基层图书馆、文化馆等设施落后,面积狭小,年久失修,文化活动器材和设备奇缺,特别是基层的公共文化资源总量偏少、质量偏低,致使文化工作者无法提供相应的文化服务。公共文化服务的对象是人民群众,衡量其发展水平的一个标准是社会参与的程度。由于种种原因,目前人们对公共文化的参与度普遍还不够高,没有很好地形成服务主体与服务对象的良性互动。原因在于:一是部分设施选址不当,作用发挥不明显;二是开放时间短、服务人群少、文化活动设施的作用未能得到最大程度的发挥;三是设施不配套,功能定位不准确,管理不到位。这些都直接或间接地影响了民众对公共文化活动的参与热情。

三、加快公共文化服务体系建设的对策建议

针对当前公共文化服务体系建设存在的问题,必须积极采取措施,坚持政府主导,统筹规划,合理布局,完善政策,加大投入力度,实

施重大公共文化服务工程,构建结构合理、发展平衡、网络健全、运营高效、服务优质的覆盖全社会的公共文化服务体系。

（一）加强对公共文化服务体系建设的领导

（1）提高认识,倡导文化涵养经济的新观念。公共文化服务体系建设是一项长期而艰巨的任务,我们只有在思想上充分认识新形势下加强公共文化服务体系建设的重要性和紧迫性,以及文化发展对经济、政治、社会发展的巨大作用,才能真正将此纳入工作议程加以落实。因此,在加强领导上,一要解放思想,更新观念。要树立文化涵养经济的观念,充分认识文化在促进经济发展中的重要作用,充分认识文化本身已经越来越成为新的经济发展极这一客观事实和发展趋势,认真研究制定公共文化服务体系建设的长远目标和近期任务;细化到相关部门和基层。二要理顺体制,各司其职,形成党政领导重视抓、镇村层层抓落实的工作格局。三要建立指导督查和激励机制,把公共文化服务体系建设纳入政府年度责任考核之中,并结合新农村建设,切实加强对农村文化建设的指导和扶持。

（2）明确政府责任,统筹规划,协调布局。各级政府要把公共文化服务体系建设作为全局性、战略性的工作纳入经济社会发展的总体规划,与经济社会发展任务一起部署、一起实施。进一步加大投入力度,实施重大公共文化服务工程,健全公共文化服务网络。积极推进政府职能转变,实行政企分开、政事分开、政资分开和管办分离,切实把政府的职能由主要办文化转到社会管理和公共服务上来。要从现阶段经济社会发展水平出发,以实现和保障公民基本文化权益、满足广大人民群众基本文化需求为目标,坚持公共服务普遍均等原则,兼顾城乡之间、地区之间的协调发展,统筹规划,合理安排,形成实用、便捷、高效的公共文化服务网络。

（3）加强公共文化服务体系的政策法规建设。制定专门的法规或措施,加快非营利文化组织和社会文化团体的发展,进一步规范公共文化设施的管理与利用,制定优秀文化人才专项优惠政策,加强公共文化服务人才队伍建设力度,强化知识产权保护,鼓励创新,不断提升公共文化产品的原创能力。

（4）创新文化体制，建立健全文化发展机制。建设公共文化服务体系，必须进一步深化文化体制改革，创新公共文化服务运行机制，努力提高公共文化服务的能力和水平；大力发展公益性文化事业，通过加大对公益性文化设施的投入力度，建设一批公共文化重点工程；大力发展经营性文化产业，推出一批有发展潜力的重点文化项目，培育新的增长点；建立健全文化产品生产创新机制，推出富有地方特色和民族特色的文化品牌；动员社会各方面力量广泛参与，形成推动公共文化服务体系建设的强大合力。

（5）提高和巩固公共文化服务决策的科学化和民主化水平。加强公共文化服务决策的调查研究。对福建省文化发展总体规划及分类规划的编制、重大文化政策的出台、重大文化项目的立项、重要文化活动的开展等重大公共文化决策，展开充分的调查和深入的研究，为科学决策提供参考。建立文化项目咨询、公示和听证机制，成立各级、各类文化咨询委员会，吸纳专家和社会各界的意见。重大文化决策过程，特别是关键性决策环节的制度安排，应有专家和各界代表的参与。属于政府投资的重大公共文化项目，在规划、建设之前，必须经过咨询、公示和听证程序，以充分吸纳民意。采取多种方式，鼓励市民对公共文化服务提出意见和建议。可通过定期的问卷调查、电话调查、公开专线电话与邮箱等多种方式，广泛吸纳民间的意见与智慧。为准确把握市民文化需求的状况，建议在条件具备时定期编制省级、设区市级的文化需求指数，作为公共文化服务决策的重要依据。

（二）调整公共财政政策，拓宽文化投资管道

（1）发挥地方财力相对雄厚的优势，不断加大文化投入。公共文化投入的年均增长速度应不低于地方财政收入增长的速度。

（2）改变政府文化投入范围，在保证国有公益性文化机构、项目等基本投入的前提下，政府掌握的公共文化资源应适度向民间机构开放，使每年占文化预算一定比例的公共财政经费，可用于资助民办非营利文化机构。

（3）改革政府文化投入方式，公共财政应以间接投入为主，直接投入为辅；以资助文化项目和活动为主，资助文化机构为辅；以吸引社

会力量投入为主,以政府资金配套投入为辅。灵活高效地使用政府掌控的公共文化资源,提高公共资源利用水平。

(4)借鉴发达国家经验,完善公益性文化捐赠的法律法规和政策,制定鼓励捐助文化事业的地方性法规,积极吸纳社会民间资金,全面拓宽公共文化的投资管道,实现文化事业投资主体的多元化发展。

(5)建立政府投资决策咨询制度。政府的大型文化投资项目,除了应经过相应的专家委员会咨询论证,还应征询政府法律顾问与大型投资机构的意见,避免投资失误与法律纠纷,提高政府投资决策的科学化、民主化和法制化水平。

(6)建立福建文物征集、图书购置、美术品收藏等项目专项资金,加快文化积累,推动公共文化服务事业的长期发展。

(7)增加、改革与扶持公共文化服务主体,促进服务主体的多样化。大力发展民办非营利文化机构。出台地方性法规,制定扶持办法,明确资助民办非营利文化机构的资金来源、资助程序等,可考虑在宣传文化基金中专门设立民间非营利文化机构发展资金。适当增加或扩大国有文化事业单位的数量与规模,使国有文化事业单位的结构不断趋于多样化和合理化。

(三)突出公共文化服务体系在两岸交流中的功能性作用

(1)进一步加强海峡文化的研究。闽台两地"五缘"关系源远流长。虽然今日台湾社会的发展,走上与祖国大陆无论是在政治体制、经济制度还是意识形态等方面都不尽相同的道路,发展出文化形态上若干新的特征,但在文化性质上没有从根本上改变其两岸的同构性。海峡两岸具有共同的、深厚的人文基础。文化是人类的 DNA,是民族认同、国家认同的最重要的表现方式,文化交流在两岸交流中有着不可替代、极其重要的作用。加强海峡文化的研究,包括学术方面和政策咨询方面的研究,是促进两岸文化交流的基础和重要的前提条件。

(2)做好涉台文物的保护、发掘和开发利用。福建是涉台文物大省,涉台文物是两岸关系的历史见证。做好保护、发掘和开发利用的工作,有利于海峡两岸的文化交流,有利于争取台湾民众的民族认同,应将其作为海峡西岸公共文化服务体系建设中的基础性工程。

（3）把公共文化服务体系建设列入争取台湾民心、促进国家统一的大战略。公共文化服务体系是一个大系统，其中有些方面是可以直接服务于两岸文化交流的（如办好中国闽台缘博物馆、举办两岸文化交流的各种活动等），有些方面则可以间接为两岸文化交流服务。通过公共文化服务体系整合区域文化资源，打造文化品牌，搭建对台文化交流平台，这是建设两岸人民交流合作先行区所不可缺少的。

（四）加强文化人才队伍建设

（1）大力实施"人才兴文"战略，加强以文化行政人才、文化经营管理人才和文化艺术专业人才为主体的文化人才队伍建设。

（2）建立健全以培养、评价、使用、激励为主要内容的政策措施和制度保障，逐步提高文化工作人员的职业素质和专业水平。

（3）进一步改革文化队伍的育人、选人、用人机制，在解决人才短缺问题上创新思路，结合事业单位的改革，积极探索"不求所有，但求所用"、"用人不养人"的新途径。

（4）进一步完善区、街道、小区三级群众文化网络，构筑文化人才高地，重点扶持和培育基层社团，带动街道和小区社团、民间社团，在全社会形成关心、支持、参与文化建设的新局面。

（5）注重文化人才三支队伍的建设。即造就一支文化活动的组织管理者队伍，加快文化人才的培养和引进；造就一支业余文化骨干队伍，通过成立民间文艺团队、专业协会等形式，为他们创设学习、交流的机会和舞台；造就一支群众文化辅导员队伍，努力整合社会资源，充分发挥文化辅导员的作用。

（五）统筹城乡公共文化服务体系建设

（1）把公共文化服务体系建设的重心放在基层，统筹城乡文化设施建设。在继续抓好大中城市文化设施建设的同时，把建设的重点向县级城市倾斜。在农村，要以建设综合性、多功能乡镇文化站为龙头，扩大文化站的覆盖面。消除乡镇文化站建设的空白点，组建综合性的乡镇文化站，加快农村文化设施建设步伐。

（2）进一步提高公共文化产品的生产供给能力，多生产群众买得起、看得懂、用得上的文化产品，多举办群众乐于参与、便于参与的文化活动,多提供群众普遍欢迎的文化服务,不断丰富群众文化生活,提高全社会文化生活质量。

(3)进一步优化基层公共文化资源配置。按照综合性、多功能、有阵地、有经费、有专门人员的基本要求,以街道、乡镇文化站为龙头和基本阵地,因地制宜,根据各地实际情况,确定适合各县、区的城乡文化设施建设的新思路,形成集宣传教育、文化娱乐、信息服务、科学普及、体育活动等于一体的文化中心,丰富城镇和农村的文化生活。

(4)创新文化站的投入机制。完善原有文化投入方式,把文化站必需的正常经费纳入财政的预算,逐年提高投入;创建多渠道文化投入方式,财政每年拿出一定资金,设立基层文化专项经费,对争创成为全国、省级、地市级的"先进文化站"和年度获得地市级以上优秀作品、文化先进工作荣誉的,实行"以奖代补";积极探索文化站建设的多元化机制,在确保文化站公益性的基本属性的前提下,引入竞争机制和进行市场化运作的要求,采用公有民营制、股份合作制、目标责任制等适应市场经济要求的新型管理体制与运行机制。

(5)整合农村基层文化资源。积极探索在市场经济的条件下农村文化"共建、共享"、"互利、互惠"的新形式(如股份制、收入分成等),使文化活动资源得以共享。明确农民是农村文化建设的主体,广大农民群众既是农村文化服务的对象,又是农村文化的建设者,努力发动农民以图书、报刊入股的形式,成立乡(村)级股份制图书室,由文化站(室)或"能人"负责运作,对捐赠书刊达一定数量的实行免费借阅,对其他农民实行低廉的有偿借阅。文化站应与时俱进,根据地方的人文特点,因地制宜地发展特色文化。

(6)健全文化站建设的法规体系,从源头上有效遏制文化站建设滑坡现象,促使其规范、科学、稳定地发展。把农村文化工作纳入法制化轨道,实行乡镇文化站准入制度,选聘一批懂业务、有活力、事业心强、积极向上的优秀青年(最好是大学生)担任文化站长,对业绩突出者实行奖励表彰与提拔重用的激励机制。

(7)尽快出台引导农村基层文化建设发展的新举措、新思路。把文化建设纳入新农村建设总体规划和建设全面小康社会的总体目标中,深入开展各级文化先进乡镇创建工程。将农村文化工作放在与经济建设同等重要的位置,进行同等重要的考核,规定"凡没有达到小康文化发展目标的县（区）乡（镇）,不能评为小康县（区）及小康乡（镇）",把农村文化室、图书馆、业余文化活动、科技普及等列入"小康文化示范村"建设考核范围。

（六）建立完备的公共文化评估监督体系,改进、强化公共文化服务的绩效管理

（1）建立职能科学合理、机构统一精干的文化宏观管理和监管机构。按照"宏观调控、市场监管、社会管理、公共服务"的政府改革目标,制定公共文化服务的指标体系和实施办法,把文化建设作为评价地区发展水平、衡量发展质量和领导干部工作实绩的重要内容,确保各级党委、政府和职能机构在公共文化服务体系建设中认识到位、组织到位、措施到位。

（2）推行公共文化服务体系建设问责制。各项文化项目和活动的实施,都应明确责任主体,制定相应的责任追究办法;加强资金监管,提高资金使用效益,采取分期拨款、提交阶段性执行报告、严格收支报告等方式,进一步加强对公共财政投入项目执行情况的监管,保证财政经费的合理及有效使用。

（3）对公共财政拨款的文化事业单位实行年报制度。年报内容包括:年度工作目标完成情况,年度经费使用情况,年度综合评估（如剧院上座率、图书馆借阅率等）。年报内容应向社会公开。

（4）开展多种形式的公共文化服务绩效评估。鼓励公民个人、社会团体、社会舆论、中介评估机构等通过一定的程序和途径,评估政府文化服务的绩效,提高文化建设效益。

网络与公共文化服务①

信息时代的来临,是 21 世纪最显著的特征之一。然而,信息时代是依赖于网络而存在、而发展的,网络是支撑信息时代的平台,网络社会是信息社会的载体。网络带来的新变革和网络社会的生存状态,以及网络引发的新观念,正在创造着崭新的网络文化。在以大发展、大繁荣为目标的社会主义文化建设过程中,如何借助信息技术的最新发展成果,使现实社会中的公共文化服务插上网络的翅膀,是当前文化建设与时俱进、体现社会主义先进文化发展方向的重要内容,也是提升我国和福建省文化软实力必需的路径选择。

网络公共文化服务体系涉及两个基本概念,或者说关键词:一是网络。这里所说的网络,是指 20 世纪人类最重要的发明——计算机网络,以及由众多自主计算机、服务器、网站和数据库等要素组成的信息采集、储存的传输系统,通常人们称之为互联网或因特网(Internet,国际互联网)。二是公共文化服务体系。这是现代政府公共服务体系的重要组成部分,由公共文化设施体系、公共文化组织(机构)体系、公益文化服务体系、公共文化管理体系等部分组成。简言之,它是政府向社会提供公共文化产品和服务的运行机制和系统。网络公共文化服务,指的是以现代计算机网络技术作支持,以互联网网站为载体,以数字化文化信息和文化产品为资源,为广大网络用户提供多元化与个性化的文化服务。在构建公共文化服务体系过程中,充分发挥网络的功能,既可以顺应目前公众需求多样化、利益多层次化的社会潮流,也

---

① 本文由曲鸿亮、陈美霞、陈蕾共同撰写,曲鸿亮统稿。

有利于实现公共文化服务体系覆盖全社会的最终发展目标。上至各级政府,下至社会各部门,都应该注意追踪网络技术发展的新动向,拓展网络文化服务的新业务,齐力构建公共文化信息服务体系。

因此,网络与公共文化服务体系相结合所形成的网络公共文化服务体系,其实质应该是公共文化服务体系的网络化运营,或者说在网络社会时代借助互联网、以网络为平台和载体构建的公共文化服务体系。

按照这一理解,构建覆盖广泛的网络公共文化服务体系研究的主要对象应该是:公共文化基础设施的网络化、公益文化服务的网络化以及公共文化管理的网络化。

一

与传统生活形态相比,网络社会具有数字化、开放性、虚拟性、自由性的特点。①

所谓数字化,是指在网络中流动和存储的信息都是以数字的形式存在的,这种数字化信息便于复制和运算。媒体和网络的数字化是最重要的技术发展,所有的信息内容都被简化为一连串的 0 和 1,放在网络中存储、加工、传送和控制。电子交易将商业行为简化为计算机上的数字交换,信用卡把人们的财产以数字方式存储在银行的计算机里,各种知识越来越多地组织在网络服务器上……我们看到和听到的一切,都变成了数字在终端显现,甚至人也是以符号为代码在网络上活动的,人也被数字化了。

所谓开放性,是指互联网是一张无边无际的网,它是由世界各国的很多局域网,以及与之互连的许多终端构成的。网络社会没有明确的国界或地区界限,也没有金字塔式的等级结构和核心管理者,在网络上可以跨国、跨区域任意地发布或调阅信息,只要你拥有连接在互联网上的一台终端,就能够随意进出网络社会。

所谓虚拟性,是指互联网创造出虚拟的存在环境,使人类进入了

---

① 张真继、张润彤等:《网络社会生态学》,电子工业出版社,2008 年,第7—9 页。

从未体验过的世界。在网络中,日常生活中的身份、等级在一定程度上失去了作用,人们在网络中拥有了新的、虚拟的身份,人的平等在某种程度上在网络中得到实现。

所谓自由性,是指由于互联网的日益普及和拓展,因其交互性、即时性、跨地域性、虚拟性等特点,使得人们有了一个相对自由得多、也方便得多,而又缺乏规则的"自由时空"。面对这一新的空间,人们尚未形成共同的规范来维护网络社会的秩序。

网络社会汇聚了世界上不同民族和不同文化的人们,因而网络文化的发展必然是多元的和共生的,并因受到网络社会特点的影响,从而表现出这样的特征①:

（一）全球同步性

不同国家、不同民族、不同族群生活在不同的地域,从而产生、发展出各自不同的文化。网络的发明和发展,彻底打破了文化的地域限制和时空隔断。在经济全球化和当代科技发展的强力推动下,网络把各个不同文化拉到了同一起跑线上。这在世界各种文化的发展进程中是空前的。而全球同步性的另外一重意义是它的即时性,即信息在网络中传递的瞬间性,借助网络,人们几乎可以在某一事件发生的同时,即时得到相关的信息,真正实现了"千里眼"、"顺风耳"。

（二）全民参与性

网络的出现,改变了信息发布的方式,由于网络无门槛性,能够实现全民参与。因此,在网络社会中,已经没有了作家与读者的区别,没有了传播者与接受者的区别,没有了掌握与发布信息的记者、编辑与渴求信息的读者观众的区别,没有了身份的高低区别,大家都是平等的、互动的文化参与者。网络第一次实现了人人参与和全民参与,从而体现出它所代表的广泛民意。

（三）个性化

网络的平等性和互动性决定了这一平台非常适合人的个性及其发展,它可以把人的个性发挥到极致,充分展示或暴露出人的本性特

---

① 张真继、张润彤等:《网络社会生态学》,电子工业出版社,2008 年,第36—37 页。

点。"在网络上没有人知道你是一只狗",这句网络发展起步阶段的流行语,从一个侧面反映出它的个性化特征。

(四)垄断性

作为新媒体的网络,在信息的发布与传播速度方面,在信息内容的存量方面,在信息的表达方式方面,都具有很强的优势。网络已经把报纸、广播、电视、期刊、书籍和音像等所有的优势和功能集一身而用之,上网读报、上网看书、上网购物、上网看电影、上网读杂志、上网听音乐,等等,现在都可以通过网络实现。以往由多种表达方式体现的文化丰富性,现在仅仅通过网络就能够不同程度地表达出来,这种"一网打尽"的网络文化形式,形成了文化表达方式的垄断性。

(五)风险性

网络极大地改变了人们的生活,也极大地改变了社会舆论的生态环境,形成了崭新的网络舆论场。拥有数十万、数百万、数千万"粉丝"的网上意见领袖,完全有能力在社会舆论上兴风作浪。网络越是发展,社会结构的脆弱性就越大,社会风险的治理成本也越大。

依上所述,欲构建覆盖广泛的网络公共文化服务体系,就必须根据网络文化的特征,充分发挥其有利因素,促进网络公共文化服务水平的提升。同时,要重视并抑制其不利因素,注意并防范网络文化的失范现象。

二

公共文化基础设施是以标志性、群众性、特色性文化基础设施为载体,向社会公众提供公共文化产品和文化服务的硬件,例如图书馆、博物馆、文化馆、艺术馆、大剧院、电影院、广电中心,以及相关的设备(机房、光纤电缆、微波站),等等。自《福建文化强省建设纲要》实施以来,福建大剧院、中国闽台缘博物馆、昙石山遗址博物馆、福建省广电中心、省档案馆、省图书馆、省少儿图书馆、福州船政文化一期工程、福州海峡国际会展中心、厦门海峡交流中心、莆仙大剧院、龙岩市博物馆等文化事业重点项目建设,进展顺利,已有相当部分正式投入使用。至2008年,已经完成13 144个村广播电视村村通建设。同时,福建省计划在 2007—2010 年期间,分年度改造完善 500 个乡镇综合文化站,至 2010 年基本实现每个乡镇都有"集图书阅读、文化信息资源共享、广播影视、宣传教育、文艺演出、科技推广、科普培训、体育和老年、青少年活动于一体"的综合性文化站,以满足农村群众公共文化服务的基本条件。实施电影 2131 工程,为原中央苏区和财政转移支付县(市、区)配置流动放映车 70 辆和电影放映设备 636 套,积极争取国家资金,扶持福州朱紫坊历史文化街区、漳州市台湾路历史街区、三明万寿岩遗址等文化保护项目。由此可见,福建省文化基础设施得到改善,公共文化服务体系进一步完善,文化建设成效显著。文化基础设施建设成果为构建网络公共文化服务体系打下了坚实基础,提供了良好的硬件。

（一）网络与公共图书馆建设

公共图书馆是公共文化服务体系的重要组成部分,在信息化时代中如何让公共图书馆更好地发挥本身的资源优势是相当重要的。福建公共图书馆的网络化建设已有一定的成绩,分析现状、总结发展思路有利于公共图书馆更好地实现信息化。

1. 网络与数字图书馆建设

首先,公共图书馆应该建立独立的"网上站点",建立馆内局域网,完善馆藏机读书目数据库,全面实现图书馆自动化管理。公共图书馆在利用网络进行自动化管理方面已经起步,并且不断完善。随着网络信息技术的不断发展,整合网络资源,方便读者的查询、检索和利用是数字图书馆的一大功能。数字图书馆的工作方式,主要是对漫无边际的网络资源进行有序化和浓缩化整合,并为读者提供快速准确的信息。为此,图书馆必须重新整合馆藏资源,要正确处理实有馆藏与虚拟馆藏之间的关系,制定一个合理的馆藏收集政策,充分考虑到自己所能利用的虚拟馆藏,并考虑本馆在资源保障体系中的职责;要根据现代图书馆发展的需要,逐步增加电子文献的收藏数量,制订出科学的规划,力求用有限的经费获取尽可能多的文献信息资源。虚拟馆藏的建设要尽可能地连接其他的图书馆信息网络,通过链接,充分利用网络资源,作为本馆实有资源的有力补充。

其次,数字图书馆与传统图书馆有着千丝万缕的联系,公共图书馆不仅应承担网络资源整序的责任,还应当运用数字图书馆的业务管理方法,实现馆藏文献资源的上网、整序、利用服务。由于公共图书馆作为区域范围内图书文献信息收藏的中心,担负着收集、整理、保管当地文化典籍及文献资料的职责。大部分的公共图书馆建馆都有着自身的特色和优势,拥有古籍珍本、方志、家谱及反映地方政治、经济、文化、民俗风情的文献资料。为此,公共图书馆将馆藏文献数字化处理并上网服务,组建"网上图书馆",将其作为网上资源的分支资源库或未来"数字图书馆"的原始文献库,是公共图书馆在网络时代进行馆藏建设的重要任务。馆藏文献数字化既是公共图书馆为本地网上读者服务的需要,也是未来参与国家数字图书馆建设的需要。在建立本馆微观数字图书馆过程中,需要准确把握不同类型文献资料的全文性、书目性、文摘性的分级处理。对公共图书馆而言,最有价值的往往是那些独具地域特色、人文特色、语种特色的馆藏文献。这些独特资源,按照规范化资源库的组建方法,将其进行全文性数字化处理,才是公共图书馆在未来数字图书馆中拥有的竞争资本。

当前,中国国家图书馆的试验型数字图书馆项目已经取得一系列进展,该项目主要是由国家图书馆牵头,有上海图书馆、辽宁省图书馆、南京图书馆、广东图书馆、深圳图书馆等参加的,旨在建立一个由多类型、分布式、规范化资源库组成的试验型数字图书馆。伴随该项目的完成,在全国范围内,自上而下、有计划地进行公共图书馆的馆藏文献数字化处理,组建规范化资源库将是大势所趋。福建省图书馆在这方面也完成了基础性工作,建立了数字图书馆,馆藏图书管理已经实现数据化。全省各地的公共图书馆应做好本馆数字化建设,争取以特色馆藏参与未来全国范围内或跨国境的宏观数字图书馆工程的组建。

2. 网络与公共图书馆的远程服务

网络服务的延伸包含两个方面:依托网络延伸图书馆的传统阵地服务,利用网络对公众开展网络咨询、课题检索等新型信息服务。由于受自动化水平的影响,目前除部分大中型图书馆依托互联网提供远程服务,为读者开展网上参考咨询和网站知识导航外,大部分中小型图书馆在网络服务方面还是空白的。然而随着国家文化信息资源共享工程的实施,依托共享工程网开展网络服务必将成为今后公共图书馆开展延伸服务的重要形式。

文化信息资源共享工程是一项以政府为主导推进的文化工程,旨在利用现代化信息技术手段,对我国几千年来积淀的各种类型的文化信息资源精华进行数字化加工处理与整合,并通过覆盖全国所有省、自治区、直辖市和大部分地、县以及部分乡镇、街道的文化资源网络传输系统,搭建起一个公益性的数据交换平台,实现优秀文化信息在全国范围内的共建共享。由于国家文化信息资源共享工程主要依托公共图书馆运作,随着各级文化设施的完善,随着文化信息资源的逐步丰富,公共图书馆依托共享工程开展远程服务应是其所担负的公共文化职责的一部分。福建省文化信息资源共享工程同样是依托省图书馆运作的,目前已经在全省乡镇一级实现了数据连通,在经济发达地区,数据终端甚至进入行政村和村民小组(自然村)。

随着信息网络技术的完善以及社会公共文化信息需求的不断扩张,公共图书馆开始摆脱了传统文献处理的限制,以新的方式组织、控制、选择、传播信息,建立了辐射型的开放服务系统。例如,国家图书馆利用网络环境和设施,扩大读者范围和领域,在电子阅览室开展各项网络信息服务,每天上网浏览图书的读者已达3万人次,是每天来馆读书的读者的几十倍。

信息化时代,图书馆可以通过网络实现远距离服务,比如,开展数字参考咨询和高层次的情报调研、定题跟踪、专题检索等服务,图书馆员在未来应成为网络资源利用的专家。图书馆的服务工作从借借还还的单纯服务转移到多层次信息咨询服务;有更多的工作人员从事信息的检索、组织、加工以及知识的管理工作,由传统的简单重复操作变成了智能密集型的脑力劳动。为此,未来图书馆员的工作主要是知识管理,这就自然形成了一张覆盖面较广、辐射力较强的延伸服务网络,与传统服务手段相比,能够产生更加良好的社会服务效应。

3. 网络与公共图书馆的个人化服务

如今，人们越来越追求个性化，公共图书馆应充分利用网络技术和资源力求为读者提供个性化服务。不少公共图书馆已开始提供个性化信息服务，例如，根据注册读者的专业和兴趣，通过电子邮件发送相关的最新信息，使读者能及时获取相关动态资料。只是这种方式稍显单一，无法满足读者全方位的信息需求，有待提高。为此，建立一个互动性、综合性的信息平台，可以通过信息定制等方式，针对性和高效性地满足读者多方面的需求。除了为本地区地方经济、科研、生产提供信息服务的传统职能之外，公共图书馆在网络化时代还应根据不同读者的需求，对图书馆信息资源进行系统挖掘，由专业人士进行有效组织和加工整理使之有序化，方便读者检索，实现馆藏与网上信息互为补充，最大限度地满足广大读者的个性化需求。

公共图书馆应根据不同的读者层次、不同的专业类型提供不同的服务。要利用网络，收集读者信息，根据读者的特点，有针对性和引导性地提供信息服务。例如，对科研工作者，图书馆要针对他们的研究方向和课题，提供全面、周到、详细的咨询服务与跟踪服务，使得他们能快速获得该领域内的最新科研成果和前沿动态。面对中高层管理人员的服务则应是配合他们的管理需要，向他们推荐经典以及最新的管理、组织、协调、社交等方面的读物。公共图书馆应充分利用数字资源和网络技术，开展高效的、多层次的、分门别类的个性化服务，以期满足读者对某一问题、某一知识领域的特殊要求。随着公共图书馆的网络化建设的日渐完备，当前已具备支持图书馆开展个性化信息服务的技术条件。例如：Web 数据库技术，完成读者登录、身份认证、数据匹配等；数据推送技术，实现主动信息服务；网页动态生成技术，根据读者的数据动态生成网页；过程跟踪技术，了解读者身份；安全身份认证技术，提供安全严密的身份认证管理；加密技术，保障数据在网络环境下的安全传输；智能代理技术，用于网络信息资源的管理与服务。①

---

① 蔡洪：《浅析发展图书馆个性化信息服务是构建图书馆公共文化服务体系的基础》，《黑龙江科技信息》，2008 年第 24 期。

个性化服务将是未来网络时代图书馆信息服务发展的大势,是公共图书馆服务完善的更高阶段。通过网络的个性化支持,公共图书馆可以发挥自身优势,不断提高服务水平,为公共文化的整体建设作出更大贡献。

(二)网络与农村公共文化建设

随着新农村建设成为全社会的热点,农村公共文化建设受到了广泛的关注。作为第四媒体的"网络",在农村地区的普及是大势所趋。在新形势下,如何更好地发挥网络在农村公共文化建设中的作用是迫在眉睫的课题。

1. 网络与农村公共文化服务平台

随着经济社会的迅猛发展,人民生活水平日益提高。物质基础日渐稳固之后,人们的精神文化需求也提上日程。在新农村建设的大潮下,不仅要关注农民的温饱问题,也要关注农民的文化需求。相比城市众多的文化娱乐消费,广大农村尤其是落后地区的农村要为农民搭建公共文化的硬件设施。在信息化时代,网络化的农村公共文化设施显得尤为重要,现代的网络文化平台对新农村公共文化服务的构建有着不可磨灭的作用。

农村公共文化信息服务网络平台是农村公共文化服务体系的重要组成部分。农村公共文化信息服务网络平台是指依托先进的网络技术,以政府投入为主导,以社会力量参与为补充,以服务农民和提高农民素质为目的,为农村提供公共文化信息和服务的平台。通过构建农村公共文化信息服务网络平台,建立并不断完善农村公共文化服务体系,加强农村文化信息建设,是社会主义新农村建设的重要目标和有机组成部分。[①]

当前,我国城市的公共文化信息服务网络已基本建成、投入运营并逐步得到完善,但不同地区农村的公共文化信息服务网络建设水平则参差不齐。一些发达地区的农村已经初步建立了农村公共文化信

---

① 蔡璐、伍艺:《农村公共文化信息服务网络平台的构建》,《农业现代化研究》,2009年第2期。

息服务网点,政府部门也建有一定数量的农业文化信息网站,但真正针对农民需求、服务广大农村的公共文化信息网络平台还有待进一步加强。

作为"海西示范村"的福建南安市蓉中村,通过与中国联通南安市分公司合作实现信息化,可以视为福建省新农村建设中公共文化服务体系网络平台建设的典范。蓉中村与联通公司就以下8个项目开展共建合作:① 以"新农卡"为载体,以蓉中村现有的信息化平台为基础,借助手机终端便捷、多样化的优势关注三农问题,提供农民增收、农业增长、农村稳定、农村人口就业等方面的信息服务。② 农民家庭宽带接入,即"户户通宽带"和"农村信息化终端"的基础宽带网络。以宽带出租合作方式实现信息化互动传播,全村固话、手机组成"亲情e家"网,仅需缴纳功能费,就可以实现"村村通"互拨免费优惠。③ 为村办企业搭建综合信息化服务平台,为企业提供人员管理、安全管理、物流管理、资源管理、生产流程管理等一揽子信息化解决方案,提高企业的管理水平和运营能力;以"小区时讯"系统为依托,丰富企业(商家)宣传促销手段,此项业务区别于传统媒体,具有到达率高、针对性强、操作简单、性价比高等优势。④ 莱克住宅小区 LAN 接入。以"光纤到楼"方式实现小区高速上网,经过交换机到用户家中,联通以先进技术构建的 NGN 电话网,使用户可轻松在宽带上实现 IP 电话拨打。⑤ 农村信息化终端推广。蓉中村现有在测试的"农村信息终端"是基于 IT 技术的一种固定式的网络交互和点播终端(带文字显示屏),一方面可实现农村发展政策、农业科技及农产品购销平台、农业生产物资购销平台、乡镇企业生产物资购销平台、农村人口就业供需等五类信息的基本点播功能,另一方面可以协助两委解决一部分村务传达的需求,该终端具有网络电话的通话功能和资费优势。同时,试点推广省联通的"多媒体信息交互终端"(IPSTB 机顶盒)和基于 WC-DMA 网络的3G 手机移动信息平台,可支持图像、声音、文字并茂等全方位的信息交互,为有更多层次需求的村民和村企提供多元化、差异化的信息服务。⑥ 建立综合治安监控系统。⑦ 建立基层政府组织的应急保障系统。⑧ 积极参与村福利事业共建。

"蓉中村"共有村办企业 20 家、70 亩工业园区,2008 年蓉中村主要经济指标位居全省村级经济前列,上缴国家税收 1 600 多万元。蓉中村在公共文化服务平台的投入上并不存在经济问题,当前这样有实力进行如此深度信息化的农村并不多。更多的农村是如此景象:农村乡镇文化设施建设经费投入不足,导致农村基层文化基础设施薄弱,公共文化的信息网络平台几乎空白。硬件设施设备的陈旧落后,使得地区的农村公共文化机构几乎无法提供应有的公共文化服务,也很难吸引群众对农村公共文化信息网络服务的积极参与,严重阻碍了农村在信息化时代的发展步伐。

农村公共文化信息平台是利用先进的网络技术构建的服务平台,平台从搭建到日常的运行维护都需要高成本、高技术来支持,因此人力、财力的保障是构建农村公共文化信息服务网络平台的关键。一些先进的村庄,其做法值得鼓励和肯定的。但是,不仅仅要锦上添花,更要雪中送炭,各级政府应该对落后地区的农村的公共文化信息平台建设进行财政和政策倾斜,加以扶持。

2. 网络如何为农村公共文化建设服务

信息化的网络平台搭建以后,在为农村公共文化建设服务时,应充分考虑到农民群体的特点。一方面是,相比城市居民,农民的文化程度不高,农村网络资源要简单快捷,即信息资源的组织要有良好的层次性和简洁性。另一方面,内容要有"三农"针对性,这样才有利于新农村公共文化建设。

网络信息的获取要考虑到农民获取信息能力普遍较低的特点,复杂的信息组织体系和信息获取过程,会造成他们的畏惧心理,不利于他们的信息消费习惯的培养和信息自助能力的提高。如在资源上传下载的操作过程中,尽量设置最简单的操作步骤。同时,界面语言应简洁直白,操作还应具有可回退功能设置,减少农村信息消费者对网络的陌生感,从而可逐步提高他们获取网络文化信息的自信和兴趣,培养他们的网络文化消费习惯。同时,也可以通过培训让农民掌握基本的电脑和网络基础知识,比如信息资源的检索、信息发布、电子邮箱使用、网上交流工具的使用等基本技能。

同时，在农村信息化的具体内容上应有针对性。充分利用通信技术、计算机网络技术、人工智能技术、多媒体技术等各种高新技术与农业技术集成，以各种资源数据库为基础，以农业专家系统、多媒体系统和决策支持系统开发工具为平台，面向农村、农民建立各种各样的有关作物生产、销售的专家系统和农村经济决策系统，并把农业专家系统配置到县、乡、村，直接面向农民和基层农技人员，引导他们对该系统的认识和应用，实现农业生产的自动化和智能化。建立和健全乡镇、村两级信息传播网络，通过新闻媒体、农业信息网络、农广校、乡镇农业信息站和农业社会化服务组织的密切合作，建设横向相连、纵向贯通的农村市场信息服务网络，形成集信息、采集、加工、发布、服务于一体的农村公共文化的信息服务体系。①

此外，网络信息消费能力与居民收入息息相关。农村居民的人均可支配收入明显低于城市居民，要他们付出相同的比例和金额进行网络消费则勉为其难。政府要在政策上给予相应的扶持，可以借鉴村村通电话工程的成功经验，在网络接入、网络收费等方面给予乡村两级文化站政策优惠，帮助农村建立公共文化服务体系的网络平台，使农民能享受到网络时代的文化服务。

（三）网络与大众传媒在线新闻娱乐平台

公共文化服务离不开大众传播媒体这样一个重要途径。当社会政治经济条件的变化要求产生更先进的传播体系，而网络技术的应运而生又提供了实现新传播手段的可能性时，大众传媒寻求突破就在所难免了。对传统的大众媒体来说，大到全国性的报刊、广电单位（如人民日报、中央电视台、新华社等），小到地方性的同类机构（如福建日报、厦门卫视等），都开始在网上建设自己的新阵地，将自身的运营发展和网络技术的进步结合在一起，以求获得传播方式的改进和受众的认同。同时，在新的传播体系中还出现了一些新面孔，如新浪、网易、搜狐等门户网站。作为商业机构，它们不仅与传统大众媒体一样，甚至更多地承担了网络文化服务的工作，而且还进一步研究网络文化市

---

① 陈瑛、伍艺：《湖南省农村文化信息需求调查报告》，《图书馆》，2009年第2期。

场的现状和社会需求，不断地在服务形式上推陈出新，吸引了更多的新生代受众。然而，作为大众传媒，万变不离其宗的是其固有的功能，如何利用网络这一载体的特性使这些功能更加淋漓尽致地得以发挥，是不同类型媒体机构都应该思考的问题。

1. 通过网络丰富媒体的新闻传播功能

网络终端的多元化使受众接收信息的方式越来越多，多媒体技术也赋予了网络图、文、声、像兼具的传播效果，因此，网络环境下的新闻传播呈现出前所未见的强覆盖性和多样性。例如，以传统媒体为基础的宁波日报报业集团于 2006 年启动数字报业战略，整合和统筹媒介资源，已拥有报纸网络版、宽带电子报、手机报和互动多媒体报等多种产品。其中，《宁波播报》被视为国内首次出现的具有互动和多媒体功能的全新数字内容形态，成为宁波数字传媒的独特品牌。

2. 通过网络加强媒体的舆论导向功能

网络的交互性为用户提供了人性化的操作界面，人们在获取新闻的同时，更可以与外界交流对此的看法。我国新闻媒体主办的网站就注重利用网络参与栏目，鼓励人们关心公共事务，针对社会时事进行讨论，了解并正确引导民众观点，例如人民日报网络版下设的"人民论坛"和各大商业网站的新闻板块中所提供的讨论区等。这些网站会根据社会当前关注的热点提供不同讨论主题，如针对台湾大选组织"两岸关系"讨论，还会在适当的时候邀请相关专家与参与者共同探讨、深化认识。

3. 通过网络扩展媒体的休闲娱乐功能

随着文化信息资源数字化建设的逐步开展，音视频等多媒体文献资源的数字化加工、存储、传播及应用也日益成为媒体娱乐服务工作中的一个重要组成部分，VOD 即多媒体视频点播应运而生。它利用计算机网络和流媒体技术的优势，将音视频转化为流媒体发布在互联网上，实现了多媒体音视频的按需收看。① 在此技术的支持下，传统的

---

① 赵彦龙:《流媒体技术在图书馆数字化服务和建设中的应用》，《图书馆工作与研究》，2004 年第 2 期。

电视和广播媒体可以将精品节目放在网络上供用户自由点击收看或收听,为受众提供更加健康向上且人性化的文化娱乐服务。

为了保证各类大众传媒在网络载体中各尽其职,成为优质公共文化服务的供应者,政府和媒体行业应共同关注以下几点:首先要特别重视新闻网站的建设和创新,推进体制、机制和网站技术革新,探索既保证导向正确又富有活力的新型管理模式;其次要加大对重点媒体网站的支持力度,将其办成集新闻资讯、休闲娱乐、信息服务为一体的综合性网络媒体和当地"文化信息网上超市",同时也成为具有广泛影响力的思想文化平台;此外,商业网站也要积极发挥其更为贴近市场、了解受众需求的优势,突出文化信息和文化产品的个性化服务。

(四) 网络与科教机构的文化教育功能

教育是公共文化服务的重要组成部分。目前,我国经济生活中95%的商品和服务处于供过于求状态,但在教育方面却呈现出严重的供不应求现象:据国家统计局和中国经济景气中心居民储蓄消费意愿抽样调查结果显示,居民储蓄的10%准备用于教育支出,教育消费是居民消费的第一选择。有关资料表明,到2010年,我国接受学历教育人口将达3亿。同时,信息时代的知识更新速度越来越快,面对激烈的市场竞争,越来越多的在业人员都要通过参加不同层次的岗位业务培训来满足工作的需要。据统计,目前中国至少有1亿人需要接受各种职业培训。① 面对如此巨大的教育服务需求,与之相应的教育资源的数量和质量却严重不足。从目前我国各类学校的教育教学效率来看,仅依靠传统的教育方式来完全满足人们的求知欲是非常困难的,而基于网络的数字化教育正是实现这个教育目标的重要途径之一,它为进一步提高整个民族的文化素质开拓了新的发展空间。

数字化存储形式让信息在网络中得以海量保存和高速传递,加上覆盖广泛的线路和计算机终端,使全球教育资源共享成为可能。网络还可以提供实时的或非实时的信息交流,因此也为教学讨论、自主学习、个性化学习以及协作学习提供了更多的便利条件。由于具备这些

---

① 王晓燕:《信息化时代的教育创新》,《太原大学学报》,2008年第2期。

独一无二的优势,利用网络提供文化教育服务无疑有利于促进教育的社会化。使教育突破常规模式在时间、空间和资源上的限制,从学校走向家庭和更广阔的社会,是构建终身教育体系的重要组成部分。

我国的网络化教育随世界趋势逐步成长。1994 年底,我国就开始兴建专门的信息教育基础设施。当时的国家教委帮助 10 所高校进行协作,共同开发中国教育研究网。此后,高校各项信息化教育计划迅速发展起来。清华大学、北京大学等 67 所院校先后被教育部正式批准进行现代远程教育的试点,面向全国开展研究生课程进修和专科升本科的教育,向全社会提供高校丰富的教育资源。发展至今,现代远程教育技术平台采用计算机互联网、卫星数字网和有线电视广播网相结合的模式,已基本形成了学历与非学历、校内与校外教育同时进行、互相渗透的办学格局。作为一种公共文化服务,远程教育应在其社会性和公益性上多下功夫,主要体现在三个方面:

(1) 服务对象的社会性。开放教育招收的都是不经过统一考试,凭学历证书验证后登记注册入学的学生。远程教育的学习者多为在职成人,但也有社会青年和各类应届毕业生。他们有的来自大中城市,还有大量在工矿、基层和农村,人数众多,且分布极广,学生的文化程度、经济状况、学习条件和学习时间很不相同。拥有如此多样化的服务对象正是远程教育所独有并应始终坚持的最大特点之一。

(2) 服务方式的社会性。远程教育既提供学历教育服务,又提供非学历教育服务。其学历教育涵盖各个专业、各个层次(中专、专科、本科和研究生等),并且日益丰富;而非学历教育所包括的各类培训、证书教育、文化普及教育等,更是多种多样。远程教育应依据服务对象获取学历、训练岗位能力和提高专业理论水平等需求的不同而提供与之相适应的教学内容和方式,以满足社会发展对多元化人才的需求。

(3) 服务理念的社会性。远程教育应坚持面向农村和边远及少数民族贫困地区、面向基层、面向弱势群体,服务于当地经济建设,为众多普通老百姓提供高等教育或技能培训服务;并以办人民满意的开放式学校为目标,满足普通大众自主学习和终身学习的需要,努力增强广大普通劳动者的职业能力,全面提高国民素质。

在系统教育之外，我们还应高度重视网络对科普事业发展的重要促进作用。《全民科学素质行动计划纲要》指出，发挥互联网等新型媒体的科技传播功能，研究开发网络科普的新技术和新形式，要培育、扶持若干对网民有较强吸引力的品牌科普网站和虚拟博物馆、科技馆，开辟具有实时、动态、交互等特点的网络科普新途径，开发一批内容健康、形式活泼的科普教育、游戏软件。为落实《纲要》精神，中国科协与教育部、中科院合作，从2005年开始着手建设中国数字科技馆，集成国内外现有科普专题资源、图片、挂图、音像制品、展教品以及相关科普信息，并以此为契机，建立数字化科普信息资源和共享机制，基于互联网为社会和公众提供资源支持和公共科普服务。在一百多个单位的协同努力下，目前"中国数字科技馆"已经建立了以博览馆、体验馆、资源馆、青少年创意馆等为主要内容的数字科技馆基本架构，内容涵盖理工农医、自然科学、交叉学科、综合科普等领域。由于内容丰富、形式新颖，"中国数字科技馆"受到人们的广泛关注和好评，并获得"2007年世界信息峰会大奖"。这一成功经验启示我们：政府有关职能部门应争取和支持社会多方力量，充分引进和建设文化科教类网站的信息资源，开发和完善网上浏览、在线播放、联机游戏、共享互动等操作功能，通过大力宣传扩展传播面，提供内容丰富、形式多样、惠及最广大群众的科普文化服务。

（五）网络与文化行政管理

公共文化服务体系离不开文化管理，文化管理是各级政府文化行政管理部门（文化厅、局）的主要职能，离开了文化管理，公共文化服务体系也难以真正建立。同理，网络公共文化服务体系同样也不能缺失文化管理的职能。网络文化的发展，是一个存在着大量问题的文化现象，这就使得传统的文化管理方式不完全适合网络文化发展带来的新变化、新要求，也使得现行文化管理方式面临着新挑战、新考验。

1. 网络文化行政管理的根本宗旨是服务

把管理寓于服务之中，在服务中提高管理水平，这是网络文化管理必须遵循的基本原则。作为全省文化行政管理的职能部门，福建省文化厅在这方面做出了初步成绩。在文化厅网站上，除了可以浏览文化厅日常工作情况、政务公开等信息(这些都属于网络公共文化产品范畴),相关栏目设置也可体现出其服务宗旨和服务意识,如文化动态、数字图书馆、演艺广场、文化之旅、文化遗产、闽台文化、福建文库、讲坛荟萃、农村看台、展览在线,以及相关的链接如各地数字文化网(以省为单位,通过各省的文化网站又可以链接到该省相关网站)、本省的文化系统网站(亦可链接到福建省政府网、省档案局、省图书馆、省美术馆、省艺术馆、福建文物、福建省艺术学校等网站)、教育行业网,以及其他网站。此外,文化厅还主导创办了海西文化信息网、文化信息共享工程网、文化遗产保护网。这些栏目和网站,都极大地满足了社会公众对文化信息的需求,而通过了解和满足公众的文化需求,又可以有的放矢、目标明确,更好地进行文化管理。由此可见,构建网络公共文化服务体系,必须强调和突出"服务"的意识,才能做好文化行政管理工作。

2. 利用网络垄断性和全球同步性特点整合资源,实现新闻的即时传输

文化管理的服务内容,很重要的一点是为社会公众提供公共文化产品,而反映社会各个方面的各种新闻信息,是构成公共文化产品的重要部分。在信息时代,公众对及时获取新闻信息要求很高,尽量满足这一需求,是网络文化管理的重要任务。在中共福建省委宣传部的主管下,全省主要媒体如福建日报、海峡都市报、厦门日报以及各设区市主办的日报、晚报等都推出了电子版,泉州、漳州、三明等设区市还与移动、联通合作推出了手机报,使广大民众能够随时了解新闻动态。作为3G城市试点的厦门,更是在网络城市建设方面走在全省的前列。宁德市2008年就作出决定,整合资源,加大力度,建设宁德网。通过对原有宁德网的改版升级,整合闽东日报、宁德电视台、宁德人民广播电台、宁德网报等新闻资源,建设新的宁德网,并于2009年4月8日正式开通试运行。目前,已开通有新闻、政务、视频、体育、生活以及柘荣、寿宁、东侨、屏南、周宁等县(区)十多个频道,网站点击率和影响力日渐提升,日均点击量已达2万多人次,社会各界反响良好。所以,利用网络整合新闻资源,实现即时传输,提供快捷的信息服务,是获取社

会公众满意度的重要途径。

3. 强化网站监管、消除低俗之风是网络文化管理的重要职能

网络的全民参与性和个性化特征,决定了它的入门门槛几乎为零和个人在网络社会中的率性所为不受限制,这就使得网络社会中不可避免地产生鱼龙混杂、泥沙俱下的现象,一些网站肆意散布不良有害信息,有的栏目内容低下庸俗。这种现象如不及时制止,将会放大网络文化发展的风险性。今年一月以来,在全国范围内集中开展的整治网络低俗之风专项行动,有效净化了网络环境,取得良好效果,充分说明了加强网络监管对于构建网络公共文化服务体系的重要性和现实意义。

4. 注重网络文化的新兴现象和发展趋势

随着网络社会的飞速发展,网络文化的新兴现象层出不穷,如电子家庭(家庭既是生活的单位,也是办公和娱乐的去处)、网络恶搞(指在高科技互联网支持下的新型恶作剧搞笑行为,主要形式有戏仿文本、图片移植、影片剪辑、歌词篡改、动画造型等)、博客(Blog)和网络社区、网络语言,等等。这就要求网络公共文化服务必须紧跟时代要求,了解、理解网络文化的新兴现象,才能做好服务工作。可以预见到的网络文化发展趋势是:首先,网络世界是一个开放系统,没有国界,汇集了世界各国、各民族的不同的文化,促进了各种文化的共享、融会和贯通,为人们接触和了解不同文化提供了平台和可能性;其次,与现实的物理空间不同,网络世界是一个虚拟空间,虚拟技术使人如身临其境,为人类创造力提供了巨大的文化空间,从而使丰富的想象力变为现实,这就导致现实社会文化与虚拟文化的不断融合;再次,由于网络文化的特征,它比传统社会更能集中群体的智慧和创造性,同时由于它的平等性,为个性化的最大限度发挥和满足创造了条件,从而使网络空间成为一种凸显个性的人造文化景观。① 这样的发展趋势就使得网络文化影响力不断增强。网络公共文化服务体系的打造,必须顺应这一社会潮流。

---

① 张真继、张润彤等:《网络社会生态学》,电子工业出版社,2008 年,第37—44 页。

（六）网络与公益文化服务

公益文化服务是保障公民文化权利、实现公民文化权益的重要的和主要的手段,这一手段的主要作用方式是政府向社会提供满足公民基本文化需求的公共文化产品和服务。公益文化服务不是虚无缥缈的,它必须以公共文化设施为依托、以公共文化管理来落实。所以,公共文化设施网络化和公共文化管理网络化到位了、做好了,网络公益文化服务也就到位了、做好了。因此,构建覆盖广泛的网络公共文化服务体系,是公共文化基础设施的网络化、公益文化服务的网络化以及公共文化管理网络化三位一体的建设过程。

三

从福建省网络公共文化服务体系建设的现状看,我们认为要提升其水平,当前最迫切需要面对的,或者说最需要解决的任务是:

（一）公共文化设施的网络化应该进一步向基层延伸

当前,省和设区市一级的网络公共文化服务体系已基本成型,并正在不断完善过程之中。不论是从现实的、物化的文化设施条件,还是针对网络本身的硬件、软件而言,相对于县和乡镇来说,省、市一级都远远走在前列。所以,在加强基层文化建设的同时,加强基层网络公共文化服务体系建设同样不容忽视。具体地说,首先应该加强县级公共图书馆、博物馆、文化（艺术）馆的网络化建设,使其具备基本的网络服务功能。其次,进一步加大文化信息资源共享工程建设力度,积极争取进入行政村和自然村（村民小组）,努力扩大其使用范围和提高利用频率。

（二）进一步整合、协调涉及网络公共文化服务体系的有关部门

宣传、文化、新闻出版、广播影视、教育、体育等部门,都与网络公共文化服务体系建设密切相关。然而,在构建网络公共文化服务体系过程中,这些部门基本上是各自为政,尚未进行整合,使得网络文化资源程度不同地出现了闲置和浪费。建议以省级文化行政主管部门为主,协调全省相关部门,整合全省网络文化资源,共同构建网络公共文化服务体系。同样,即使是在同一部门也存在类似现象。如数字图书

馆建设,目前省、市、县三级图书馆还未实现链接和互联(福建省图书馆创建的"福建省区域图书馆系统"网站于 2009 年 8 月刚刚开始试运行)。理想的状况应该是,以省图书馆为主干和依托,各市县图书馆则在保证当地读者需求的前提下,尽量突出自己的特色,实现条块相互结合,资源共享。同时,还应考虑各高校图书馆的互联问题。

(三)网络公共文化服务人才培养是当务之急

如果说当前文化建设面临人才紧缺的严重问题,那么在构建网络公共文化服务体系过程中,这一问题显得更加严重。网络文化人才培训,仅仅在文化信息资源共享工程执业人员方面实现了正规化、经常化,明确由省图书馆承担培训任务,并已经在全省范围内开展数批培训工作。我们认为,应该在所有涉及网络公共文化服务体系的部门和单位,展开大规模的网络文化培训,建立相应制度,使之正规化、制度化、常态化,提升网络文化管理人员的业务素质,提高服务能力和服务水平。

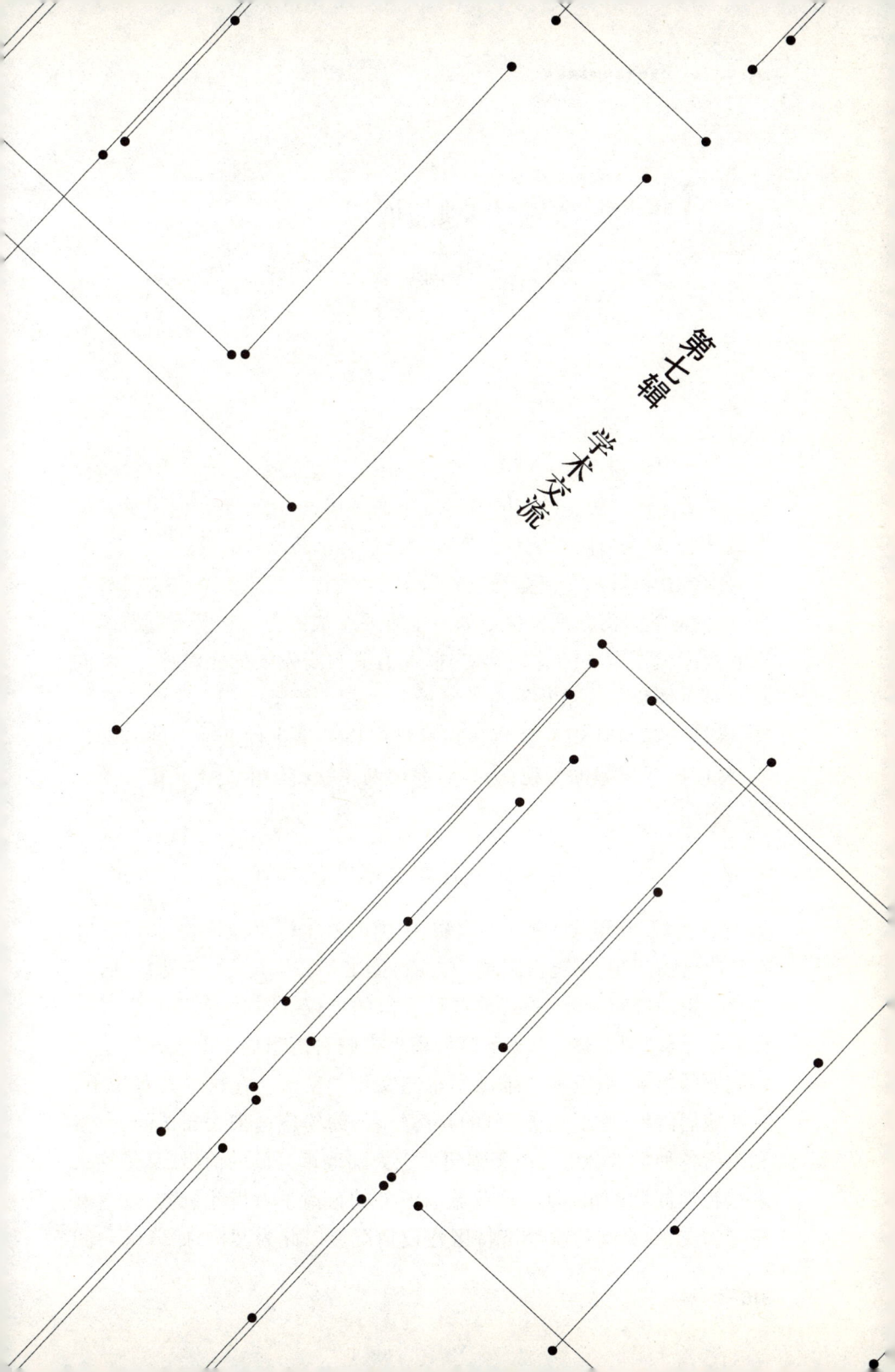

第七章

学术交流

回顾与展望

——论世纪之交的闽台社会科学学术交流

公元纪年即将进入第三个千年,值此世纪之交时刻,对闽台间社科学术交流作一历史的回顾及对未来的展望,并由此考察两岸关系的发展进程,对今后两岸关系的发展和良性互动将颇有益处。

闽台社科学术交流是海峡两岸社科学术交流的一个重要组成部分,因而必然是海峡两岸关系的一个重要组成部分。它既不能游离于海峡两岸关系发展的总框架之外,又有其自身发展的相对独立性,同时又对海峡两岸关系及闽台关系的发展起着推动作用。了解这种特性,有助于深化认识社会科学在推进两岸关系良性互动中的特殊作用,从而给予充分的重视,为今后海峡两岸社科学术交流开拓一条广阔的道路。

一、闽台社会科学学术交流的回顾

20世纪70年代末、80年代初,中国内地实行改革开放的政策,并在解决台湾问题、实现祖国统一方面,提出了和平统一、实现“三通”、尽早结束两岸对峙状态、开放各种交流的倡议。同时,台湾知识界在民众中掀起“寻根热”、“思乡热”,率先突破台湾当局不准公开讨论统一问题的禁令,积极参与推动学术与文化的交流。在这种大背景下,一些旅居海外(主要为美国)的台湾学者,纷纷应邀来大陆访问、考察和出席各种学术会议。由于福建处于大陆改革开放的前沿,又是绝大多数台湾同胞的祖居地,这些旅居海外的台湾学者借此机会,或返闽探亲访友,或来闽考察经济特区建设情况。以此为契机,始肇闽台间的社科学术交流。这些学术交流,大多是通过福建社会科学院进行的。

然而,因台湾当局的限制,台湾学者尚无法直接前来大陆进行学术交流,遑论大陆学者上岛交流。因此,直至 80 年代末期,闽台间的社科学术交流实际上只是一种单向的交流。

1987 年台湾当局开放台湾民众赴大陆探亲、旅游后,大批台胞实现了多年的夙愿,到大陆探亲、旅游、经商和从事文化、科技等各项交流,台湾学者亦得以直接到大陆进行学术交流。自那时以来,福建省及福建社科院对台社科学术交流进入一个迅速发展的时期。

迄今为止,来闽访问过的在台湾有较大社会影响的人士有:台湾"中央研究院"院士李亦园教授、"中央研究院"史语所所长管东贵研究员、同所考古组组长臧振华研究员、国民党"文工会"前副主任魏萼、"经济部"前部长李达海、"中华经济研究院"院长于宗先、东吴大学侯家驹教授、《天下》杂志发行人高希均、"国科会"前副主任何宜慈、"立委"朱高正、佛光大学校长龚鹏程教授、东吴大学杨开煌教授、台湾大学农经专家江炳伦教授、成功大学文史所唐亦男教授、"中国和平统一促进会"理事长孙武彦教授等。

与此同时,闽台间的社会科学双向交流也有突破。1990 年 6 月 25 日至 7 月 6 日,福建师范大学王耀华教授、福建省群众艺术馆副研究员刘春曙 2 人以"大陆杰出人士"身份公开赴台访问,这是闽台学术界的首次双向交流,也是大陆社科学者首次直接赴台访问,两岸社科界首次实现了双向交流。1992 年末,福建社会科学院文学研究所所长、《台湾文学史》主编刘登翰研究员赴台交流,实现了福建社科院对台学术交流零的突破。1994 年 3 月,由刘学沛副院长率领的"闽台经济文化交往促进会暨福建社会科学院访问团"应邀赴台访问,这是福建省及我院的第一个赴台访问的学术代表团,也是大陆地方社会科学院赴台访问的第一团。截至 1997 年 6 月 30 日,福建社会科学院共有学者 12 批 17 人次入台交流,其中有 3 位副院长。这一时期,福建省赴台交流的著名学者有:厦门大学陈孔立、范希周、翁成受、韩清海、杨国桢、陈国强、陈在正、蒋炳钊、陈支平、高令印、李秉濬,福建社会科学院刘登翰、刘学沛、金泓汎、吴能远、苏彦汉、施修霖、唐兴夏、谢重光、杨彦杰,福建师范大学陈其芳、陈佳源,福州大学张炳光等诸位教授、研究员。

自1990年以来,在福建召开的海峡两岸社科学术研讨会有:"妈祖研究学术讨论会"(1990.4,泉州)、"海峡两岸海上通航学术研讨会"(1992.9,厦门)、"海峡两岸证券经济研讨会"(1992,福州)、"海峡两岸产业政策研讨会"(1992.12,厦门)、"90年代的台湾暨海峡两岸关系学术讨论会"(1992.11,福州)、"两岸经贸与科技研讨会"(1994,福州)、"海峡两岸朱熹理学研讨会"(1994,武夷山)、"连横学术思想研讨会"(1994,漳州)、"第五届中琉历史关系学术研讨会"(1994.11,福州、泉州)、"海峡两岸投资法律理论与实务研讨会"(1995,福州)、"台湾文化:传统与现代学术研讨会"(1995.5,福州)、"95'海峡两岸农业合作研讨会"(1995.7,漳州)、"95'闽台民间信仰学术研讨会"(1995.8,福州)、"闽台税务交流研讨会"(1995,福州)、"闽台姓氏源流研讨会"(1995,福州),这些研讨会都吸引了许多台湾学者前来参加,大大推进了海峡两岸的社科学术交流。

二、闽台社会科学学术交流的特点

从上述历史的回顾来看,闽台社科学术交流有如下主要特点:

(1)充分反映出闽台之间在血缘、地缘上的密切关系。众所周知,当今台湾人口中,约80%的祖籍是福建。因此,许多台湾学者在赴大陆访问、考察之后,都愿借此机会返回祖籍探亲访友,寻根问祖,这也是人之常情,由此而引发了闽台间的学术交流。早期闽台社科学术交流大多是这种形式。随着海峡两岸关系的松动、缓和,这种交流逐渐由自发的向有计划的交流方向发展。主要表现在台湾学者接受邀请而有目的地前来福建访问、考察和出席学术会议。而福建的学者在台湾当局开放大陆学者赴台访问后,也能够应邀前往台湾进行学术访问、考察和出席学术会议。

由于福建地处祖国大陆改革开放的前沿,在地缘上邻近港澳,与台湾隔海相望,在学术交流方面具有地理上的优势,加之历史上两地往来关系密切,语言相通,这些在无形中都有利于两地开展学术交流。

由此可见,从交流形式上看,闽台两地的社科学术交流具有天然的密切关系。

(2)相同的民间信仰及人文历史背景,决定了人文学科是闽台社科学术交流的主要内容,而福建外向型经济的快速发展,又使经济、法律等学科日益成为交流的重要内容。闽台两地人民有着共同的民间信仰和民间风俗,如对妈祖、保生大帝、临水夫人等的信仰,都是两地学者共同关心的研究课题。福建经济的持续发展,吸引了大批的台商来闽投资,因而福建的经济发展和投资环境以及闽台经贸关系的发展,也日益成为两地学者所关注的问题。在福建召开的海峡两岸学术会议,大多是围绕上述两个方面进行的。

因此,从交流内容上看,闽台两地的社科学术交流具有浓郁的地域特征。

(3)福建在实行"和平统一、一国两制"大业中居于重要位置,闽台关系从某种意义上来说,是海峡两岸关系的折射。同样,闽台两地的社会科学学术交流,对于闽台关系乃至海峡两岸关系的发展来说,具有重要意义。这一点与大陆其他省份相比,则有相当的特殊性。不少台湾的著名学者来闽访问和有海峡两岸学者共同参加的高层次学术会议在闽召开,从一个侧面说明了这一点。

所以,从人员交往上看,闽台两地的社科学术交流相比较而言,对两岸关系发展具有一定的特殊意义。

三、福建社会科学院的台湾研究

加强台湾研究是开展闽台社科学术交流的基础,为了充分发挥闽台间特殊的地理因素和人文因素的优势,突出研究特色,福建社科院建院伊始,就把台湾研究列为办院的主要方向,在研究队伍、经费、资料建设等方面都给予充分重视,实行重点扶持。

回顾近20年的台湾研究历程,大致可分为三个阶段:

第一阶段(1978—1982年)为起步阶段。在这一阶段中,主要是收集研究资料,向大陆学术界介绍台湾的一些情况;开展台湾研究所的筹建工作(后因故暂停)。研究的学科以文学、历史、经济为主。主要的学术活动是与厦门大学联合召开了"郑成功研究学术讨论会",与厦门大学台湾研究所、北京现代国际关系研究所联合召开了"闽台经济发展问题学术讨论会"。

第二阶段(1983—1990 年)为发展阶段。在这一阶段中,由于研究力量的进一步充实,以及前一阶段打下的基础,研究领域逐步由文史学科拓展到经济、社会、政治等方面,尤其注重研究台湾的现实问题,积极发挥学术研究和政策咨询的作用。

为了适应台湾研究的需要,在亚太经济研究所设立了台湾经济研究室,着重研究台湾经济;在文学研究所设立了台湾文学研究室,侧重于台湾文学及文化的系列研究;法学研究以祖国大陆与台湾民商法律制度的比较研究为主;文献信息中心长期坚持订购台湾图书资料,系统收集、整理和编撰有关台湾的文献资料。此外,在历史研究所、哲学研究所、社会学研究所等单位,都有学者从事相关的台湾研究。

本阶段的研究成果,除了专题论文,还有一批学术著作正式出版。这些成果涉及面广泛,包括了经济、政治、社会、历史、文学、哲学、法学、科技发展、闽台关系等各个学科领域。主要的学术活动有,参与主办了一系列有关台湾研究的各种学术会议,与有关单位共同发起成立了福建省台湾研究会,接待了多批来访的台湾学者,对推动海峡两岸的学术交流产生了积极作用。

第三阶段(1991 年迄今)为全面发展阶段。在这一阶段中,根据海峡两岸形势发展变化的新情况,为了更好地集中力量,深入、系统、全面地发展台湾研究,尤其是现、当代台湾问题的研究,重新筹建台湾研究所,并于 1992 年 1 月正式成立福建社会科学院现代台湾研究所。

本阶段实现了对台双向交流的突破,自 1992 年起,每年都有学者赴台交流。

福建社科院的台湾研究在大陆起步较早,在已经取得的研究成果中,《台湾文学史》(上、下卷)作为一部通史性著作,在该领域做了拓荒性的工作,受到海峡两岸学术文化界的关注;《台湾经济研究》是在大陆出版的第一本有关台湾经济的研究著作;《祖国大陆与台湾法人制度比较》、《我国大陆与台湾财产权制度比较》、《海峡两岸债与合同制度比较》系列著作,在海峡两岸民商法律制度比较研究方面,属于率先性的研究成果;《台湾知识词典》是大陆第一本详细介绍台湾各方面知识的辞书。

现在,福建社科院已经形成一支有较强研究力量、学科门类比较齐全的专业研究队伍,在大陆的台湾研究领域占有一席之地。今后应继续发挥特色,对现、当代台湾问题进行系统研究和多学科的综合研究,进一步开展海峡两岸关系、闽台交往及"和平统一、一国两制"等方面的理论和实践问题的研究;并将努力与台湾学术界保持密切的联系,积极开展学术交流,为促进海峡两岸和闽台交往的继续发展,为祖国的和平统一大业添砖加瓦。

四、闽台社会科学学术交流的展望

闽台两地社会科学的交流与合作,经过 10 多年的发展,无论是在交流的深度还是广度上,都已经达到了一定的规模,这与两岸学者的努力是分不开的。展望世纪之交闽台社科学术交流与合作,我们对光明前景持乐观的态度。笔者认为,两地间的社科学术交流将在以下几个方面继续有所发展:

(1) 进一步增强文化认同感,加强了解,增进感情。如前所述,闽台两地隔海相望,习俗相近,语言相通,这是加强交流的一个便利条件。然而,毕竟海峡两岸隔绝了近半个世纪,通过学术交流增进两地学者彼此间的文化认同感,加强了解,增进感情,仍将是下一阶段闽台社科学术交流的主要功能。

(2) 扩大交流的学科领域,进一步加强学术合作。迄今为止,闽台社科学术交流的学科主要在历史学、文学、经济学、民俗学、文化人类学等少数学科领域,交流方法也仅仅是参加会议或短期访问。因此,扩大交流的学科领域以及丰富交流的形式,大有潜力可挖。对那些双方都感兴趣的项目,可以采取合作研究的方式,以利于学术上的互通有无,共同提高研究水平。尤其是双方互派访问学者,从事一定时间(半年或一年)的讲学和研究,是一种好形式,希望在这方面能够有所突破。

（3）促进青年学者的交流,培养跨世纪的交流人才和队伍。当前参与闽台社科学术交流的人员中,台湾方面中、青年学者人数较多,相比之下福建方面则有较大的差距。应该积极创造条件,努力争取让更多的青年学者参加到海峡两岸社科学术交流活动中来。在某种意义上说,这是面向 21 世纪保证闽台乃至海峡两岸社科学术交流活动持续、稳定发展的唯一选择。

（4）积极创造良好的交流条件和氛围。海峡两岸的学术交流,需要一个良好的氛围和宽松的条件。与 10 年前相比,现在两岸学者的交流容易多了。但对大陆学者来说,对台交流与对港澳地区学者的交流相比,在操作上仍旧颇为困难。诚然,这与海峡两岸关系的大格局有关。我们希望两岸关系能够有所改善,向好的方向发展,从而有利于两岸学术交流的发展。就目前的现实情况而言,应该争取更多更好地进行社科学术交流,在交流中以诚相待,求同存异,取长补短,共同提高。相信这也将促进两岸关系的良性互动,有利于和平统一大业的向前发展。

加强榕台农业科技合作的有效途径①

——关于海峡两岸农业合作实验区的理论思考

1997 年 9 月 8 日,在厦门召开的中国首届投资贸易洽谈会上,国家外经贸部、国务院台办和农业部共同宣布,批准福建省的福州市和漳州市为海峡两岸农业合作实验区。这是祖国大陆首次宣布的海峡两岸农业合作实验区,对于加强两岸农业合作、促进两岸科技交流,具有十分积极的意义。

福州地处祖国东南沿海的台湾海峡西岸,背山面海,土地肥沃,物产丰富,交通便捷,信息灵通,农林牧渔各业发达,是拓展海峡两岸农业交流与合作,发展亚热带高优农业,加入国际农业大循环的理想区域。福州马尾港离台湾基隆港仅 149 海里,而平潭岛离台湾最近处只有 68 海里,真可谓"朝发夕至"。由于这种独特的地缘关系,历史上榕台两地人民早就有着密切的经贸往来关系,以及血浓于水的亲缘关系。因此,选择此地作为海峡两岸农业合作实验区,确实具有得天独厚的自然地理因素和深厚的人文历史因素。

一、设置海峡两岸农业合作实验区,适应了两岸关系发展的需要,符合知识经济的时代发展潮流

世纪之交的海峡两岸关系,正面临着新的转机和突破。在这个关节点上设置海峡两岸农业合作实验区,我们姑且不论其政治学上的意义,仅就即将到来的 21 世纪是知识经济世纪这一鲜明的时代特征而

---

① 本文系 1998 年福州市科委软科学研究项目的成果。

言,这一举措对福州乃至福建省的农业发展和科技进步来说,也具有深远的历史意义。

未来的农业生产资源和农产品市场需求的变化,使我国农业生产面临着极大的困难。在农业生产资源方面,主要困难包括:耕地资源更为稀缺,水资源危机日趋严重,资源污染破坏加重,劳动力机会成本提高使农业的比较利益下降,等等。在农产品需求方面,随着我国市场经济进一步向纵深发展及我国农产品(尤其是非粮食产品)市场逐渐从卖方市场向买方市场转化,国内市场对农产品的需求将从数量型向质量型转化,对各种产品的质量要求越来越高。农产品的市场竞争必将从单一的价格(或生产成本)竞争向价格、质量和服务的多重竞争转化,对农产品品种的需求也将从单一性向多样化方向发展。同时,国际农产品市场的竞争也更加激烈。未来的农产品市场是国际大市场,资源的分配和利用及对农产品的需求也是超国界的。各国都在为自己能在国际市场占有一席之地,为促进农业的持续发展制定了一系列的发展战略和政策,其中增加科技投资、调整科技发展战略是重中之重。因此,在知识经济的背景下审视未来农业的发展,富有现代特色的"知识"型技术(信息技术、管理技术及精准农业技术等)逐渐取代传统的农业技术,这是现代农业技术发展的大趋势。福州是省会城市,高等院校和科研机构比较密集,特别是有福建省农业科学院、福建农业大学等农业科研机构作为依托,加上信息灵通、交通便捷等条件,为海峡两岸农业合作实验区的发展,促进两岸农业合作提供了较好的软硬环境。

二、设置海峡两岸农业合作实验区有利于促进和发展榕台农业科技的分工与合作

设置海峡两岸农业合作实验区的目的,是为了促进海峡两岸农业科技的合作与交流。相对于福州而言,台湾的农业技术先进,种养业发展颇具水平,但由于岛内劳动力紧缺、自然资源匮乏、污染加剧、成本上涨等因素的困扰,农业发展处于停滞萎缩状态。而实验区范围内自然资源丰富,劳动力充沛且价格较为低廉,没有或少有污染。因此,

榕台农业科技的合作具有相当大的互补性。从海峡两岸农业科技的发展水平来看，近期实验区似应采取以垂直分工为主、水平分工为辅的模式。侧重在以下几个方面开展合作：

（1）在种苗业方面，要借台湾种苗业外移的机会，积极引进优良品种，引入水稻育苗方法、蔬菜杂交优势培育专利、花卉和药材栽培技术等。

（2）在园艺作物方面，可以采取良种、资金、技术、管理、市场"一揽子"引进及合作的方式。同时，台湾方面也可通过实验区将祖国大陆丰富多样的作物种源加以引进，改良岛内的品种。

（3）在农业生产机械化方面，因大陆东南沿海各省地理条件及土地耕作方式与台湾十分相似，尤其是稻作生产中，台湾的机械化程度已达98%左右，这方面的农机具引进，对于大陆提高水稻产区的农业生产力，具有重要意义。

（4）在农产品加工特别是食品工业方面，要积极引进台湾的技术和资金，充分利用大陆的人力和广阔的市场，实现两岸的互补合作和互惠互利。

（5）在农业的生产组织和管理技术方面，要注意学习台湾农会通过技术推广和农民教育的手段，把科学技术与文化知识灌输到千家万户，把个体农民纳入国民经济发展轨道的做法，以及农会在农业信用、农产品供销和农业保险等方面的作用，进一步完善大陆农村基层组织的功能，促进现代农业的发展。

（6）在农产品的运销方面，要学习台湾的农产品运销制度与生产制度衔接的办法，保证产销协调、产品流通顺畅的经验，达到确立运销秩序，调节供求关系，稳定市场价格，促进公平交易的目的，并通过实验区的运作，借鉴和利用台湾农产品运销的国际网络，提高我们的农产品出口管理水平和创汇率。

除了在上述诸方面要引进和学习台湾的经验之外，海峡两岸（福州）农业合作实验区的发展更应注意瞄准未来农业科技发展的方向，加大农业科技的投入，做到依托省、市农业科研机构和大专院校的智力支持，加强现代超级品种的选育、现代生物技术、现代动植物病虫害综合防治和农业信息科学等的研究与开发,提高农业技术的创新水平与扩散能力。争取在一个不太长的时期内,改变以垂直分工为主、水平分工为辅的状况,并逐步实现以水平分工为主的模式转换。

从海峡两岸(福州)农业合作实验区的发展规划看,在其所属的三个示范区(福清洪宽渔溪农业综合开发示范区、闽侯农业高新技术示范区①、琅岐蔬菜副食品生产示范区)的招商项目中,比较好地注意到以上几个方面的交流与合作的问题,相信随着实验区的启动和发展,一定能够对福建省乃至祖国大陆的现代农业起到良好的示范作用。

三、海峡两岸(福州)农业合作实验区的功能和作用

实验区的宗旨是:"以科技开发为依托,出口创汇为导向,大力引进资金、良种和先进技术,着力发展名、特、优、新、稀农副产品,发展高效优质农业,推进外向型农业区域布局,专业化生产、规模化经营、社会化服务和企业化管理。将实验区办成福建省乃至华东地区科技成果转化的基地,农业高新技术的摇篮,信息网络、贸易流通的中心,对台交流的窗口和内外辐射的枢纽。"如前所述,笔者认为实验区的功能主要体现在引进和扩散两个方面,即优良品种的引进和扩散、现代农业生产技术和管理技术的引进和扩散。此外,实验区还可以在下列方面发挥其作用:

(1)农业科技人才的引进、交流和培养合作。知识正在成为一切有形资源的最终替代及创造财富的途径。知识经济和知识社会正朝我们走来,并将成为21世纪社会发展的动力源泉,成为新的历史逻辑。在知识经济时代,人才不仅是一种宝贵的社会资源,也是不断涌

---

① "高科技"一词的提法不准确。高科技是"科学技术"和"高级"两个词的组合。然而,所谓科学,指的是"反映自然、社会、思维等的客观规律的分科的知识体系";所谓技术,指的是"人类在利用自然和改造自然的过程中积累起来并在生产劳动中体现出来的经验和知识,也泛指其他操作方面的技巧"(《现代汉语词典》修订本)。所以,科学无高低之分,因为我们不能说物理科学比化学科学高级,自然科学比社会科学高级,如此等等。而技术既然是一种经验、知识和技巧,则有高低新旧之分。这种用词上的混乱,源自于不能正确区分科学和技术二者的概念。为此,建议"闽侯农业高科技示范区"更名为"闽侯农业高新技术示范区"。这样表述更准确、更科学。

流的社会资本①。因此,掌握了知识的人不仅是财富的创造者,其本身就是财富的直接体现。实验区的发展要以知识经济为导向,就必须充分体现和发挥在科技人才的引进、交流与合作方面的作用。而且,这种交流与合作还必须是双向的和互补的。同时,还要利用实验区的形式,发挥培养和建设发展现代农业各方面专门技术人才梯队的作用。

(2)引导和带动农业生产的企业化经营。近年来,实现"农业产业化"已成为十分时髦的语言,而对农业产业化的内涵,则是众说纷纭,甚至语焉不详。其实这反映了人们一种认识上的误区②。现代产业是按市场化要求组织起来的产业,市场化是其基本特征,技术趋新性、市场导向性、效益中心性是其基本特征的具体体现。中国农业尚不完全具备这些特征。在当前农户仍然是最基本的农业生产单位和农业经营单位的条件下,实现农业经营组织的创新,只能采用以农户为基础的农业一体化经营组织这样的形式③。这种形式解决了分散的小规模农户难进市场的问题,使农业经济始终以市场为导向、以效益为中心、以企业方式进行管理,从而把农业生产过程的产前、产中、产后诸环节连接为一个完整的产业系统。在这个方面,以实验区为载体,学习、借鉴和移植台湾农会的一些做法,可以发挥引导和带动农业生产向企业化经营目标转轨的作用。

(3)促进环境保护,消除绿色贸易壁垒。当前的农业生产中大量使用农药、化肥所造成的环境污染和农产品农药化肥残留物对人体的

---

① 由于人是知识和信息的最主要的载体和最活跃的要素,因此,知识经济中人力的概念具有二重性,不仅是资源,而且是资本。在知识社会中,人力资本的概念将越来越重要,越来越受到重视。因为人的创造力是无限的,因人的创新能力引出来的财富也是无限的。当前社会上出现的"技术入股"现象充分证明了这一点。

② 农业是人类社会有史以来最古老的和最先创造的产业。人类利用自然和改造自然的生产活动,首先是从种植业,亦即农业开始的,所以农业被称之为"第一产业"。我们不能因为传统农业是自给自足的生产事业,就否认它是一种产业。说"农业产业化",实际上认为农业不是产业。这既不符合历史逻辑,也不符合语义逻辑。因此,用"农业的企业化经营"或者"农业企业化"来表述"农业产业化"所要表述的内涵,似乎更为准确一些。

③ 关于这个问题,请参阅范建刚《农业产业化即农业现代产业制度化》一文(刊于《社会科学学报》,1998年第599期)。

危害,以及农产品加工过程中造成的环境污染问题,已是人所共知、有目共睹的。在国际贸易中,随着乌拉圭回合谈判的结束以及贸易和非贸易壁垒的逐步减少,国际贸易壁垒逐渐转向苛刻的技术标准和环境标准,并逐渐形成新的绿色贸易壁垒。目前,各国出台的环境标准制度一致要求产品的整个生产过程都符合环境保护的要求,即生产、销售、消费的全过程都必须有利于或起码无害于环境保护。由于发达国家的环境保护水平普遍高于发展中国家,绿色贸易壁垒已成为它们十分有效的贸易保护手段。在这个方面,我们要吸取台湾的教训,实验区的项目引进,必须以环境保护为首要标准,拒绝污染项目。同时要加大绿色科技(指既能够直接促进经济发展,又具有良好环境效益的科技成果)的开发力度,使实验区生产和加工的产品早日拿到进入国际市场的绿色通行证——ISO14001 环境体系认证书,为区内外的现代农业发展提供示范作用。

四、海峡两岸(福州)农业合作实验区的发展阶段

综上所述,我们认为海峡两岸(福州)农业合作实验区的发展阶段,从宏观上把握,可以将其分成近程、中程、远程 3 个阶段,即以垂直分工为主、水平分工为辅的近程阶段,垂直分工和水平分工并重的中程阶段和以水平分工为主的远程阶段。从目前农业科技的发展水平分析,近程阶段约需 5 年以上的时间。中程阶段所花费的时间可能要长一些,估计至少需 15 年左右。此后为远程阶段。当然,这是一种大致的估计。科学技术的发展往往呈现出跳跃性的特征,希望实验区在技术进步方面步子走得更快一点,能够缩短近程和中程的发展阶段。所以,我们的估计,只是根据对实验区的发展要求和农业科技的发展现状所作出的预测。

一个亚文化的剖析

——中国文化与日本文化、琉球文化

在研讨中琉历史关系时,琉球文化的形成和发展,以及中、日文化对其的影响,不能不引起我们的重视。

在东方文化群落中,琉球文化处在一个特殊的区位上,即它是由中国文化和日本文化相互交流、相互渗透而产生的。它位于中、日两种文化的边缘地带,与中国文化和日本文化都有十分密切的亲缘关系。琉球现为日本的冲绳县,通用的语言为日语。因此,琉球文化现在来说,应该列入日本文化圈之内。然而,从历史上看,直至 1875 年 6 月,日本内务大臣松田道之前往琉球宣告琉球改制,强迫琉球改奉日本年号,停止对清廷的一切臣属关系为止,琉球与中国的友好关系一直延续了五百多年之久。在此期间,中国文化对琉球的影响是极其深远的(直至今天这种影响仍清晰可见),因此琉球文化完全可以说是属于中国文化圈之内的,是中国文化系统下的子系统。

一、中国文化对日本文化的影响

中华民族具有灿烂悠久的古代文明。从河姆渡文化的考古发现中,我们知道大约在距今七千年前,中华民族就进入了成熟的稻作农业文明时期。到了隋、唐、宋,中国的古代文明发展到了巅峰。中华文化在世界上享有盛誉,对周围邻国产生了巨大的影响,日本也不例外。

日本群岛在地理上和外界隔离,致使日本文化的发展,长期不能超越新石器时代的阶段。公元前 3 至 2 世纪之间,起源于中国的、高度发展了的金属文化传到了日本。它的影响遍及日本,使日本人民的祖先们学会了农业技术和使用金属工具,它使日本突然地进入了铁器时代。在日本的佛教时代(即飞鸟时代、白凤时代、天平时代,从公元6世纪后期到8世纪之间),从外国进口的东西,大部分来自有世界观念和异国情调的唐代中国社会。这一时期中,唐代社会对日本的巨大影响,使日本间接吸收了相当可观的国际文化。而在平安时代,唐代文化控制这一时代达100年之久。①

中国文化对日本文化的大规模影响,发轫于日本女帝推古天皇时期由圣德太子派出的遣隋使(共4次),以及随后260多年间任命19次、成行16次的遣唐使。然而,中国文化对日本的影响,并非始于遣隋使。中国秦汉时期早已高度发达的古文化,早就以朝鲜半岛为桥梁,经过各种途径传播到当时还处在刻木结绳、没有文字、以渔猎为主、初知稻作的落后的日本。随着中国先进文明的逐渐渗透和对日本民族从物质到精神生活两方面影响的日益加深,当时略通中国典籍、粗知中国文化的日本先觉者们,如当政的圣德太子等,产生了"毋宁深入到堪称东方文化渊源的中国本土,直接汲取优秀文化"的念头。由此导致了派遣使团、留学生和留学僧直接汲取中国先进文明、改造国家的积极行动。②

中国文化对日本文化的影响,主要表现在政治体制、语言文字、教育制度、文学艺术、工艺技术、佛教文化、生活习俗等方面。

(一) 政治体制

日本在公元7世纪中期由奴隶制向封建制过渡,从中国引入封建典章制度。"大化革新"后的各项措施都取法中国,古代都城奈良和京都的设计,也都仿效唐都长安。遣唐使回国之后参与皇廷枢要,把在唐所学的政治、文化方面的知识通过政治机构付诸实施。例如"大宝法令"即以唐之律令为规范,在刑部亲王藤原不比等的领导下,由曾经作为随员入唐的伊吉博德所撰定。官阶方面,位记书式改从"汉样"(亦即"唐风")。诸宫殿、院堂、门阁等亦仿唐风开始悬挂匾额。百官

---

① 日本外务省编印:《日本文化史——一个剖析》,1973年。
② 池步洲:《日本遣唐使简史》,上海社会科学院出版社,1983年,第8、9页。

朝拜仪节亦采用则天武后所定的百官踏步舞蹈仪式。特别是服装方面,变化更大。养老三年(719 年)正月,押使多治比县守一行回抵日都晋觐天皇时,竟穿唐朝廷所授予的宫廷服参内拜谒。到弘仁九年(818 年)经当时式部少辅菅原清公奏准,全国男女礼服均依唐制。此种仿效唐制而进行的改革并不局限于中央,遣唐使回国后出任地方官时,亦在任地施行。这样,通过学习唐朝的政治制度,日本完成了向封建律令国家的过渡。

(二) 语言文字

没有固有文字的日本人,自 4 世纪后半叶从百济(朝鲜半岛古国之一)学会了汉字之后,又经过漫长的岁月终于用文字将他们发出的声音记录下来。在日本文字的形成和发展过程中,遣唐使所作的贡献是无与伦比的。日本今天的文字与汉字有深厚的血缘关系,其密切程度可以说无汉字即无今天的日本文字。但汉字之日本化与日文假名之形成,则主要通过遣唐使奠其始基。借助汉字形成自己的文字,是日本文字的特点。遣唐使时期,汉字大量输入日本后,日本人就加以利用,除取其形、义外,并取其音来标注日语的发音,此即所谓"训读"。不仅如此,日本人还索性把有些汉字之形、音、义全部搬用过去,作为自己的文字来使用,此即所谓"音读"。日本古代史籍中,看上去全部都是汉字,但其中有汉字、汉音、汉义者,有汉字、汉音而非汉义仅作注音之用者。《万叶集》是日本最古老的歌集,共 20 卷,集自仁德天皇时代至淳仁天皇时代四五百年间的古歌 4 500 首,每首歌都是采用此种表音方法,其所借以表音的汉字,总称之为"万叶假名"。这种万叶假名盛行当时,被广泛采用。于是,它竟被用来注读汉字。久而久之,便形成一种独立于万叶假名而自成一套的注读日本语音的注音符号——片假名。此外,日本人还有模仿汉字而自造的字体,叫做"国字"或"和字"。它的出现亦始自派遣遣唐使以后。这种国字多是依据会意文字的构成法,组合汉字而成。另有一种本来具有音义的汉字,而日本人却赋予其新读法与新意义,变成与原义风马牛不相及的汉字。凡此追本溯源,日本文字莫不来自中国文化的传入。一个没有文字的民族,引入汉字,逐步消化,创造出具有本民族风格的文字,古今中外,恐怕只有日本而已。

（三）教育制度

日本的遣唐留学生多是朝廷"随业择人"选派的。这些人都是以学术研究为目的的研究者。从各专门领域选择优秀人才去进修深造，是当时日本朝廷的高明之举，故其成果亦大。这些留学生是学术专家、技术专家，学成归国后分别发挥所学得的新知识，应用于各个领域，对日本的政治、经济、文化、艺术的提高，起了显著的作用。"大化改新"之后，日本以儒教为政治指导原理，设立大学寮（根据律令制培养官吏的最高教育机关，归式部省管辖。教授的学科以明经、文章、明法为主科，算道、书道为副科），以经史为教科书，培养官吏。任大学助教的吉备真备是留唐 17 年的留学生，在长安国子监精修过三史、五经、名刑、算术、汉音、书法等，回国后向学生教授五经、三史、名法、算术、音韵、镏篆等六道。特别是他以三史（史记、汉书、后汉书）为教科内容，导致了后来大宝令有关学制方面的改革，即从经学本位制发展到纪、传、道的设立。他从唐携归的《唐礼》，大有助于政府礼典的修订。他又以唐之《太衍历经》为据，于天平宝字七年（763 年）废止了日本的的仪凤历，并使日本改用太衍历。三史的研究，并不局限于中国史书的训诂，更进而应用于日本国史的撰修。另有大和长冈入唐进修刑名之学，回国后协同吉备真备删定律令 24 条。大判事兴原敏久、明法博士额田今人等曾整理刑法难疑数十条，拟入唐请益，以解疑义。此均足以说明遣唐留学生以其在唐所学推动了日本学制及其他制度的改革。

（四）文学艺术

考察日本文学形成和发展的过程，必须注意它对外来文化的吸收，特别是对汉文化的吸收。中国文学对日本文学的影响，是历史上客观存在的事实。在日本文学史上有重要地位的《日本书纪》，是元正天皇养老四年（720 年）天武天皇的第三皇子舍人亲王等奉敕撰修的史书，居六国史之冠，历来被尊为正史。其全书采取仿汉史书的编年体，组织严整，记载广泛，文章多采用含有典故的汉语成语，注重汉文式的修饰，反映出对大陆文化的强烈向往。在日本文学史中，由于《万叶集》的存在,汉文学往往被人忽视。作为日本上代文学的根基,汉文学既是书面文学的原动力,又是营养成分,其意义极为重大。忽视与汉文学的关系,就不能正确理解《万叶集》歌风的发展。在以唐制为典范的古代律令国家,汉诗文的知识与创作是贵族官员必不可少的修养。相对于古代传统的和歌而言,汉文学恰恰是具有官方意义的新文学。汉诗的创作,在近江朝之后,随律令制国家的发展而兴盛起来。特别是进入奈良朝后,汉诗创作大为流行,万叶作家兼为汉诗作者并非少数,其影响在《万叶集》中亦有种种表现。延历十三年(794年)十月,桓武天皇定都于山城之地,命名平安京。翌年正月,开始在新京宫中召集群臣赐宴命演"踏歌"(平安时代正月中旬在宫中举行的歌舞会)。这种新京赞歌是用唐音唱出来的。平安新京创建伊始便彻底地以唐风来装点。这是平安初期汉文学兴盛的基石。唐风由来已久,在律令国家中,以都城制、制度典仪为代表的贵族官僚风仪万般,都以唐风为楷模,而且连使政务运行的法令文书,都必须以汉文来书写。此外,遣唐使还从盛唐文明中引入了音乐、绘画、棋艺等多方面的学问。音乐方面,承和五年(838年)获选随大使藤原常嗣入唐进修的准判官藤原贞敏、良岑长松等琴筝能手,抵唐后力求精进。贞敏不惜赠送砂金二百两,师事唐之琵琶名家刘二郎,仅二三个月便曲尽其妙。刘二郎叹为天才,赠谱数十卷,并以爱女嫁之。女亦琴筝能手,贞敏就其学得新声数曲。翌年返航,刘二郎以紫檀、紫藤琵琶各一面为赠。回日后贞敏历任雅乐助、扫部头等,以琵琶仕三代天皇,促进了日本琴筝文艺的发展。绘画方面,入唐画师临摹名画携归,以提高日本画艺。例如大使藤原常嗣曾令其随行画家粟田家继以绢布临摹扬州龙兴寺花道场琉璃殿南廊壁上由梁代第一流画家韩干所绘之南岳、天台两大师画像而归。围棋技艺方面,随着遣唐使次数的增加,日本自唐所学得的围棋技艺,精益求精,出现了不少名手,提高了日本的围棋技艺水平。①

① 市古贞次:《日本文学史概说》,倪玉、缪伟群、刘春英译,东北师范大学出版社,1987年;池步洲:《日本遣唐使简史》,上海社会科学院出版社,1983年。

（五）工艺技术

遣唐使团中随行的玉生、锻生、铸生、细工生等能工巧匠留唐期间所汲取的盛唐时代的工艺技术,也给日本的这些领域带来全面的提高。就技术方面来说,还有出于唐而超于唐者。例如日本在输入造纸技术后改进提高,日本制纸终于反而向唐输出。此外,从奈良正仓院保存下来的圣武天皇"御物"600多件中,仅就其游戏道具即可见盛唐文明哺育日本工艺之一斑。正仓院的北仓藏有木画紫檀双六局,中仓藏有木画螺钿双六局、沉香木画双六局、紫檀木画双六局。又北仓藏有双六头6个、杂玉双六子85个,中仓藏有紫檀金银绘双六筒。双六本是印度的游戏,北魏时传入中国,迄唐而盛行,并由遣唐使和留学生传入日本,其所用道具如正仓院所藏者,多系仿唐制品。

（六）佛教文化

佛教传入日本始于钦明天皇十三年(约543年)。当时已有中国人司马达等渡海抵日,设立佛堂于大和的坂田原,安置佛像供人膜拜。公元607年遣隋使第二次来华时,《隋书》有"兼沙门数十人来学佛法"之语,可见日本向中国学佛,不自唐始,但至唐而趋极盛。佛教流派很多,在中国也是随时代而演变,此起彼伏,或盛或衰,因而佛教的输入必然与当时在唐的流派息息相关。从宗教制度看,唐太宗崇奉佛教,旨在利于治国。高宗之后,武则天为了篡唐,利用佛教理论神化其合法性,遂使佛教成为国家制度,在全国大兴土木,建造寺庙。这些做法有利于日本当时"大化改新"政府推行中央集权制,因此,日本也将佛教作为国家事业并在全国各地兴建寺庙。由此可见,唐的宗教制度对日本影响的深度。从佛教流派看,唐代初期,三论宗、法相宗盛行,随中期遣唐使入唐的僧人,必学一而归。继之盛行于唐者乃律宗、华严宗,随着道璇、鉴真和尚赴日,律宗、华严宗也传入日本。迄唐中叶,天台、密教二宗在唐盛行,日本亦从奈良时代中期开始受其影响。日本山岳佛教亦系来自中国。宋代,日本僧人荣西、道元把禅传入日本,分别创立了临济宗、曹洞宗。禅宗受到足利将军和当时的统治阶级的保护。禅宗五寺的僧人,成为室町幕府的政治顾问,不但参与政治、外交和贸易方面事务,而且在艺术和学问方面也起了主导作用。禅的出现,以及它抛弃一切,只集中精力于坐禅,以求精神上的醒悟,这对以后的年代具有极为重要的意义。

（七）生活习俗

遣唐留学生长期生活在唐土,在社会生活中耳濡目染,潜移默化,对唐的各种风俗习惯自不免有所感染而移植于日本本土。特别在衣、食、住三方面,影响尤深。就衣而言,从养老三年（719 年）起,全国人民衣服改为右襟,并规定凡职事主典以上的在任官及散位（休职者）均须执笏,这显然是唐朝风习的移植。食的方面,则流行"汉法料理"（中国菜）,甚至日皇给遣唐使赐宴时亦有用中国筵席之事。所谓"唐饼",亦为日本民间所食用。饮茶习惯亦传入日本朝野,形成日本独具一格的茶道。政府还令畿内、近江、丹波、播磨等地区广植茶树。住的方面,特别值得指出的是奈良皇都完全仿照长安规模而建设,今日遗迹仍完好无损,成为日本有名的古代建筑。民间住屋方面,则由神龟元年（724 年）起,凡官居五品以上和民间有资力者均须用瓦屋脊,并涂以赤、白色,借以美化皇都,这当然也是受盛唐文化影响的结果。而且,后世日本家屋的建筑形式亦深受此时的影响,唐风痕迹犹存。此外,正月元日的屠苏,正月七日的七种菜（"春之七草"）,三月三日的曲水宴,四月八日的灌佛,五月五日的菖蒲酒,七月七日的乞巧奠,七月十五日的盂兰盆,九月九日的菊酒,除夕夜的追傩,等等,中国一年间的节日或活动亦逐步深入日本朝野上下。游戏方面,如打球、蹴鞠、双六、围棋、弹棋等亦盛行于日本。由此可见,唐对日本的社会生活和风俗习惯的影响之深。

二、中国文化对琉球文化的影响

明清时期,由于中国与琉球的特殊关系,使中国文化在琉球得到广泛地传播,对琉球社会的各个方面产生了深刻的影响。中国文化向琉球的传播,主要是通过以下途径进行的①：

途径之一,中国朝廷册封琉球使团。明洪武五年（1372 年）琉球

---

① 谢必震:《中国与琉球》,厦门大学出版社,1996 年。

与中国建立正式邦交始,至清光绪五年(1879年)琉球为日本吞并止,在500多年里明清两朝共册封琉球23次。册封琉球正副使均由文职人员担任,使团人员除规定的职司员之外,各册封使还随带自己选择的从客,这些人不外乎文人、画匠、琴师、高僧、道人、天文生、医生以及各色工匠艺人。由如此众多人才组成的使团在琉球,不仅进行各种政治、外交活动,同时也与琉球各界人士交往,广泛传播中国先进的科技文化。他们在琉球居住数月,其社会习俗、思想信仰亦对琉球社会产生一定影响。

途径之二,来华琉球进贡使团。自明洪武五年(1372年)十二月琉球国中山王察度遣其弟泰期随杨载入明朝贡起,琉球以种种名义连连来朝。入进、接贡、庆贺进香、报表、谢恩、请封、迎封、送留学生、报倭警、送中国难民、上书等,有时一岁数至。琉球进贡使团来华抵达福州后,因北上进京路途遥远,在中国的居留时间,通常或半年或一二年。他们亲闻中国之文化典制、礼仪习尚,耳濡目染,接受了中国文化,并将其带回琉球。此外,琉球进贡使团人员在中国还参加各种盛典,朝拜孔庙,观看焰火等,这对琉球吸收尊孔崇儒思想,以及节日施放烟火的喜庆习俗,都有一定影响。又因许多琉球人来华朝贡客死中国,受到厚葬礼遇,由此琉球人也了解到中国的治丧习俗,从而使琉球国的丧葬之风,多少体现出受中国影响的痕迹。

途径之三,闽人三十六姓移民。明洪武二十五年(1392年),朱元璋为了加强中琉之间的朝贡贸易关系,赐给琉球"闽人三十六姓善操舟者,令往来朝贡"。由于闽人三十六姓移居琉球,汉语言文字的使用通过中国移民推广到琉球人中间。闽人三十六姓在琉球的活动,不可避免地将中国的政治思想、宗教信仰、道德观念、生活习俗、各种技艺引入琉球,以致《琉球国由来记》上记载:"从此本国重师尊儒,始节音乐,不异中国","中山文风真从此兴"。可见中国移民是中国文化在琉球最重要的传播途径。

途径之四,琉球来华留学生。琉球先后向中国派遣了20多批留学生,来中国学习先进的文化和科技。这些留学生通常学习3~5年,长者达7年。回国后都得到琉球王的重用,他们为在琉球传播中国文化起了很大作用。

途径之五，飘风难民。明清时期，中国海上飘风难民不计其数。无论是中国难民滞留琉球，还是琉球飘风难民滞留中国，客观上都起了向琉球传播中国文化的作用。一些中国难民漂泊琉球，在居留期间，必然起到传播中国文化的作用。那些由此在琉球定居下来的中国难民，则更是如此。而琉球难民漂泊中国，自被救上岸起就开始了参观学习的旅程。尤为重要的是他们回国时携带的物品也起到传播中国文化的作用。

途径之六，私人海外贸易商。中国东南沿海许多人贩海为生，且海外贸易获利极丰。因而明清海禁时期也常有私人海商铤而走险，冒死出海贸易。这种私人海商与琉球的贸易关系十分密切，也是向琉球传播中国文化的一条途径。

途径之七，日本、朝鲜与琉球的交往。明清时期，琉球与日本、朝鲜的贸易关系也十分频繁。在与日本、朝鲜的贸易过程中，许多中国的佛、道、儒教经典以及文房四宝等文化用品，输入琉球，间接传播了中国文化。

与中国文化对日本的影响一样，中国文化对琉球的影响也涉及社会的方方面面。福建师范大学谢必震教授所著《中国与琉球》一书，对此有详细论述。兹摘录如下：

（1）语言文字。在中琉长期的交往中，琉球国学习汉语蔚然成风。特别是闽人三十六姓移民深入琉球社会各个阶层，不仅使汉语在琉球得到广泛使用，而且至今琉球方言中尚有许多发音与福建方言相同。明清时期琉球完全使用汉字的场合也很多，如琉球官员给中国官员的奏折、咨文都使用汉字，琉球的许多碑铭也用汉字镌刻。许多保留至今的琉球历史文献、诗文均用汉字书写，于此可见中国文化对琉球语言文字的影响力。

（2）文学艺术。中国文化对琉球文学艺术影响的主要方面有：第一，汉诗及用汉字撰写的文章、著作。汉诗在琉球文学史上有重要地位，从琉球汉学文人创造的许多脍炙人口流传至今的美妙诗篇来看，他们已掌握了中国的诗词韵律。而汉字文学作品在社会上的流传，说明了汉文学在琉球已为相当多的人所掌握和欣赏。第二，族谱修纂和史书编写方法。中国民间历来重视族谱修纂,这一风气也传入琉球,如今完整保存的《久米村系家谱》即为历史见证。而《中山世谱》则是完全采用中国史书的某些方法,以编年体形式撰写的。第三,琉球的音乐、戏曲、舞蹈与中国文化有着密不可分的关系。明太祖赐闽人三十六姓后,琉球国"始节音乐,制礼法,改变番俗,而致文教同风之盛"。琉球的艺术从简单的弹唱、小型舞蹈到把中国传统剧目搬到舞台,再到杂技、烟花戏的出现,最终产生以本国历史故事为主题的剧目和丰富多彩的大型歌舞,对中国文化的吸收经历了从简单模仿到移植创作,从易学普及到弹奏表演再到技巧较强的杂技这样一个漫长的过程。第四,书法绘画也是一个重要方面。明清时期琉球国重视培养汉学人才,因此学习和喜爱汉字书法的人也较多。汪楫《使琉球杂录》说琉球"国人无贵贱老幼,遇中国人稍相浃洽必出纸乞书,不问其能书与否也"。绘画方面琉球人通过学习中国绘画技艺,使琉球绘画艺术吸收了中国画的风格特点,现存琉球古画突出反映了这一点,其表现内容都是中国画的传统内容。

(3)手工工艺。中国手工工艺在琉球的传播是多方面的,有石雕、漆器制作、乐器制作等。在石雕方面,琉球首里城王宫正殿的龙柱、瑞泉门下的龙头等反映了当时琉球石雕工艺的最高水平,而琉球石雕工艺的发展,是吸收了中国石雕工艺的技术而发展的。在漆器制作方面,中国漆器负有盛名,其技艺先后传入日本等国。琉球漆器制作工艺的发展受到中国和日本的影响,但是主要还是受到中国的影响。中国的漆器制作技术为琉球人掌握后,加上琉球上等的漆器制作原料和形式内容上的变化,反而使得琉球的漆器制品为清代君臣所喜爱。在乐器制作方面,明清时期中国乐器不断输入琉球,在琉球广为流行的中国乐器有唢呐、三板、两班、三金、金锣、铜锣、管、横笛、二线、三线、四线、长线、琵琶、鼓、小铜锣、心新、胡琴、洋琴、相思板、提筝、二弦、箫、月琴等。许多乐器都是中国制作而流入琉球的,其制作工艺也因此传入琉球。

(4)园林建筑。明清时期是中国范围造园艺术发展的集成时期,也是古代建筑文化的鼎盛时期。将当时的琉球园林建筑风格与中国比较,显然可以看出其在很大程度上受到中国园林建筑风格的影响。琉球的园林要素,主要包括单体建筑和山水花木道路等,与中国如出一辙。尤其是借景手法,应用得最为突出。琉球建筑独特风格的形成,有其自然地理环境方面的因素。然而,长期受到中国文化影响,其建筑技艺必然受到中国建筑技术与风格的影响。从琉球王宫和天使馆等建筑群上即可看出这一点。

(5)教育和医学。琉球的教育受中国文化的影响,主要表现在尊孔崇儒、设立学校、考试制度,以及教学内容诸方面。孔子的教育思想,随着中琉交往传到琉球。康熙十三年(1674年)那霸久米村泉崎桥头建立象征儒学教育的孔庙,标志着琉球尊孔崇儒风气的形成。早期琉球的乡村教育以寺庙为中心,康熙五十六年(1717年)多次求学于中国的琉球名人程顺则在琉球建立了第一所中国式的官办学校——明伦堂。到了同治五年(1866年)琉球已有6所正规的学校。学校的创立与发展,标志着琉球引进了中国的教育机制。医学方面,早期琉球医学并不发达,然而在与中国的长期交往中,优秀的中国医学很快传入琉球。由于琉球政府屡屡派人来福建等地习中医医术,琉球医药事业的发展是必然的。

(6)宗教信仰。琉球早期的宗教信仰有女神信仰,后佛教渐兴。而中国道教对琉球的影响,始于闽人三十六姓移居琉球,加上琉球国王多次遣人往福建学习风水地理、占卜等,从而使道教不断传播流行起来。琉球的天妃信仰源于闽人三十六姓移居琉球。受中国天妃信仰的影响,琉球人也开始信奉天妃,同样将其应用在庇护航海行船方面。在宗教信仰方面受中国影响最显著的还在于对风水地理的认识与应用。早在1667年,琉球政府就派人前往福建学习风水地理知识,此后琉球庙宇、王陵、王府、村落的营建都应用了风水地理的学说。其他如灶神、土地神、关帝王的崇拜,驱鬼避邪的石狮子,"泰山石敢当"的应用,都是从中国传入的,对琉球的宗教信仰影响颇为深远。

(7)生活习俗。在岁时行事、婚丧习俗、服饰形制、饮食烹饪各个方面,琉球也深受中国文化的影响(兹不赘述)。

(8)生产技术。琉球生产技术得利于中国影响的有两个方面:农业、手工业。农业方面主要引进了粮食、蔬菜品种和栽培技术,包括先进的农业生产工具。手工技术方面,制糖、纺织、酿酒受中国影响较突出。1623 年琉球派人来福建学习制糖之法,1663 年陆得先奉命随庆贺使来福建,"寻觅良师,学习制造白糖和冰糖,他回国后即向浦添郡民传授其方法"。显而易见,琉球制糖业的发展是直接引进福建制糖技术的结果。纺织工艺也是如此。1659 年琉球人到福建学习织缎技术和 1736 年到福建学习绸缎纱缕的机织法后,琉球的纺织业发展到"家家有机,无女不能织者"的程度。纺织品种也从单一的蕉布发展到绸布、棉布、丝布、罗布、麻布等。琉球的酿酒方法与中国相同,从清代琉球冠船日记史料上可以看到中国使臣带往琉球大量的红曲,说明琉球酿酒工艺在某种程度上的确受到中国的影响。琉球的造船工业技术引进了中国先进技术而得到不断发展,徐葆光《中山传信录》记有琉球"贡舶式略如福州鸟船",揭示了琉球造船技术引自福建。

需要特别提出的是,明清时代中国人姓名对琉球人姓名的影响,是中国文化对琉球影响最具深远意义的一点。在中国,自古以来每个人都有自己的姓名,然而在琉球却并非如此。琉球在与中国交往之前,其人民有"名"无"姓"亦无号。即使是"名",也只限于"小名(童名)"和"土名",由此造成身份莫辨的混乱现象。闽人三十六姓移居琉球后,虽身处异域,仍然保持中国的生活方式,保留了中国的文化传统,其中最重要的是保持中国人的姓氏。其影响所至,琉球人方知"姓名"的含义。琉球国王为促进中琉政治、经济的发展及对中国文化的体认,便赐姓于群臣,选用中国名字。以后又扩大推广,经由贵族而至平民。从此琉球人家族中的每一分子皆能代系分明、排行清晰、辈分了然,从而帮助了敬祖追远的实践。琉球民德归厚的结果,导引琉球迈向守礼的祥和社会,影响甚为深远。中国文化的影响造成琉球人姓名"中国化"的结果。首先是琉球国王不仅代代沿用中国朝廷的赐姓,而且了解了姓名的重大意义,进而不忘身之所自,重视祖先,并建宗庙,在宗庙中"行中华之祭礼"。其次,姓名"中国化"使每个家庭"父子远近亲疏长幼之序无乱",家族关系清晰,家人之中,"父父、子子、兄兄、弟弟、夫夫、妇妇,而家道正,正家而天下定矣"。每个家庭得以培养家庭伦理,进而在全国形成民风醇厚的风气。再次,琉球人采用中国姓名的300多年间,在使用童名时精择"音"、"义"俱佳的汉字,与中国人命名时所祈求的愿望、祝福相差无几,进一步反映出琉球社会受中国文化影响之深远。①

三、中国文化对日本、琉球文化影响之比较

通过上述事例,可以看出中国文化对日本、琉球文化影响之异同。从传播途径看,中国文化对日本文化的大规模影响,主要是通过日本派遣的遣唐使,以及遣唐留学生、留学僧实现的。而对琉球文化的影响,如上所述,是通过七方面的途径实现的。其中闽人三十六姓移居琉球更是把中国文化直接嵌入琉球社会,并形成了一个中国文化的社区和生活群落。从这个意义上说,琉球社会各界与中国文化的直接接触,比起日本社会来说要广泛得多,因而中国文化对琉球社会的影响,也比对日本社会的影响要深远得多。

固然,中国文化对日本和琉球的社会各个方面都产生了深刻而巨大的影响,但是笔者以为,中国文化对日本文化的影响,最重要的是日本通过学习、利用、改造中国汉字,从而创造出日本自己的文字。对琉球文化的影响,最重要的是琉球人姓名的"中国化",并由此形成琉球社会对中国文化的体认。虽然这两种影响类型、方式有所不同,但都深入灵魂和骨髓,并给它们打上深深的中国文化的鲜明烙印。

日本国对中国文化的汲取和接受,是在"对中国优秀文化益加叹羡和憧憬,朝野上下醉心于学习和模仿,形成一股狂热的学习高潮"(《日华文化交流史》)②的背景下采取的主动行为。从历时280年间的遣隋使、遣唐使派遣经历即可证明。③ 而琉球国对中国文化的吸收,相对而言不如日本那么主动,或可说它是朝贡过程派生的"副产

① 吴霭华:《明清时代琉人姓名所受华人姓名的影响》,见第二届中琉历史关系国际学术会议《中琉历史关系论文集》,中琉文化经济协会,1990年。
② 转引自池步洲《日本遣唐使简史》第12页。
③ 4次遣隋使派出起讫时间为公元600—614年,历经15年;遣唐使的起讫时间为公元630—894年,历经265年。

品"，毕竟闽人三十六姓移居琉球，其目的也是"令往来朝贡"而已。

　　作为一个亚文化，我们可以认为，虽然琉球文化处于中日文化的边缘地带，就其上述分析而言，说它是中国文化的子系统是言之有据的。即使现在它包裹着一层日本文化的外壳，就其内中来说，核心依然是中国文化。

传统与现代①

——日本的文化产业和传统文化保护

日本在第二次世界大战之后,仅仅用了 30 年时间,就从战争的废墟上迅速崛起,成为世界第二经济大国。支撑日本经济成长的是日本的民族文化力,而这种文化力又是通过日本人日常的衣、食、住、行等大众生活的各个层次和侧面表现出来的。我们在日本考察只有短短的 12 天,但时时处处都可以感受到这种文化力的影响。

一、文化产业

日本的文化产业,直观地看主要是由大众传播媒介的报纸、杂志与书籍、出版、广播电视及广告业所构成,在有关的统计资料中,还有一项休闲生活的数据,亦可归入我们所说的文化产业范畴。

(一)报业

在日本的文化产业中,报纸的影响非常广泛。日本的报纸分为全国性报纸和地方性报纸两大类。《读卖新闻》、《朝日新闻》、《每日新闻》、《日本经济新闻》、《产经新闻》是日本五大全国性报纸。这五大报纸的发行情况是:《读卖新闻》1 012 万份,另有《读卖年鉴》等;《朝日新闻》836 万份,另有《朝日周刊》、《朝日杂志》、《朝日年鉴》等;《每日新闻》397 万份,另有《经济学人》周刊和《每日年鉴》等;《日本经济新闻》293 万份;《产经新闻》194 万份。各报社不断利用新技术扩大版

① 2003 年 2 月中旬,福建社会科学院代表团赴日访问 12 天,考察了日本的文化产业。本文是此次访问的考察报告,由曲鸿亮、管宁执笔。其中"日本传媒业的启示"由管宁撰写。

面内容,加快新闻的传递速度,同时还加快了向地方渗透的步伐。日本五大报纸拥有全国市场的规模和巨大发行量,不仅在新闻报道和销售方面大报之间要展开激烈的竞争,而且还要与各地区大大小小的地方性报纸进行竞争。这种多层次全方位的报业竞争,到了20世纪80年代更加激烈。各报均在全国各主要城市建立了印刷厂,每天的新闻版面均从总社通过现代化的通讯工具和手段向各地发送,然后就地印刷、发行、分送。进入90年代后,各大报社借助高科技的最新成果,借助于互联网的优势,展开了新的更加残酷的竞争。目前,日本报业正在就将来如何更好地利用报纸,使报纸电子化,成为可以自由传送调阅、图文声并茂的电子报纸等方面进行积极的研究和开发。估计10年后,一种可将报纸信息通过电波传送到电视画面供人们阅读的价廉物美的新的传播媒体,将在日本30%以上的家庭中得到普及。

地方性报纸是指报社在东京、大阪以外的地方,以报社所在区域的城市为中心,只限于为本地区服务、在本地区发行的报纸。如果以地区和发行量为标准划分的话,它又可分为三类:第一,从地区看,属于多个区域以上跨区域或全区域性的报纸,发行量一般在70万份到100万份之间。这样的报纸被称为"地方性报纸"。第二,新闻只限于一个县(相当于我国的省),或也同时涉及邻近县,发行量在10万份到60万份左右的报纸,一般被称为"县报"(相当于我国的省报)。第三,报社只限于本县内,或本县内更小的范围,发行量只有几万份。这样的报纸通常被称为"乡报"。

(二)杂志与图书出版

杂志对日本人的生活影响也是巨大的。我们在日本各地的书店、百货商店和超市及连锁店,都可以看到出售杂志的柜台或专架。可见杂志在日本的销售范围十分广泛,是日本国民日常生活中重要的文化消费商品。日本杂志的历史已有100多年,1956年成立的"日本杂志协会",作为行业组织,对杂志业的发展起到很大作用。该协会以提高杂志界的道德水准,维护杂志的共同利益为目标,致力于普及出版文化,维护出版的伦理纲领,对杂志进行调查研究,与政府及其他各方面机构进行联络和沟通,加盟记者俱乐部,以便获得新闻采访的便利。

同时,还作为机构代表,在杂志广告、销售日期的协商等方面与杂志广告协会、书店同业公会进行交涉。该协会已有会员 84 家,1997 年由这些会员公司发行的杂志种类为 943 种,虽然只占当年日本 4 350 种杂志总数的 22%,但杂志发行总量却超过全国杂志发行总量的 80%。现在,已经形成种类繁多、覆盖面极广的格局。

日本的图书出版销售在文化产业中也占有相当重要的位置。1996 年出版新书 60 462 种,1997 年图书发行量为 15.1 亿册。

与杂志和图书密切相关的是出版业。日本是一个出版大国,一年内出版的各种新书的发行量的绝对数能与美国相媲美,而按人口平均数计算则近乎美国的 2 倍。据日本全国出版协会统计,在 1.2 亿人口中,平均每人每年购买 12 本书,每人每天用于读书的时间约为 1 小时。

在日本,出版包括书籍和杂志。与报纸、广播电视相比,出版业的投资较小,也不必拥有大量的从业人员即可运作。因此,日本拥有众多的中小出版社,在不同的专业领域体现出各自的个性特色,出版小批量多种类的出版物。这样的出版社约有 4 500 余家。正是由这些中小出版社构成了日本大规模的出版媒介系统。

日本出版界十分重视图书流通渠道的顺畅,其流通体制有三大特点:定价销售制、委托销售制(又称寄销制)和出版代销公司的中介作用。定价销售制、委托销售制被视为日本出版事业的两大支柱,而出版代销公司则是日本最大的图书发行渠道。定价销售制是指防止杂志图书甩卖,禁止降价销售和附送赠品等变相降价行为的制度,并成立了全国书籍协会以落实这一制度。寄销制是指书店卖不掉的书由出版社收回的制度,它开创了日本出版物大量生产、大量销售的新途径,使图书积压的隐患不复存在,解除了资金少的中、小书店的后顾之忧,愿意放手进货,多陈列图书,以便发掘潜在的顾客。现在日本的图书寄销有新书寄销、长期寄销和常备寄销三种形式。新书寄销即初版图书的寄销,出版社与图书代销公司的委托寄销期为 8 个月,原则上 7 个月结账;图书代销公司与书店之间的委托寄销期限是 4 个月,4 个月后结账。长期寄销是指作为新书寄销被退回出版社的图书再次委托书店寄销,寄销期限一般为 6 个月。长期寄销的大多为既刊书或再版书。常备寄销是出版社从自己的出版物中选择若干种,组成若干套,每组以 2 册为限进行寄销。这种寄销书陈列在专门的书柜里,卖掉一本,出版社立即予以补充。出版社与书店签订专门协议,期限 1 年,期满结算,寄销期内书店不付款。实际上这也是长期寄销的一种。出版代销公司是日本图书流通中的一个重要角色,它处于出版社和书店之间,专搞批发业务,具有进货、入库、发送、调配、储存、收款、融资、情报等多种机能,是出版流通的中枢。出版社掌握图书生产和分配的主导权,后者控制图书销售和退货的主导权。因此,双方总是采取相应的策略,协调彼此的关系,尽可能维持平衡状态,共同谋求图书市场的繁荣和发展。

（三）中文媒体

在日本的大众传媒中,由旅日华人创办的中文媒体,正日益显现其活力。自 20 世纪 80 年代中期以来,现代日本中文传媒先后出现120 余种,仅报纸就有日报、周报、旬报、半月报、月报等种类;杂志也有周刊、月刊、季刊、年刊等。此外,还有网络上的电子刊物,汉语广播电台和中文电视台等。日本的中文媒体如此兴旺发达的背景是:首先,中文信息严重不足。从 1970 年代末开始的到日本留学热潮,到 80 年代中、后期达到最高峰。仅 1988 年一年中到达日本的中国留学生就有近 3 万人。如此众多的中国人一下子涌到日本,少不了生活上的不适应和文化上的冲突摩擦。特别是对那些一句日语都不会的中国人而言,最需要的就是用母语编辑的生活信息了。这是中文媒体应运而生的最重要因素。1988 年之前,在东京地区几乎没有中国留学生发行的中文媒介,《人民日报》海外版是他们唯一的中文信息来源。显然,这种状况无法满足中国留学生对中文信息的需求。其次,日本在新闻出版方面的言论自由使发行报刊易如反掌。在日本发行报刊,不需要向政府或什么主管机关报告请示,几个朋友把钱筹集起来,写出几篇稿子,报刊就编辑出来了。再次,把报刊作为一种新兴实业来办。日本是一个商品社会,要使报刊杂志能够成功地运转,没有坚强的财政后盾是无法生存、难以为继的。只有像经营企业一样经营报刊,才能得以生存。在这种背景下的中文报刊社，除了出版业务外，大都还经营中文录像带店、中文书店、中国餐馆、中日贸易等。由于中文报刊拥有大量的读者，不少日本大型企业、公司纷纷在中文媒体上做广告，形成一个庞大的广告市场和以商养文、以文促商的运行机制，为中文报刊的蓬勃发展奠定了重要的基础。

（四）广告业

日本的广告业是支撑其商业社会和商品经济的重要支柱，也是文化产业的主要构成。日本是广告的海洋、广告的世界。只要一踏上日本的国土，就仿佛进入了一个缤纷的广告世界。可以毫不夸张地说，在日本广告是无处不在、无时不在。在商品经济异常繁荣的现代日本社会，林林总总的广告总是随处可见、随时可闻。现代日本人，不论衣、食、住、行哪一方面的消费选择，都不由自主地受到它的影响。

日本的广告中有一个较为独特的现象，即宣传各类杂志的广告特别多，尤其是在公共交通工具上。我们看到东京的电车、地铁车厢的顶部悬挂着许多广告，除了一些药品、保健品广告之外，绝大部分都是杂志和图书的广告。这大概是因为电车、地铁是日本普通民众出行的主要交通工具，而日本人的读书欲是世界上最强的，大多数人都有在乘坐电车、地铁时看图书和杂志的习惯。此外，在日本也可见到公益广告，在电车、地铁的新式车厢中，液晶显示屏的电子报站牌在两站间隔时间播放的就有以文化为主的公益广告，如汉语成语典故的介绍等。

（五）余暇休闲

日本的休闲活动主要由体育健身活动、娱乐活动（录像厅看录像、音乐鉴赏、演奏会、看电影、棋牌活动、卡拉 OK）、外出用餐（酒吧、快餐）、园艺、旅游、彩票等方面构成。实质上这是人们的休闲文化活动，也是文化产业中的主要组成部分。休闲市场在日本民众的消费中占有相当大的比重，有着巨大的开发前景。

"卡拉 OK"是"无伴奏乐"的略称。这是一项深受日本人民喜爱的娱乐项目，现在已在以亚洲为主的 20 多个国家和地区流行，"卡拉 OK"也逐渐成为世界通用的固定词汇，成为日本创造的一种文化。据日本 1998 年《休闲白皮书》统计,截至 1998 年 3 月,日本国内的卡拉 OK 业有 53 万台卡拉 OK 机,热衷于此的"卡拉 OK"一族已达 5 630 万人。日本总人口中 55.5% 的男性和 50.1% 的女性都属于"卡拉 OK"人口。作为一项休闲活动,卡拉 OK 活动排在"外出用餐"、"国内旅游"、"开车兜风"之后,位居第四。卡拉 OK 诞生已经 30 年了,它为人们提供了一个交往和消除烦恼的场所,拥有一个成熟的市场。可以说,卡拉 OK 为日本的繁荣作出了贡献。

（六）展览业

展览业在日本十分发达,但是很难将它具体归入某一行业之中。由于展览在相当程度上属于广告的范畴,加之具有很高的文化含量,故可以视其为文化产业的组成部分。

在东京,我们参观了位于东京湾国际展示场附近,由丰田汽车公司建设的汽车主题公园——丰田都市陈列馆。这是一个巨大的丰田汽车大荟萃的展览馆,能够存放 140 辆各种丰田车型。这里有展示最新款式丰田汽车的"品牌新舞台",有把丰田引以为自豪的赛车集聚一堂的"汽车运动区域",有介绍丰田在海外销售的汽车和丰田公司在海外活动情况的"世界性展区",还有展示以 20 世纪 50 年代到 70 年代为中心的世界各国的历史名车的"汽车史册的宝库"。如果你想体验汽车设计的话,可以到设计工艺室用计算机辅助设计工具来设计一辆仅属于自己的汽车。如果你想特制汽车的话,可以到"特制汽车区域",专业服务人员将为你解答各种问题,为你介绍特制汽车的例子,可以根据你的要求制造一辆只有你自己才有的汽车。馆内还有能参观专业设计工艺的开放型设计工艺室"丰田设计驾乐馆工艺室",新车款式创意介绍、设计比赛、漫才表演等各种各样的精彩活动都在这里举行。此外,馆内还有休闲区、购物区,游客可以根据自己的爱好,品尝咖啡、意大利面,在充满 20 世纪 50 年代至 60 年代气氛的美国柜台式酒吧稍事休憩;若想购买纪念品,可以在商店提供的多种汽车模型中选择自己满意的汽车模型,甚至还能够购买到正宗的各种丰田汽车的零配件和汽车用品。想要过一把驾车瘾的,可以在模拟驾驶器上体验各种不同路况下的驾车感觉,惊险而刺激。而在 3D 镜头剧场,活动座椅能随着立体影像剧烈震动,让你感受平时无法体验到的惊叫声不断的模拟驾驶场面。人们还可以根据自己的爱好选择不同种类和款式的汽车,在馆内的试乘路线上享受真正的驾驶乐趣。对于尚未掌握驾驶技术的人,可以到丰田驾驶员交流沙龙,由专业教练手把手地为你指导,很快你就可以进行安全顺畅的驾驶了。馆内还设有儿童游戏站,让幼儿能放心游玩,并培养儿童对汽车的兴趣。

丰田汽车主题公园的管理是完全的信息化管理。在馆内设有丰田独特的视频信息网络,通过设置在各展示场的终端能够获得汽车生活的最新信息。想参加试乘活动的游客,可以从 1 个月前开始至前一天的 18 点为止,通过网络预订。若使用馆内的信息终端,不仅能从 1 个月前开始预订,而且能够进行当天的预订(到试乘时间的 1 小时前为止)。如果是单纯参观则不需购票,进行其他活动则需要缴纳一定的费用。

把充分体现工业文明的汽车文化与现代科技结合,集旅游、娱乐、展览、教育、购物于一身,这就是丰田汽车主题公园留给人们的深刻印象。

除了这样的主题展览之外,日本大部分的展览还是采用了传统的展出方式,主要是在各种博物馆、美术馆、市民会馆(中心)等处举办,其内容大多为历史、文化方面的。访日期间,我们参观了名古屋市的德川庆术馆,其中的专题展览"尾张德川家的古装女偶节",就是专门介绍从明治到昭和年代嫁入德川家族的女主人所携带嫁妆中的各种古装女偶,从中人们可以看出明治、大正、昭和年代日本人偶的变化,并从中领略到日本婚礼道具的变迁。此外,我们还搜集了一些日本各地博物馆各种展览的广告,如"春之芳香——源氏物语和古装女偶"、"空海与高野山——纪念弘法大师入唐 1 200 年"、"Wien 美术史美术馆名品展——从文艺复兴到巴洛克"、"中国文人的文房用具"、"清昌院的古装女偶与日常用品"展等,这些都是以历史、文化为主题的展览。为了丰富展览的内容、满足观众的要求,许多展览还开办了专题讲座,如"中国文人的文房用具"展举办了题为"中国的篆刻和日本的篆刻"的讲座、"Wien 美术史美术馆名品展"举办了"关于美术史美术馆展出的名画"的讲座、"清昌院的古装女偶与日常用品"展举办了"松平定江与江户时代的诸侯文化"的讲座等。

二、传统文化保护

日本是一个十分重视传统文化的国家,这种重视不仅表现在政府官方对文物保护的重视,颁布了许多国家级和县(相当于我国的省)、市级的"文化财"(文物)项目,将有重要意义的民间节日列为国家法定节日,如春分、儿童节(5月5日)、秋分等,更多的则是体现在日本百姓的民风民俗中。

(一)茶道与花道

在现代日本人的日常生活中,受其传统文化影响最常见的莫过于茶道和花道了。茶原产于中国,唐代陆羽在其不朽之作《茶经》中,全面系统地论述了茶叶的起源、种植、加工及煮茶要领、饮茶诀窍,使中国的茶文化达到登峰造极的地步。宋(1259年)时日本的昭明和尚来中国拜师学佛,回国时不仅带走了全套茶具和许多茶叶,而且把饮茶方式也带回日本,广为流传,最终形成了日本的茶道。茶道是日本人以沏茶、品茶为手段接待贵客、联络感情的特殊礼仪,又是能修养身心、陶冶性格、学习礼仪的品茶艺术与高雅文化,并且与陶瓷、插花、书画、庭园、建筑等艺术融为一体,集中体现了日本文化的美学观点。现在,茶道已经融入了日本人的日常生活之中,成为以茶会友、修身养性、讲究礼仪、追求高雅、陶冶情操的民族习俗。

花道即插花,是日本一种古老而独特的造型艺术。明治时期,花道被列为女子学校教育的内容,成为妇女修养性格、陶冶情操的一种形式。今天,插花不仅成为日本女性皆当修习的科目,许多男性也亲手插花,美化自己的生活环境。精于花道的人遍布民间,甚至成立了花道国际协会,积极开展国际交流。此外,花道还广泛地运用到展览会、橱窗陈列、舞台装饰等方面,使插花更好地适应现代人的生活,使人们在现代生活中感受到传统文化的熏陶。

对传统文化最好的保护,就是使其在民间保持活力、生生不息。为了更好地保护传统,普及日本传统文化,1976年在插花发祥地京都六角堂成立了插花资料馆,1979 年同样在京都成立了茶道资料馆。插花资料馆内展出着有关花道的口传书、花传书等古文献和具有 500 多年历史的花道资料,以及花器、屏风、挂轴等插花艺术用具。茶道资料馆每年都举办各种茶道专题展,对外公开茶碗、花瓶、挂轴等茶道用品及历史资料。

(二) 六义园和矾庭园

六义园位于东京都文京区,建立于 1702 年,为将军德川纲吉的近臣、川越藩主(诸侯)柳泽吉保所建。明治时代由三菱财阀的岩崎弥太郎买下作为别墅。园中植物勾勒出的柔软曲线令人感觉美不胜收。

据资料介绍,所谓"六义",系指表述中国《诗经》中的"风、雅、颂、赋、比、兴"之义。这是一座以和歌趣味为基调的"回游式筑山泉水"的日本庭园,园内景点均按照日本和歌所表现的意境来设计和建造。步入园中,映入眼帘的是满目绿色,以及点缀在山水之间的富有特色的茶舍和亭榭等日本式木构建筑。在宽阔的池面上,野鸭、鸳鸯等飞禽会寻着游人的呼唤来到跟前,争抢食物。在环绕着池水的小径上,园中的景色随着脚步的移动而变化,使人们有一种融入自然的细腻、温和的感受。六义园是江户时代诸侯所建造的庭园中的代表作,充分体现了日本的传统文化,1953 年被指定为特别名胜,是十分珍贵的国家级文物单位,受到国家的保护。

矾庭园是日本鹿儿岛市的一处名胜古迹,始建于 1658 年,为当地诸侯萨摩藩主岛津家族所建。园内有多处国家级文物保护处所,特别值得一提的是曲水流觞遗迹和尚古集成馆。在矾庭园内,有一处模仿中国东晋时期在绍兴兰亭举办雅集(以书圣王羲之创作《兰亭序》而扬名天下的活动)的场所"曲水庭",每到暮春之初,鹿儿岛县政府就在此举办"曲水之宴",按照《兰亭序》所描述的那样,人们顺着弯曲的流水席地而坐,酒杯在水面上漂流到哪里,坐在那里的人们就吟诗作赋。这在鹿儿岛已经成为当地人发思古之幽情的传统节日。

由六义园和矾庭园可见,日本文化受到中国文化长久而深远的影响。其实,在日本的传统文化中,中国文化的烙印是随处可见的。但是,日本民族在吸收中国文化精华的同时,把它融入了自己的文化之中,并很好地保存下来。

三、思考与启示

(一) 日本重视文化的启示

我们强调发展文化产业,顾名思义,这是与文化密切相关的、以文化为核心和基础的产业。因此,重视文化、具有良好文化素质的国民,是发展文化产业的重要条件。日本早已普及了高中教育,国民的文化素质较高。而这种文化素质是通过日常的行为和小事表现出来的。我们在东京就看到,在中央区的人行道上,每隔一定距离就有一块特殊的地砖,上面有中央区的区树柳树和区花杜鹃花的图案,由此彰显自己的社区文化。无独有偶,在港口城市横滨的人行道上,也有这样的地砖,但图案是表现横滨对外开放港口城市特征的,如港口码头景色,以富士山为背景的一起站在码头上的日本妇女、西洋妇女和黑人妇女等。人们到了横滨,走在路上,看见这样的地砖,就知道横滨是港口,是日本与外国交往密集的城市。地砖虽不起眼,在人行道的地砖上注入文化信息,既使人们感受到城市的文化品位,突出当地文化特征,增强文化认同,又使工业产品打上了文化的烙印。这说明了政府、企业都很重视文化。

在鹿儿岛,友人带我们去过一处很有当地特色的"民谣酒处"。这是以传授三味线(三弦)和太鼓等民间乐器为主的"萨摩梦弦会"的所在地。这是一家店面不大,但装饰得非常传统,富有萨摩风味的集演唱饮酒于一身的休闲去处。主人家酒勾政史是鹿儿岛历史上名门望族的后代。人们通常在夜晚空闲时间,三三两两来到这里,举行小型演唱会,与主人一起切磋技艺,演唱民谣,饮酒助兴。他们还经常自发组织起来,到农村去免费表演,传播民间艺术。在聊天中我们了解到,这些民间艺术爱好者希望通过自己的行动,能够使鹿儿岛的传统文化得以保存和流传下去。这完全是他们自觉自愿的行为。

拥有高素质的劳动力固然是日本经济竞争力强的基础,但是文化力在综合国力中的作用也是至关重要的。日本之所以能成为世界经济大国和强国,文化力的作用不容忽视。劳动力素质强恰恰是文化力的一种体现。在历史上,日本曾经全盘照搬和模仿了隋唐时期的中国文化,并以此为基础逐渐孕育和繁衍出自己独特的民族文化。近代以来,日本文明又迎来了西方文明的冲击和洗礼,但在吸纳外来文明的同时,日本并没有放弃自己的文化传统,而是颇具匠心地将东西方两种不同文化巧妙地结合在一起,从而确立了自己在文化上的独特优势,形成了岛国特有的社会和文化脉系,在现代世界舞台上创造了许多奇迹。对于处于向现代化转型过程中的中国,日本民族在现代化建设中重视文化、重视传统的经验和做法,值得借鉴。

（二）日本发展旅游业的启示

日本旅游业十分善于宣传,旅游公司利用大大小小的交通枢纽摆摊设点,用丰富详尽、多语种的图片资料推销国内乃至国外的旅游景点,最大限度地为经济条件、旅游兴趣各异的游客提供广泛的选择空间,从而使游客能够在较短的时间里选择适合自己需要的旅游线路。但宣传还仅仅是一种手段,旅游产品真正要为游客所接受,最终还有赖于旅游产品的品质和价值。日本旅游业十分重视旅游产品内在品质的发掘和提升,这种发掘和提升常常与旅游产品文化含量的提高密切相关。

日本南部省份鹿儿岛以碧水青山、风光秀丽著称,这里的海滨、岛屿和火山灰堆积而成的连绵山峦,构成了与现代化大都市和历史古都截然不同的美丽风景。但鹿儿岛人并不满足于此。他们除了充分利用和开发鹿儿岛的历史文物、名胜古迹之外,还善于就地取材,利用当地独特的自然资源为旅游业服务。与鹿儿岛市隔海相望的樱岛是座活火山,火山常年不息的活动产生大量的火山灰,这给樱岛及鹿儿岛市的环境卫生造成不良影响。然而,当地人却巧妙地对火山灰加以利用,进行各种陶制品的制作。民间艺人用火山灰烧制出形态各异、精妙绝伦的艺术品,色泽和质感都极富特色,成为别具一格的陶制艺术。不仅变害为宝,部分解决了火山灰对环境造成的影响,而且还在为旅游业提供极富特色的旅游产品的同时,增加了旅游业本身的文化含量。

鹿儿岛市区河流较多,市区内拥有为数不少的古代石桥。有一年上游突发大水,一夜间就冲毁了5座有200年历史的石桥。当年许多鹿儿岛市民亲眼目睹与自己朝夕相伴、造型独特的石桥被冲毁,伤心地流下了眼泪。除了对石桥的感情,市民们还有很强的文物保护意识,他们纷纷自觉地出资出力,把被洪水冲毁的石材尽可能收集起来,以备重建。后因考虑到旧桥的承载力和宽度不适应现代城市交通发展的需要,便想了一个两全其美的方案:将5座旧桥的石料编号后,集中到一个地方进行重建(其中,有2座因原石料无法收集而改用现代材料),命名为"五桥公园"。这样一来,既保护了文物古迹,又增加了一处别具特色的旅游景点。这样的景点不仅具有很好的观赏价值,还能起到增强人们文化保护意识的作用。鹿儿岛人注重保护历史文物又善于保护历史文物的经验值得我们借鉴。福建是个旅游资源十分丰富的省份,其中,不乏有价值的历史古迹,但这些文物古迹大都分散于各处,不利于游客观赏。比如,在闽西北的崇山峻岭中,就分布着众多历代造桥工匠建造的形态各异、风格古朴、具有较高文物价值和观赏价值的石桥和木桥,但由于交通闭塞、景点单一等因素的制约,大多难以发挥其旅游价值。如能建造一个福建古桥博物馆,将这些古桥按原样集中建造,供人观赏。如此整合旅游资源,无疑可收到一举两得的效果。

(三)日本传媒业的启示

日本传媒业大多由私人投资经营,采用股份合作制的经济形式,只有少数媒体为国家投资,如NHK(日本广播放送协会)。但不论是私营还是国营,日本传媒业都遵循着市场经济的基本原则——公正性。公正性是传媒企业的自觉追求,也是完善的市场经济运行体制带来的必然结果。

公正性在报纸的采编过程中就有所体现。首先是记者、编辑在采写、编辑稿件上具有较大的自主性。面对众多的社会新闻和各种专题,记者选择什么样的事件报道、从什么角度加以采写;编辑选择什么样的选题和文章见报,都有很强的自主性,部门负责人和主编一般不会强行干涉。如果对同一事件有两种观点不同的报道,主编在处理上往往是将其同时见报,而不偏向任何一方。其次是报社对各种社会新闻均持客观的中立态度,避免用传媒自身的便利和话语权发表看法、见解,更不存在要求记者、编辑按报社的态度进行采访、编辑的问题。访问中,我们曾问及是否存在有偿新闻时,对方却对何以提出这样的问题感到颇为困惑。在他们看来,新闻一旦与经济发生联系,势必失去公正性,而公正性作为报纸的立身之本是无论如何不能损害,更不能丢弃。

国内传媒业曾一度热衷于对资本运作问题的探讨。许多传媒在有了一定的资本积累后,除了用于传媒自身的发展外,往往会投资于其他产业,开展所谓的多种经营,以扩大企业的规模。而在日本却基本不存在这种情况。就《南日本新闻》而言,当我们问及这方面的情况时,他们同样感到有些纳闷。在他们看来,媒体所拥有的特殊权力,必然导致对其所投资的行业在舆论上有所偏倚,而这种偏倚势必导致公正性的丧失,从而最终造成对媒体自身的损害,其结果很可能是得不偿失。因此,媒体所创造的利润除了用于媒体自身的发展外,其余作为红利分给职工,而不将其投资于其他行业。事实上,这样做既维护了作为经济实体参与市场竞争的公正性,又维护了媒体自身的利益。

从日本传媒业的一些做法,我们不难看出,传媒作为一种特殊的产业,其对公正性的自觉维护,虽是出于自身利益的考虑,但这种考虑是建立在完善的市场经济基础之上的。换句话说,如果没有完善的市场经济环境和秩序,就不可能有对公正性的自觉遵守。在这里,公正性已成为市场经济的内在要求和必然结果。我国传媒业虽在所有制和管理方式上与资本主义国家存在根本区别,但在建立社会主义市场经济体制过程中,我国传媒业如何在市场竞争中维护公正性,可以从日本传媒业的经验中吸取一些有益的东西——日本经验的根本要义在于:不断健全法制,建立完善的市场经济秩序。

后　记

　　在《文明·发展·交流:社会科学研究的多维视角》一书出版之际,特别要感谢福建社会科学院张帆院长,以及和我一起从事文化研究的同事管宁教授、刘小新研究员,没有他们的支持和鼓励,本书的出版是不可能的。还要特别感谢我的妻子吴劲涓女士,没有她承担大量繁琐的家事,我也难以心无旁骛,潜心于对感兴趣的社会问题的思考和研究,从而取得些微的成绩。

　　此外,还要对江苏大学出版社社长李锦飞先生和总编芮月英女士,以及为本书出版付出辛勤劳动的责任编辑郭杰先生、张静女士表示诚挚的感谢,因为他们的努力,本书才能顺利出版。

　　福建社会科学院精神文明建设研究所学术秘书陈蕾在书稿整理的过程中亦提供了帮助,在此一并表示感谢。

曲鸿亮

2011 年 4 月 5 日